Anastasi · Differentielle Psychologie
Band 2

Helmut Gorbert
31. 1. 79

Anne Anastasi

Differentielle Psychologie

Unterschiede im Verhalten von Individuen und Gruppen

Band 2

Aus dem Amerikanischen übersetzt
von Wiebke Putz-Osterloh

Beltz Verlag · Weinheim und Basel 1976

Titel der Originalausgabe:
Differential Psychology, Third Edition

CIP-Kurztitelaufnahme der Deutschen Bibliothek

Anastasi, Anne
Differentielle Psychologie : Unterschiede im Verhalten von Individuen u. Gruppen. – Weinheim, Basel : Beltz.
Einheitssacht. : Differential psychology <dt.>.
Bd. 2. – 1976.
(Beltz-Studienbuch)
ISBN 3-407-51102-7

Gesamtherstellung: Beltz, Offsetdruck, 6944 Hemsbach über Weinheim
Printed in Germany

ISBN 3 407 51102 7

Inhaltsverzeichnis

Inhaltsverzeichnis zu Band 1

Kapitel 10
Eigenschaftsorganisation: Theorien und Methoden

In den vorangegangenen Kapiteln lag das Schwergewicht auf *individueller Variabilität* oder den Differenzen von einer Person zur anderen in einer einzigen Eigenschaft. Dieses und das folgende Kapitel wird jedoch hauptsächlich von der *Eigenschaftsvariabilität* oder den Differenzen von einer Eigenschaft zur anderen innerhalb eines Individuums handeln. Untersuchungen solcher intraindividuellen Variationen in der Testleistung und anderen Verhaltensindizes haben praktische und theoretische Bedeutung. Klassifiziert man ein Individuum aufgrund eines einzigen Globalwertes, z.B. des IQ, so ist immer noch viel über seine Fähigkeiten unbekannt. Zwei Personen mit demselben Gesamtwert können sehr unterschiedliche „Fähigkeitsprofile“ aufweisen, wenn man ihre Leistung nach speziellen Richtungen hin analysiert. Plant man den Bildungsweg für ein Individuum, hilft man ihm bei der Berufswahl oder bewertet man seine Qualifikationen für eine bestimmte Stellung, so ist es von größter Bedeutung seine Stärken und Schwächen, seine speziellen Aktiva und Passiva zu kennen.

Auch bei Vergleichsstudien an beiden Geschlechtern, an Rassen oder kulturellen Gruppen kann die Verwendung globaler Werte Unterschiede in getrennten Fähigkeiten verdecken oder aufheben. Verwirren kann auch die weit verbreitete Annahme, ein „IQ“ habe dieselbe Bedeutung, gleichgültig von welchem Test er abgeleitet worden sei. Einige Intelligenztests z.B. sind fast ausschließlich Maße für verbale Fähigkeit; andere basieren in sehr viel größerem Ausmaß auf räumlichen und Wahrnehmungsfunktionen. Selbst verschiedene Niveaus in demselben Test können durch verschiedene Fähigkeitskombinationen zustande kommen. Auf diese Tatsache haben wir bereits in der Diskussion über Altersunterschiede hingewiesen.

Zugänge zur Eigenschaftsvariabilität

Befänden sich die Fähigkeiten eines Individuums alle mehr oder weniger auf einer Ebene, wäre ein einziger Summenwert recht angemessen. Ist jedoch starke Variation der individuellen Position in verschiedenen Eigenschaften die Regel, dann ist ein solcher Wert bestenfalls grob und kann manchmal eindeutig irreführend sein. Man muß deshalb nach dem Ausmaß der intraindividuellen Variation forschen und nach der Art, in der die verschiedenen Fähigkeiten untereinander verbunden und organisiert sind.

Die Untersuchung von individuellen Fällen mit *extremen Begabungsasymmetrien* stellt einen Ansatz zur Analyse der Eigenschaftsvariabilität dar. Gehen Ausfälle in bestimmten Gebieten mit intellektueller Überdurchschnittlichkeit in anderen einher? Begleiten spezielle Begabungen in bestimmten Bereichen immer einen allgemeinen intellektuellen Rückstand? Das Auftreten spezieller Talente oder Ausfälle in einem bestimmten Bereich spricht dafür, daß sich die Fähigkeit in dem Gebiet unabhängig von der Fähigkeit auf anderen Gebieten entwickeln und variieren kann.

Wir wissen z.B., daß Kinder mit hohen IQn eine sehr niedrige musikalische Begabung oder Zeichenfähigkeit haben können. Umgekehrt können hohe Fähigkeiten in diesen Bereichen gepaart sein mit mittelmäßigen akademischen Begabungen. Fallstudien an Rechenkünstlern und „Blitzrechnern" zeigen, daß hohe numerische Fähigkeit bei Menschen von durchschnittlicher oder unterdurchschnittlicher „allgemeiner Intelligenz" zu finden ist (s. 6; 8, S. 11 – 65). Hierher gehören auch Befunde über den intellektuellen Altersabbau (s. Kap. 8). Wir erinnern daran, daß die Abbaurate mit den verschiedenen Funktionen variierte, sie war am größten in Wahrnehmungs- und am geringsten in verbalen Tests. Auch psychotische Störung tritt differentiell auf: Einige Funktionen zeigen deutliche Ausfälle, während andere praktisch auf dem präpsychotischen Niveau bleiben (s. 5, Kapitel 13).

Die spektakulärsten Beispiele für überragende Entwicklung in einer Funktion verbunden mit allgemeiner intellektueller Defizienz stellen die sogenannten „idiotischen Gelehrten" (idiots savants) dar. Dieser Begriff bedeutet wörtlich „weiser Idiot", doch er ist irreführend. Denn der gewöhnliche idiot savant ist weder besonders weise noch ein Idiot. Er ist meist nicht genug behindert, um als ein Idiot klassifiziert zu werden, doch man findet ihn oft auf dem geistig behinderten – oder lernbehinderten Niveau. Und er ist nur in einem sehr begrenzten Gebiet „weise". Bei der praktischen Bewältigung seines eigenen Lebens versagt er gewöhnlich völlig.

Wie alle extremen Abweichungen sind idiots savants extrem selten. Wegen ihrer bemerkenswerten Begabungsausstattung jedoch erregen sie große Aufmerksamkeit und es liegen eine Reihe nahezu vollständiger Fallberichte vor. Die meisten früheren Fälle haben TREDGOLD und SODDY (58) zusammengefaßt. Über neuere Fälle berichteten RIFE und SNYDER (43). Sie schickten einen Fragebogen an 55 amerikanische Institutionen für Behinderte, wodurch sie 33 idiots savants ausmachen konnten. Von diesen zeigten 8 eine besondere musikalische Begabung, 8 für Mathematik, 7 für Zeichnen und 10 in verschiedensten Gebieten wie Mechanik, Gedächtnis und motorische Koordination. Einige Fälle wiesen eng begrenzte Fähigkeiten auf, die von zweifelhafter psychologischer Bedeutsamkeit waren. Doch zeigten andere abgerundete Leistungen auf einem recht ausgedehnten Gebiet. Ein Beispiel für ein relativ komplexes Rechentalent, das früh im Leben auftauchte, stellt der Fall eines 27jährigen Mannes mit einem geistigen Alter von 3 Jahren dar. In ihrem Bericht über ihre Beobachtungen an diesem Fall schreiben RIFE und SNYDER:

„Als kleines Kind kritzelte er Figuren auf die Kacheln im Badezimmer oder an anderen Orten, immer wenn er einen Stift in die Hand bekam. Er lernte nie sprechen und kann nicht einmal einfachen Forderungen nachkommen, z.B. auf Augen oder Ohren zu zeigen. In der Schule konnte er absolut nichts, er wurde nach Hause geschickt und mit 16 Jahren in ein Heim gegeben. Er hört normal... Obwohl er nicht in der Lage ist, einer Unterhaltung zu folgen oder gesprochene Aufforderungen zu verstehen, kann man ihm Wünsche über mathematische Dinge mit dem Stift kundtun. Nahm man Stift und Papier und schrieb die Ziffern 2, 4 und 8 in einer Spalte untereinander, setzte der Patient direkt die Serie fort mit 16, 32, 64 usw. Begann man mit der Serie 2, 4, 16, so setzte er sie unmittelbar fort. Die sechste Zahl beträgt hier 4 294 967 296. Dann schrieb man 9– 3, um das Wurzelziehen damit anzudeuten. Darunter schrieb man einige Zahlen wie 625, 729 und 900. Die Wurzel für jede Zahl wurde sofort danach und richtig geschrieben. Jedes Problem der Multiplikation mehrerer Ziffern mit mehreren Ziffern wurde sofort erledigt, indem nur die Antwort aufgeschrieben wurde" (43, S. 553 – 554).

In einer Monographie über idiots savants berichteten SCHEERER, ROTHMAN und GOLDSTEIN (44) von einer ausführlichen fünfjährigen Studie über einen 11jährigen Jungen mit einem Stanford-Binet-IQ von 50, der spezielle Talente für Musik, mechanisches Gedächtnis und Rechnen zeigte. Sie trugen auch verschiedene Theorien zusammen, die man zur Erklärung von idiots savants vorgetragen hat. Einige Erklärungen betonen motivationale Faktoren, andere Übung und andere Erfahrungsbedingungen. SCHEERER, ROTHMAN und GOLDSTEIN schlagen selbst eine Theorie vor, nach der eine verminderte abstrakte Fähigkeit verbunden ist mit einer anomalen Übung der Individuen in einer weniger gestörten Funktion. Möglicherweise sind auch etliche verschiedene Kausalfaktoren beteiligt und die Kombination variiert bei den verschiedenen Fällen. Doch welche Erklärung auch immer gilt, die Leistung der idiots savants illustriert das Ausmaß, in dem sich bestimmte intellektuelle Funktionen unabhängig von anderen entwickeln können.

Ein zweiter Zugang zur Eigenschaftsvariabilität besteht aus der Messung *intraindividueller Variabilität* in großen repräsentativen Stichproben normaler Pbn. Für diesen Zweck legt jedes Individuum zahlreiche Tests ab. Alle Werte werden in vergleichbaren Einheiten, z.B. Standardwerten, ausgedrückt. Dann kann man die individuelle Variation über den jeweiligen Mittelwert in Standardabweichungen (SD) oder anderen Variabilitätsmaßen ausdrücken. Wann immer man dieses Vorgehen anwandte, erwies sich die intraindividuelle Variabilität als hoch. Die intraindividuellen SDs betragen im Durchschnitt 75 bis 80 % der Größe der interindividuellen SDs in einzelnen Eigenschaften. Solche Ergebnisse hat man bei Schulkindern, Highschool- und Berufsschülern und Erwachsenen erhalten (31, 39).

Das Ausmaß intraindividueller Variabilität selbst variiert stark von einer Person zur anderen. In einer Studie streuten die intraindividuellen SDs von 4,30 bis 9,09 (31). Einige Belege lassen vermuten, daß bei unintelligenteren Personen die intraindividuelle Variabilität oder Spezialisierung der Fähigkeiten größer ist als bei intelligenteren Personen desselben Lebensalters (39, 57). Ein Vergleich zwischen besonders aufgeweckten und normalen Kindern, die man nach ihrem *Intelligenzalter* parallelisiert hatte, erbrachte jedoch keine konsistenten Differenzen in der Eigenschaftsvariabilität zwischen den beiden Gruppen (17).

Man hat die Beziehung zwischen zwei zusätzlichen Variablen, nämlich der *Übung* und dem *Alter*, und der Eigenschaftsvariabilität untersucht. In einer Reanalyse von Daten anderer Autoren zeigte PRESTON (41), daß die Eigenschaftsvariabilität mit Übung ab- und steigendem Alter zunimmt. Gleichartige Übung macht die Person einheitlicher in den verschiedenen geübten Aufgaben. Alter hat den entgegengesetzten Effekt auf die Eigenschaftsvariabilität: Ältere Individuen zeigen eine größere Streuung oder eine größere Spezialisierung ihrer Fähigkeit. Man darf natürlich nicht annehmen, das Alter allein sei für derartige Veränderungen in der Eigenschaftsvariabilität verantwortlich. Die in diesen Untersuchungen verglichenen Gruppen unterschieden sich auch in ihrem Bildungsniveau und wahrscheinlich noch in weiteren Aspekten. So kann es z.B. durchaus sein, daß Bildung die Eigenschaftsvariabilität anwachsen läßt, selbst wenn Übung diese Variabilität vermindert. Bildung besteht offensichtlich nicht aus einer „gleichmäßigen Übung" aller intellektuellen Funktionen. Nicht nur das Übungsausmaß variiert in verschiedenen Gebieten, sondern es entstehen wahrscheinlich auf verschiedenen Wegen bei verschiedenen Individuen Motivationsveränderungen und andere komplizierende Einflüsse. So können die Effekte der Bildung auf die Eigenschaftsvariabilität denen in einfachen Übungsexperimenten sehr unähnlich sein. Im nächsten Kapitel werden wir weitere Daten über den Einfluß verschiedener Bedingungen auf die Spezialisierung von Fähigkeiten kennenlernen.

Sowohl die Untersuchung extremer Beispiele für asymmetrische Entwicklung als auch die Messung der intraindividuellen Eigenschaftsvariabilität legen nahe, daß herausragende Talente auf einem Gebiet einhergehen können mit unterdurchschnittlichen Fähigkeiten in anderen Bereichen. Man darf jedoch nicht daraus schließen, Kompensation sei die Regel. Überdurchschnittliche Position in einem Merkmal *impliziert* nicht die unterdurchschnittliche Position in einem anderen. Wir haben nur Beispiele gebracht, in denen Individuen mit einer hohen Ausprägung in einem bestimmten Merkmal A sich als schwach in einem zweiten Merkmal B erwiesen. Mit der gleichen Leichtigkeit könnten wir Fälle finden, in denen ein Individuum sowohl in A als auch in B an herausragender Stelle steht oder überdurchschnittlich in A und durchschnittlich in B ist. Das entspricht tatsächlich dem, was wir in einer niedrigen oder in einer 0-Korrelation ausdrücken. Sind verschiedene Fähigkeiten spezifisch und voneinander unabhängig, so daß die Position eines Individuums in einem Merkmal nichts über seine Position in einem anderen aussagt, sollten wir Korrelationen zwischen diesen Fähigkeiten von 0 oder mit sehr niedrigen Werten erwarten.

Die *Korrelation* öffnet also einen anderen Zugang zur Analyse von Eigenschaftsvariabilitäten. Man muß wissen, daß sie nur wörtlich genommen alternative Ansätze oder Wege zur Bezeichnung derselben Fakten sind. Denn die vorher zitierten Fähigkeitsasymmetrien sind lediglich Extremfälle der Eigenschaftsvariabilität. Auch die Maße für die Eigenschaftsvariabilität hängen von den Interkorrelationen zwischen den betrachteten Eigenschaften ab. Das eine Maß kann von dem anderen abgeleitet werden (s. 23, 40). Die durchschnittliche Eigenschaftsvariabilität einer Individuengruppe in einer Testserie kann wie folgt bestimmt werden:

$$\overline{V} = 1 - \left(\frac{1}{n} + \frac{\Sigma r}{n^2}\right)$$

es bedeuten:

$\overline{V}$: die durchschnittliche Varianz (SD^2) innerhalb der Individuen

n: Anzahl der Tests

Σr: Summe aller Interkorrelationen zwischen den Tests. Jede Korrelation geht zweimal ein (d.h. r_{12} und r_{21}).

Mit dieser Formel läßt sich leicht zeigen, daß die Eigenschaftsvariabilität 0 wäre, wenn alle Tests untereinander perfekt korrelierten (40). Wenn jedoch alle Interkorrelationen zwischen den Tests 0 wären, wäre die durchschnittliche intraindividuelle Variabilität fast so hoch wie die interindividuelle Variabilität und würde mit zunehmender Testanzahl dieser gleich kommen. Eine Prüfung der Korrelationskoeffizienten kann deshalb dieselbe Information liefern wie die Messung der Eigenschaftsvariabilität.

Profilasymmetrien können ebenso durch Korrelationstechniken untersucht werden. Zwischen welchen Fähigkeitsgebieten entstehen solche Asymmetrien wahrscheinlich? Variieren bestimmte Funktionen intraindividuell gemeinsam, so daß eine Abweichung in der einen begleitet wird von einer ähnlichen Abweichung in der anderen? Diese Fragen können durch Korrelationskoeffizienten beantwortet werden. Bestimmte Funktionen hat man lange als „spezielle Fähigkeiten“ angesehen, eine Bezeichnung, die eine stillschweigende

Voraussetzung von niedrigen oder Nullkorrelationen mit anderen Funktionen beinhaltet. Die bekanntesten sind musikalische, künstlerische und mechanische Fähigkeiten. Man wird sich erinnern, daß diese zu den Gebieten gehören, in denen man markante Begabungsasymmetrien gefunden hat. Bei der fortgesetzten Verwendung von „Intelligenztests“ hat man allmählich erkannt, daß sprachliche (oder verbale) Werte wirksam von quantitativen (numerischen) Werten getrennt werden konnten. Es ist zur allgemeinen Praxis geworden, in vielen Intelligenztests diese Werte unabhängig zu erheben und zu bewerten. So beginnen wir langsam etwas über die Art der Eigenschaftsunterscheidungen zu erkennen, die aus verbesserten statistischen Untersuchungen stammen, die mit der Faktorenanalyse arbeiteten. Diese Technik werden wir in einem späteren Abschnitt kennenlernen. Sie stellt eine Weiterentwicklung des Korrelationsansatzes dar.

Theorien der Eigenschaftsorganisation

Eines der Hauptergebnisse aus Korrelationsstudien mit Testwerten war die Formulierung von Theorien über die Organisation von psychischen Eigenschaften. In ihrer einfachsten Bedeutung kann eine Eigenschaft als eine *Kategorie zur regelhaften Beschreibung individuellen Verhaltens aufgefaßt werden* (s. 4). Eigenschaften beziehen sich auf Beziehungen zwischen einzelnen Verhaltensweisen. Bearbeitet z. B. ein Individuum alle Arten verbaler Tests, z. B. Wortschatz, Analogien und Sätzevervollständigen, ungefähr gleich gut (oder schlecht), könnten wir offenbar für alle diese Tests einen einzigen „Verbalwert“ einsetzen. Steht die Leistung in diesen verbalen Tests auch in geringer oder keiner Beziehung zu Werten in numerischen, räumlichen oder anderen Tests, dann können wir von einer *verbalen Eigenschaft* sprechen. Sie stellt eine eigene Kategorie oder Dimension dar, mit der sich individuelle Leistung beschreiben läßt.

Eigenschaften werden also durch die Messung unterschiedlicher Verhaltensmanifestationen des Individuums identifiziert, d. h. z. B. seine Leistung in vielen verschiedenen Tests. Eigenschaften beziehen sich auch in der Regel auf relativ überdauernde Merkmale, die einigen Vorhersagewert besitzen. Weiterhin decken sie gewöhnlich solche Charakteristika ab, in denen sich Individuen deutlich voneinander unterscheiden. Schließlich wird in den meisten Eigenschaftsklassifikationen ein kultureller Bezugsrahmen deutlich, auch wenn er nicht immer genannt wird. Im allgemeinen werden solche Verhaltensaspekte identifiziert und als Eigenschaften beschrieben, die in einer bestimmten Kultur oder unter bestimmten Umweltbedingungen wichtig sind. Selbst die Eigenschaftsnamen haben in unserer Sprache einen gesellschaftlichen Ur-

sprung und beeinflussen wiederum unsere Auswahl und Definition von Eigenschaften (3).
Theorien der Eigenschaftsorganisation sind sehr alt. Seitdem die Philosophen die Natur des „Geistes" diskutieren, haben sie Theorien über die Einheiten vorgelegt, in die man den „Geist" unterteilt. Jedoch erst seit der Anwendung psychologischer Tests und quantitativer Methoden können die Beziehungen zwischen verschiedenen Verhaltensmanifestationen des Individuums gemessen werden. Die jüngeren Theorien entstanden als Interpretation spezifischer Ergebnisse und haben somit eine stärkere empirische Grundlage.

Die Zweifaktorentheorie

Das Problem der Eigenschaftsorganisation wurde zum ersten Mal durch die Veröffentlichung eines Artikels von SPEARMAN (45) auf eine empirische Basis gestellt. In diesem Aufsatz legte SPEARMAN eine Theorie und eine neue Forschungsmethode vor. Die Methode baute auf bestimmten Beziehungen zwischen Interkorrelationen von Testwerten auf. Die Analyse wurde später systematisiert durch die Entwicklung des *Tetradenkriteriums*, so genannt, weil es von Variablen in Vierergruppen handelt (s. 46). Doch selbst diese Technik erwies sich als unhandlich und ineffizient, wenn die Testanzahl groß ist. Sie ist außerdem in der Informationsart beschränkt, die sie über die Organisation von Fähigkeiten erbringen kann. Aus diesen Gründen hat man sie heute durch die effizienteren und flexibleren Methoden der Faktorenanalyse ersetzt (s. folgenden Abschnitt). SPEARMANs Entwicklung des Tetradenkriteriums öffnete dennoch den Weg zur statistischen Untersuchung von Eigenschaftsbeziehungen und ermöglichte einen großen Teil der frühen Forschung in diesem Gebiet.
Aufgrund seiner Analysen der Testinterkorrelationen formulierte SPEARMAN seine Zweifaktorentheorie der geistigen Organisation (46). Nach dieser Theorie sind allen intellektuellen Tätigkeiten ein einziger *Generalfaktor* oder g gemeinsam. Zusätzlich hat jede Aktivität *spezifische* oder s-Faktoren. Die s-Faktoren hielt man für sehr zahlreich und streng spezifisch für jede Aktivität des Individuums. Keine zwei Aktivitäten können definitionsgemäß spezifische Faktoren gemeinsam haben. SPEARMAN behauptete, diese Theorie stimme mit den Korrelationsergebnissen überein. Denn das Vorhandensein verschiedener spezifischer Faktoren in jeder Aktivität erklärte das Fehlen von perfekten + 1,0 Korrelationen. Keine zwei Aktivitäten seien völlig frei von spezifischen Faktoren, wieviel sie auch immer vom g-Faktor abhingen.
Die Tatsache, daß die meisten Fähigkeiten positiv miteinander korreliert sind, wird andererseits dem allgegenwärtigen g zugeschrieben. Verschiedene

Anteile von g und s in jeder Aktivität führten zu einer großen Streubreite positiver Korrelationen, alle höher als Null und niedriger als 1,0.
Aus der Zweifaktorentheorie folgt, daß das Ziel psychologischen Testens die Messung des individuellen g-Betrages sein sollte. Ist dieser Faktor in allen Fähigkeiten enthalten, dient er als einzige Vorhersagebasis für die Leistung eines Individuums von einer Situation zur nächsten.
Es wäre unsinnig, spezifische Faktoren zu messen, da sie jeweils nur in einer einzigen Aktivität wirken. Entsprechend schlug SPEARMAN vor, man solle die heterogene Itemsammlung in Intelligenzskalen durch einen einzigen Test ersetzen, der hoch mit g „gesättigt" sei. Er vermutete, daß Tests über abstrakte Beziehungen, wie z. B. Analogietests, wahrscheinlich die besten Einzelmaße für g seien und für diesen Zweck verwendet werden könnten. Ein geläufiges Beispiel für einen Test, der zur Messung von g konstruiert wurde, stellen RAVENs Progressive Matrizen dar (42).
Über die Beschaffenheit von g bot SPEARMAN nur vorläufige Hypothesen an. Er schlug vor, g als die allgemeine „geistige Energie" des Individuums zu betrachten und die s-Faktoren als die „Motoren", durch die sie wirke oder als die spezifischen neuronalen Netze, die jeder Aktivität zugrundeliegen. Diese Interpretation von g und s ist jedoch kein integrierter Teil der Zweifaktorentheorie. Man könnte meinen, SPEARMANs g diene als die Grundlage für die volkstümliche Auffassung der allgemeinen Intelligenz.
Schon früh erkannte SPEARMAN, daß die Zweifaktorentheorie überarbeitet werden mußte. Verglich man sehr ähnliche Aktivitäten miteinander, so konnte ein bestimmter Korrelationsgrad resultieren, der über das hinausreichte, was man dem g-Faktor zuschrieb. So könnte es zusätzlich zum General- und den spezifischen Faktoren eine mittlere Faktorenklasse geben, die nicht so universell wie g und nicht so streng spezifisch wie die s-Faktoren sind. Solch ein Faktor, der einer Gruppe von Aktivitäten gemeinsam ist, wurde als *Gruppenfaktor* bezeichnet. In der frühen Formulierung dieser Theorie räumte SPEARMAN die Möglichkeit sehr enger und weniger, zu vernachlässigender Gruppenfaktoren ein. Späteren Untersuchungen seiner Studenten folgend, bezog er sehr viel breitere Gruppenfaktoren mit ein, z. B. rechnerische, mechanische und sprachliche Fähigkeiten. Schließlich nahm man aufgrund etlicher Untersuchungsserien zusätzliche Generalfaktoren an. Zu ihnen gehören p (Perseveration), o (Oszillation) und w (Wille). Der letztgenannte Faktor weitet die Theorie auf das Gebiet von Persönlichkeitseigenschaften aus. SPEARMAN (46) nahm an: Während g die Gesamtmenge „geistiger Energie" in einer Person repräsentiere, könne p die Schwerfälligkeit dieser geistigen Energie anzeigen und o die Unstetigkeit ihres Einsatzes. So könnten alle vorgeschlagenen generellen intellektuellen Faktoren nur verschiedene Manifestationen desselben g-Faktors sein.
In späteren Schriften von SPEARMAN und seinen Schülern wird das Vorhan-

densein aller drei Faktorenklassen – allgemeine, Gruppen- und spezifische klar erkannt. Das Hauptdifferenzierungsmerkmal der späteren Fassung der Zweifaktorentheorie scheint somit, daß sie dem g-Faktor einen wichtigeren Einfluß als den Gruppenfaktoren beim Zustandekommen von Korrelationen zuschreibt. Man erkennt auch, daß die Unterscheidung zwischen allgemeinen-, Gruppen- und spezifischen Faktoren wahrscheinlich nicht so grundlegend ist, wie es vielleicht zuerst schien. Ist z.B. die Anzahl oder Vielfalt von Tests in einer Batterie klein, kann ein einziger „Generalfaktor" für alle Interkorrelationen verantwortlich sein. Stehen jedoch dieselben Tests in einer umfangreicheren Batterie mit heterogeneren Tests zusammen, kann es scheinen, als sei der ursprüngliche Generalfaktor ein Gruppenfaktor, der nur einigen, aber nicht allen Tests gemeinsam ist. Ähnlich kann ein bestimmter Faktor nur in einem einzigen Test der ursprünglich kleinen Batterie vorgekommen sein, aber mehreren Tests in einer größeren Batterie zugrundeliegen. Solch ein Faktor wäre zuerst als spezifisch identifiziert worden, wäre aber in der umfangreicheren Batterie zum Gruppenfaktor geworden. Wahrscheinlich ist es realistischer, von Gruppenfaktoren verschiedener Ausdehnung zu sprechen und nicht scharf allgemeine – von Gruppen – und von spezifischen Faktoren zu trennen.

Multiple Faktorentheorien

Die heute am weitesten verbreitete amerikanische Ansicht über Eigenschaftsorganisation rechnet mit etlichen mittelbreiten Gruppenfaktoren, die jeweils mit verschiedenen Gewichten in verschiedene Tests eingehen. Z.B. geht der verbale Faktor mit einem großen Gewicht in einen Wortschatztest ein, mit einem geringeren Gewicht in einen Analogietest und mit sehr geringem Gewicht in einen Test für mathematisches Verständnis. Derartige Theorien wurden verschiedentlich als multiple Faktoren- oder gewichtete Gruppenfaktorentheorien bezeichnet.

Die Veröffentlichung von KELLEYS „Crossroads in the Mind of Man" (32) 1928 ebnete den Weg für zahlreiche Studien mit der Suche nach bestimmten Gruppenfaktoren. Nach einer kritischen Analyse der Methoden und Daten von SPEARMAN behauptete KELLEY, der Generalfaktor sei von relativ geringer Bedeutung und könne gewöhnlich der Heterogenität[1] der Pbn und der gemeinsamen verbalen Beschaffenheit der angewandten Tests zugeschrieben werden. Bliebe ein Generalfaktor bestehen, wenn man diese Einflüsse ausgeschaltet habe, so wäre er nach KELLEY wahrscheinlich gering und nicht signi-

1 Im folgenden Abschnitt werden wir den Einfluß der Heterogenität auf Korrelationskoeffizienten besprechen.

fikant. Für die wichtigsten Beziehungen zwischen Tests machte er eine relativ geringe Zahl breiter Gruppenfaktoren verantwortlich. Die wichtigsten waren: Manipulation von räumlichen Beziehungen, Umgang mit Zahlen, Umgang mit verbalem Material, Gedächtnis und geistige Geschwindigkeit. Diese Liste wurde von späteren Untersuchern, die neuere Methoden der Faktorenanalyse benutzten, modifiziert und erweitert (s. folgenden Abschnitt).

Einer der führenden Verfechter der multiplen Faktorentheorie war THURSTONE. Aufgrund ausgedehnter eigener und der Forschungen seiner Schüler schlug THURSTONE ungefähr ein Dutzend Gruppenfaktoren vor, die er als „Primary mental abilities“ bezeichnete. Die in der Arbeit von THURSTONE und anderen unabhängigen Untersuchern am häufigsten gesicherten Faktoren lauten wie folgt:

V: (verbal comprehension) – verbales Verständnis – der Hauptfaktor in Tests wie Lesen, verbale Analogien, vertauschte Sätze, verbales Denken und Sprichwörterzuordnen. Er wird am angemessensten durch Wortschatztests gemessen.

W: (word fluency) – Wortflüssigkeit – gefunden in Tests wie Anagramme, Reimen oder Nennen von Wörtern für eine gegebene Kategorie (z.B. Jungennamen oder Wörter mit demselben Anfangsbuchstaben).

N: (number) – numerischer Faktor – am engsten an Geschwindigkeit und Genauigkeit einfacher Rechenoperationen gebunden.

S: (space) – Raumvorstellung – es ist möglich, daß dieser Faktor zwei getrennte Faktoren repräsentiert. Der eine deckt die Wahrnehmung fester räumlicher oder geometrischer Beziehungen ab, der andere „manipulatorische Veranschaulichung“, bei der man sich veränderte Positionen oder Transformationen veranschaulichen muß.

M: (associative memory) – Assoziatives Gedächtnis – hauptsächlich in Tests gefunden, die das Behalten von Paarassoziationen verlangen. Offensichtlich gibt es keinen breiteren Faktor für alle Gedächtnistests. Andere Untersucher haben andere eingeschränkte Gedächtnisfaktoren, z.B. visuelles oder auditives Gedächtnis gefunden.

P: (perceptual speed) – Perceptive Geschwindigkeit (Wahrnehmungsgeschwindigkeit) – schnelles und genaues Auffassen von Details, Ähnlichkeiten, Unterschieden. Dieser Faktor könnte derselbe sein wie der „Geschwindigkeitsfaktor“, den frühere Untersucher identifiziert haben und der beschrieben wird als „Geschwindigkeit im Umgang mit sehr leichtem Material“. Er könnte auch auf visuell dargebotenes Material beschränkt sein.

I (oder R): (induction oder general reasoning) – Induktion oder abstraktes Denken – die Identifikation dieses Faktors ist wohl am wenigsten klar.

THURSTONE schlug ursprünglich einen induktiven und einen deduktiven Faktor vor. Letztgenannter wurde am besten gemessen durch Tests für schlußfolgerndes Denken und erstgenannter durch Tests, die vom Pb verlangen, eine Regel zu finden, z. B. in einem Test mit Zahlenreihen. Die Hinweise für den deduktiven Faktor waren jedoch sehr viel schwächer als die für den induktiven. Andere Autoren nehmen auch einen allgemeinen Reasoningfaktor an, der sich z. B. in Tests für rechnerisches Denken zeigt.

Die Vierziger und Fünfziger Jahre dieses Jahrhunderts zeugten von einer rapiden Erweiterung der Gruppenfaktoren. In der oberen Liste der „primary mental abilities" wurde schon erwähnt, daß man mehr als einen Raumfaktor und etliche Gedächtnisfaktoren identifiziert hat. Spätere intensive Analysen haben auch zahlreiche verschiedene Faktoren auf dem Gebiet der Wahrnehmung isoliert (54), für abstraktes Denken (2, 7, 15, 26, 36) und verbale Fähigkeiten (12, 26, 34, 49). Es scheint z. B. so, daß man dem ursprünglichen Wortflüssigkeitsfaktor Faktoren für assoziative, Ideen- und Ausdrucksflüssigkeit hinzufügen kann (26). In einer jüngeren Zusammenschau der faktoriellen Fähigkeitsforschung beschreibt GUILFORD (26) ungefähr 50 intellektuelle Faktoren. Er weist auf Lücken in seinem Schema hin, wo andere Faktoren wahrscheinlich noch identifiziert werden können.
Die Vielzahl von Faktorenstudien, jede mit ihrem beträchtlichen Feld neuer Faktoren, bietet ein verwirrendes Bild. Oft ist es schwierig zu entdecken, wie die Ergebnisse verschiedener Studien zusammenpassen. Arbeiten verschiedene Forschungsprojekte mit verschiedenen Pbn-Typen, Testarten und statistischen Methoden, wird die Kreuzidentifikation von Faktoren von der einen Studie zur anderen nahezu unmöglich. Sind zwei Faktoren, denen verschiedene Untersucher dieselben oder ähnliche Namen gegeben haben, wirklich identisch? Sind alle Faktoren mit unähnlichem Namen wirklich unterscheidbar? Stellen einige Faktoren Unterteilungen breiterer Eigenschaften dar?

Um solche Fragen zu beantworten und einige Ordnung in die Situation zu bringen, bereitete FRENCH (19, 20) zwei Erhebungen vor, von denen eine intellektuelle und die andere nicht intellektuelle Faktoren abdeckte[2].
Explizites Ziel beider Erhebungen war die Kreuzidentifikation und Kombination von Faktoren, die von verschiedenen Autoren isoliert worden waren.

2 Eine weitere Bemühung um systematisches Vorgehen und systematische Interpretation der Faktoren stammt vom Educational Testing Service. Mit Hilfe von Experten in Faktorenanalyse bereitete er 3 Tests für die jeweils relativ am besten gesicherten 16 Leistungsfaktoren vor (21). Die meisten dieser 48 Tests wurden aus früher veröffentlichten Faktorenstudien übernommen. Als Standardbezugsvariablen können sie in neue Faktorenstudien übernommen werden.

Es wurden nur Untersuchungen herangezogen, die ausreichend vergleichbare Verfahren benutzt hatten, um eine derartige Bearbeitung zu ermöglichen. Die endgültige Liste bestand aus 59 Faktoren für Fähigkeits- und Leistungstests und 49 Faktoren, die aus Persönlichkeitsmessungen abgeleitet worden waren. Ausgehend von seiner Interpretation der Ergebnisse, meint FRENCH, diese Faktoren sollten trotz unterschiedlichen Umfanges und häufiger Überschneidungen als getrennt angesehen werden. Er glaubt, daß keiner von ihnen lediglich eine Unterteilung eines breiteren Faktors darstelle, sondern daß jeder etwas neues zur Beschreibung des Individuums beitrage. Diese Interpretation steht im scharfen Kontrast zu der hierarchischen Auffassung, die weiter unten beschrieben werden wird.

Offensichtlich ist selbst nach diesen Bemühungen um Vereinfachung und Koordination die Zahl der Faktoren groß geblieben. Einige Psychologen lassen sich jedoch durch solche Ergebnisse nicht aus der Fassung bringen (z.B. 26). Menschliches Verhalten ist vielfältig und komplex und vielleicht ist es unrealistisch zu erwarten, ein halbes oder ein Dutzend von Faktoren könne zu einer angemessenen Beschreibung führen. Für spezielle Zwecke können wir natürlich nach Art und Umfang angemessene Faktoren auswählen. Wenn wir z.B. Bewerber für eine schwierige und hoch spezialisierte mechanische Tätigkeit auswählen, wünschen wir wahrscheinlich, eng umgrenzte Wahrnehmungs- und Raumfaktoren zu messen, die den Fähigkeitsanforderungen nahekommen. Bei der Auswahl von Collegestudenten jedoch wären einige breitere Faktoren wie verbales Verständnis, numerische Fähigkeit und abstraktes Denken am ehesten von Bedeutung. Beispiele dafür, wie faktorielle Resultate zur Testentwicklung verwendet wurden, werden wir im nächsten Kapitel kennenlernen.

Hierarchische Theorien

Ein Alternativschema für die Organisation von Faktoren haben zahlreiche britische Psychologen vorgeschlagen, besonders BURT (11), VERNON (62) und EYSENCK (18). In Abbildung 65 ist ein Diagramm wiedergegeben, das VERNONs Anwendung seines Systems auf intellektuelle Eigenschaften illustriert. Auf die Spitze der Hierarchie plaziert VERNON den g-Faktor von SPEARMAN. Auf der nächsten Stufe liegen zwei breite Gruppenfaktoren, sie entsprechen den verbal-schulischen Fähigkeiten (v:ed) und den praktisch-mechanischen Fähigkeiten (k:m). Diese Hauptfaktoren können aufgespalten werden. Der verbal-schulische Faktor z.B. ergibt verbale und numerische Subfaktoren. Ebenso gliedert sich der praktisch-mechanische Faktor in mechanische Kenntnis-, räumliche und manuelle Subfaktoren auf. Noch engere Subfaktoren können durch weitere Analysen z.B. verbaler Aufgaben identifiziert werden. Solch eine hierarchische Struktur ähnelt somit einem Stammbaum mit g an der Spitze, den s-Faktoren ganz unten und fortschreitend engeren Gruppenfaktoren dazwischen.

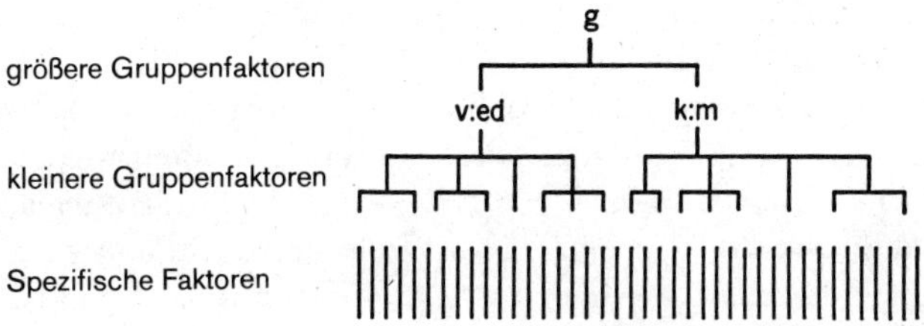

Abb. 65: Diagramm zur Illustration der hierarchischen Theorie menschlicher Fähigkeiten (aus VERNON, 62, S. 22)

Der heutige britische Zugang zur Organisation von Fähigkeiten unterscheidet sich in zwei wichtigen Punkten von dem typischen Ansatz amerikanischer Psychologen. Erstens, ist das britische Schema grundsätzlich mehrstufig oder hierarchisch, während amerikanische Faktorenanalytiker alle Gruppenfaktoren, unabhängig von ihrem Umfang, auf eine einzige Stufe stellen. Zweitens, messen die britischen Psychologen dem g-Faktor das größte Gewicht bei und versuchen, den Hauptteil der Intertestkorrelationen dem g-Faktor zuzuschreiben. Demgegenüber konzentrieren sich amerikanische Psychologen auf Gruppenfaktoren und betrachten g als geringer oder sekundär.

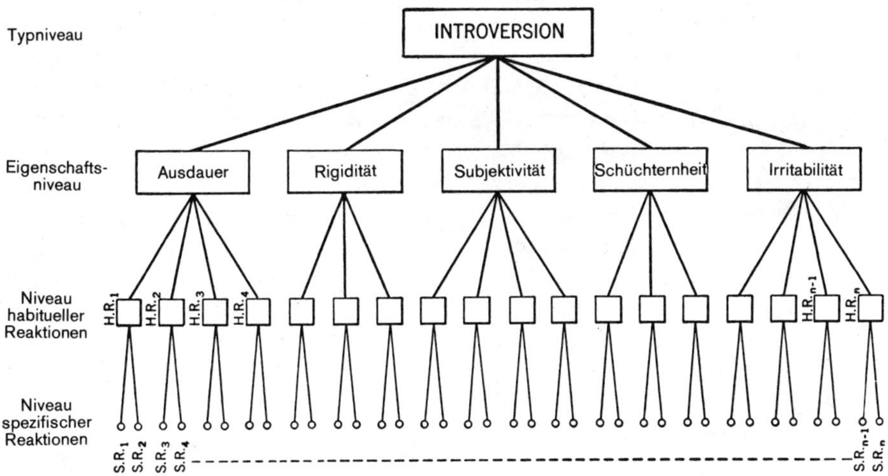

Abb. 66: Grafische Darstellung der hierarchischen Theorie über den Aufbau von Persönlichkeitseigenschaften (aus EYSENCK, 18, S. 13)

EYSENCK (18) hat die hierarchische Ordnung auf die Beschreibung von Persönlichkeitsmerkmalen ausgeweitet. An die Spitze seiner Hierarchie, die er „Typniveau“ nennt, plaziert EYSENCK drei breite Faktoren: Introversion, Neurotizismus und Psychotismus. Danach folgt das sogenannte Eigenschaftsniveau. Introversion kann z.B. weiter unterteilt werden in Eigenschaften wie Ausdauer, Regidität, Subjektivität, Schüchternheit und Irritabilität, wie in Abbildung 66 dargestellt. Das nächst niedrigere Niveau nennt EYSENCK „das Niveau der habituellen Reaktionsweisen“. Hierher gehören Reaktionen, die unter ähnlichen Umständen, z.B. bei Testwiederholungen, auftreten. Der übliche Reliabilitätskoeffizient gibt die Art von Verhaltenskonsistenz wieder, die auf diesem Niveau gemessen wird. Das vierte und niedrigste Niveau betrifft spezifische Reaktionen. Die Eigenschaften, die EYSENCK bis heute identifiziert hat, basieren jedoch auf wenig Daten. Sie müssen als vorläufig betrachtet werden, so lange sie nicht durch weitere Forschung bestätigt worden sind.

Faktoren als operationale Einheiten

Es überrascht weniger, daß verschiedene Untersucher zu unähnlichen Schemata der Eigenschaftsorganisation gelangten, wenn man sieht, daß die in Faktorenanalysen identifizierten Eigenschaften lediglich einen Ausdruck für die Korrelationen zwischen Verhaltensmaßen darstellen. Es handelt sich nicht um zugrundeliegende Entitäten oder Kausalfaktoren, sondern um *deskriptive Kategorien*. Daher ist es verständlich, daß sich verschiedene Klassifikationsprinzipien auf dieselben Daten anwenden lassen.

Die Auffassung von Faktoren als deskriptive Kategorien ist explizit in den Schriften von THOMSON (50, 51), BURT (9, 10) und VERNON (62) in England und in denen von TRYON (59) in Amerika enthalten. TRYON betonte die riesige Vielzahl von Verhaltenskomponenten oder -determinanten. Er führte weiter aus, die Korrelation zwischen psychischen Funktionen resultiere aus der Überschneidung derartiger Elementardeterminanten. Als weitere Quellen der Korrelation führt er mögliche Assoziationen zwischen „Umweltfeldern“ oder „Genblöcken“ an. Die ersten würden sich in der Tatsache zeigen, daß den Individuen in einem unterdurchschnittlichen kulturellen Niveau Umweltgegebenheiten fehlten, sprachliche und rechnerische Fertigkeiten auszubilden. Kulturell bedingte Verknüpfungen würden so zu einer Korrelation zwischen diesen beiden Bereichen führen. Korrelationen zwischen unabhängigen Genblöcken könnten durch abgestimmte Partnerwahl entstehen. Da Individuen tendenziell innerhalb ihres eigenen sozioökonomischen und bildungsmäßigen Niveaus heiraten, vereinigen sich wahrscheinlich Personen, die in recht verschiedener Hinsicht überdurchschnittlich sind. Ihre Nachkommen würden dann wahrscheinlich Gene für überdurchschnittliche Entwicklung in einigen anfangs unabhängigen Merkmalen erhalten. Derselbe Selektionsmechanismus würde bei der Partnerwahl zwischen Personen vielfältiger Unterdurchschnittlichkeit wirksam sein. Durch Korrelationsstudien identifizierte Faktoren betrachtet TRYON somit als operationale Einheiten für elementare psychische Komponenten und nicht als zugrundeliegende Entitäten.

Dieser Standpunkt ähnelt dem sehr, den THOMSON in seiner „Stichprobentheorie" der Eigenschaftsorganisation vertrat (50, 51). Nach dieser Theorie hängt Verhalten von einer großen Anzahl unabhängiger Elemente ab, die theoretisch Genen, neuronalen Elementen, Reiz- Reaktionsverknüpfungen, spezifischen Erfahrungen oder Umweltbedingungen entsprechen können. THOMSON meint, jede Aktivität des Individuums hänge von einer bestimmten Stichprobe oder Kombination dieser Elemente ab. Es können so verschiedene Faktorentypen entstehen. Sie variieren von spezifischen Faktoren über Gruppenfaktoren unterschiedlicher Ausdehnung bis hin zu einem sehr breiten oder Generalfaktor. Obwohl THOMSON ursprünglich annahm, die Stichprobenwahl der Elemente durch verschiedene Funktionen sei völlig zufällig, vermutete er später, die Elemente seien in relativ überdauernden „Unterbezirken des Geistes" organisiert. Diese Unterbezirke, innerhalb derer die Elemente strukturiert oder organisiert seien, wären für die Korrelationen in jedem Gebiet, z.B. im verbalen, numerischen oder räumlichen Bereich, verantwortlich.

Hinzugefügt sei, daß sich andere Faktorenanalytiker von Zeit zu Zeit mit dieser Faktoreninterpretation grundsätzlich einverstanden erklärten. THURSTONE (53) z.B. schlug vor, Faktoren sollten nicht als letzte psychische Entitäten, sondern als „funktionale Einheiten" oder Verbindungen aus mehr elementaren Einheiten angesehen werden. Solch eine Auffassung funktionaler Einheiten scheint den operationalen Einheiten von TRYON und den Unterbezirken aus Elementen nach THOMSON recht nahezukommen. Dennoch begünstigen THURSTONEs Diskussion der Faktoren in anderen Publikationen und sein ständiger Gebrauch des Begriffes „primary mental abilities" die zunehmende Auffassung der Faktoren als zugrundeliegenden Entitäten.

Faktorenanalyse

Die Faktorenmatrix

Hauptanliegen der Faktorenanalyse ist die Vereinfachung der Datenbeschreibung, indem die Anzahl notwendiger Variablen oder „Dimensionen" vermindert wird. Angenommen, wir hätten 20 Tests bei 100 Personen angewendet. Jede individuelle Leistung wird dann in 20 Dimensionen beschrieben, entsprechend den Werten in jedem der 20 Tests. Findet man durch eine Faktorenanalyse, daß 5 Faktoren ausreichen, um die gesamte Varianz dieser 20 Tests auf sich zu ziehen, können wir diese 5 neuen Dimensionen für die ursprünglich 20 setzen, um jedes Individuum zu beschreiben. Es ließen sich dann Tests konstruieren, die diese Dimensionen messen. Das übliche Vorgehen besteht darin, aus den ursprünglichen Tests diejenigen auszuwählen, die die besten Maße für jeden der endgültigen Faktoren darstellen. Jedenfalls würde sich die Anzahl notwendiger Items zur Erfassung des Verhaltensbereiches der ursprünglichen Testbatterie durch diesen Prozeß von 20 auf 5 vermindern.

Alle Verfahren der Faktorenanalyse beginnen mit einer vollständigen Interkorrelationstabelle für eine Testauswahl. Eine derartige Tabelle nennt man Korrelationsmatrix. Jede Faktorenanalyse schließt mit einer Faktorenmatrix, d.h. einer Tabelle, die das Gewicht oder die Ladung jedes Tests in jedem Faktor angibt. In Tabelle 14 ist eine Faktorenmatrix widergegeben, die THURSTONE in einer Studie aus den Korrelationen von 21 Tests ableitete, die man 437 Schulkindern der 7. und 8. Klasse vorgelegt hatte (56). Die sieben in der obersten Spalte aufgeführten Faktoren entsprechen THURSTONES „primary mental abilities", mit den Buchstaben, wie sie weiter oben angegeben worden sind.

Es geht eindeutig über den Umfang dieses Buches hinaus, die mathematische Basis für die Berechnungsverfahren der Faktorenanalyse aufzuzeigen. Eine Reihe verschiedener Verfahren, Variablen auf gemeinsame Faktoren oder Dimensionen zurückzuführen, sind entwickelt worden von: KELLEY (33), HOTELLING (30), BURT (9), HOLZINGER (29), TRYON (60, 61), THURSTONE (55), GUTTMAN (27), WRIGLEY (64) und anderen. Obwohl sie sich in ihren Anfangsannahmen unterscheiden, ergeben die meisten Methoden nicht allzu verschiedene Resultate. Die heute gebräuchlichsten Techniken stammen von THURSTONE (55). Kurze und relativ einfache Einführungen in diese Techniken kann man bei GUILFORD (25, Kap. 16) und bei ADCOCK (1) finden. Detailliert behandelt FRUCHTER (22) die Methoden der Faktorenanalyse. Auf etwas fortgeschrittenerem Niveau ist THURSTONES „Multiple-Factor Analysis" (55) ein Standardwerk.

Das Verständnis der Resultate von Faktorenanalysen braucht sich aber nicht

Tabelle 14: Eine Faktorenmatrix, die auf den Interkorrelationen zwischen den Werten von 437 Schulkindern in 21 Tests basiert (aus THURSTONE u. THURSTONE, 56, S. 91)

Tests	Faktorladungen							
	P	*N*	*W*	*V*	*S*	*M*	*R*	Residual*
1. Identische Zahlen	*0,42*	*0,40*	0,05	−0,02	−0,07	−0,06	0,06	0,08
2. Gesichter	*0,45*	0,17	−0,06	0,04	0,20	0,05	0,02	+0,12
3. Spiegellesen	*0,36*	0,09	0,19	−0,02	0,05	−0,01	0,09	−0,12
4. Vornamen	−0,02	0,09	0,02	0,00	−0,05	*0,53*	0,10	0,02
5. Gestaltwiedererkennung	0,20	−0,10	0,02	−0,02	0,10	*0,31*	0,07	−0,17
6. Wort-Zahl	0,02	0,13	−0,03	0,00	0,01	*0,58*	−0,04	0,04
7. Sätze	0,00	0,01	−0,03	*0,66*	−0,08	−0,05	0,13	0,07
8. Wortschatz	−0,01	0,02	0,05	*0,66*	−0,04	0,02	0,02	0,05
9. Vervollständigen	−0,01	0,00	−0,01	*0,67*	0,15	0,00	−0,01	−0,11
10. Erste Buchstaben	0,12	−0,03	*0,63*	0,03	−0,02	0,00	−0,00	−0,08
11. Wörter mit 4 Buchstaben	−0,02	−0,05	*0,61*	−0,01	0,08	−0,01	0,04	−0,05
12. Silben	0,04	0,03	*0,45*	0,18	−0,03	0,03	−0,08	0,10
13. Flaggen	−0,04	0,05	0,03	−0,01	*0,68*	0,00	0,01	−0,07
14. Figuren	0,02	−0,06	0,01	−0,02	*0,76*	−0,02	−0,02	0,07
15. Karten	0,07	−0,03	−0,03	0,03	*0,72*	0,02	−0,03	0,13
16. Addition	0,01	*0,64*	−0,02	0,01	0,05	0,01	−0,02	−0,03
17. Multiplikation	0,01	*0,67*	0,01	−0,03	−0,05	0,02	0,02	0,01
18. Drei-Höher	−0,05	*0,38*	−0,01	0,06	0,20	−0,05	0,16	−0,12
19. Buchstabenserien	−0,03	0,03	0,03	0,02	0,00	0,02	*0,53*	0,02
20. Stammbäume	0,02	−0,05	−0,03	0,22	−0,03	0,05	*0,44*	−0,02
21. Buchstabenordnen	0,06	0,06	0,13	−0,04	0,01	−0,06	*0,42*	0,06

* Ein Residualfaktor lädt keine Variable genügend hoch, um selbst vorläufig seine psychologische Identifikation zu erlauben. Gewöhnlich extrahiert man bei Faktorenanalysen einen oder zwei solcher Residualfaktoren, doch man versucht nicht sie zu interpretieren.

auf jene zu beschränken, die deren spezielle Verfahren beherrschen. Selbst ohne Kenntnis darüber, wie die Faktorladungen berechnet werden, kann ein Student lernen, wie eine Faktorenmatrix bei der Interpretation und Benennung von Faktoren genutzt wird. Dieser Schritt fordert eher psychologische Einsicht als statistische Übung. Um die Beschaffenheit eines bestimmten Faktors kennenzulernen, prüft man einfach die Tests, die in diesem Faktor hoch geladen sind und versucht zu entdecken, welche psychischen Prozesse ihnen gemeinsam sind. Je mehr Tests in einem Faktor hoch geladen sind, desto eindeutiger läßt sich die Beschaffenheit des Faktors definieren.

Der Prozeß der Faktoreninterpretation läßt sich in Tabelle 14 demonstrieren. Zunächst sollte man wissen, daß Faktorenladungen auf derselben Skala wie Korrelationskoeffizienten ausgedrückt werden, d.h. von − 1,00 über 0 bis + 1,00. Tatsächlich kann man Faktorenladungen als Korrelationen jedes Tests mit einem Faktor ansehen (oder mit dem, was einer Gruppe von Tests gemeinsam ist). Sehr niedrige Ladungen kann man vernachlässigen, da sie lediglich Zufallsfluktuationen um Null repräsentieren – genau wie eine nied-

rige Korrelation eine nicht signifikante Abweichung von Null darstellen kann. Doch selbst wenn sie statistisch signifikant sind, sind niedrige Faktorladungen für die Identifikation von Faktoren wenig hilfreich. Man kann nicht einfach auf die Beschaffenheit eines Faktors schließen, wenn man einen Test prüft, der nur wenig mit ihm gemeinsam hat.
Entsprechend betrachtet man bei der Interpretation jedes Faktors nur solche Tests, deren Ladungen in einem Faktor einen gewissen Minimalwert übersteigen. In Tabelle 14 sind alle Faktorladungen von 0,30 oder darüber schräg gedruckt. Man sieht, daß im ersten Faktor drei Tests mit über 0,30 geladen sind: Identische Zahlen, Gesichter- und Spiegellesen. Diese Tests erfordern rasche Erkennung von Ähnlichkeiten oder Unterschieden in einfachem numerischen, bildhaften oder verbalen Material. Daher erscheint der Faktor mit dem Faktor für Wahrnehmungsgeschwindigkeit (perceptual speed = P) übereinzustimmen, den man in früheren Studien identifiziert hat. Im nächsten Faktor sind am höchsten identische Zahlen, Addition, Multiplikation und „drei Höher" (hier muß der Pb in einer Serie jede Zahl anstreichen, die die vorangegangene um 3 übersteigt) geladen. Dies ist offensichtlich ein numerischer Rechenfaktor, obwohl auch ein Test, der die Erkennung identischer Zahlen verlangt, bemerkenswert hoch geladen ist. Indem man die anderen Spalten von Tabelle 14 entsprechend überprüft, kann man der Überlegung folgen, der Benennungen zugrundeliegen wie Wortflüssigkeit, verbales Verständnis, Raumvorstellung, assoziatives Gedächtnis und logisches Denken. Man sieht: selbst der statistisch ungebildete Leser kann jede publizierte Tabelle mit Faktorladungen lesen und die Interpretation des Autors für die Faktoren mit seiner eigenen vergleichen.

Die Koordinaten

Um Berichte über faktorenanalytische Forschung einsichtig lesen zu können, müßten einem auch einige andere Begriffe und Konzepte geläufig sein. Es hat sich eingebürgert, Faktoren geometrisch als Koordinaten wiederzugeben, auf die man jeden Test abbildet. Abbildung 67 illustriert dieses Vorgehen. In diesem Graphen wurden alle 21 Tests aus Tabelle 14 in Beziehung zu zwei Faktoren eingezeichnet, nämlich zu dem numerischen Faktor (N) und dem für verbales Verständnis (V).
In ähnlichem Verfahren lassen sich die 21 Tests in Beziehung zu jedem anderen Faktorenpaar zeichnerisch darstellen. Jeder Test stellt einen Punkt dar, dessen Distanzen auf der N- und V-Achse den Ladungen dieses Tests auf dem N- und dem V-Faktor entsprechen. Um zum Beispiel Test 1 (identische Zahlen) einzuzeichnen, bewegen wir uns um 0,40 entlang der N-Achse und gehen

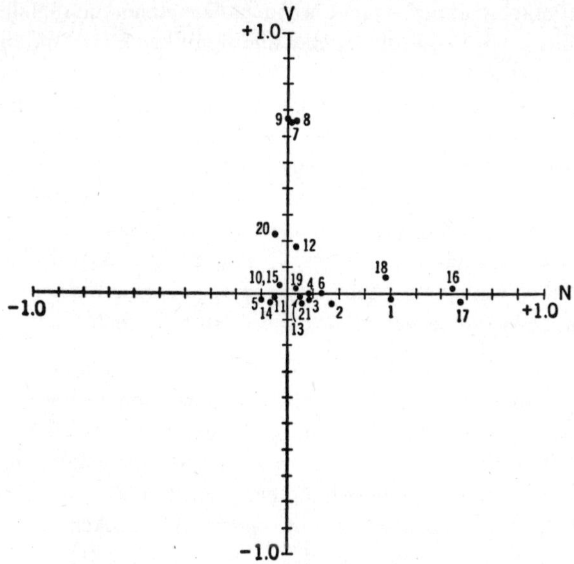

Abb. 67: Faktorenladungen der 21 Variablen aus Tabelle 14, aufgezeichnet innerhalb der Koordinaten N (numerischer Faktor) und V (verbales Verständnis)

dann nach unten um eine Distanz von − 0,02 entlang der V-Achse, um den Punkt zu lokalisieren, der mit einer 1 bezeichnet wurde.

Die N- und V-Faktor-Ladungen aller anderen Tests sind auf dieselbe Art und Weise eingezeichnet worden. Man sieht, daß die Tests 1, 16, 17 und 18 hohe Ladungen auf der N-Achse zeigen, während die Tests 7, 8 und 9 in der V-Achse hoch geladen sind. Alle übrigen Tests häufen sich am Nullpunkt, da sie nur niedrig oder zu vernachlässigend niedrig in beiden Achsen geladen sind. Die hohen Ladungen dieser Tests würden sich in Graphen zeigen, die man mit anderen Bezugsachsenpaaren erstellt.

Es ist wichtig zu bedenken, daß die Lage der Koordinaten nicht durch die Daten festgelegt ist. Die ursprüngliche Korrelationstabelle bestimmt nur die Position der Tests (Punkte in Abbildung 67) in Relation zu den anderen. Dieselben Punkte kann man in Beziehung zu Achsen in jeder Position einzeichnen. Aus diesem Grund rotieren Faktorenanalytiker gewöhnlich die Achsen, bis sie die am meisten befriedigende und die am einfachsten interpretierbare Konstellation erreicht haben. Dies ist ein legitimes Vorgehen und entspricht in etwa der Tatsache, daß man die Breitengrade nicht von Greenwich, sondern von Chicago aus mißt.

Die Koordinaten, die in Tabelle 14 (und Abbildung 67) verwendet wurden, sind in Anlehnung an THURSTONEs Kriterien „des positiven Quadranten“

und der „Einfachstruktur" rotiert worden. Das erste verlangt die Rotation der Achsen in solch eine Position, daß alle signifikanten negativen Ladungen mit ausgeschaltet werden. Die meisten Psychologen halten negative Ladungen bei Leistungstests für unvernünftig, da eine derartige Ladung impliziert, die Leistung eines Individuums in einem Test werde umso schlechter, je höher es nach einem bestimmten Faktor eingeschätzt werde. Das Kriterium der Einfachstruktur bedeutet, daß jeder Test in möglichst wenig Faktoren geladen sein soll. Beide Kriterien wurden aufgestellt, um Faktoren zu erbringen, die besonders leicht und eindeutig interpretiert werden können. Man sieht in Tabelle 14, daß es nur wenige, sehr niedrige negative Ladungen gibt, und daß die meisten Tests nur in einem einzigen Faktor deutlich hoch geladen sind.

Koordinaten können *orthogonal* (im rechten Winkel zueinander) oder *schiefwinklig* sein. Sind die Achsen schiefwinklig, wird damit angezeigt, daß die Faktoren untereinander korreliert sind. Einige Faktorenanalytiker ziehen es wegen der deskriptiven Einfachheit vor, mit orthogonalen, unkorrelierten Faktoren zu arbeiten. Andere behaupten, wenn Kriterien wie positiver Quadrant oder Einfachstruktur besser mit schiefwinkligen Achsen erfüllt werden könnten, sollten sie verwendet werden. THURSTONE (58) z.B. führte aus, es gebe keinen Grund dafür, daß psychologische Faktoren unkorreliert sein müßten. Die Maße für Konstitution, Höhe und Gewicht hätten sich als nützliche Kategorien erwiesen, obwohl sie hoch miteinander korreliert seien.

Sind Faktoren selbst miteinander korreliert, kann man die Interkorrelationen zwischen den Faktoren derselben statistischen Analyse unterziehen, die wir auch bei den Interkorrelationen zwischen Tests verwenden. Anders gesagt: wir können die Faktoren „faktorisieren" und *Faktoren zweiter Ordnung* ableiten. Dieses Verfahren verfolgte man in etlichen Studien mit Fähigkeits- und Persönlichkeitsvariablen. Bestimmte Untersuchungen mit Fähigkeitstests haben einen einzigen Generalfaktor zweiter Ordnung erbracht, der als Äquivalent zu SPEARMANs g (56) angesehen werden kann. Im allgemeinen gingen amerikanische Psychologen so vor, daß sie möglichst viel von den Interkorrelationen zwischen Tests auf Gruppenfaktoren zurückführten und dann g als einen Faktor zweiter Ordnung identifizierten, wenn die Daten das zuließen. Britische Psychologen dagegen beginnen gewöhnlich mit einem g-Faktor, dem sie den größten Teil der Testinterkorrelationen zuschreiben. Sie wenden sich dann Gruppenfaktoren zu, um alle verbleibenden Korrelationen aufzudecken. Diese Verfahrensunterschiede spiegeln die Unterschiede in der theoretischen Gewichtung wider (s. weiter oben).

Notwendige Vorsicht beim Gebrauch der Faktorenanalyse

Da alle Techniken der Faktorenanalyse mit Interkorrelationen anfangen, wird sich jede Bedingung, die Korrelationskoeffizienten beeinflußt, auch auf die Faktorladung auswirken. Von primärer Wichtigkeit ist das Arbeiten mit einer *genügend großen Pbn-Zahl*, um stabile Korrelationen zu erhalten. Selbst bei 100 Fällen muß ein Korrelationskoeffizient mindestens 0,25 betragen, um auf dem 1 %-Niveau signifikant größer als Null zu sein. In kleineren Gruppen können Korrelationen von einer Stichprobe zur nächsten so stark schwanken, daß alle sich ergebenden Faktorladungen recht zweifelhaft werden.

Die Größe eines Korrelationskoeffizienten wird auch durch die Heterogenität der Gruppe beeinflußt. Das deutlichste Beispiel stellt die Altersheterogenität dar. In einer Gruppe im Alter von 3 bis 15 Jahren wird man eine hohe positive Korrelation selbst zwischen unterschiedlichen Merkmalen finden, wie Größe der großen Zehe und dem geistigen Alter im Stanford-Binet, da ältere Kinder längere Fußzehen und ein höheres geistiges Alter haben. Dieselben Maße würden wahrscheinlich in einer homogenen Gruppe von 10jährigen eine Nullkorrelation ergeben. Doch Heterogenität läßt nicht immer eine Korrelation ansteigen. Sie kann sie vermindern oder sogar zu einer negativen Korrelation zwischen Variablen führen, die sonst unkorreliert sind. Schätzte man eine Gruppe, die sich aus Chinesen und Skandinaviern zusammensetzt, nach ihrer Länge ein und prüfte man ihre Fähigkeit bei der Verwendung von Esstäbchen, würde man eine recht hohe negative Korrelation zwischen diesen beiden Maßen finden. Die Chinesen wären im allgemeinen kleiner als die Skandinavier und eindeutig gewandter beim Gebrauch von Eßstäbchen. Innerhalb jeder Gruppe jedoch könnten wir kaum eine Korrelation zwischen den zwei Variablen erwarten. Gruppen, die man für Faktorenanalysen heranzieht, sollten homogen sein in Bezug auf Merkmale wie Geschlecht, Alter, Rasse, nationalen Hintergrund, sozioökonomische Schicht und ähnlichem, es sei denn, es ließe sich zeigen, daß keine signifikanten Mittelwertsunterschiede zwischen den Untergruppen in den zu untersuchenden Variablen bestehen.

Die Tests für Faktorenanalysen sollten hohe *Reliabilitäten* haben. Unreliable Tests können nur wenig zur Identifikation von Faktoren beitragen. Die verschiedenen Werte, die man interkorreliert, müssen auch *experimentell unabhängig* sein. Das bedeutet, daß zwei Variablen in einer Korrelationsmatrix nicht aus derselben Art von Reaktionen abgeleitet werden können. In derartigen Fällen würde ein Teil der Korrelationen aus dem Überlappen spezifischer und Zufallsfaktoren in den Reaktionen resultieren und dadurch würde das sich ergebende Faktorenmuster verfälscht. Beispiele für experimentell abhängige Werte sind z. B. Geschwindigkeits- und Genauigkeitswerte desselben

Tests; Werte in Fragebogenverfahren wie dem Bernreuter oder der Strong Vocational Interest Blank, in denen dasselbe Item nach mehr als einem Schlüssel ausgewertet wird; etliche RORSCHACH Indizes, die auf Verhältnissen oder anderen Kombinationen identischer Antworten basieren.
Noch eine andere Maßart ist für das übliche Verfahren der Faktorenanalyse ungeeignet: *ipsative Werte.* Hier wird die Leistung eines Individuums in Bezug auf seinen eigenen Mittelwert ausgedrückt. Werte in der Allport-Vernon-Lindzey Study of Values illustrieren dieses Vorgehen. Ein Individuum kann unmöglich hohe Werte oder niedrige in allen 6 Teilen des Tests erreichen; ein hoher Wert in einem Test muß durch niedrige Werte in einem anderen ausgeglichen werden. Das Profil eines Individuums in diesen Tests gibt seine *relative* Position in den 6 Werten wieder. Korreliert man derartige Werte, müssen einige negative Korrelationen einfach als ein Artefakt des Bewertungssystems erscheinen. Für die richtige Anwendung einer Faktorenanalyse müssen noch andere mehr technische Bedingungen erfüllt sein. Bei MCNEMAR (37) und GUILFORD (24) findet man eine Diskussion dieser Bedingungen und eine ausführlichere Behandlung der oben angeschnittenen Punkte.

Inverse Faktorenanalyse und andere Variationen

Bei bestimmten Anwendungen der Faktorenanalyse hat man eine abgewandelte Technik herangezogen, die man verschiedentlich „umgedreht", „inverse" oder „transponierte" Faktorenanalyse nennt[3]. Diese Technik benutzt Korrelationen, in denen die übliche Rolle von Personen und Tests umgedreht worden ist. Statt die Korrelationen zwischen z. B. arithmetischen und verbalen Werten für alle Personen einer Gruppe zu finden, rechnet man die Korrelation zwischen zwei Personen, z. B. Smith und Jones, in einer ganzen Testserie. Ist eine derartige Korrelation hoch, bedeutet das, daß die Verteilung schlechter und guter Werte in den verschiedenen Tests für Smith und Jones ähnlich ist. Ebenso kann man die Testwerte für alle anderen Paare von *Personen* in der gesamten Gruppe miteinander korrelieren. Diese „Korrelationen von Personen" können dann durch dieselben Methoden faktorisiert werden, wie sie auch bei den bekannteren „Korrelationen von Tests" verwendet werden. Inverse Faktorenanalyse hat man als Weg zur Erforschung von Persönlichkeitstypen vorgeschlagen, da die „Gruppenfaktoren für Personen" Typenfaktoren repräsentieren oder Eigenschaftsmuster, die von bestimmten Individuen geteilt werden. In bestimmten Situationen, wenn viele Maße über eine relativ geringe Personenanzahl vorliegen, kann die inverse Faktorentechnik wünschenswert sein. Man sollte jedoch nicht glauben, es handelte

3 Mathematisch korrekt ist der Begriff „transponiert", er wird jedoch leider kaum in der psychologischen Literatur gebraucht.

sich um grundsätzlich verschiedene Methoden, denn der Substanz nach werden dieselben Faktoren durch beide Verfahren gefunden (s. 9).

CATTELL (14) legte ein zusammengesetztes „Kovariationsschema" vor, in die er die Korrelationen von Tests und von Personen in Verbindung brachte mit einigen anderen Abwandlungen. Diese Techniken, die sich nur darin voneinander unterscheiden, *was* korreliert wird, sind in Tabelle 15 aufgeführt.

Tabelle 15: Spielarten von Korrelationstechniken in CATTELLS Kovariationsschema (abgewandelt aus CATTELL, 14, S. 109).

(einzelne Gelegenheit)	
R-Korrelation zwischen Tests über verschiedene Personen	Q-Korrelation zwischen Personen über verschiedene Tests
(einzelne Person)	
P-Korrelation zwischen Tests über verschiedene Gelegenheiten	O-Korrelation zwischen Gelegenheiten über verschiedene Tests
(einzelner Test)	
T-Korrelation zwischen Gelegenheiten über verschiedene Personen	S-Korrelation zwischen Personen über über verschiedene Gelegenheiten

Jede Technik ist mit dem Buchstaben versehen, den CATTELL ihr gegeben hat[4].

Die beiden Techniken in der ersten Zeile von Tabelle 15, die R- und Q-Techniken, entsprechen den vorher besprochenen Korrelationen zwischen Tests bzw. zwischen Personen. Beide benutzen Werte verschiedener Personen in verschiedenen Tests, die bei *einer einzigen Gelegenheit* erhoben wurden. Die P- und O-Techniken der nächsten Zeile beziehen sich auf eine *einzige Person*, von der man eine Serie von Werten oder anderen Maßen zu verschiedenen Gelegenheiten erhoben hat. Wie R- und Q-Techniken, stellen P- und O-Techniken jeweils die inverse Technik für einander dar. Indem sie von einer ausführlichen Studie an einer einzelnen Person handeln, sind diese Techniken besonders für die Klinische Psychologie interessant (13, 35, 63). Einige Abwandlungen der CATTELLschen Q-Techniken sind ebenfalls im klinischen Bereich verwendet worden (s. 16, 38).

Die T- und S-Techniken in der letzten Zeile von Tabelle 15 verwenden *einen einzigen Test*, der zu verschiedenen Gelegenheiten verschiedenen Personen

4 Der Gebrauch derartiger Buchstabensymbole ist leider in der Literatur über faktorielle Techniken durcheinander geraten. In einigen frühen Schriften über die inverse Faktorenanalyse verwandte BURT (9) die Buchstaben R, T und P anders als CATTELL. Kürzlich haben sich CATTELL (13) und STEPHENSON (47) um ihr jeweiliges Recht am Buchstaben Q gestritten. Und MOWRER (38) bezieht sich auf CATTELLS T- und S-Techniken als auf die M- und N-Techniken! CATTELLS Gebrauch, wie in Tabelle 15 angegeben, scheint jedoch langsam akzeptiert zu werden.

vorgelegt wurde. Die eine Technik ist wieder die Inverse der anderen. Diese Techniken sind für die Forschung über bestimmte Probleme der Sozial- und der experimentellen Psychologie von Nutzen (s. 38). Eine andere Verwendung der T-Technik illustriert HOFSTÄTTER (28) in seiner Analyse von Testwerten, die an Pbn der Berkeley Growth Study erhoben worden waren (s. Kapitel 8). Indem er die Intelligenzalter von der Geburt bis zur Reife interkorrelierte und die Korrelationsmatrix faktorenanalysierte, untersuchte HOFSTÄTTER die altersbedingte Veränderung der Intelligenzbeschaffenheit.

Es sei hier auch die Q-Technik von STEPHENSON (48) erwähnt. Soweit es die Korrelationsanalyse anbelangt, teilt diese Technik einige Merkmale sowohl mit der P- als auch mit der Q-Technik von CATTELL. Denn es können die Korrelationen zwischen den Reaktionen einer einzigen Person auf eine Serie von Reizen, die unter verschiedenen Bedingungen vorgegeben wurden, bestimmt werden (wie in CATTELLs P-Technik) oder zwischen den Reaktionen verschiedener Personen auf eine Reizserie, die bei einer einzigen Gelegenheit vorgegeben wurde (wie in CATTELLs Q-Technik). STEPHENSON besteht jedoch darauf, der Hauptunterschied zwischen seiner Q-Technik und allen anderen Verfahren, liege in der Beschaffenheit der zugrundeliegenden Daten, die man zur Bestimmung der Korrelation verwende. Kurz gesagt: STEPHENSON legt der Pb eine Reihe von Eigenschaftsnamen, Behauptungen oder anderen Items mit der Instruktion vor, sie hinsichtlich eines Kriteriums einer vorgegebenen Zahl von Kategorien zuzuordnen, z.B. danach, wie gut ein Eigenschaftsname den Pb selbst beschreibt. Diesen Vorgang nennt STEPHENSON „Q-Sort". Andere Personen können entsprechend dieselben Eigenschaften im Hinblick auf sich selbst ordnen und die Ränge, die verschiedene Individuen diesen Eigenschaften zuweisen, lassen sich dann interkorrelieren.

Ein Q-Sort kann auch auf ein einzelnes Individuum beschränkt sein: Der Pb wird gebeten, die Eigenschaften auf unterschiedliche Weise zu ordnen. So kann er sie in Bezug auf sein eigenes Selbstbild, sein Idealbild, das Bild, das seiner Meinung nach andere von ihm haben usw. sortieren (s. 38, 48). Diese Technik hat man in der Klinischen Psychologie zur Untersuchung bestimmter Fragen herangezogen, z.B. Wie eng korreliert das Selbstbild eines Individuums mit seinem Idealbild? Wie verändert sich die Korrelation nach Therapie oder Beratung? Egal wie man sie erhoben hat, die verschiedenen Q-Sorts lassen sich interkorrelieren und die Korrelationen können einer Faktorenanalyse jeder verfügbaren Methode unterzogen werden[5]. STEPHENSON schlug auch andere statistische Techniken vor, die ohne Korrelation auf solche Daten angewendet werden können. Der gemeinsame Kern seiner Q-Technik liegt

---

5 Q-Sorts ergeben ipsative Werte. Doch so lange man Korrelationen zwischen Personen (oder Gelegenheiten) und nicht zwischen den Eigenschaften bestimmt, unterliegen die Korrelationen keinen künstlichen Restriktionen.

nicht in ihrer statistischen Verarbeitung, sondern im Verfahren zur Erhebung der Rohdaten.

Zusammenfassung

Zwei Personen mit demselben IQ können unterschiedliche Fähigkeitsprofile aufweisen. Man hat Daten über *intraindividuelle Variabilität* in verschiedenen Eigenschaften aus Fallstudien über auffallende Begabungsasymmetrien abgeleitet (Extrembeispiele: idiots savants); aus Maßen über die Größe intraindividueller Variabilität in großen Stichproben; aus Korrelationsstudien. Die beiden letzten Ansätze stellen unterschiedliche Bezeichnungen für dieselben Tatsachen dar.
Theorien über *Eigenschaftsorganisation* befassen sich mit der Identifikation von den Eigenschaften und Dimensionen, mit denen individuelles Verhalten am effektivsten beschrieben werden kann. Die empirischen Studien zur Eigenschaftsorganisation hat SPEARMAN eingeleitet, der als erster eine Methode zur Analyse von Interkorrelationen zwischen Testwerten entwickelte. Aufgrund seiner Forschung schlug SPEARMAN eine Zweifaktorentheorie vor, die intellektuelle Funktionen mit einem einzigen g-Faktor und zahlreichen s-Faktoren beschrieb – wenn auch später einige Gruppenfaktoren hinzugenommen wurden.
Von heutigen amerikanischen Psychologen werden vorwiegend multiple Faktorentheorien vertreten, die durch die Analyse der Intelligenz von THURSTONE in „primary mental abilities" illustriert werden. Die letzten Jahre haben eine Ausweitung von Gruppenfaktoren unterschiedlicher Breite mit sich gebracht und einige Versuche, die Forschungsresultate zu systematisieren und zu koordinieren. Britische Psychologen wie BURT und VERNON bevorzugen hierarchische Theorien der Eigenschaftsorganisation, die als Grundlage zur Erklärung einer Korrelation die Hauptbedeutung dem g-Faktor zumessen. Breite Gruppenfaktoren werden bestimmt, die wiederum in engere Gruppenfaktoren unterteilt werden können usw., bis zu spezifischen Faktoren. Eine ähnliche hierarchische Gliederung hat EYSENCK für Persönlichkeitseigenschaften vorgeschlagen. Etliche Psychologen legen das Konzept von Faktoren als operationale Einheiten und nicht als zugrundeliegende Entitäten aus.

Hauptziel der *Faktorenanalyse* ist es, die Datenbeschreibung zu vereinfachen, indem die Anzahl von Variablen oder Dimensionen reduziert wird. Im Anschluß an die Berechnung der Faktorenmatrix und die Rotation der Koordinaten, werden die Faktoren identifiziert, indem man die Variablen mit den höchsten Ladungen im jeweiligen Faktor betrachtet. Faktoren können orthogonal oder schiefwinklig sein. Im zweiten Fall lassen sich Faktoren zweiter Ordnung berechnen. Eine richtige Anwendung der Faktorenanalyse verlangt die Einhaltung gewisser notwendiger Vorsichtsmaßnahmen in Bezug auf Anzahl und Heterogenität der Pbn, auf Reliabilität und Unabhängigkeit der Variablen, auf Verwendung angemessener Werte und andere Bedingungen.

Für bestimmte Zwecke kann eine *inverse Faktorenanalyse* durchgeführt werden, bei der Korrelationen zwischen Personen (Q-Technik) an die Stelle der üblichen Korrelationen zwischen Tests (R-Technik) treten. Andere Variationen sind die P-, 0-, T- und S-Techniken sowie die Q-Technik von STEPHENSON. Alle diese Abwandlungen unterscheiden sich in dem, was miteinander korreliert wird und nicht in den Verfahren der Faktorenanalyse.

Literaturverzeichnis

1. Adcock, C. J. *Factorial analysis for non-mathematicians.* Carlton, N. 3, Victoria: Melbourne Univer. Press; N.Y.: Cambridge Univer. Press, 1954.
2. Adkins, Dorothy C., and Lyerly, S. B. *Factor analysis of reasoning tests.* Chapel Hill: Univer. N. Carolina Press, 1952.
3. Allport, G. W., and Odbert, H. S. Trait-names, a psycholexical study. *Psychol. Monogr.*, 1936, 47, No. 1.
4. Anastasi, Anne. The nature of psychological 'traits.' *Psychol. Rev.*, 1948, 55, 127–138.
5. Anastasi, Anne. *Psychological testing.* N.Y.: Macmillan, 1954.
6. Barlow, F. *Mental prodigies.* N.Y.: Philosophical Library, 1952.
7. Botzum, W. A. A factorial study of the reasoning and closure factors. *Psychometrika*, 1951, 16, 361–386.
8. Bryan, W. L., Lindley, E. H., and Harter, N. *On the psychology of learning a life occupation.* Bloomington: Indiana Univer., 1941.
9. Burt, C. *The factors of the mind: an introduction to factor-analysis in psychology.* N.Y.: Macmillan, 1941.
10. Burt, C. Mental abilities and mental factors. *Brit. J. educ. Psychol.*, 1944, 14, 85–89.
11. Burt, C. The structure of the mind; a review of the results of factor analysis. *Brit. J. Psychol.*, 1949, 19, 176–199.
12. Carroll, J. B. A factor analysis of verbal abilities. *Psychometrika*, 1941, 6, 279–308.
13. Cattell, R. B. On the disuse and misuse of P, Q, Qs and O techniques in clinical psychology. *J. clin. Psychol.*, 1951, 7, 203–214.
14. Cattell, R. B. *Factor analysis.* N.Y.: Harper, 1952.
15. Corter, H. M. Factor analysis of some reasoning tests. *Psychol. Monogr.*, 1952, 66, No. 8.
16. Cronbach, L. J. Correlation between persons as a research tool. In O. H. Mowrer (Ed.), *Psychotherapy.* N.Y.: Ronald, 1953. Pp. 376–388.

17 DeVoss, J. C. Specialization of the abilities of gifted children. In L. M. Terman (Ed.), *Genetic studies of genius.* Stanford Univer., Calif.: Stanford Univer. Press, 1925. Vol. I, Ch. 12.
18. Eysenck, H. J. *The structure of human personality.* London: Methuen, 1953.
19. French, J. W. The description of aptitude and achievement tests in terms of rotated factors. *Psychometr. Monogr.*, 1951, No. 5.
20. French, J. W. *The description of personality measurements in terms of rotated factors.* Princeton, N.J.: Educ. Testing Service, 1953.
21. French, J. W. *Manual for kit of selected tests for reference aptitude and achievement factors.* Princeton, N.J.: Educ. Testing Service, 1954.
22. Fruchter, B. *Introduction to factor analysis.* N.Y.: Van Nostrand, 1954.
23. Ghiselli, E. E. Essential conditions in the determination of the extent of trait variability. *J. appl. Psychol.*, 1939, 23, 436–439.
24. Guilford, J. P. When not to factor analyze. *Psychol. Bull.*, 1952, 49, 26–37.
25. Guilford, J. P. *Psychometric methods.* (Rev. Ed.) N.Y.: McGraw-Hill, 1954.
26. Guilford, J. P. The structure of intellect. *Psychol. Bull.*, 1956, 53, 267–293.
27. Guttman, L. A new approach to factor analysis: radex. In P. F. Lazarsfeld (Ed.), *Mathematical thinking in the social sciences.* Glencoe, Ill.: Free Press, 1954. Pp. 258–348.
28. Hofstaetter, P. R. The changing composition of "intelligence": a study in T technique. *J. genet. Psychol.*, 1954, 85, 159–164.
29. Holzinger, K. J., and Harman, H. H. *Factor analysis: a synthesis of factorial methods.* Chicago: Univer. Chicago Press, 1941.
30. Hotelling, H. Analysis of a complex of statistical variables into principal components. *J. educ. Psychol.*, 1933, 24, 417–441, 498–520.
31. Hull, C. L. Variability in amount of different traits possessed by the individual. *J. educ. Psychol.*, 1927, 18, 97–104.
32. Kelley, T. L. *Crossroads in the mind of man: a study of differentiable mental abilities.* Stanford Univer., Calif.: Stanford Univer. Press, 1928.
33. Kelley, T. L. *Essential traits of mental life.* Cambridge: Harvard Univer. Press, 1935.
34. Knoell, D. M., and Harris, C. W. A factor analysis of word fluency. *J. educ. Psychol.*, 1952, 43, 131–148.
35. Luborsky, L. Intra-individual repetitive measurements (P technique) in understanding psychotherapeutic change. In O. H. Mowrer (Ed.), *Psychotherapy.* N.Y.: Ronald, 1953. Pp. 389–413.
36. Matin, L., and Adkins, Dorothy C. A second-order factor analysis of reasoning abilities. *Psychometrika*, 1954, 19, 71–78.
37. McNemar, Q. The factors in factoring behavior. *Psychometrika,* 1951, 16, 353–359.
38. Mowrer, O. H. "Q technique"—description, history, and critique. In O. H. Mowrer (Ed.), *Psychotherapy.* N.Y.: Ronald, 1953. Pp. 316–375.
39. Piéron, H. L'hétérogénéité normale des aptitudes. *Année psychol.*, 1940–41, 41–42, 1–13.
40. Preston, M. G. Concerning the determination of trait variability. *Psychometrika*, 1940, 5, 275–281.
41. Preston, M. G. Trait variability as a function of practice and of age. *J. gen. Psychol.*, 1947, 37, 3–14.

42. Raven, J. C. *Guide to using Progressive Matrices (1938)*. London: Lewis, 1952.
43. Rife, D. C., and Snyder, L. H. Studies in human inheritance. *Hum. Biol.*, 1931, 3, 547–559.
44. Scheerer, M., Rothmann, Eva, and Goldstein, K. A case of "idiot savant": an experimental study of personality organization. *Psychol. Monogr.*, 1945, 58, No. 4.
45. Spearman, C. "General intelligence" objectively determined and measured. *Amer. J. Psychol.*, 1904, 15, 201–293.
46. Spearman, C. *The abilities of man.* N.Y.: Macmillan, 1927.
47. Stephenson, W. A note on Professor R. B. Cattell's methodological adumbrations. *J. clin. Psychol.*, 1952, 8, 206–207.
48. Stephenson, W. *The study of behavior: Q-technique and its methodology* Chicago: Univer. Chicago Press, 1953.
49. Taylor, C. W. A factorial study of fluency in writing. *Psychometrika*, 1947, 12, 239–262.
50. Thomson, G. H. A hierarchy without a general factor. *Brit. J. Psychol.*, 1916, 8, 271–281.
51. Thomson, G. H. *The factorial analysis of human ability.* (3rd Ed.) Boston: Houghton Mifflin, 1948.
52. Thurstone, L. L. Primary mental abilities. *Psychometr. Monogr.*, 1938, No. 1.
53. Thurstone, L. L. Current issues in factor analysis. *Psychol. Bull.*, 1940, 37, 189–236.
54. Thurstone, L. L. A factorial study of perception. *Psychometr. Monogr.*, 1944, No. 4.
55. Thurstone, L. L. *Multiple-factor analysis.* Chicago: Univer. Chicago Press, 1947.
56. Thurstone, L. L., and Thurstone, Thelma G. Factorial studies of intelligence. *Psychometr. Monogr.*, 1941, No. 2.
57. Tilton, J. W. The relation between IQ and trait differences as measured by group intelligence tests. *J. educ. Psychol.*, 1947, 38, 343–352.
58. Tredgold, R. F., and Soddy, K. *A textbook of mental deficiency.* (9th Ed.) Baltimore: Williams & Wilkins, 1956.
59. Tryon, R. C. A theory of *psychological components*—an alternative to "mathematical factors." *Psychol. Rev.*, 1935, 42, 425–454.
60. Tryon, R. C. *Cluster analysis.* Ann Arbor, Mich.: Edwards, 1939.
61. Tryon, R. C. General dimensions of individual differences: cluster analysis vs. multiple factor analysis. *Educ. psychol. Measmt.*, 1958, 18, 477–495.
62. Vernon, P. E. *The structure of human abilities.* London: Methuen, 1950.
63. Williams, Henrietta V. A. determination of psychosomatic functional unities in personality by means of P-technique. *J. soc. Psychol.*, 1954, 39, 25–45.
64. Wrigley, C. The need for objectivity in factor analysis. *Educ. psychol. Measmt.*, 1958, 18, 463–476.

Kapitel 11
Eigenschaftsorganisation: Hauptergebnisse

Als Forschungsinstrument läßt sich die Faktorenanalyse auf sehr verschiedenartige Probleme anwenden. Sie ist schon in fast allen Zweigen der Psychologie benutzt worden. Die meisten Studien arbeiten mit der traditionellen R-Technik, aber einfallsreiche neue Anwendungen der P-, Q- und anderer Varianten erscheinen zunehmend häufiger. Es soll hier nicht versucht werden, diese vielfältigen Faktorenuntersuchungen zusammenzutragen. Hinweise auf typische Untersuchungen in einigen Gebieten kann man bei FRUCHTER (41, Kap. 10) finden, obwohl bisher kein umfassender Überblick veröffentlicht worden ist. Es dürfte jedoch interessant sein, einen kurzen Blick auf die Problembereiche zu werfen, die durch diese Verfahren angegangen worden sind.

Faktorentechniken hat man bei der Klassifikation von Gefühlen und Farbempfindungen benutzt; bei der Bewertung vorliegender Tests für Sehschärfe; bei der Identifikation der gemeinsamen Faktoren für motorische Fertigkeiten und sportliche Fähigkeiten. Etliche Faktorenanalysen haben sich mit der Analyse des Körperbaus und mit konstitutionstypologischen Theorien befaßt (s. Kap. 6). Traditionelle psychiatrische Klassifikationen für Psychosen und Neurosen hat man überprüft und wiederbelebt durch Faktorenanalysen der Symptome oder Testantworten von Patienten. Kulturmerkmale und Sozialwandel hat man durch Faktorenanalysen der Merkmale von Nationen, Staaten, Städten und Ortsteilen untersucht. Auch die Forschung über die Beschaffenheit von Vorurteilen und nationalen Stereotypien hat sich faktorenanalytischer Methoden bedient. In der Betriebs- und Industriepsychologie findet man Anwendungen auf Probleme wie Werbung, Berufsklassifikation und Berufswertung. Doch beschränkt sich die potentielle Nützlichkeit der Faktorenanalyse nicht auf die Psychologie allein. Obwohl ihre Anwendungen in anderen Bereichen noch selten sind, reichen sie von der Analyse weiblicher Kleidungsmaße und der Musterkonstruktion bis zur Untersuchung der Urteilssprüche des Obersten Gerichtshofes!
Offensichtlich stellt die Faktorenanalyse eine vielseitige Forschungstechnik dar. Dennoch betrafen ihre Hauptanwendungen die Identifikation von Fähigkeiten und Persönlichkeitseigenschaften und die Entwicklung von Tests zu ihrer Messung. In den folgenden Abschnitten wollen wir die wichtigsten

Entwicklungen in der Testkonstruktion und Persönlichkeitstheorie betrachten, die den Einfluß der heutigen faktorenanalytischen Forschung widerspiegeln.

Multiple Leistungstestbatterien

Bei der Messung von Fähigkeiten erkennt man die Wirkung der Faktorenanalyse in der Entwicklung und dem zunehmenden Gebrauch multipler Leistungstestbatterien (s. 6, Kap. 14). Diese Batterien ergeben nicht ein einziges Globalmaß wie den IQ, sondern ein Profil aus Werten in getrennten Tests, von denen die meisten mehr oder weniger eng den faktorenanalytisch identifizierten Eigenschaften entsprechen. Die Tests von THURSTONE für die Primary Mental Abilities (PMA) stellen die erste Testbatterie zum allgemeinen Gebrauch dar, die als ein direktes Ergebnis faktorenanalytischer Forschung konstruiert wurde. Diese Tests stehen heute für drei Niveaus zur Verfügung, für die Altersstufe 5 bis 7, 7 bis 11, bzw. 11 bis 17 (99).

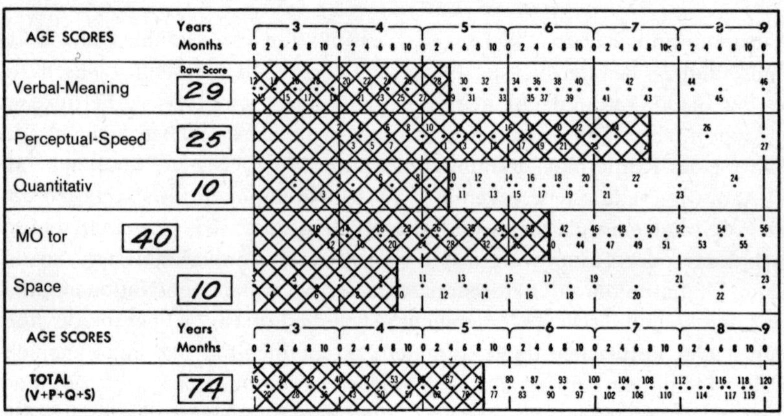

Abb. 68: Profil eines 5jährigen Kindes in den „Primary Mental Abilities“ von THURSTONE. (Daten von AVAKIAN, 10)

Ein Werteprofil eines fünfjährigen Jungen in der Testform für 5 bis 7jährige ist in Abbildung 68 wiedergegeben. Die Intelligenzalterwerte für verbales Verständnis Wahrnehmungsgeschwindigkeit, quantitative-, motorische und Raumvorstellungsfaktoren sind angegeben. Man kann auch ein zusammengesetztes Intelligenzalter und einen IQ berechnen, der auf allen Tests außer dem motorischen basiert. Dieser IQ entspricht grob dem, den man mit traditionellen „Intelligenztests“ erhält. Die PMA-Tests für die Altersstufen 7 bis 11 ergeben Werte für verbales Verständnis, Rechnen, Raumvorstellungs-, Denk- und Wahrnehmungsgeschwindigkeitsfaktoren; die Form für die Altersstufen 11 bis 17 enthält verbales Verständnis-, Wortflüssigkeits-, Rechen-, Raum- und Denkfaktoren. Man sieht, daß die Faktoren der PMA-Tests diejenigen sind, die THURSTONE in seinen frühen Forschungen über die multiplen Leistungsfaktoren identifizierte (s. Kap. 10).

Nach dem allgemeinen Muster von THURSTONE haben Testkonstrukteure multiple Testbatterien für zahlreiche Zwecke entwickelt. Beispiele sind die Klassifikationsbatterien der amerikanischen Luftwaffe zur Auswahl von Piloten, Navigatoren und anderem Flugpersonal (104). Später stellte man die Airman Classification Battery (105) zusammen, um weiteres Personal für die Luftwaffe zu testen. Zusätzlich zu einigen früher gefundenen breiten Faktoren decken diese Batterien viele relativ spezielle Faktoren ab, die in Faktorenanalysen von Luftwaffenstichproben identifiziert worden waren. Derartige Faktoren haben besondere Relevanz für die Leistung in Luftwaffenberufen. Ähnliche Batterien hat man dann zum Gebrauch in allen anderen Zweigen der amerikanischen Armee entwickelt.

Ein anderes Beispiel für multifaktorielle Tests findet sich in der General Aptitude Test Battery der amerikanischen Arbeitsämter (34). Diese Batterie wurde zum Gebrauch für Berufsberater in den staatlichen Arbeitsämtern entwickelt. Sie enthält Tests für verbale, numerische und Raumvorstellungsfähigkeiten, Formwahrnehmung, Büroleistungen, Genauigkeit, motorische Geschwindigkeit, Finger- und Handgeschicklichkeit. Es wird auch ein „allgemeiner Intelligenzwert“ aus den zusammengefaßten Werten aus einem verbalen, numerischen und einem Raumvorstellungstest abgeleitet.

Etliche andere multiple Testbatterien stehen zur allgemeinen Verfügung, besonders für das Highschool- und Collegeniveau. Unter ihnen seien erwähnt die GUILFORD-ZIMMERMANN Aptitude Survey (53), die HOLZINGER-CROWDER Uni-Factor Tests (58), die Multiple Aptitude Tests (80), die FLANAGAN Aptitude Classification Tests (39) und die Differential Aptitude Tests (12). Das Profil eines Highschoolstudenten in den letztgenannten Tests ist in Abbildung 69 wiedergegeben. Die Leistung in den acht Teilen der Batterie ist in Prozenträngen und den entsprechenden Standardwerten angegeben. Die Art des verwandten Profilgraphen nennt man ein *Normpercentilblatt* (65). Auf einem derartigen Blatt entsprechen die Distanzen über oder unter dem Median, d.h. dem 50. Percentil, gleichen Fähigkeitsintervallen in einer normalverteilten Gruppe. So ist z.B. die Differenz zwischen dem 80. und 90. Percentil viel größer als die zwischen dem 50. und 60., da in einer Normalverteilung mehr Personen um den Mittelpunkt herum liegen, und über einen weiten Bereich streuen, wenn sie sich den Extremen nähern.

Profile in multiplen Leistungstestbatterien, wie das in Abbildung 69, werden hauptsächlich bei der Bildungs- und Berufsberatung junger Leute verwendet. Der Student z.B., dessen Profil in Abbildung 69 zu sehen ist, hatte den Besuch einer Ingenieurschule geplant. In einem der üblichen Intelligenztests war sein IQ 115. Seine mittelmäßige Leistung im Raumvorstellungstest jedoch und sein schwaches mechanisches Verständnis warfen Zweifel an seinen Qualifikationen für die Technik auf. Aufgrund seiner anderen Werte in der Batterie und seiner Schulnoten wurde dem Studenten geraten, sich für einen allgemeinen Collegekurs einzutragen und eine Entscheidung über das Spezialisierungsgebiet aufzuschieben.

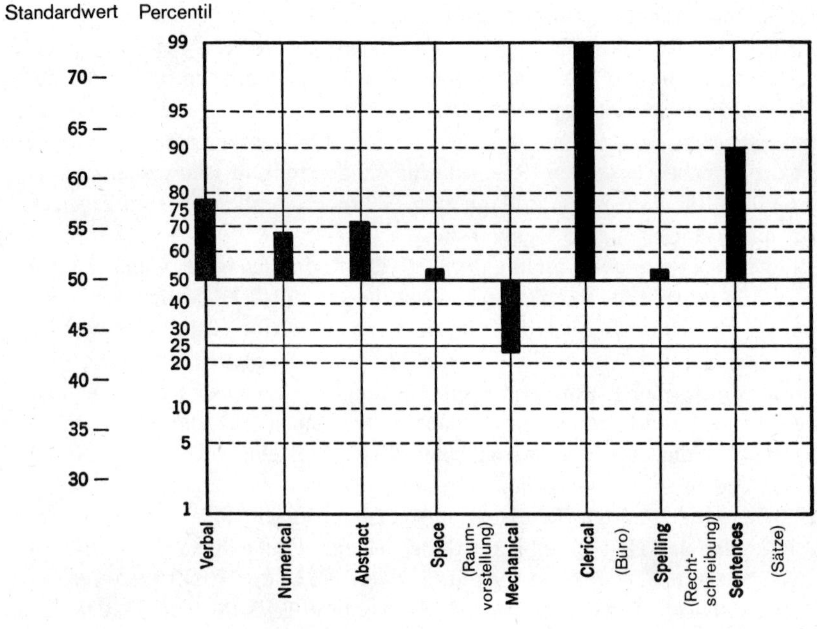

Abb. 69: Profil eines Highschooljungen in den Differentiellen Leistungstests (aus Bennet, Seashore u. Wesman, 12, E 8)

Der Profilansatz zur Persönlichkeitsbeschreibung

Die Faktorenanalyse wurde auch auf die nichtintellektuellen Aspekte der Persönlichkeit angewendet, besonders auf die Messung emotionaler und sozialer Eigenschaften (s. 6, Kap. 20). Etliche bekannte Persönlichkeitsfragebogen, die ein Eigenschaftsprofil ergeben, sind mit Hilfe faktorenanalytischer Techniken entwickelt worden. Die Forschung von Guilford und Mitarbeitern

illustriert einen Ansatz, mit dem man 13 Faktoren in den Fragebogenantworten von Collegestudenten identifiziert hat. In diesen Untersuchungsreihen, wie in einigen anderen Persönlichkeitstests, berechnete man die Interkorrelationen zwischen den einzelnen Items und nicht zwischen Untertests. Solch ein Vorgehen zeigt z.T. den Mangel an gesichertem Wissen über Persönlichkeitsorganisation. Die Aufgabe der statistischen Analyse war simpler – und die resultierenden Korrelationen stabiler – wenn man „offensichtlich ähnliche" Items in Untertests zusammenfassen konnte und die Werte dieser Untertests dann interkorrelierte. Aber es war schwierig, fortschreitend zu entscheiden, welche Items zusammengebracht werden sollten. Nichts spricht in diesem Gebiet so klar für sich selbst, wie es z.B. für das Gruppieren von Wortschatzitems in einen Untertest und von Items für rechnerisches Denken in einen anderen gilt.
Die zehn am klarsten gesicherten Faktoren aus den Studien von GUILFORD wurden schließlich in einen einzigen Fragebogen eingebracht, die GUILFORD-ZIMMERMANN Temperament Survey (54). Dieser Fragebogen ergibt getrennte Werte für die folgenden Eigenschaften, die jeweils auf 30 Items basieren:

G: General activity (allgemeine Aktivität) – Raschheit, Vorliebe für Geschwindigkeit, Lebendigkeit, Vitalität, produktive Tüchtigkeit versus langsam und bedächtig, leicht ermüdet, untüchtig.

R: Restraint (Zurückhaltung) – ernsthaft, besonnen, ausdauernd versus sorglos, impulsiv, Freude an Aufregung.

A: Ascendance (Überlegenheit) – Selbstverteidigung, Führernatur, spricht in der Öffentlichkeit, blufft versus Unterlegenheit, Zögern, vermeidet Aufsehen.

S: Sociability (Soziabilität) – hat viele Freunde, sucht soziale Kontakte und allgemeines Interesse versus wenig Freunde und Schüchternheit.

E: Emotional stability (emotionale Stabilität) – Gleichmut, optimistisch, Gelassenheit versus Launenhaftigkeit, Pessimismus, Tagträumerei, Erregbarkeit, Schuldgefühle, Ärger, Einsamkeit und schlechte Gesundheit.

O: Objectivity (Objektivität) – dickhäutig versus hypersensitiv, selbstbezogen, mißtrauisch, bezieht bei Schwierigkeiten alles auf sich.

F: Friendliness (Freundlichkeit) – Ertragen von Feindseligkeit, Akzeptieren von Herrschaft, Respekt vor anderen versus Angriffslust, Feindseligkeit, Ressentiment, Wunsch zu beherrschen und Verachtung für andere.

T: Thoughtfulness (Nachdenklichkeit) – reflektiert, beobachtet sich und andere, geistige Ausgeglichenheit versus Interesse an offener Aktivität und geistige Disziplinlosigkeit.

P: Personal relations (persönliche Beziehungen) – Toleranz, Vertrauen in soziale Institutionen versus findet Fehler, kritisch gegenüber Institutionen, mißtrauisch, Selbstmitleid.

M: Masculinity (Maskulinität) – Interesse an männlichen Aktivitäten und andere typisch männliche Gefühlsreaktionen versus Interesse für weibliche Aktivitäten und andere typisch weibliche Gefühlsreaktionen.

Eine Reanalyse der ursprünglichen Daten von Guilford führte THURSTONE (94) zu der Aussage, sieben Hauptfaktoren genügten, um die erhaltenen Interkorrelationen zu erklären. THURSTONE konstruierte daraufhin einen anderen Fragebogen, um diese sieben Eigenschaften zu messen, die er wie folgt benannte: aktiv, stark, impulsiv, dominant, stabil, sozial, reflektierend (93). Der Fragebogen, bekannt als Thurstone Temperament Schedule, enthält 20 Items für jede Eigenschaft.

Ein etwas anderer Ansatz findet sich in der Arbeit von CATTELL (16). Um eine umfassende Beschreibung der Persönlichkeit zu erreichen, begann CATTELL damit, alle Persönlichkeitseigenschaftsnamen zu sammeln, die in einem Wörterbuch (von ALLPORT und ODBERT zusammengetragen, 3) vorkommen. Er vervollständigte diese Liste mit Begriffen aus der psychiatrischen und psychologischen Literatur. Durch Zusammenfassung der Synonyme verminderte sich die Liste zunächst auf 171 Eigenschaften. Im nächsten Schritt ließ man 100 Pbn beiderlei Geschlechts, alle über 25 Jahre alt, mit unterschiedlichen Berufen (vom ungelernten Arbeiter bis zu Künstlern, Geschäftsleuten und Gelehrten) nach diesen 171 Merkmalen einschätzen. Jeder Pb wurde von einem guten Bekannten eingeschätzt. Die Beurteilungsskalen enthielten nur jeweils zwei Kategorien, nämlich über- und unterdurchschnittlich. Durch Korrelationen dieser Schätzurteile und die Zusammenfassung aller Eigenschaften, die untereinander zu mehr als 0,45 korreliert waren, erhielt man 67 Gruppen. Durch die weitere Kombination dieser Gruppierungen reduzierte sich die Anzahl auf 35.

Dann ließ man zwei unabhängige Beurteiler 208 Männer nach diesen 35 Eigenschaften einschätzen. Die Männer waren im Durchschnitt 30 Jahre alt und hatten recht unterschiedliche Berufe. Einer Faktorenanalyse der Interkorrelationen zwischen diesen 35 Eigenschaften folgte eine schiefwinklige Rotation der Achsen. Sie führte zu einer weiteren Reduktion der Eigenschaftsanzahl auf 12. CATTELL nannte sie später „primary source traits of personality" (= primäre Wurzeleigenschaften der Persönlichkeit). In späteren Untersuchungen haben CATTELL und seine Mitarbeiter nach Bestätigung dieser Eigenschaften in Faktorenanalysen von Schätzurteilen gesucht, die an Collegestudenten (17) und -studentinnen (18) erhoben worden waren; ebenso in ähnlichen Analysen von Fragebogenantworten und objektiven Persönlichkeitstests (20, 21, 23). CATTELL hat mit zahlreichen objektiven Maßen experimentiert, z.B. mit Wahrnehmungstests, mit der Geschwindigkeit bei verschiedenen Reaktionstypen und physiologischen Indizes. Die Resultate aus der P-Technik wurden ebenfalls überprüft, um zu entdecken, ob sich irgendein früher identifizierter Faktor in den Interkorrelationen zwischen Maßen einzelner Individuen bei verschiedenen Gelegenheiten zeigt (19).

Obwohl wenige Faktoren in diesen verschiedenen Studien wieder auftraten, können einige der von CATTELL aufgeführten Entsprechungen nicht überzeugen. Die geringste Übereinstimmung findet sich zwischen den Faktoren aus objektiven Tests und denen, die auf der Analyse von Schätzurteilen oder Fragebogenantworten basieren. Wie man sich erinnert, geht wahrscheinlich ein subjektives Element in die Identifikation von Faktoren ein, da dieser Prozeß von der Überprüfung der Maße oder Items abhängt, die in dem jeweiligen Faktor am höchsten geladen sind. Deshalb ist die Kreuzidentifikation von Faktoren aus Untersuchungen, die verschiedene Maße verwenden, schwierig. Alles in allem müssen die Eigenschaften, die CATTELL vorschlägt, trotz der umfangreichen Forschung weiterhin als vorläufig angesehen werden.

In einer jüngsten Zusammenfassung seiner relevanten Forschungsergebnisse listet CATTELL (21) 15 Eigenschaften auf, die er in Faktorenanalysen von Schätzurteilen oder „Lebensdaten" gefunden hat. Diese schließen die ursprünglichen 12 primären Wurzeleigenschaften ein (einige von ihnen sind umbenannt worden) plus 3 Faktoren, die später identifiziert worden sind. Die 15 Eigenschaften mit ihren jüngsten Beschreibungen lauten wie folgt:

A: Zyklothymie versus Schizothymie
B: Intelligenz (definiert mit Gewicht auf emotionalen und motivationalen Aspekten wie Ausdauer und Nachdenklichkeit)
C: Ich-Stärke versus Neigung zu Neurotizismus
D: Erregbarkeit versus Unsicherheit
E: Dominanz versus Submission
F: Überschwenglichkeit versus Deprimiertheit
G: Überichstärke
H: Parmia[1] (parasympatische Immunität) versus Threctia (Empfänglichkeit für Bedrohung)
I: Premsia (feinfühlige emotionale Sensitivität) versus Harria (harter Realismus)
J: Coasthenia (kulturellem Druck gegenüber im Konflikt asthenisch oder im Denken neurasthenisch) versus Zeppia (eifrige Kooperationsbereitschaft)

---

1 Diese und die meisten folgenden Eigenschaften stellen Kurzfassungen der Eigenschaftsbeschreibungen in den Klammern dar (der englischen Beschreibungen [Anmerkung der Autors]).

K: Comention (Konformität oder kulturelle Zugänglichkeit aufgrund der Selbstidentifikation mit guten Eltern) versus Abcultion (Abscheu und Zurückweisung kultureller Identifikation)
L: Protension (Projektion und Spannung oder paranoider Trend) versus innere Entspannung
M: Autia (autonome, sich selbst genügende Haltung) versus Praxernia (praktischer Bezug, Enge der Interessen, Unfähigkeit sich von Gefühlen der Unzulänglichkeit zu lösen)
N: Scharfsinn versus Naivität
0: Schuldgefühl versus Selbstvertrauen

Zusätzlich führt CATTELL die folgenden 8 Faktoren auf, die nur in der Analyse von Fragebogenantworten erschienen sind:

Q1: Radikalismus versus Konservativismus
Q2: Selbstgenügsamkeit
Q3: Gefühlskontrolle
Q4: Ergische Spannung (Es-Forderung oder Konfliktdruck)
Q5: Phantasietendenz
Q6: Psychotische Tendenz (Psychotizismus)
Q7: Selbstvertrauen in der Öffentlichkeit
Q8: Lebhafte extravertierte Interessen

Aufbauend auf ihren faktorenanalytischen Ergebnissen haben CATTELL und seine Mitarbeiter zwei Persönlichkeitsfragebogen erstellt. Der Sixteen Personality Factor Questionnaire (= 16 PF) (24) wurde für Erwachsene konstruiert. In ihm sind die ursprünglichen 12 Wurzeleigenschaften und vier Faktoren enthalten, die man nur in Faktorenanalysen von Fragebogendaten identifiziert hat. Ein ähnlicher 12-Faktorfragebogen ist für Kinder im Alter von 10 bis 16 Jahren geeignet, es ist der Junior Personality Quiz (22). Wegen der geringen Itemanzahl zur Messung der einzelnen Faktoren ist die Reliabilität einiger Faktorenwerte in beiden Fragebogen recht niedrig, besonders in der Kinderform. Beide Instrumente erfordern eindeutig weitere Standardisierung und Validierung, bevor sie allgemein Verwendung finden können.
Faktorenanalyse von *Interessen* und *Einstellungen* haben sich bisher nur gering auf die Testkonstruktion ausgewirkt (s. 6, Kapitel 22; 35, Kapitel 7). Die beiden am häufigsten verwendeten Interessentests, der Strong Vocational Interest Blank und der Kuder Preference Record wurden nicht durch faktorenanalytische Techniken entwickelt, obwohl ihre Werte später Faktorenanalysen unterzogen wurden. Eine der größten Faktorenstudien über Interessen haben GUILFORD et al. (50) durchgeführt. Ausgehend von den Interkorrelationen zwischen 95 Interessentests mit je 10 Items deckte diese Studie einen

ungewöhnlich weiten Bereich menschlicher Interessen ab. Die Anzahl der Pbn war groß: 600 Piloten und 720 Offiziersanwärter, für die zwei getrennte Korrelationsmatrizen berechnet und analysiert wurden. Von den 24 Faktoren für Piloten und 23 für Offiziere waren 17 beiden Gruppen gemeinsam. Es handelt sich um folgende Faktoren:

A: mechanisches Interesse
B: wissenschaftliches Interesse
C: Abenteuer versus Sicherheit
D: soziale Wohlfahrt
E: Freude an Ästhetik
F: gesellschaftliche Konformität
G: Selbständigkeit versus Abhängigkeit
H: Ästhetische Produktion
I: kirchliches Interesse
J: Bedürfnis nach Abwechslung
K: Autistisches Denken
L: Bedürfnis nach Beachtung
M: Widerstand gegen Beschränkung
N: Geschäftsinteresse
0: Interesse an Arbeit im Freien
P: körperlicher Antrieb
Q: Aggression

Einige Faktoren weisen auf die Rolle der Gesellschaft beim Aufbau von Interessensmustern hin. Einige entsprechen den traditionellen Berufskategorien, die für unsere Gesellschaft charakteristisch sind: z. B. mechanische, wissenschaftliche, sozialdienstliche, kirchliche und geschäftliche Interessen. In geringerem Ausmaß trifft das auch zu für Freude an Ästhetik, ästhetische Produktion und das Interesse an Arbeiten im Freien. Innerhalb dieser Gebiete können die Interessen miteinander korreliert sein, weil sie zusammen erlernt worden sind.

Andere Forschungen über Interessen zeigen, daß zwar Werte aus verschiedenen Interessen- und Werteinstellungstests oft hoch miteinander korrelieren (30; 35, Kap. 7), aber es nur einige geringe Korrelationen zwischen Interessen und anderen Persönlichkeitsfaktoren gibt (30). Dennoch können unter bestimmten Voraussetzungen bestimmte Interessen mit überdurchschnittlicher oder unterdurchschnlittlicher Anpassung assoziiert sein. In einer Studie mit dem Kuder Preference Record z. B. erhielten neurotische Kriegsveteranen signifikant höhere Werte in musischen und literarischen Skalen (84). Vielleicht ist die Fehlanpassung an den Krieg mit solch einem Interessensmuster assoziiert.

CATTELL dehnt in einem neueren Buch (21) die Beschreibung der Persönlichkeit auf das aus, was er „ergische Triebstrukturen“ und „Gesinnungsstrukturen“ nennt. Die ersten haben nach seiner Vermutung eine angeborene organische Grundlage und können illustriert werden durch Triebe wie Sex, Herdenbildung, elterliche Schutzhaltung, Neugier, Flucht und Selbstbehauptung. Die zweiten sieht CATTELL als Eigenschaften an, die sich durch Erfahrungen bilden. Sie stimmen eng mit dem überein, was andere unter dem Oberbegriff „Interessen“ untersucht haben. Als Beispiele kann man Interessen nennen, die auf den Beruf bezogen sind, mechanische oder Materialinteressen, Interessen an Sport und Spielen.

Psychologische Studien über Einstellungen haben sich gewöhnlich mit verbal ausgedrückten Meinungen über soziale, ökonomische und politische Fragen befaßt. FERGUSON (37) faktorenanalysierte die Gesamtwerte in 10 Einstellungsskalen von THURSTONE. Er identifizierte 3 Faktoren, die er Religiosität, Humanitarismus und Nationalismus nannte. Im ersten Faktor sind am höchsten (positiv oder negativ) die Skalen zur Messung der Einstellung zu Gott, zur Evolution und Geburtenkontrolle geladen; im zweiten die Einstellungen zum Krieg, zur Behandlung von Verbrechern und zur Todesstrafe; im dritten die Einstellungen zum Patriotismus, zur Zensur, zum Gesetz und zum Kommunismus.

Durch Faktorenanalysen individueller Items in Einstellungsfragebögen isolierte EYSENCK (35, Kap. 7) zwei breite Einstellungsfaktoren, die er charakterisierte als Radikalismus versus Konservatismus (R) und Innengeleitetheit versus Außengeleitetheit (T = Tendermindedness versus Toughmindedness). Um eine unabhängige Bestätigung dieser Klassifikation von Einstellungsitems zu erhalten, verglich EYSENCK die Antworten bestimmter Kriteriengruppen miteinander, die verschiedene politische Standpunkte oder ökonomische Schichten vertraten. Man betrachtete die Ergebnisse als konsistent mit der Erwartung. So bevorzugten Sozialisten häufiger Items mit einer hohen R-Ladung, während Konservative häufiger Items mit niedrigerer R-Sättigung wählten. In Bezug auf die T-Dimension vermutete EYSENCK, daß Arbeiter stärker außengeleitet seien als Personen der Mittelschicht und daß sowohl Kommunisten als auch Faschisten am außen geleiteten Ende der Skala lägen. Kommunisten werden also als radikal und außengeleitet, Faschisten als konservativ und außengeleitet beschrieben. EYSENCK gibt an, dieser Befund an britischen Stichproben habe sich in ähnlichen Erhebungen an Amerikanern, Schweden, Deutschen und Franzosen bestätigt.

Kritische Arbeiten über die Veröffentlichungen von EYSENCK vermuten, seine Daten bestätigten keineswegs viele seiner Schlußfolgerungen, besonders was die Außengeleitetheit-Dimension angeht (26, 72). Die Hauptschwierigkeiten rühren aus mangelnder Vergleichbarkeit der Stichproben, Eigenheiten des verwendeten Einstellungsfragebogens und des Auswertungssystems sowie aus fragwürdigen statistischen Analysen. Es scheint außerdem so, als ob die Religiositäts- und Humanitarismus-Dimension von FERGUSON besser auf EYSENCKs eigene Daten paßten als die zwei Faktoren, die er vorschlägt. Obwohl EYSENCKs Faktoren den Vorteil haben, eher den üblichen Einstellungsklassifikationen zu entsprechen, scheint ihre Annahme jedoch weiterer Verifikation zu bedürfen.

Kreativitätsforschung

Ein spezielles Gebiet augenblicklich aktiver Eigenschaftsforschung zentriert sich um die Analyse der Kreativität. Zum Teil ist das Interesse an diesem Problem durch die praktischen Forderungen nach Identifikation und maximaler Nutzung hochbegabter Talente in Wissenschaft und Technik erwacht. In einer allgemeinen Diskussion dieser Frage betonte THURSTONE (91, 96) die Tatsache, daß kreative Begabung nicht mit überragender akademischer Intelligenz synonym sei. Auch führte THURSTONE die mögliche Beziehung zwischen kreativer Aktivität und Einfallsfülle, schlußfolgerndem Denken und bestimmten Wahrnehmungstendenzen aus. Man wandte die Aufmerksamkeit besonders auf nichtintellektuelle Temperamentsfaktoren, die die Kreativität unterstützen könnten. Dazu gehören z. B. eine rezeptive – im Gegensatz zu einer kritischen – Haltung gegenüber neuen Ideen, ebenso eine entspannte, zerstreute Hinwendung zu einem Problem und nicht aktive Konzentration. THURSTONE vermutete außerdem, Kreativitätsforschung könne sich gewinnbringend mit der Beschaffenheit desjenigen Denkaktes befassen, der dem Augenblick der Einsicht vorangehe. Einige Studien sind an das Problem der Kreativität durch Faktorenanalysen von Testbatterien herangegangen, die zur Messung verschiedener Aspekte kreativer Begabung geschaffen worden sind. Das aufwendigste Projekt dieser Art haben GUILFORD und Mitarbeiter unter der Schirmherrschaft des Office of Naval Research durchgeführt (47, 49, 52, 57, 116). Grundsätzlich mit den Fähigkeiten des Führungspersonals befaßt, wollte dieses Projekt vier Gebiete des Denkens erforschen, die als schlußfolgerndes Denken, Kreativität, Planung und Bewertung bezeichnet wurden. Man entwickelte im Verlauf dieser Studie viele neue Testtypen und legte sie zusammen mit Tests der gängigen Art Gruppen von Luftwaffenkadetten und Lehroffizieren vor. Es tauchten wieder einige bekannte Faktoren auf, d. h. verbales Verständnis, Rechenfertigkeit, räumliche Veranschaulichung, Wahrnehmungsgeschwindigkeit, abstraktes Denken (mit hohen Ladungen von arithmetischen Denktests) und einige Gedächtnisfaktoren. Einige der aufregendsten neuen Faktoren sind z. B. Problemsensitivität, planende Voraussicht, Originalität, einige Flüssigkeits- und Flexibilitätsfaktoren und

etliche Faktoren, die Entwicklung von Relationen in unterschiedlichen Inhaltstypen erfordern.
Man hat in den letzten Jahren von etlichen anderen ähnlichen Untersuchungen berichtet (1, 14, 29, 63). Man kann einige Entsprechungen zwischen den in den verschiedenen Untersuchungen isolierten Faktoren entdecken, obwohl die Übereinstimmungen lange nicht vollständig sind (51, 62). Den endgültigen Nutzen derartiger Studien kann man jedoch erst abschätzen, wenn man Tests konstruiert hat, in denen jeweils ein Faktor hoch geladen ist, und man ihre Effektivität zur Vorhersage der Lebensbewältigung bestimmt hat. Bisher hat man relativ geringen Fortschritt dabei erreicht, irgendeinen Faktor, den man in der Kreativitätsforschung identifiziert hat, mit äußeren Kriterien der kreativen Ausstattung in Beziehung zu setzen.

Wahrnehmung und Persönlichkeit

Ein weiterer beachtlicher Teil heutiger Forschung beschäftigt sich mit der Erkundung neuer Zugänge zur Persönlichkeitsorganisation. Hierbei zeigt sich, daß allmählich die traditionelle Zweiteilung von intellektuellen und nichtintellektuellen Faktoren zu schwinden scheint. Diser Trend wird in der anwachsenden Zahl von Untersuchungen deutlich, die beide Gebiete anschneiden und in der Beschaffenheit einiger neuer Testtechniken. Mehrere Projekte über die Messung zugrundeliegender Persönlichkeitsmerkmale sind direkt auf die Entwicklung objektiver Tests für relativ simple Funktionen gerichtet, z. B. sensorische, motorische, wahrnehmende, lernende und assoziative Aktivitäten (s. 6, S. 649 – 658). Beispiele für diesen Ansatz sind z. B. Arbeiten von THURSTONE (95, 97), MACKINNON (61), CATTELL (20) und EYSENCK (35).

Wahrnehmung ist der eine Funktionstyp, der einen herausragenden Platz in den Diskussionen über Persönlichkeitsorganisation eingenommen hat. Das Interesse an Wahrnehmungsfunktionen, als einem möglichen Zugang zum Verständnis von Persönlichkeitsunterschieden, ging der Forschung mit objektiven Tests und der Faktorenanalyse voraus. Viele projektive Verfahren, wie der Rorschach-Test basieren auf der vermuteten Beziehung zwischen den Wahrnehmungsreaktionen des Individuums auf relativ einfache Reize und bestimmten breiten Persönlichkeitseigenschaften. Projektive Tests werden jedoch in ihrem Wert durch unangemessene Standardisierung und die relativ subjektive Art der Auswertung und Gewichtung der Werte gemindert (s. 6, Kap. 22). Der letztgenannte Mangel hat einige Psychologen zu der Annahme gebracht, solche Tests stellten ebenso projektive Instrumente für den Untersucher (und Auswerter) wie für den Pb dar. Ein Teil der heutigen Forschung über objektiv auswertbare Wahrnehmungstests stellen einen Weg dar, unter besser kontrollierten Bedingungen bestimmte Hypothesen, die projektiven Verfahren zugrundeliegen, zu nutzen.

Von Bedeutung sind auch die verschiedenen Theorien über „Wahrnehmungstypen", die europäische Psychologen formuliert haben. Viele von ihnen sind die Grundlage für die gängigen Interpretationen projektiver Testantworten[2]. Derartige Theorien behaupten, Individuen legten relativ konsistente, charakteristische Arten der Wahrnehmung an den Tag, die oft mit den wichtigsten Persönlichkeitsunterschieden in Beziehung stehen. Ein vorgeschlagener Wahrnehmungstyp ist z.B. „Form- versus Farbdominanz". Er zeigt sich in der Tendenz, leichter Formen oder Farben in rasch dargebotenen farbigen Umrissen zu erkennen und zu erinnern. Eine andere Unterscheidung betrifft „synthetische" und „analytische" Wahrnehmung. Man legt einem Pb komplexes visuelles Material vor: Tendiert er dazu, ein integriertes Ganzes mit wenig Einzelheiten wahrzunehmen oder konzentriert er sich auf präzise Erfassung isolierter oder beziehungsloser Einzelheiten?

In den letzten Jahren sind mehrere faktorenanalytische Untersuchungen der Wahrnehmung erschienen. Den Anfang machte 1944 THURSTONEs Faktorenanalyse (90) von ungefähr 40 Wahrnehmungstests. Ein Nebenprodukt dieser Studie war der Nachweis, daß sich in vielen bekannten Wahrnehmungsaufgaben große individuelle Unterschiede in der Geschwindigkeit und den anderen Aspekten der Reaktionen zeigen. Bei 194 Universitätsstudenten identifizierte THURSTONE sieben breite Wahrnehmungsfaktoren. Von diesen erwiesen sich in der späteren Forschung zwei als besonders fruchtbar, besonders in Bezug auf Persönlichkeitsvariablen. Beide beziehen sich auf *Gestaltbindung*, d.h. auf die Wahrnehmung vollständiger Gestalten unter verschiedenen Reiz-

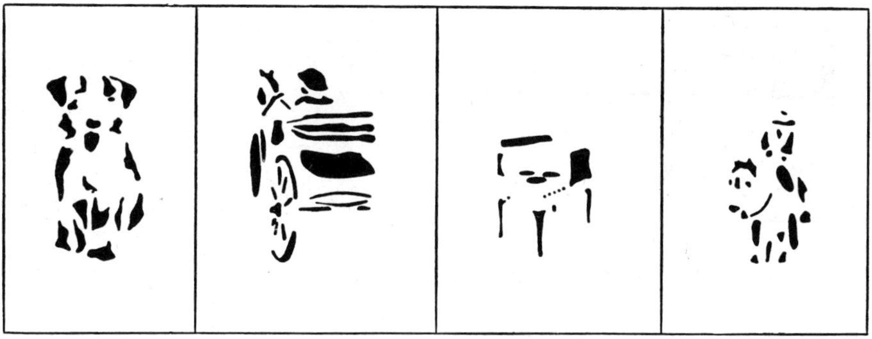

Abb. 70: Testitems zur Illustration des ersten Gestaltfaktors von THURSTONE (Geschwindigkeit der Gestaltbindung): Was stellt jedes Bild dar? (aus THURSTONE, 92, S. 7)

2 Eine Zusammenfassung derartiger Theorien findet sich bei VERNON (111, S. 247–256).

bedingungen (90, 92). Der erste Faktor (Geschwindigkeit der Gestaltbindung) beinhaltet das Erkennen eines bekannten Wortes, eines Objektes oder einer anderen Gestalt in einer relativ ungeordneten oder verstümmelten Bildvorlage. Typische Items aus einem Test, der in diesem Faktor hoch geladen ist (STREET-Gestaltergänzungstest), sind in Abbildung 70 wiedergegeben. Die vier Bilder stellen einen Hund, eine Kutsche, einen Ofen und ein Pferd mit Reiter dar.
Der zweite Faktor (Flexibilität der Gestaltbindung) verlangt die Identifikation einer Gestalt inmitten störender und verwirrender Details auf der Bildvorlage. Zwei Items aus einem Test mit einer hohen Ladung in diesem Faktor (GOTTSCHALDT-Figuren) sind in Abbildung 71 zu sehen. In jeder Zeile kann das Zeichen links in einigen der vier Zeichnungen rechts verdeckt oder eingebettet gefunden werden. In der ersten Zeile sind die letzten beiden Zeichnungen die richtige Antwort; in der zweiten Zeile die erste und dritte Zeichnung. Interessanterweise leisten Individuen mit guten Ergebnissen in Aufgaben für den ersten Gestaltbindungsfaktor nicht unbedingt Herausragendes in Aufgaben für den zweiten. THURSTONE gibt einige anregende Daten an, die für mögliche Beziehungen zwischen diesen beiden Faktoren und Persönlichkeitseigenschaften sprechen.

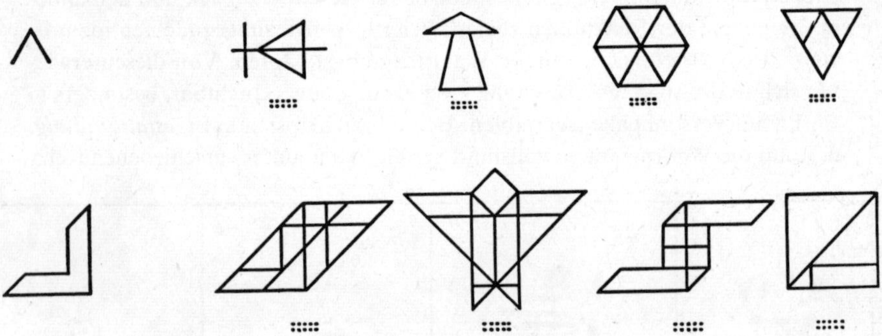

Abb. 71: Testitems zur Illustration des zweiten Gestaltfaktors von THURSTONE (Flexibilität der Gestaltbindung): Welches der beiden Zeichnungen rechts enthält das Zeichen auf der linken Seite? (aus THURSTONE, 92, S. 7)

Andere Faktorenanalysen von Wahrnehmungsaufgaben haben einige der Faktoren von THURSTONE bestätigt und mehrere neue identifiziert (42, 71). Besonders interessant sind zwei Untersuchungen von PEMBERTON (66, 67). Sie belegen eine Beziehung zwischen den zwei Gestaltbindungsfaktoren von THURSTONE und kognitiven und Temperamentsmerkmalen. Der zweite Gestaltbindungsfaktor, die Flexibilität der Gestaltbindung, scheint mit abstraktem Denken in Beziehung zu stehen – ein Befund, der auch in anderen Untersuchungen über abstraktes Denken berichtet wird (14, 49, 66).

Unter Verwendung zahlreicher Persönlichkeitsfragebogen und Selbsteinschätzungen zeigte PEMBERTON (67) auch bestimmte Temperamentsunterschiede auf zwischen Personen mit hohen Werten im ersten und solchen mit hohen Werten im zweiten Gestaltbindungsfaktor. Pbn mit überdurchschnittlichen Werten im ersten, dem Faktor für Geschwindigkeit der Gestaltbindung, schätzten sich selbst als gesellig, reaktionsschnell, künstlerisch, selbstbewußt, systematisch, nett, gewissenhaft und logischen und theoretischen Problemen abgeneigt ein. Im Gegensatz dazu schätzten sich diejenigen mit hohen Werten im zweiten, dem Faktor für Flexibilität der Gestaltbindung, hoch in solchen Eigenschaften ein wie: sozial zurückhaltend, unabhängig von der guten Meinung anderer, analytisch, interessiert an theoretischen und wissenschaftlichen Problemen und abgeneigt starker Systematisierung und Routine.

Eines der ehrgeizigsten Projekte über Wahrnehmung und Persönlichkeit stellt die zehnjährige Studie über die wahrnehmungsmäßige Raumorientierung von WITKIN und Mitarbeitern dar (117). Diese Studie ist für das vorliegende Thema von Bedeutung, auch wenn sie keine faktorenanalytische Techniken verwandte. Die wichtigsten Daten leitete man aus drei Tests über die Wahrnehmung des Aufrechten ab. In einem von ihnen, dem Stab-und-Rahmen-Test, sitzt der Pb in einem dunklen Raum und beobachtet einen beweglichen, leuchtenden Stab, der von einem leuchtenden Rahmen umgeben ist. Der Vl kann sowohl den Rahmen als auch den Stab unabhängig voneinander in jeden Winkel kippen. Der Pb soll angeben, wann der Stab, unabhängig vom Rahmen, als vertikal erscheint. Im Kipp-Raum-Kipp-Stuhl-Test werden sowohl der Stuhl des Pb als auch der Raum voneinander unabhängig gekippt. Aufgabe des Pb ist es, in einigen Durchgängen den Stuhl und in anderen den Raum gerade einzustellen. Der dritte Test, der Drehraum-Test ähnelt dem vorher beschriebenen, nur daß der Raum auch noch gedreht wird. Der Orientierungswert für alle drei Tests ergibt sich aus dem Winkel zwischen der Pb-Angabe und der wirklichen Vertikalen. Die erste Studie wurde an jungen Erwachsenen, meist Collegestudenten, durchgeführt. Zusätzliche Untersuchungen stellte man mit Kindern und psychiatrischen Patienten an.

Analysen der Reaktionen in den Raumorientierungstests erbrachten große individuelle Unterschiede in dem, was die Autoren „Feldabhängigkeit“ nannten, d.h. in dem Ausmaß, in dem der Pb in der Wahrnehmung der Vertikalen durch das umgebende Wahrnehmungsfeld beeinflußt wird. Es häuften sich deutliche Hinweise dafür, daß diese Wahrnehmungseigenschaft relativ stabil, konsistent und charakteristisch ist und einen bestimmten Allgemeinheitsgrad besitzt. So waren Split-half- und Retestreliabilitätskoeffizienten hoch und die meisten Interkorrelationen zwischen den drei Orientierungstests signifikant. Noch interessanter sind die signifikanten Korrelationen zwischen den Orientierungstests und dem Test für eingebettete Figuren (ähnlich den vorher demonstrierten Gottschaldt-Figuren), der als ein Maß für Feldabhängigkeit in einer rein visuellen Papier-und-Bleistift-Situation angesehen werden darf.

Aufgrund projektiver Tests und klinischer Interviews fanden die Untersucher auch charakteristische Persönlichkeitsunterschiede in Verbindung mit hohen und niedrigen Werten für Feldabhängigkeit. Alle diese Beziehungen scheinen plausibel zu sein und können produktive Ansätze zur Persönlichkeitsanalyse eröffnen. Dennoch sei darauf hingewiesen, daß die Korrelationen in dieser Studie zwischen Persönlichkeitsmerkmalen und Orientierungswerten möglicherweise verfälscht sind durch die vorherige Kenntnis der Untersucher von den Orientierungswerten der Pbn. Wünschenswert ist deshalb eine Verifizierung unter strenger kontrollierten Bedingungen.

Bedingungen, die auf die Eigenschaftsorganisation einwirken

Durch die Anwendung der Faktorenanalyse auf Pbn mit unterschiedlichem Alter, Geschlecht, Bildungsniveau, beruflichem Hintergrund und anderen Merkmalen sind einige Gruppenunterschiede in Faktorenmustern ans Licht gekommen. Was zunächst als Wirrwarr aus diskordanten Daten erscheint, sollte sich allmählich in ein durchschaubares Bild fügen. Durch den Vergleich der Faktorenmuster von verschiedenen Gruppen können wir außerdem etwas über die Beschaffenheit von Eigenschaftsbeziehungen erfahren und darüber, wie sich Eigenschaften entwickeln (5). Schon 1927 machte SPEARMAN auf derartige Gruppendifferenzen aufmerksam, als er feststellte: „Ein anderer wichtiger Einfluß auf die Sättigung einer Fähigkeit mit g scheint die Klasse der untersuchten Personen zu sein" (82, S. 217). Gleichzeitig veröffentlichte er auch Daten, die dafür sprachen, daß die Fähigkeiten sowohl bei älteren als auch bei klügeren Personen spezialisierter sind und der Generalfaktor nur relativ geringe Bedeutung besitzt. Interessanterweise arbeiteten SPEARMAN und seine Mitarbeiter in einem Großteil ihrer Untersuchungen mit Schulkindern. Das mag z.T. für ihr Festhalten an der Bedeutung des g-Faktors verantwortlich sein. Die meisten frühen amerikanischen Gruppenfaktorenanalytiker haben sich andererseits mit Collegestudenten befaßt. Diese Forschungen ergaben nur wenige oder gar keine Belege für einen Generalfaktor. Entsprechend legte man das Hauptgewicht auf einige breite Gruppenfaktoren.

Unser Verständnis von den Bedingungen, die die Eigenschaftsorganisation beeinflussen, kann durch eine Betrachtung faktorenanalytischer Forschung über Tierverhalten weiter vertieft werden. Auch ein Vergleich der Befunde über Fähigkeiten mit den Ergebnissen auf dem Gebiet der Persönlichkeit wird zusätzliche Hinweise über die Entwicklung von Faktorenmustern bringen.

Schließlich liegen einige Studien vor, die Veränderungen in der faktoriellen Organisation unter experimentellen Bedingungen nachweisen. Die betreffenden Resultate aus diesen verschiedenen Quellen werden wir im vorliegenden Abschnitt zusammentragen.

Alters-, Bildungs- und andere Gruppenunterschiede

Relativ zahlreiche Studien haben sich mit *altersbedingten Veränderungen* in der Organisation von Fähigkeiten befaßt. Nachdem er einen Überblick über die Ergebnisse der Forschung vor 1946 an Gruppen von 5jährigen bis zu Collegestudenten gewonnen hatte, schloß GARRETT (44), „Intelligenz" sei in früher Kindheit relativ undifferenziert und werde mit dem Alter zunehmend spezieller. Relevante Daten stammten aus einem Vergleich verschiedener Studien, deren Pbn unterschiedlich alt waren (43, 89, 98) und aus vier Studien, die speziell geplant worden waren, um die Differenzierungshypothese zu prüfen. In letztgenannten Untersuchungen prüfte man Grundschulkinder in zwei oder drei Altersstufen mit denselben Tests. Drei Studien waren Längsschnitt- (27, 45, 68), eine war eine Querschnittsstudie (9).
Neuere Untersuchungen haben an einer simplen Differenzierungshypothese Zweifel aufkommen lassen. Sicherlich zeigen Studien, in denen man Kinder kurz nach ihrem Schuleintritt testet, immer noch einen breiten Generalfaktor, wie es die hohen Korrelationen zwischen den Gruppenfaktoren beweisen (10, 32). Auch weist das Muster von Faktorwerten bei Kindern in den ersten Klassen nur geringe Konstanz auf. So berichtet TYLER (103), die Werte von Viertklässlern in den Tests von THURSTONE (PMA) ließen sich ebenso aus den Gesamtwerten wie aus den getrennten Faktorwerten der Kinder drei Jahre zuvor vorhersagen.
Andere Studien jedoch erbrachten Ergebnisse, die mit der Differenzierungshypothese nicht übereinzustimmen scheinen (11, 25, 28, 31, 33, 55, 64, 85, 86). Bei den meisten Studien handelt es sich um Querschnittsuntersuchungen, nur zwei verwenden einen Längsschnittansatz mit einem einzigen Retest (64, 86). Das Alter der Pbn in den verschiedenen Studien reicht von 5 1/2 bis zu 75 Jahren, obwohl keine Studie den gesamten Bereich abdeckt. Auf den ersten Blick scheinen die Resultate der verschiedenen Untersuchungen zu sehr divergenten Schlußfolgerungen zu führen. In einigen scheint das Ausmaß der Generalisation oder Spezialisierung der Fähigkeiten mit dem Alter erstaunlich einheitlich zu bleiben; in anderen scheinen die Fähigkeiten genereller zu werden, je älter die Individuen werden; wieder in anderen zeigt sich ein Trend zur Differenzierung bis zu einem bestimmten Alter, dann folgt der umgekehrte Trend in Richtung auf größere Generalisierung.
Andererseits hat BURT (15), der schon 1919 eine altersmäßige Differenzie-

rungshypothese vorschlug, diese Position neuerlich verteidigt, nachdem er die später veröffentlichten Arbeiten überprüft hatte. Er zitiert seine eigenen früheren Längsschnittstudien an Schulkindern, die eine Abnahme der Beteiligung des Generalfaktors und eine Zunahme der Beteiligung von Gruppenfaktoren mit dem Alter nachwiesen. Die widersprüchlichen Ergebnisse anderer Studien schreibt er methodischen Mängeln zu, von denen er viele in seinem Artikel diskutiert. BURT gelangt zu der Annahme: „Zwischen dem späten Säuglings- und dem frühen Jugendalter gibt es eine eindeutige Zunahme der Fähigkeitsspezialisierung" (15, S. 85). Die Spezialisierung führt er auf Reifung zurück und nicht auf Bildungs- oder andere Erfahrungsfaktoren, eine Erklärung, die auch andere Autoren vertreten. Was Veränderungen nach dem Jugendalter anbelangt, so können seiner Meinung nach nur schwer Beweise für weitere Differenzierung der Fähigkeiten beigebracht werden, obwohl oft eine Interessensspezialisierung erkennbar ist.

Eine Prüfung der methodischen Schwächen, die viele Studien über Altersveränderungen in der Eigenschaftsorganisation kennzeichnen, wird uns helfen, mögliche Irrtümer in diesen Forschungen aufzudecken. Die *Tests* für eine derartige Studie müssen so beschaffen sein, daß sie zweifelsfrei Gruppenfaktoren erfassen. Wünschenswert wäre es also, mehr als einen Test für jeden Faktor zu haben, der identifiziert werden soll. Aus demselben Grund sind die meisten allgemeinen Intelligenztests für diesen Analysetyp ungeeignet. Für Studien mit dem WISC (55), dem Wechsler Bellevue (11), WAIS (28) und Army Alpha (64) z.B. gilt diese Einschränkung. So hat auch HSÜ (59) vermutet, der angeblich in der Kindheit identifizierte g-Faktor sei ein Artefakt der Testart, die bei Kindern angewendet würde, da die Items nicht genügend differenziert seien.

Man muß auch unbedingt dafür sorgen, daß die Tests angemessene obere und untere Grenzen haben, um einer künstlichen Begrenzung der Streubreite bei jüngeren bzw. bei älteren Pbn vorzubeugen. Ein anderer Punkt bezieht sich auf die Testreliabilität. Sie nimmt wahrscheinlich mit dem Alter zu, besonders bei kleinen Kindern. Solch eine Zunahme kann zu einer irreführenden Erhöhung der Testinterkorrelationen und folglich zu einer Verstärkung der erkennbaren Fähigkeitsgeneralisierung mit dem Alter führen. Mit dem Alter zunehmende Testvertrautheit kann ebenso die Beteiligung des g-Faktors erhöhen, denn Testvertrautheit wirkt sich wahrscheinlich auf die Pbn-Leistungen in allen Tests aus.

Was die *statistische Analyse* angeht, so fordert BURT (15), die gewählte faktorenanalytische Methode müsse für die Identifikation von Gruppenfaktoren geeignet sein und nicht den Hauptteil der Korrelationen auf g zurückführen. Einige Studien haben faktorenanalytische Verfahren angewendet, die seiner Meinung nach für diesen Untersuchungstyp unangemessen sind. Weiterhin ist möglicherweise der in einigen Studien identifizierte Generalfaktor in verschiedenen Altersstufen nicht derselbe. Ist z. B. der Generalfaktor in der frühen Kindheit das Resultat hoher Interkorrelationen zwischen getrennten Fähigkeiten, während er bei älteren Kindern einem breiten verbalen Faktor entspricht, der sich auf die Leistung in allen Tests auswirkt, so sagt ein direkter Vergleich der Anteile dieser beiden Generalfaktoren wenig aus über die altersabhängige Fähigkeitsdifferenzierung.

Andere Überlegungen haben mit der *Pbn-Auswahl* zu tun. In Querschnittstudien (sie stellen den Hauptteil vorliegender Studien dar) können selektive Faktoren die Vergleichbarkeit unterschiedlicher Altersgruppen vermindern. Besonders wichtig ist ein möglicher Gruppenunterschied in der Heterogenität, da er sich auf die Höhe der Interkorrelationen auswirkt[3]. Collegestudenten z. B. stellen hinsichtlich ihrer intellektuellen Fähigkeiten eine homogenere Gruppe dar als unausgewählte Personen desselben Alters. Dieser Unterschied spiegelt sich in Daten über Eigenschaftsorganisationen wider. So sind bei Collegestudenten die Korrelationen zwischen Tests für verbale, numerische und räumliche Leistungen gering und zu vernachlässigen. Andererseits fand man zwischen derartigen Tests sehr viel höhere Korrelationen bei Heeres- und Luftwaffenpersonal, die mit den Collegestudenten gleichaltrig waren (106, 107). Diese Gruppen sind heterogener und haben durchschnittlich weniger Bildung hinter sich als Collegestudenten. Der g-Faktor wird in Studien mit relativ unselegierten Erwachsenen sehr viel deutlicher als in Untersuchungen an Collegestudenten.

Der Altersbereich, der in den verschiedenen Studien untersucht wird, kann als eine weitere Bedingung zu diskrepanten Befunden führen. Es ist gut möglich, daß sich die Veränderungsrichtung für die Organisation von Fähigkeiten in der frühen und in der späten Kindheit und beim Heranwachsenden unterscheidet. Deshalb dürfen die Ergebnisse aus jeder Studie nicht über den untersuchten Altersbereich hinaus verallgemeinert werden. Außerdem erstrekken sich vielleicht einige Studien über einen so schmalen Altersbereich, daß sich in den Ergebnissen keine signifikanten Trends zeigen können. Schließlich muß man unbedingt danach fragen, ob sich die Pbn außer im Alter noch in irgendwelchen anderen wichtigen Merkmalen unterscheiden. In Studien mit Schulkindern, Highschool- und Collegestudenten sind die älteren Pbn auch weiter in der Schule vorangekommen. Untersuchungen an älteren Erwachsenen stoßen gewöhnlich auf den entgegengesetzten Trend. Aufgrund des Anstieges des Bildungsniveaus der Gesamtbevölkerung sind heute untersuchte ältere Personen insgesamt ungebildeter als jüngere (s. Kap. 8). Faktorenanalyse des Wechsler-Bellevue (11) und des WAIS (28) z. B. ergaben Al-

---

3 KELLEY (60) nahm an, der Hauptteil des g-Faktors bei Kindern resultiere aus der Heterogenität der intellektuellen Reife in jeder einzelnen Altersstufe. Denn das früh entwickelte Kind tendiert zu höheren Werten in allen Tests als das spät entwickelte Kind.

tersunterschiede in der Eigenschaftsorganisation, die teilweise oder ganz aus Bildungsunterschieden herrühren können.
Dem Effekt, den quantitativ oder qualitativ unterschiedliche Bildung auf die Eigenschaftsorganisation haben kann, hat man sich auch direkt zugewandt. FILLELA (38) fand in einer Studie an Highschool-Studenten in Kolumbien, Südamerika, einige interessante Entsprechungen zwischen der Lehrplanart, die Studenten durchlaufen hatten, und der Beschaffenheit der Faktoren, die man durch Faktorenanalysen einer Batterie von 6 Tests identifiziert hatte. Bei Jungen von technischen Schulen z. B. waren die zwei eindeutigsten Faktoren „rechnerisches Denken" und „räumlich-mechanisches Denken". Bei akademischen Highschool-Studenten jedoch ergab sich aus denselben Tests ein verbaler und ein nicht verbaler Faktor. So unterschieden sich sowohl das Muster der Testinterkorrelationen als auch die resultierende Faktorenstruktur der einzelnen Tests sehr stark von einem Schultyp zum anderen.
Ähnliche Daten finden sich in VERNONs Zusammenfassung zahlreicher britischer Studien (112). Eine frühe Studie über die Organisation mathematischer Fähigkeiten bei englischen Schulkindern z. B. ergab in verschiedenen Schulklassen ausgedehnte Variationen in den Korrelationen zwischen Arithmetik-, Algebra- und Geometriewerten. Diese Variationen standen in Beziehung zu Bedingungen wie: ob die drei Schulfächer von demselben Lehrer unterrichtet wurden oder nicht, oder ob die Lehrverfahren die Ähnlichkeiten zwischen den drei Gebieten in den Methoden betonten oder nicht. In ihren Untersuchungen an britischem Militärpersonal fanden VERNON und PARRY (113), daß technische Ausbildung in Beziehung stand zur Beschaffenheit von Gruppenfaktoren. Es gibt auch Belege für etwas unterschiedliche Zusammensetzung der Fähigkeiten bei guten und schlechten Schülern (70) und bei Studenten mit hohen und niedrigen Gesamtwerten in einer Leistungstestbatterie (79). Derartige Studien sprechen dafür, daß Studenten, die mehr von den übereinstimmenden Bildungserfahrungen der Schulen profitieren, nicht nur höhere Testwerte erreichen, sondern auch ein unterschiedliches Muster von Interkorrelationen zwischen den Tests aufweisen.
Geschlechtsunterschiede in den Fähigkeitsmustern hat man bereits in der ersten Klasse beobachtet (10, 102), bei Grundschulkindern und Collegestudenten (s. 5). In einigen Studien erwiesen sich räumliche und Rechenfaktoren bei Jungen klarer als getrenne Fähigkeiten als bei Mädchen. Obwohl die gefundenen speziellen Unterschiede zu komplex sind für eine kurze Zusammenfassung, stimmen alle Studien über Geschlechtsunterschiede in der Eigenschaftsorganisation darin überein, daß sich wenigstens bei einigen Tests eine unterschiedliche Faktorenzusammensetzung für beide Geschlechter zeigt. Man hat auch Daten über Unterschiede in Fähigkeitsmustern für Personen unterschiedlicher *Berufe* (5, 112) und für Mitglieder unterschiedlicher *sozioökonomischer* und *ethnischer Gruppen* (69) veröffentlicht.

Eine Einsicht in die vorliegenden Daten über Gruppenunterschiede in der Eigenschaftsorganisation führt zu zwei vielversprechenden Hypothesen. Erstens: Personen mit unterschiedlichem Erfahrungshintergrund oder Reaktionsgeschichten zeigen verschiedene Faktorladungen in denselben Tests. Bestätigt sich ein derartiger Befund, so spricht er dafür, daß verschiedene Personen verschiedene Arbeitsmethoden zur Bearbeitung derselben Aufgabe heranziehen (13, 75, 78). Ein Individuum mag durch verbales Denken ein Problem lösen, das für ein anderes Individuum hauptsächlich mechanisches Gedächtnis verlangt und für ein drittes räumliche Veranschaulichung. Diese Hypothese macht die Notwendigkeit weiterer Forschung über Arbeitsmethoden aufgrund direkter Arbeitsbeobachtung, verbaler Berichte der Pbn und anderer geeigneter Verfahren deutlich.
Zweitens: Eine verwandte Hypothese bezieht sich auf die Entwicklung von Gruppenfaktoren selbst. Möglicherweise verändert die Reaktionsgeschichte eines Individuums die besonderen Gruppenfaktoren, die durch faktorenanalytische Techniken identifiziert werden. Von derartigen Gruppenfaktoren würde man erwarten, daß sie den Richtungen folgten, in denen Bildungs-, Berufs- und andere Lebenserfahrungen innerhalb einer bestimmten Gesellschaft organisiert sind. Aufgabenarten, die zusammen gelernt werden – in der Schule, im Beruf oder anderswo – würden demnach miteinander korrelieren. Daten zur Überprüfung dieser Hypothese lassen sich am effektivsten durch Längsschnittstudien an denselben Individuen vor und nach einem langen Zeitraum mit Schulbesuch, Berufstätigkeit u. ä. sammeln. Besonders interessant müßte auch ein Vergleich der Faktorenmuster in sehr unterschiedlichen Kulturen sein. Ist es wahrscheinlich, daß man einen breiten durchgängigen verbalen Verständnis-Faktor in einer Kultur ohne Schriftsprache findet oder einen mechanischen Leistungsfaktor in einer vorindustrialisierten Gesellschaft? Wahrscheinlich ist es heutzutage zu spät, um diese besondere Frage zu beantworten. Doch zumindest können wir den verfügbaren kulturellen Streubereich nutzen, um ähnliche Fragen begrenzterer Art zu beantworten.

Faktorenanalysen von Tierverhalten

Die Anwendung der Faktorenanalyse auf Tierverhalten befindet sich noch in einem Erkundungsstadium. Die Zahl der Studien, die diese Techniken verwenden, ist klein und ihre Ergebnisse müssen als vorläufig betrachtet werden. In der Tierforschung hat es sich als recht schwierig erwiesen, bestimmten methodischen Anforderungen der Faktorenanalyse zu genügen, wie z.B. der nach hoher Testreliabilität, ausreichender Zahl experimentell unabhängiger Variablen, um eine angemessene Bestimmung und Definition von Faktoren zu gestatten und nach genügend Pbn, um stabile Korrelationen zu erhalten.

Relevante Tierstudien, die vor 1950 veröffentlicht wurden, hat ROYCE (73) zusammengefaßt. Ungefähr ein Dutzend früher Untersuchungen geben Korrelationen zwischen zwei und mehr Lernmaßen an. Alle befaßten sich mit Ratten, außer einer Studie über Hühner. Die Korrelationen waren einheitlich niedrig außer denen zwischen sehr ähnlichen Aufgaben, z.B. verschiedenen Labyrinthen. Es gab keinen Hinweis auf einen allgemeinen Lernfaktor oder irgendeine Art von Gruppenfaktoren, abgesehen von wenigen Faktoren mit sehr engem Geltungsbereich. Hohe Spezifität der Leistungen scheint die Regel zu sein.

Die erste systematische Untersuchung tierischen Verhaltens mit heutigen Methoden der Faktorenanalyse stellt eine Studie über Rattenverhalten von R. L. THORNDIKE (88) dar. Insgesamt erhob man 32 Werte aus 7 experimentellen Bedingungen, z.B. Labyrinthen, Problemkäfigen, konditioniertem Antwortapparat, Aktivitätsrad und einem Hinderniskäfig zur Messung der relativen Stärke unterschiedlicher Triebe. Pbn waren 64 Albinoratten. Die Faktorenanalyse erbrachte 3 Faktoren, die man identifizierte als: Gelehrigkeit, Übungstransfer und ein Faktor für konditionierte Reaktionen. Später analysierte van STEENBERG (108) die Daten von THORNDIKE noch einmal, extrahierte mehr Faktoren und rotierte die Centroidachsen zur Einfachstruktur. Diese Analyse erbrachte 10 Faktoren, von denen der Autor fünf mit einiger Sicherheit interpretieren konnte. Diese Faktoren beschrieb er als „Fähigkeit, visuelle Hinweise zu nutzen“ (bei erhöhten Labyrinthen), „Anpassungsfähigkeit an neue Situationen“, „Bewegungsgeschwindigkeit“, „Fähigkeit eine rechts-links Vertauschung zu erlernen“ und „Visuelle Einsicht oder Wahrnehmung des gesamten Reizmusters“. In einer ähnlichen Studie isolierte VAUGHN (110) 8 Faktoren, von denen 4 vorläufig wie folgt bezeichnet wurden: Geschwindigkeit, Wildheit-Ängstlichkeit, assoziatives oder einsichtiges Lernen und Transfer.

Andere Arten der Anwendung der Faktorenanalyse auf die Untersuchung tierischen Verhaltens illustrieren die Arbeiten von SEARLE (77) und WHERRY (114, 115). SEARLE wandte eine inverse Faktorenanalyse auf Lerndaten von Ratten an, indem er die Ratten und nicht die Tests miteinander korrelierte (s. Kap. 10). Derartige Korrelationen stehen also für das Ausmaß der Ähnlichkeit von Wertemustern oder -profilen zwischen verschiedenen Ratten. SEARLE arbeitete mit Ratten, die von den selektiv aufgezüchteten labyrinthklugen und labyrinthdummen Tieren von TRYON (s. Kap. 4) abstammten. Bei jedem Tier erhob er 30 Verhaltensmaße. Die Interkorrelationen und Faktorenanalysen dieser Daten stützten die Hypothese, daß labyrinthdumme und -schlaue Ratten unterschiedliche Werteprofile aufweisen und zwei getrennte Verhaltenstypen darstellen. Die mittlere Korrelation der Klugen und der Dummen betrug −0,19, während die mittlere Korrelation der Klugen untereinander 0,59 und der Dummen untereinander 0,53 betrug. Eine detaillierte Überprüfung der speziellen Maße, in denen sich die klugen von den dummen Profilen unterscheiden, führte SEARLE zu den im Kap. 4 zitierten Beschreibungen der beiden Stämme. Es sei daran erinnert, daß die größten Unterschiede in emotionalen und motivationalen Merkmalen lagen und nicht beim allgemeinen Lernen oder in Fähigkeitsfaktoren.

Eine andere Abwandlung der Faktorenanalyse benutzte WHERRY, um Veränderungen in der faktoriellen Zusammensetzung derselben Aufgabe in verschiedenen Lernstadien zu untersuchen. Angewandt auf vorliegende Daten über Labyrinthlernen und andere Lernsituationen erbrachten seine Analysen bemerkenswert konsistente Resultate. In jedem Falle identifizierte er 3 Faktoren, von denen einer im ersten, einer im mittleren und einer im letzten Lernstadium vorherrschte. Der erste scheint dem Lernen nach Versuch und Irrtum zu entsprechen, der zweite wiederholendem und unsicherem Verhalten und der dritte einsichtsvollem Lernen und der richtigen Reaktion.

Interessant ist auch, daß eine Anwendung dieser Analyse auf TRYONs Daten Unterschiede im relativen Anteil der drei Faktoren bei klugen und dummen Gruppen aufdeckte. Bei den schlauen Ratten z. B. erreichte der dritte Faktor im Lernverlauf früher seine vorherrschende Rolle als bei den dummen.

Faktorenanalytische Techniken hat man auch in Verbindung mit einem Langzeitprojekt über die Genetik und das soziale Verhalten von Hunden angewendet (76). ROYCE (74) faktorenanalysierte die Interkorrelationen zwischen 32 physiologischen, psychischen und sozialen Maßen der Emotionalität, die an 53 Hunden erhoben worden waren. Von den zehn extrahierten Faktoren sind psychologisch am interessantesten: „Aggressivität", „Aktivitätsniveau" und zwei Ängslichkeitsfaktoren – der eine ist charakterisiert durch „fröstelndes Verhalten" und der andere durch „Rückzug und Hyperaktivität". In einer Studie an 73 Hunden (die meisten waren mit den Tieren bei ROYCE identisch) analysierten ANASTASI et al. (7) Daten in 17 Variablen, die man aus verschiedenen Lernsituationen abgeleitet hatte. Man isolierte 5 Faktoren und interpretierte sie vorläufig wie folgt: Aktivität und Impulsivität; Fügsamkeit oder Reaktivität auf einen menschlichen Trainer; manipulative Aktivität; visuelle Beobachtung und Fortdauer von Stellungsgewohnheiten. Die Resultate sprechen ebenfalls dafür, daß sich die faktorielle Zusammensetzung derselben Aufgabe in unterschiedlichen Trainingsstufen verändern kann.

Überblickt man die vorliegenden Forschungsergebnisse über die Eigenschaftsorganisation bei Tieren, dann ist man zunächst durch das Fehlen irgendwelcher breiten Fähigkeitsfaktoren beeindruckt, die sich in Humanstudien gezeigt haben. Zweitens, kann sich die Faktorenstruktur im Trainingsverlauf verändern. Drittens, scheinen intellektuelle und emotionale Verhaltensaspekte enger miteinander verknüpft zu sein als man das im allgemeinen bei menschlichen Pbn findet. Studien über tierisches Lernen z. B. haben zumindest einige Faktoren erbracht, die sich am besten mit emotionalen oder motivationalen Begriffen beschreiben lassen. Die traditionelle Zweiteilung von Fähigkeiten und Persönlichkeitsmerkmalen stammt sicherlich nicht aus der faktorenanalytischen Forschung mit Tieren. Man fragt sich, inwieweit diese Unterscheidung für das menschliche Verhalten aus der klassischen Dichotomie von lehrplanmäßigen und außerlehrplanmäßigen Erfahrungen resultiert, von standardisierter intellektueller Entwicklung und nicht standardisierter emotionaler Entwicklung. In einem können wir sicher sein: Dies ist eine Dichotomie, der Tiere weder draußen noch im Laboratorium ausgesetzt worden sind! Wahrscheinlich besteht der fruchtbarste Beitrag von Animaluntersuchungen zur Analyse der Eigenschaftsbeziehungen in der experimentellen Erforschung der Frage, *wie* sich Faktorenmuster unter kontrollierten Bedingungen entwickeln können. Die Möglichkeiten dieses Ansatzes sind bisher kaum berührt worden.

Experimentell hervorgerufene Veränderungen in Faktorenmustern

Zu häufig haben Untersucher nur gefragt: „*Was* ist die Organisation psychischer Merkmale?“ oder „*Welches* sind die wichtigsten menschlichen Eigenschaften?“, statt zu fragen: „*Wie* wird das Verhalten organisiert?“ und „*Wie* entwickeln sich psychische Merkmale?“ Die offensichtlichen Inkonsistenzen in den Befunden der Eigenschaftsforschung in verschiedenen Alters-, Bildungs- und anderen Gruppen weisen auf die Notwendigkeit einer direkteren Erforschung der Mechanismen hin, durch die sich Eigenschaften entwickeln – die Art, in der der spezifische Erfahrungshintergrund verschiedener Individuen die Organisation ihres Verhaltens in mehr oder weniger einheitliche und stabile Eigenschaften bestimmt.

Eine Erkundungsstudie zu dieser Frage führte ANASTASI (4) durch. Das wichtigste Ziel der Untersuchung war die *experimentelle Veränderung* eines Faktorenmusters durch eine kurze dazwischenliegende, relevante Erfahrung. Fünf Tests, Wortschatz, Gedächtnisspanne für Ziffern, verbales Denken in logischen Schlüssen, Codemultiplikation und Musteranalyse, wurden 200 Kinder aus der sechsten Schulklasse vorgelegt. Alle Pbn erhielten Instruktionen über den Gebrauch spezieller Techniken oder Hinweise, die die Leistung nur in den letzten drei Tests erleichtern sollten. In ihrer allgemeinen Beschaffenheit ähnelte diese Instruktion denen, die im Schulunterricht erteilt werden, wie z.B. das Lehren arithmetischer Operationen, verkürzter Rechenverfahren und ähnliches. Nachdem 13 Tage verstrichen waren, wurden Parallelformen der 5 Tests unter exakt den gleichen Bedingungen vorgelegt wie beim ersten Mal. Da das gesamte Experiment nur so kurz dauerte, lassen sich wahrschein-

lich Altersveränderungen vernachlässigen – der Einfluß anderer Bedingungen muß relativ gering gewesen sein.
Ein Vergleich der Interkorrelationen zwischen den 5 Tests vom ersten und zweiten Mal erbrachte praktisch keine Veränderung in der Korrelation zwischen den beiden „instruktionslosen" Tests, d.h. Wortschatz und Gedächtnisspanne. Eine geringe Veränderung fand sich in den Korrelationen zwischen den „Instruktions-" und den „instruktionslosen" Tests und eine deutliche Veränderung in den Korrelationen zwischen den drei „Instruktionstests". Analysen der Faktorenmuster erbrachten deutliche Differenzen vom ersten zum zweiten Testen. Eine Überprüfung der Faktorladungen der 5 Tests vor und nach der Instruktion ließ vermuten, daß hier Veränderungen vorliegen, wie man sie auch aufgrund der Art der dazwischenliegenden Erfahrung erwartet hatte. Dieses Experiment kann deshalb als eine komprimierte Version der Änderungen betrachtet werden, die in den Eigenschaftsbeziehungen in sehr viel langsameren Raten im normalen Schulablauf eintreten können.

Relevant sind hier auch Studien über die Effekte der *Übung* auf Faktorenmuster. WOODROW (118, 119) z.B. fand deutliche Veränderungen in den Faktorladungen von Tests, wenn langdauernde Übung vorangegangen war. Doch lagen diese Veränderungen nach der Übung nicht in größerer Gewichtigkeit der Geschwindigkeit oder der allgemeinen Fähigkeit. Ähnliche Ergebnisse erhielt GREEN (48) durch einen Vergleich der Faktorenmuster, die im ersten und im vierten Versuch bei motorischen und Bildertests berechnet worden waren. Es traten viele Veränderungen in der faktoriellen Komposition der Tests auf, von denen einige interessante Korrespondenzen zu den beobachteten Veränderungen in der Leistung oder den Pbn-Berichten aufwiesen.

Einen etwas anderen Ansatz verfolgten FLEISHMAN und HEMPEL (40) bei der Bewertung von Übungsveränderungen im Complex Coordination Test der amerikanischen Luftwaffe. Dieser Test verlangt das Erlernen einer komplizierten psychomotorischen Aufgabe, bei der auf visuelle Reize mit einem flugzeugähnlichen Knüppel- und Seitenruder reagiert werden mußte. Die Pbn hatten 64 Versuche, aus denen man 8 Werte ableitete, entsprechend den aufeinanderfolgenden Übungsstadien. Diese 8 Werte wurden zusammen mit Werten in 18 Tests, die als Bezugsvariablen zur Identifikation verschiedener Faktoren ausgewählt worden waren, faktorenanalysiert. Die Ergebnisse wiesen übungsabhängig systematisch fortschreitende Veränderungen in der faktoriellen Struktur des Complex Coordination Tests nach. Der Test wurde faktoriell weniger komplex, sowie das Lernen fortschritt, d.h. er war in weniger Faktoren höher geladen. Es gab auch einen Wandel in der Qualität der Faktoren, die in frühen und späten Übungsstadien an der Leistung Anteil hatten.
Derartige experimentelle Ansätze zur Eigenschaftsentwicklung weisen einen

Weg zur Erforschung der Mechanismen, nach denen sich die Eigenschaften, die man in den rein beschreibenden oder Querschnittsstudien identifiziert hat, entwickelt haben könnten. Die angehäuften Effekte von Bildung, Beruf und alltäglichen Aktivitäten auf die Verhaltensorganisation kann beleuchtet werden durch eine Untersuchung der komprimierten Effekte kurzfristiger, experimentell kontrollierter Erfahrungen. FERGUSON (36) gibt eine provokative theoretische Diskussion über die Art, in der sich Eigenschaften als Resultat des Übungstransfers differenziert haben könnten.

Man könnte auch behaupten, alles was in diesen Experimenten geändert werden könne, sei die *Arbeitsmethode*, die ein Pb in einem Test verfolge. Eine derartige Erklärung ist sicherlich einleuchtend, aber sie sollte auch konsistent verwendet werden. Zeigen z. B. die Testwerte von Pbn unterschiedlichen Alters, Berufs-, und Bildungsniveaus verschiedene Faktorenmuster, dann müssen auch diese Unterschiede mit verschiedenen Arbeitsmethoden erklärbar sein. Außerdem kann jede Einheitlichkeit der faktoriellen Organisation zwischen Mitgliedern einer gegebenen Population zum Teil Resultat gemeinsam erworbener Arbeitsmethoden sein. Analysen von Faktorenmustern decken nur die Verhaltensorganisation auf, wie sie sich in einer Pbn-Gruppe vorfindet, sie sagen aber nichts aus über die Ursprünge einer derartigen Organisation.

Halten wir die durch Faktorenanalysen identifizierten „Eigenschaften" nur für funktionale Gruppierungen, die sich im Pbn-Verhalten beobachten lassen, dann können diese Eigenschaften nicht gleichzeitig auch als „zugrundeliegende Fähigkeiten" aufgefaßt werden, die unangetastet bleiben, wenn sich die Arbeitsmethode eines Pb und sein objektiv beobachtbares Verhalten grundlegend änderte. Selbst die häufige Annahme, der Leistung eines Individuums seien durch seine sensorische, neuronale und muskuläre Ausstattung gewisse letzte Grenzen gesetzt, muß angesichts möglicher Vielfalt von Arbeitsmethoden modifiziert werden. Durch Veränderung der Arbeitsmethoden können vielleicht einige dieser physischen Einschränkungen überwunden werden und damit dem Individuum gestatten, sein früher geltendes „Kapazitätsniveau" zu übertreffen. Der gesamte Bildungsprozeß kann in diesem Sinne Arbeitsmethoden verändern.

Allgemeine versus individuelle Eigenschaften

Einige Autoren haben in der Persönlichkeit zwischen „allgemeinen" und „individuellen" Eigenschaften unterschieden. Am deutlichsten wurde diese Trennung von ALLPORT gefordert (2). Allgemeine Merkmale charakterisieren Personen generell oder sind zumindest großen Gruppen gemeinsam. Diese Eigenschaften werden gewöhnlich durch Faktorenanalysen identifiziert und durch standardisierte Tests gemessen, in denen die individuelle Leistung anhand von Gruppennormen bewertet wird. Individuelle Eigenschaften dagegen beziehen sich auf eine Eigenschaftsart, die durch eine Analyse der einzigartigen Erfahrungen eines bestimmten Individuums identifiziert wird. Eine derartige Eigenschaft spiegelt die idiosynkratische Eigenschaftsorganisation eines Individuums wider und wird durch klinische Verfahren oder eine andere langdauernde Studie an einem einzelnen Individuum beobachtet, z.B. durch die P-Technik von CATTELL und die Q-Technik von STEPHENSON (Kap. 10). Aus einem gewissen Blickpunkt heraus kann man Typentheorien als einen Kompromißversuch zwischen den beiden Extremen allgemeiner und individueller Eigenschaften ansehen. Solche Theorien nehmen grundsätzlich ein Muster von Verhaltensbeziehungen an, das von einer relativ begrenzten Personengruppe geteilt wird – enger begrenzt als die Gruppen, denen man die allgemeinen Eigenschaften der Faktorenanalysen zuschreibt, doch umfangreicher als nur aus einem einzelnen Individuum bestehend: Generell findet man individuelle Eigenschaften und typologische Konzepte häufiger in Arbeiten über die Persönlichkeit, während allgemeine Eigenschaften mehr Unterstützung in der Klassifikation intellektueller Variablen gefunden haben.

Es sei daran erinnert, daß eine Eigenschaft grundsätzlich aus einem *Muster von Beziehungen im individuellen Verhalten* besteht, egal, durch welche Verfahren man sie identifiziert hat. Die sogenannte allgemeine Eigenschaft, die man durch Untersuchungen von Gruppen und nicht von einem einzelnen Individuum findet, ist lediglich eine verallgemeinerte Beschreibung für ein Muster von Verhaltensbeziehungen, das von einer Personengruppe geteilt wird. Warum haben dann solche allgemeinen Eigenschaften leichter bei der Beschreibung intellektueller als emotionaler und motivationaler Funktionen Anwendung gefunden?

Ein Grund mag in der größeren *Einheitlichkeit und Standardisierung* der Erfahrung im intellektuellen als im motivationalen und emotionalen Bereich liegen (s. 5, 8). Eine einleuchtende Illustration dieses Punktes stellt unser System normaler Bildung dar, in der sich der standardisierte Instruktionsinhalt prinzipiell auf die intellektuelle und nicht auf die emotionale oder motivationale Entwicklung richtet. Selbst wenn die Schulen einen standardisierten „Persönlichkeitslehrplan" einführten (ein deprimierender Gedanke!), würden wir doch nicht die Organisationsuniformitäten erwarten, die für die intellektuelle Entwicklung charakteristisch sind. Denn ein Großteil individueller emotionaler Entwicklung tritt durch häusliche und spielerische Aktivitäten ein. Nicht nur Studienkurse, sondern auch Berufe und andere traditionelle Aktivitätsbereiche innerhalb eines beliebigen gesellschaftlichen Systems haben die Tendenz, die intellektuelle Entwicklung in relativ uniforme Muster

zu pressen und zu strukturieren. Derartige Muster treten deutlicher in Erscheinung, je länger das Individuum diesen gemeinsamen Erfahrungen ausgesetzt ist. Die mit dem Alter und der Bildung anwachsende Fähigkeitsdifferenzierung würde durch diese Auffassung einsehbar.
Ein weiterer relevanter Punkt ist der Einwand einiger Autoren (s. z.B. 2, 75), die Testitems hätten „Privatbedeutungen" für jedes Individuum. Diskussionen über diesen Punkt haben manchmal zu recht unqualifizierten Kritiken an psychologischen Tests geführt. In Wirklichkeit besagt dieser Einwand nichts anderes als daß dieselbe Antwort nicht dieselbe diagnostische oder prognostische Bedeutsamkeit haben kann, wenn sie von Personen mit sehr stark variierendem Erfahrungshintergrund stammt. Da Übereinstimmungen und Erfahrungsstandardisierung in unserer Kultur häufiger bei intellektuellen als bei emotionalen Verhaltensaspekten zu finden sind, gelten für „Persönlichkeitstests" derartige Einschränkungen stärker als für „Intelligenz-" oder „Leistungstests". Ein weiterer Grund für die größere Uniformität intellektueller Verhaltensmuster liegt im Ausmaß, in dem derartiges Verhalten verbalisiert wird. Im Gegensatz dazu bleiben emotionale Reaktionen viel häufiger unausgesprochen. Außerdem sei wiederholt, daß die Unterscheidung zwischen intellektuellen und emotionalen Verhaltensaspekten selbst gesellschaftlich bestimmt sein kann.

Das Konzept von der Intelligenz

Unter den vielen Intelligenzdefinitionen, die Psychologen vorgeschlagen haben, tauchen zwei Konzepte am häufigsten immer wieder auf (s. z.B. 46, 81, 109). Erstens, hat man Intelligenz als die Fähigkeit beschrieben, mit abstrakten Symbolen und Beziehungen umzugehen. Zweitens, ist sie charakterisiert worden als das Vermögen, sich neuen Situationen anzupassen oder von Erfahrungen zu profitieren. Sie wird damit mit Lernfähigkeit gleichgesetzt. Die meisten Definitionen leiden an der Schwäche, daß sie uns, in ihrem Bemühen alles zu umfassen, nur sehr wenig sagen. Definieren wir z.B. Intelligenz als die Fähigkeit zur Abstraktion, stoßen wir sofort auf die Tatsache, daß dasselbe Individuum erfolgreich mit abstrakten verbalen Konzepten, aber ungenügend mit quantitativen Konzepten umgehen kann und umgekehrt. Ähnlich findet sich in vorliegenden Daten keine Unterstützung für die Ansicht, „Lernen" sei eine einheitliche Funktion (s. z.B. 56, 118). Setzte man Intelligenz mit der Fähigkeit zu lernen gleich, wäre eine legitime Frage: „Was zu lernen?" In unserer Gesellschaft hat man Intelligenz traditionsgemäß mit *schulischem Lernen* identifiziert. TILTON (100) fand z.B., daß Intelligenztestwerte substantiell mit Gewinnen in Schulleistungstests korrelierten, wenn die Meßinstrumente jedem genügend Raum zur Verbesserung ließen. Außerdem identifizierte TILTON (101) durch Faktorenanalysen der Interkorrelationen zwischen Gewinnen in verschiedenen Schulfächern einen für dieses beschränkte Gebiet allgemeinen Lernfaktor.

Der Inhalt von Intelligenztests gibt auch Hinweise auf die Bedeutungen des heute verwendeten Begriffes „Intelligenz". Das ursprüngliche Ziel der Intelligenztests war es, eine Stichprobe aus zahlreichen verschiedenen Fähigkeiten zu erheben, um eine Schätzung des allgemeinen Leistungsniveaus eines Individuums zu ermöglichen. So lange die individuelle Position in speziellen Funktionen unterschiedlich ist, ist solch eine allgemeine Schätzung unbefriedigend. Offensichtlich erzielen heutige Intelligenztests nicht einmal eine angemessene Schätzung der Durchschnittsfähigkeit eines Individuums, da sie bestimmte Funktionen überstark gewichten und andere auslassen. So spielen in nichtsprachlichen und Leistungstests räumliche und Wahrnehmungsfunktionen die wichtigste Rolle. Die meisten Papier- und Bleistift-Tests jedoch messen hauptsächlich verbale Fähigkeit und zu einem geringeren Ausmaß numerische Fähigkeit. Da der letztgenannte Testtyp bei weitem am häufigsten gebraucht wird, wird der Begriff „Intelligenz" inzwischen fast synonym mit verbaler Fähigkeit verwendet. So fand man z.B., daß das geistige Alter im Stanford-Binet durchschnittlich zu ungefähr 0,81 mit der Leistung im Wortschatztest der Skala korreliert (87, S. 302). In den einzelnen Altersgruppen reicht die Korrelation von 0,65 bis 0,91.

Aus anderer Sicht kann man die meisten Intelligenztests als Maße für Schulleistung, d.h. für die *Fähigkeit, in unseren Schulen erfolgreich zu sein*, betrachten. Das zeigt sich besonders deutlich in dem heute gebräuchlichen Verfahren zur Validitätsbestimmung von Intelligenztests. Der Begriff „Validität" bezeichnet den Grad, in dem ein Test auch wirklich das mißt, was er vorgibt zu messen. Bei den meisten Intelligenztests überprüft man die Validität am Kriterium „Schulerfolg". Die Testwerte werden mit den Schulnoten oder den Lehrereinschätzungen der Fähigkeit korreliert. Und je höher diese Korrelationen ausfallen, desto valider, sagt man, sei der Test. Es sei auch erwähnt, daß Intelligenztests fast so hoch mit Schulleistungstests wie untereinander korrelieren.

Alles in allem sind die meisten Intelligenztests offensichtlich sehr stark mit bestimmten Funktionen gewichtet, vor allem mit verbaler Leistung. Gleichzeitig haben sie ihren beträchtlichen Wert als empirische Instrumente zur Vorhersage in vielfältigen praktischen Situationen bewiesen. Zur Vorhersage akademischen Erfolges, zur Hilfe bei der Auswahl von Bewerbern für die meisten Berufe und zur Unterstützung der Berufsberatung leisten sie beträchtliche Beiträge. Da derartige Tests ihre empirische Validität bewiesen haben, können vermutlich die Kriterien selbst mit bestimmten Leistungen „überladen" sein. Wären die Tests nicht in verbaler Fähigkeit übergewichtig, könnte ihre Validität deutlich sinken, denn verbale Leistungen spielen zweifellos eine herausragende Rolle bei der Bestimmung erfolgreicher Leistung in unseren Schulen, unseren beruflichen Positionen und anderen alltäglichen Situationen in unserer Gesellschaft.

Offensichtlich läßt sich „Intelligenz" also nur in Bezug auf eine bestimmte Situation oder ein Umweltmilieu definieren. Dieser Standpunkt spricht unmittelbar dafür, daß es nicht eine sondern zahlreiche Intelligenzdefinitionen gibt (83). Unter unseren gesellschaftlichen Bedingungen besteht Intelligenz offensichtlich zu großen Teilen aus verbaler Fähigkeit. Es sei daran erinnert, daß idiots savants auf einem Gebiet auffallend versagen, nämlich dem sprachlichen. Erfolg im praktischen Geschäft des täglichen Lebens ist – bei Kindern und Erwachsenen – so eng an verbale Leistung geknüpft, daß hier ein ernsthafter Ausfall ein Individuum als intellektuell inkompetent abstempeln wird. Umgekehrt kann eine Person, die besonders geschickt in verbalen Funktionen ist, dadurch Ausfälle auf anderen Gebieten kompensieren und sie wird selten, wenn überhaupt, in einem Heim für geistig Behinderte landen. Intelligenz für unsere Gesellschaft zu definieren, bedeutet vorrangig die Aktivitäten aufzuzählen, die durch sprachliche Entwicklung ermöglicht werden.

Ein Vergleich zwischen Intelligenztests, die in unterschiedlichen Gesellschaften oder Untergruppen entwickelt wurden, müßte sich als aufschlußreich erweisen. Heute sind die Möglichkeiten für derartige Vergleiche dürftig, obwohl einige Daten hierzu in den Kapiteln 15 und 16 untersucht werden sollen. Doch selbst innerhalb unserer Gesellschaft können wir für das Konzept der Intelligenz eine Tendenz erkennen, sich mit kulturellem Wandel zu verändern. Heute zeigt es sich, daß sich Faktoren, wie die zunehmende Mechanisierung alltäglicher Handlungen, der „Do-it-yourself"-Trend und besonders der rapide anwachsende Bedarf an hochstehendem Personal für Wissenschaft und Technik in der Testkonstruktion und veränderten Intelligenzdefinitionen widerspiegeln. Zunehmend mehr Forschungsarbeiten widmen sich der Entwicklung von Tests für Erwachsene in Industrie und Militär.

Dem stehen die früheren Tests gegenüber, die hauptsächlich auf Schulkinder und Collegestudenten ausgerichtet waren. Neue Tests enthalten mehr nichtverbale Inhalte und legen mehr Gewicht auf Kreativität und Erfindungsgabe als das für die traditionellen Intelligenztests zutrifft.

GUILFORDS Artikel über „The Structure of Intellect" (49) illustriert, daß diese Entwicklungen die eigentliche Intelligenzdefinition zu beeinflussen beginnen. GUILFORDS Forschung begann mit weitgespannten Bemühungen, Tests für höheres Personal zu entwickeln und konzentrierte sich weitgehend auf abstraktes Denken, Kreativität, Planung und Bewertung (siehe weiter oben). In einer ausführlichen Überprüfung seiner eigenen Ergebnisse und anderer faktorenanalytischer Untersuchungen schlug GUILFORD eine revidierte und erweiterte Definition der Intelligenz insgesamt vor. Im Gegensatz zu früheren Beschreibungen gewichtet diese Definition stärker räumliche Inhalte und kreative Prozesse. Obwohl Intelligenz in unserer Kultur heutzutage noch weitgehend verbal und noch immer primär auf Verstehen und Behalten gerichtet ist, so scheint es doch einen Trend zur Einbeziehung kreativen Denkens und stärker nonverbalen Materials zu geben.

Zusammenfassung

Die Faktorenanalyse stellt ein vielseitiges Forschungsmittel dar, das bereits in nahezu allen Zweigen der Psychologie Verwendung gefunden hat. Ihre wichtigsten Anwendungen lagen jedoch in der Identifikation von Leistungs- und Persönlichkeitseigenschaften, wie auch in der Entwicklung von Tests zu ihrer Messung. Multiple Leistungstestbatterien, die ein Werteprofil für verschiedene Fähigkeiten ergeben, sind ein Produkt der Faktorenanalyse. In der Persönlichkeitsforschung hat man Faktorenanalysen vielfältig verwendet, einschließlich der Analyse von Interkorrelationen zwischen Fragebogenitems, Beurteilungen und objektiven Tests. Man hat auch Nutzen aus der P-Technik gezogen, die auf wiederholten Messungen an einem einzelnen Individuum basiert. Obwohl einige Persönlichkeitstests zur Messung der durch faktorenanalytische Studien isolierten Eigenschaften konstruiert worden sind, herrscht bisher relativ wenig Übereinstimmung über die Faktorenliste, die verschiedene Untersucher vorgeschlagen haben. Wenige Eigenschaften wie z.B. Dominanz und emotionale Stabilität, erscheinen in den meisten Studien immer wieder. Faktorenanalytische Untersuchungen von Interessen und Einstellungen erbrachten vielsagende Resultate, haben sich bisher aber noch kaum auf die Testentwicklung ausgewirkt.

Ein Gebiet wachsender Forschungstätigkeit ist die faktorenanalytische Untersuchung kreativen Denkens. Wahrscheinlich sind sowohl intellektuelle als auch Persönlichkeitseigenschaften an der kreativen Produktivität eines Individuums beteiligt. Ein anderes heute aktives Forschungsfeld befaßt sich mit der Beziehung zwischen Wahrnehmung und Persönlichkeit. In diesen Studien werden sowohl Faktorenanalysen als auch andere Forschungstechniken verwendet. Besonders vielversprechend sind die Befunde über zwei Gestaltbindungsfaktoren, die Geschwindigkeit und die Flexibilität der Gestaltbindung. Das gilt auch für die Arbeit über „Feldabhängigkeit".

Zunehmend hat man sich von der statistischen Beschreibung von Faktoren ab- und der Erforschung der Bedingungen zugewendet, die Eigenschaftsorganisation hervorbringen und modifizieren. Man hat vielsagende Daten über Alters-, Bildungs- und andere Gruppenunterschiede in der Organisation von

Fähigkeiten gesammelt. Abgesehen von offensichtlich widersprüchlichen Ergebnissen scheint die Differenzierungshypothese die vielversprechendste Erklärung für Altersveränderungen in der Eigenschaftsorganisation vom Säuglingsalter bis zur Jugendzeit zu bieten. Unterschiede in Faktorenmustern zwischen den Geschlechtern und zwischen Bildungs-, Berufs- und anderen Gruppen sprechen dafür, daß das Ausmaß der Differenzierung und die Beschaffenheit der Gruppenfaktoren durch die Reaktionsgeschichten der Pbn beeinflußt werden können. Die Daten weisen wohl darauf hin, daß Personen mit unterschiedlichem Erfahrungshintergrund oft unterschiedliche Arbeitsmethoden zur Erledigung derselben Aufgaben heranziehen.

Die Anwendung der Faktorenanalyse auf Tierverhalten weist eine etwas größere Spezifität der Leistungen (mit engeren Gruppenfaktoren) nach als man sie in Humanstudien gefunden hat. Tierstudien belegen auch eine engere Verquickung von Leistungs-, emotionalen und motivationalen Variablen, sowie übungsabhängige Veränderungen in der faktoriellen Zusammensetzung der Leistungsstruktur. Auch aus Humanstudien liegen vielsagende Daten über die Effekte von Übung und Anleitung auf Faktorenmuster vor. Solche Studien geben im Kleinformat die Art von Einflüssen wieder, die sehr viel langsamer im Verlaufe von Bildung und anderen Lebenserfahrungen wirken.

Der Gegensatz zwischen allgemeinen und individuellen Eigenschaften, wie ihn bestimmte Autoren in der Persönlichkeitstheorie vorgeschlagen haben, kann die größere Standardisierung der Erfahrungen im intellektuellen als im emotionalen und motivationalen Bereich widerspiegeln. Sowohl die Identifikation allgemeiner Eigenschaften als auch die Entwicklung standardisierter Tests waren auf dem Leistungsgebiet erfolgreicher als auf dem Persönlichkeitsgebiet.

Intelligenzdefinitionen variieren stark. In unserer Gesellschaft identifiziert man Intelligenz weitgehend mit verbalem Verständnis und man hat sie traditionsgemäß in Bezug auf akademische Kriterien bewertet. Neuere gesellschaftliche Entwicklungen spiegeln sich in einer allmählichen Ausweitung und Modifikation dieses Intelligenzkonzeptes wider, wobei man zunehmend kreativem Denken Gewicht beimißt und nonverbale Inhalte stärker betont.

Literaturverzeichnis

1. Adkins, Dorothy C., and Lyerly, S. B. *Factor analysis of reasoning tests.* Chapel Hill: Univer. N. Carolina Press, 1952.
2. Allport, G. W. *Personality: a psychological interpretation.* N.Y.: Holt, 1937.
3. Allport, G. W., and Odbert, H. S. Trait-names, a psycholexical study. *Psychol. Monogr.*, 1936, 47, No. 1.
4. Anastasi, Anne. The influence of specific experience upon mental organization. *Genet. Psychol. Monogr.*, 1936, 18, 245–355.
5. Anastasi, Anne. The nature of psychological "traits." *Psychol. Rev.*, 1948, 55, 127–138.
6. Anastasi, Anne. *Psychological testing.* N.Y.: Macmillan, 1954.
7. Anastasi, Anne, Fuller, J. L., Scott, J. P., and Schmitt, J. R. A factor analysis of the performance of dogs on certain learning tests. *Zoologica*, 1955, 40 (Pt. I), 33–46.
8. Anderson, J. E. Freedom and constraint or potentiality and environment. *Psychol. Bull.*, 1944, 41, 1–29.
9. Asch, S. E. A study of change in mental organization. *Arch. Psychol.*, 1936, No. 195.
10. Avakian, Sonia A. An investigation of trait relationships among six-year-old children. Unpublished doctoral dissertation, Fordham University, 1951.
11. Balinsky, B. An analysis of the mental factors of various age groups from nine to sixty. *Genet. Psychol. Monogr.*, 1941, 23, 191–234.
12. Bennett, G. K., Seashore, H. G., and Wesman, A. G. *Differential Aptitude Tests, Manual.* N.Y.: Psychol. Corp., 1947.
13. Bloom, B. S., and Broder, Lois J. Problem-solving processes of college students. *Suppl. educ. Monogr.*, 1950, No. B.
14. Botzum, W. A. A factorial study of the reasoning and closure factors. *Psychometrika*, 1951, 16, 361–386.
15. Burt, C. The differentiation of intellectual ability. *Brit. J. educ. Psychol.*, 1954, 24, 76–90.
16. Cattell, R. B. *Description and measurement of personality.* Yonkers-on-Hudson, N.Y.: World Book Co., 1946.
17. Cattell, R. B. Confirmation and clarification of the primary personality factors. *Psychometrika*, 1947, 12, 197–220.
18. Cattell, R. B. The primary personality factors in women compared with those in men. *Brit. J. Psychol., statist. Sect.*, 1948, 1, 114–130.
19. Cattell, R. B. The chief invariant psychological and psychophysical functional unities found by P-technique. *J. clin. Psychol.*, 1955, 11, 319–343.
20. Cattell, R. B. The principal replicated factors discovered in objective personality tests. *J. abnorm. soc. Psychol.*, 1955, 50, 291–314.
21. Cattell, R. B. *Personality and motivation structure and measurement.* Yonkers-on-Hudson, N.Y.: World Book Co., 1957.
22. Cattell, R. B., *et al. The IPAT Junior Personality Quiz: Handbook.* Champaign, Ill.: Inst. Pers. Ability Testing, 1953.
23. Cattell, R. B., and Gruen, W. The primary personality factors in 11 year old children, by objective tests. *J. Pers.*, 1955, 23, 460–478.

24. Cattell, R. B., Saunders, D. R., and Stice, G. F. *The Sixteen Personality Factor Questionnaire: Handbook.* Champaign, Ill.: Inst. Pers. Ability Testing, 1950.
25. Chen, T. L., and Chow, H. A factor study of a test battery at different educational levels. *J. genet. Psychol.*, 1948, 73, 187–199.
26. Christie, R. Eysenck's treatment of the personality of communists. *Psychol. Bull.*, 1956, 53, 411–430. (Reply and rejoinder, pp. 431–451)
27. Clark, Mamie P. Changes in primary mental abilities with age. *Arch. Psychol.*, 1944, No. 291.
28. Cohen, J. The factorial structure of the WAIS between early adulthood and old age. *J. consult. Psychol.*, 1957, 21, 283–290.
29. Corter, H. M. Factor analysis of some reasoning tests. *Psychol. Monogr.*, 1952, 66, No. 8.
30. Cottle, W. C. A factorial study of the Multiphasic, Strong, Kuder, and Bell inventories using a population of adult males. *Psychometrika,* 1950, 15, 25–47.
31. Curtis, H. A. A study of the relative effects of age and of test difficulty upon factor patterns. *Genet. Psychol. Monogr.*, 1949, 40, 99–148.
32. Dean, D. A. A factor analysis of the Stanford-Binet and SRA Primary Mental Abilities battery at the first grade level. Unpublished doctoral dissertation, Penn. State College, 1950.
33. Doppelt, J. E. The organization of mental abilities in the age range 13 to 17. *Teach. Coll. Contr. Educ.*, 1950, No. 962.
34. Dvorak, Beatrice J. The new USES General Aptitude Test Battery. *J. appl. Psychol.*, 1947, 31, 372–376.
35. Eysenck, H. J. *The structure of human personality.* London: Methuen, 1953.
36. Ferguson, G. A. On learning and human ability. *Canad. J. Psychol.,* 1954, 8, 95–112.
37. Ferguson, L. W. A revision of the Primary Social Attitude Scales. *J. Psychol.,* 1944, 17, 229–241.
38. Fillela, J. F. Educational and sex differences in the organization of abilities in technical and academic students in Colombia, South America. Unpublished doctoral dissertation, Fordham University, 1957.
39. Flanagan, J. C. *Flanagan Aptitude Classification Tests.* Chicago: Science Research Associates, 1953.
40. Fleishman, E. A., and Hempel, W. E., Jr. Changes in factor structure of a complex psychomotor test as a function of practice. *Psychometrika,* 1954, 19, 239–252.
41. Fruchter, B. *Introduction to factor analysis.* N.Y.: Van Nostrand, 1954.
42. Fruchter, B., and Mahan, W. W. Some perceptual factors measured by motion picture tests. *J. educ. Psychol.*, 1952, 43, 430–435.
43. Garrett, H. E. Differentiable mental traits. *Psychol. Rec.*, 1938, 2, 259–298.
44. Garrett, H. E. A developmental theory of intelligence. *Amer. Psychologist,* 1946, 1, 372–378.
45. Garrett, H. E., Bryan, Alice I., and Perl, Ruth E. The age factor in mental organization. *Arch. Psychol.*, 1935, No. 176.
46. Goddard, H. H. What is intelligence? *J. soc. Psychol.*, 1946, 24, 51–69.
47. Green, R. F., Guilford, J. P., *et al.* A factor analytic study of reasoning abilities. *Psychometrika,* 1953, 18, 135–160.

48. Greene, E. B. An analysis of random and systematic changes with practice. *Psychometrika*, 1943, 8, 37–52.
49. Guilford, J. P. The structure of intellect. *Psychol. Bull.*, 1956, 53, 267–293.
50. Guilford, J. P., *et al.* A factor analysis study of human interests. *Psychol. Monogr.*, 1954, 68, No. 4.
51. Guilford, J. P., *et al.* A factor-analytic study of Navy reasoning tests with the Air Force Aircrew Classification Battery. *Educ. psychol. Measmt.*, 1954, 14, 301–325.
52. Guilford, J. P., *et al.* A factor-analytic study of planning. II. Administration of tests and analysis of results. *Rep. psychol. Lab.*, No. 12. Los Angeles: Univer. Southern Calif., 1955.
53. Guilford, J. P., and Zimmerman, W. S. *The Guilford-Zimmerman Aptitude Survey: Manual.* Beverly Hills, Calif.: Sheridan Supply Co., 1947.
54. Guilford, J. P., and Zimmerman, W. S. *The Guilford-Zimmerman Temperament Survey: Manual.* Beverly Hills, Calif.: Sheridan Supply Co., 1949.
55. Hagen, Elizabeth P. A factor analysis of the Wechsler Intelligence Scale for Children. Unpublished doctoral dissertation, Teachers College, Columbia Univer., 1952.
56. Heese, K. W. A general factor in improvement with practice. *Psychometrika*, 1942, 7, 213–223.
57. Hertzka, A. F., Guilford, J. P., *et al.* A factor-analytic study of evaluative abilities. *Educ. psychol. Measmt.*, 1954, 14, 581–597.
58. Holzinger, K. J., and Crowder, N. A. *Holzinger-Crowder Uni-Factor Tests.* Yonkers-on-Hudson, N.Y.: World Book Co., 1955.
59. Hsü, E. H. Factor analysis, differential bio-process, and mental organization. *J. gen. Psychol.*, 1948, 38, 147–157.
60. Kelley, T. L. *Crossroads in the mind of man: a study of differentiable mental abilities.* Stanford Univer., Calif.: Stanford Univer. Press, 1928.
61. MacKinnon, D. W. Tests for the measurement of personal effectiveness. *Proc., 1951 Conf. Test. Probl., Educ. Test. Serv.*, 1952, 73–81.
62. Marron, J. E. The search for basic reasoning abilities: a review of factor analytic studies. *USAF Hum. Resour. Res. Cent. Res. Bull.*, 1953, No. 53–28.
63. Matin, L., and Adkins, Dorothy C. A second-order factor analysis of reasoning abilities. *Psychometrika*, 1954, 19, 71–78.
64. McHugh, R. B., and Owens, W. A., Jr. Age changes in mental organization—a longitudinal study. *J. Geront.*, 1954, 9, 296–302.
65. Otis, A. S. *Normal percentile chart: manual of directions.* Yonkers-on-Hudson, N.Y.: World Book Co., 1938.
66. Pemberton, Carol L. The closure factors related to other cognitive processes. *Psychometrika*, 1952, 17, 267–288.
67. Pemberton, Carol L. The closure factors related to temperament. *J. Pers.*, 1952, 21, 159–175.
68. Reichard, Suzanne. Mental organization and age level. *Arch. Psychol.*, 1944, No. 295.
69. Roberts, S. O., and Robinson, J. M. Intercorrelations of the Primary Mental Abilities Tests for ten-year-olds by socioeconomic status, sex, and race. *Amer. Psychologist*, 1952, 7, 304–305.
70. Roesslein, C. G. *Differential patterns of intelligence traits between high*

achieving and low achieving high school boys. Washington, D.C.: Catholic Univer. Press, 1953.

71. Roff, M. A factorial study of tests in the perceptual area. *Psychometr. Monogr.*, 1952, No. 8.
72. Rokeach, M., and Hanley, C. Eysenck's tender-mindedness dimension: a critique. *Psychol. Bull.*, 1956, 53, 169–176. (Reply and rejoinder, pp. 177–186)
73. Royce, J. R. The factorial analysis of animal behavior. *Psychol. Bull.*, 1950, 47, 235–259.
74. Royce, J. R. A factorial study of emotionality in the dog. *Psychol. Monogr.*, 1955, 69, No. 22.
75. Sargent, S. S. How shall we study individual differences? *Psychol. Rev.*, 1942, 49, 170–181.
76. Scott, J. P., and Fuller, J. L. Research on genetics and social behavior at the Roscoe B. Jackson Memorial Laboratory, 1946–1951—A progress report. *J. Hered.*, 1951, 42, 191–197.
77. Searle, L. V. The organization of hereditary maze-brightness and maze-dullness. *Genet. Psychol. Monogr.*, 1949, 39, 279–325.
78. Seashore, R. H. Work methods—an often neglected factor underlying individual differences. *Psychol. Rev.*, 1939, 46, 123–141.
79. Segel, D. Intellectual abilities in the adolescent period. *Bull. No. 6, Office of Educ., Federal Security Agency,* 1948.
80. Segel, D., and Raskin, Evelyn. *Multiple Aptitude Tests.* Los Angeles: California Test Bur., 1955.
81. Sherman, M. *Intelligence and its deviations.* N.Y.: Ronald, 1945.
82. Spearman, C. *The abilities of man.* N.Y.: Macmillan, 1927.
83. Spiker, C. C., and McCandless, B. R. The concept of intelligence and the philosophy of science. *Psychol. Rev.*, 1954, 61, 255–266.
84. Steinberg, A. The relation of vocational preference to emotional adjustment. *Educ. psychol. Measmt.*, 1952, 12, 96–104.
85. Swineford, Frances. A study in factor analysis: the nature of the general, verbal, and spatial bi-factors. *Suppl. educ. Monogr.*, 1948, No. 67.
86. Swineford, Frances. General, verbal, and spatial bi-factors after three years. *J. educ. Psychol.*, 1949, 40, 353–360.
87. Terman, L. M., and Merrill, Maud A. *Measuring intelligence.* Boston: Houghton Mifflin, 1937.
88. Thorndike, R. L. Organization of behavior in the albino rat. *Genet. Psychol. Monogr.*, 1935, 17, No. 1.
89. Thurstone, L. L. Primary mental abilities. *Psychometr. Monogr.*, 1938, No. 1.
90. Thurstone, L. L. A factorial study of perception. *Psychometr. Monogr.*, 1944, No. 4.
91. Thurstone, L. L. Creative talent. *Proc., 1950 Conf. Test. Probl., Educ. Test Serv.*, 1951, 55–69.
92. Thurstone, L. L. Some primary abilities in visual thinking. *Psychometr. Lab., Univer. Chicago,* No. 59, August, 1950.
93. Thurstone, L. L. *Thurstone Temperament Schedule: Examiner's Manual.* Chicago: Science Research Associates, 1950.

94. Thurstone, L. L. The dimensions of temperament. *Psychometrika,* 1951, 16, 11–20.
95. Thurstone, L. L. Experimental tests of temperament. In *Essays in psychology dedicated to David Katz.* Uppsala, Sweden: Almquist and Wiksells, 1951. Pp. 248–262.
96. Thurstone, L. L. The scientific study of inventive talent. *Psychometr. Lab., Univer. Chicago,* No. 81, July, 1952.
97. Thurstone, L. L. The development of objective measures of temperament. *Psychometr. Lab., Univer. N. Carolina,* No. 1, April, 1953.
98. Thurstone, L. L., and Thurstone, Thelma G. Factorial studies of intelligence. *Psychometr. Monogr.,* 1941, No. 2.
99. Thurstone, L. L., and Thurstone, Thelma G. *SRA Primary Mental Abilities: Intermediate (11–17); Elementary (7–11); Primary (5–7).* Chicago: Science Research Associates, 1948–1953.
100. Tilton, J. W. Intelligence test scores as indicative of ability to learn. *Educ. psychol. Measmt.,* 1949, 9, 291–296.
101. Tilton, J. W. The intercorrelations between measures of school learning. *J. Psychol.,* 1953, 35, 169–179.
102. Tyler, Leona E. The relationship of interests to abilities and reputation among first-grade children. *Educ. psychol. Measmt.,* 1951, 11, 255–264.
103. Tyler, Leona E. Changes in children's scores on Primary Mental Abilities Tests over a three-year period. *Amer. Psychologist,* 1953, 8, 448–449.
104. U.S. Air Force. *Aviation Psychology Research Reports.* Washington, D.C.: Govt. Printing Office, 1947–48. Rep. No. 1, 5, 11.
105. U.S. Air Force. Development of the Airman Classification Test Battery. *Air Tr. Command Res. Dev. Progr., Res. Bull.,* 48–4, Nov. 1948.
106. U.S. Army, TAGO, Personnel Research Section. Report on statistical studies conducted under Project No. PR-4002; Development of AGCT-3 and Information tests. *P.R.S. Rep. No. 568,* 23 August 1945.
107. U.S. Bureau of Naval Personnel, Training Standards and Curriculum Division, Test and Research Section. Psychological test construction and research in the Bureau of Naval Personnel: Development of the Basic Test Battery for Enlisted Personnel. *Psychol. Bull.,* 1945, 42, 561–571.
108. Van Steenberg, N. J. F. Factors in the learning behavior of the albino rat. *Psychometrika,* 1939, 4, 179–200.
109. Various. Symposium: intelligence and its measurement. *J. educ. Psychol.,* 1921, 12, 123–147, 195–216.
110. Vaughn, C. L. Factors in rat learning: an analysis of the intercorrelations between 34 variables. *Comp. Psychol. Monogr.,* 1937, 14, No. 69.
111. Vernon, Magdalen D. *A further study of visual perception.* Cambridge: Cambridge Univer. Press, 1952.
112. Vernon, P. E. *The structure of human abilities.* London: Methuen, 1950.
113. Vernon, P. E., and Parry, J. B. *Personnel selection in the British Forces.* London: Univer. London Press, 1949.
114. Wherry, R. J. Factorial analysis of learning dynamics in animals. *J. comp. Psychol.,* 1939, 28, 263–272.
115. Wherry, R. J. Determination of the specific components of maze ability for Tryon's bright and dull rats by means of factorial analysis. *J. comp. Psychol.,* 1941, 32, 237–252.

116. Wilson, R. C., Guilford, J. P., *et al.* A factor-analytic study of creative-thinking abilities. *Psychometrika,* 1954, 19, 297–311.
117. Witkin, H. A., *et al. Personality through perception.* N.Y.: Harper, 1954.
118. Woodrow, H. The relation between abilities and improvement with practice. *J. educ. Psychol.,* 1938, 29, 215–230.
119. Woodrow, H. Factors in improvement with practice. *J. Psychol.,* 1939, 7, 55–70.

Kapitel 12
Minderbegabung

Im weitesten Sinne repräsentiert Minderbegabung den unteren Teil der Intelligenzverteilung. Sie bezieht sich weder auf eine Krankheit, noch auf eine einzelne Entität, sondern deckt viele Bedingungen ab, die sich in Ausmaß und Art des Defektes sehr stark voneinander unterscheiden. Da die Verteilung der Intelligenz kontinuierlich ist, gibt es außerdem keine scharfe Trennungslinie zwischen Normalität und geistiger Defizienz. Vielmehr lassen sich viele Individuen als Grenzfälle bezeichnen, die man, abhängig von anderen Begleitumständen, in die eine oder andere Kategorie einordnen kann.

Das Konzept von Minderbegabung steht in enger Beziehung zur Intelligenzdefinition (s. Kap. 11). Sobald man die verschiedenen Kriterien zur Identifikation und Klassifikation geistig Defekter untersucht – wie es im folgenden Abschnitt geschieht – wird deutlich, daß Minderbegabung eine deutliche Unterdurchschnittlichkeit in den Fähigkeiten anzeigt, die zum Überleben in unserer Gesellschaft notwendig sind. So nehmen der Bildungsfortschritt, die berufliche Anpassung und die Leistung in traditionellen Intelligenztests in den Definitionen der Minderbegabung eine herausragende Stellung ein. Auch die sprachliche Entwicklung und das verbale Verständnis bildeten von Beginn an einen integrierten Teil dieses Konzeptes. Schon 1838 stellte der französische Arzt ESQUIROL (30) fest, die Sprachverwendung eines Individuums sei das zuverlässigste Kriterium für sein intellektuelles Niveau. Auf dieser Basis unterschied er zwischen verschiedenen Graden der Minderbegabung, die von Personen, die leicht und schnell sprechen konnten, bis zu Personen reichten, die nur Einsilber ausstoßen und schreien konnten bis zu denjenigen, bei denen man überhaupt keine Sprache ausmachen konnte. Ähnlich schrieben BINET und SIMON (11): „Ein Idiot ist eine Person, die sich mit ihren Kameraden nicht mit Hilfe der Sprache verständigen kann. Sie spricht und versteht auch nichts."

Daß auch heute noch sprachliche Kriterien mit der Definition der Minderbegabung verknüpft sind, beweist sich im fortgesetzten Gebrauch von Intelligenztests, in denen der Faktor für verbales Verständnis hoch geladen ist. Gleichzeitig erkennt man jetzt allgemein, daß ein IQ niemals ausschließlich Grundlage der Diagnose einer Minderbegabung sein sollte. Wie wir im nächsten Abschnitt sehen werden, müssen viele andere Datenquellen herangezogen werden, um eine Entscheidung in Einzelfällen zu ermöglichen.

Eine wichtige Unterscheidung ist die zwischen Minderbegabung und emotionalen oder Persönlichkeitsstörungen. Das erste bezieht sich auf die intellektuelle Subnormalität einer Person, die niemals normale Intelligenz erreicht hat. Bei Persönlichkeitsstörungen kann ein intellektueller Abstieg von einem vorher höheren Niveau vorkommen. Oder ein Individuum kann wegen seiner emotionalen Schwierigkeiten nur zeitweilig in seinen intellektuellen Funktionen behindert sein. In beiden Fällen hatte die Person jedoch irgendwann ein normales oder überdurchschnittliches Niveau intellektueller Entwicklung erreicht. Bei Kindern läßt sich dieses Kriterium nur schwer eindeutig anwenden. Folglich wurden deshalb zu Unrecht etliche emotional gestörte Kinder als minderbegabt eingeschätzt. Derartige Bedingungen lassen sich jedoch gewöhnlich durch eine gründliche Untersuchung des kindlichen Verhaltens und der Fallgeschichte ausmachen.

Doch auch Minderbegabte *können* Persönlichkeitsstörungen entwickeln. Das bedeutet einfach, daß es keine zwingende Bindung zwischen beiden Bedingungstypen gibt. Beide können ohne die andere auftreten.

Persönlichkeitsstörungen schließen *Neurosen* ein – relativ schwache Störungen – und die ernsthafteren, die *Psychosen.* Die populären Begriffe „Wahnsinn“ und „Irrsinn“ entsprechen grob der letztgenannten Kategorie. Die häufigste Psychose ist Schizophrenie; ein anderes bekanntes Beispiel ist die manisch-depressive Psychose. Da das Studium der Neurosen und Psychosen hauptsächlich der Psychopathologie vorbehalten ist, werden wir in diesem Buch auf diese Störungen nur eingehen, sofern sie für andere Themen relevant sind. Wir haben schon in Verbindung mit Familienähnlichkeiten auf die Forschung über Psychotiker (Kap. 9) hingewiesen und auch dort, wo wir die Bedeutung physiologischer Faktoren für Verhaltensstörungen besprochen haben (Kap. 5). In Kapitel 18 werden wir das Konzept der Abnormalität mit besonderem Bezug zu gesellschaftlichen Faktoren untersuchen.

Kriterien und Niveaus

Man hat verschiedene Kriterien zur Identifikation und Klassifikation der Minderbegabung vorgeschlagen. In der Praxis richtet man sich am häufigsten nach *psychometrischen* und *rechtlichen* oder *soziologischen* Kriterien. Die ersten basieren auf Intelligenztestleistungen und werden durch den IQ ausgedrückt. Nach dieser Definition liegt die Trennungslinie zwischen Normalität und Minderbegabung bei einem IQ von 70. Das entspricht annähernd dem Wert von zwei Standardabweichungen unter dem Mittelwert in

Tests wie z.B. dem Stanford-Binet von 1937 und den Wechsler-Skalen. Die folgende Klassifikation, die TERMAN (89, S. 79) als erster aufgrund der ursprünglichen Stanford-Binet-Verteilung empfahl, hat weite Verbreitung gefunden[1]:

Dullness, selten als Minderbegabung klassifizierbar	80 – 90
Borderline deficiency (Grenzfälle), manchmal als „dullness", oft als Minderbegabung klassifizierbar	70 – 80
Schwachsinn	50 – 70
Imbezill	20 – 50
Idiot	unter 20

Bei der Anwendung dieser Klassifikation müssen gewisse Vorsichtsmaßnahmen berücksichtigt werden. Erstens, man sollte beachten, daß die Trennungslinien zwischen aneinander grenzenden Niveaus genauso willkürlich sind wie die zwischen Normalität und Minderbegabung. Testleistungen weisen immer kontinuierliche Abstufungen auf, die nur im Ausmaß variieren, während sich die sozialen Effekte großer Leistungsdifferenzen qualitativ unterscheiden können. Zweitens: Die angegebene Klassifikation basiert auf einem Test, dessen IQ-Verteilung eine Standardabweichung von 12 Punkten hatte. IQn in Tests, deren Standardabweichungen sich von diesen Werten stark unterscheiden, haben eine andere Bedeutung entsprechend der gesamten Werteverteilung. Im heutigen Stanford-Binet und in den Wechsler-Skalen liegen die Standardabweichungen zwischen 15 und 16. In bestimmten anderen Tests, die einen IQ abzuleiten gestatten, liegen die Standardabweichungen bei 20 oder sogar 25 (s. z.B. 21).

Abgesehen von diesen Einschränkungen erfreut sich die oben aufgeführte IQ-Klassifikation großer Beliebtheit. In einem technischen Bericht eines speziellen Komitees der Weltgesundheitsbehörde von 1954 wurde die Definition der Minderbegabung nach diesen IQ-Grenzen noch einmal bestätigt (s. 10, S. 57). Statt der Begriffe „Schwachsinn", „Imbezillität" und „Idiotie" empfahl man jedoch die harmloseren Bezeichnungen „schwache, „mäßige" und „schwere" Subnormalität. Angewendet auf Erwachsene lassen sich diese Grade der Minderbegabung auch durch das erreichte Intelligenzalter ausdrücken. So ent-

1 Heute in Deutschland üblich ist die Klassifikation „Lernbehinderung" für IQn zwischen 60 und 90, und „geistige Behinderung" für IQn, die darunterliegen. (Anmerkung des Übersetzers)

spricht schwache Subnormalität (Schwachsinn) Intelligenzaltersstufen zwischen 8 und 12 Jahren; mäßige (Imbezillität) Intelligenzaltersstufen zwischen 3 und 7 Jahren und schwere Subnormalität (Idiotie) einem Intelligenzalter unter 3 Jahren.
Rechtliche und soziologische Definitionen der Minderbegabung beziehen sich auf soziale Fehlanpassung. Der britische Gebrauch richtet sich nach der Mental Deficiency Act von 1913 und ihren späteren Revisionen. Hier wird Minderbegabung recht vage definiert als „eine Bedingung eingeschränkter oder unvollständiger Geistesentwicklung, die vor dem Alter von 18 Jahren vorhanden ist, egal ob sie angeborene Ursachen hat oder auf Krankheit oder Verletzung zurückgeht" (s. 93, S. 5). In den begleitenden Beschreibungen für die verschiedenen Minderbegabungsgrade werden die Implikationen dieser allgemeinen Definition deutlicher. So wird ein Idiot als eine Person beschrieben, die nicht in der Lage ist, sich gegen die üblichen physischen Gefahren zu schützen; den Imbezillen kennzeichnet ein Behinderungsgrad, der es ihm unmöglich macht, seine eigenen Angelegenheiten zu regeln; der Begriff „Feebleminded"[2,3] gilt für eine Person, die wegen ihrer Minderbegabung der Pflege, Aufsicht oder Kontrolle zum eigenen oder dem Schutz der anderen bedarf.

In Amerika fallen Gesetze über die Identifikation und Behandlung Minderbegabter unter die Verantwortlichkeit der Länderregierungen. Deshalb gibt es nur wenig Übereinstimmung in Gesetzesdefinitionen oder damit verbundenen Praktiken. In einer neueren Zusammenstellung solcher Definitionen haben PORTEUS und CORBETT (70) auf die bestehenden Unterschiede aufmerksam gemacht und bestimmte Standardverfahren empfohlen. So schlagen sie vor, man sollte Minderbegabte definieren als „diejenigen Personen, die wegen einer dauernd zurückgebliebenen oder gehemmten geistigen Entwicklung seit jungen Jahren nicht zu eigenständiger Selbstbestimmung und Selbstbehauptung fähig sind".
Um die Bewertung sozialer Befähigung zu quantifizieren hat DOLL (27) die Vineland Social Maturity Scale entwickelt. Sie besteht aus 117 Items, die nach Jahresstufen geordnet sind und befaßt sich mit der Fähigkeit eines Individuums, mit seinen praktischen Bedürfnissen fertig zu werden und Verantwortung auf sich zu nehmen. Die nötige Information für jedes Item wird nicht in Testsituationen, sondern durch Befragen eines Beteiligten oder des Pb selbst erhoben. Die Items basieren auf dem, was ein Pb wirklich in seinem

2 Dieser Begriff entspricht ungefähr der deutschen Klassifikation des Lernbehinderten (Anmerkung des Übersetzers).
3 Im Englischen bezeichnet der Begriff „feebleminded" den schwächsten Grad von Minderbegabung, er entspricht dem amerikanischen Begriff „Schwachsinn". In Amerika ist „feeblemindedness" gleichbedeutend mit „Minderbegabung" und erstreckt sich auf alle Grade intellektueller Subnormalität.

Alltagsleben tut. Sie lassen sich folgenden 8 Kategorien zuordnen: allgemeine Selbständigkeit, Selbständigkeit beim Essen, Selbständigkeit beim Ankleiden, Selbstbestimmung, Beschäftigungen, Kommunikation, Beweglichkeit und Sozialisation. Aus den Daten in der gesamten Skala läßt sich für jeden Pb ein Sozialalter (SA) und ein Sozialquotient (SQ) berechnen.

Korrelationen zwischen der Vineland Social Maturity Scale und dem Stanford-Binet variieren stark, sind jedoch im allgemeinen niedrig. Das spricht dafür, daß durch die beiden Skalen unterschiedliche Verhaltensaspekte angesprochen werden. Die Vineland Skala hat sich besonders für den Kliniker als hilfreich bei der Entscheidungsfindung über eine Anstaltszuweisung erwiesen. So kann ein Individuum mit einem „minderbegabten" Stanford-Binet-IQ sich noch befriedigend außerhalb einer Anstalt einfügen, wenn sein Sozialalter in der Vineland Skala angemessen ist.

Doch wäre es gefährlich, einem Wert in der Vineland-Skala zu trauen, ohne den häuslichen Hintergrund eines Kindes genau zu kennen. Die Normen dieser Skala wurden an 620 Pbn erstellt, für jedes Jahr von der Geburt bis zu 30 Jahren jeweils 10 Männer und 10 Frauen. Die Anzahl der Fälle für jedes Alter ist zu klein, um wünschenswerte Stabilität der Normen sicherzustellen. Außerdem stammten die Pbn weitgehend aus amerikanischen Familien der Mittelschicht. Offensichtlich dürften viele Items, z.B. die über Alleinausgehen, Gebrauch von Taschengeld u.a. eine sehr unterschiedliche Bedeutsamkeit für Kinder aus verschiedenen sozialen Schichten oder bestimmten Minoritätsgruppen haben. Gesellschaftliche Unterschiede in der Kindererziehung und nicht das Fähigkeitsniveau des Kindes könnte in solchen Fällen für Abweichungen von den Normen verantwortlich sein. Ähnlich sind bemerkenswert viele Items für Waisenhauskinder ungeeignet.

In neuerer Zeit hat man zunehmend Gebrauch von *Bildbarkeitskriterien* bei der Klassifikation intellektueller Subnormalität gemacht. Dieser Trend steht zweifellos in Verbindung mit dem wachsenden Interesse, Bildungsmöglichkeiten für behinderte Kinder außerhalb von Anstalten zu schaffen. Faktoren, die für die Bewegung verantwortlich sind, sind z.B.: Überfüllung der Anstalten, Erkennen der Bildbarkeit vieler minderbegabter Kinder, fortschreitende Entwicklung spezieller Lehrverfahren für niedrige Intelligenzstufen und Formierung von lokalen und nationalen Elterngruppen und anderer interessierter Gruppen (wie die National Association for Retarded Children). Bildbarkeitsklassifikationen berücksichtigen besonders die leichteren Grade intellektueller Defekte. Im allgemeinen verwenden derartige Klassifikationen den Begriff „minderbegabt" für Kinder mit relativ schwerer Subnormalität, während „geistig verzögert", „geistig zurückgeblieben" und „geistig beeinträchtigt" für Kinder gelten soll, die im Schulsystem unterrichtet werden können, gewöhnlich in Spezialklassen (18, 49, 78, 95). Die Mehrzahl fällt hinsichtlich ihres IQ in die Kategorie „Grenzfälle" oder „Schwachsinn". Doch müssen

eindeutig auch andere Faktoren berücksichtigt werden, z. B. physische Behinderungen, allgemeine Gesundheit, soziale Reife und emotionale Anpassung.
Stärker Geschädigte, die der Pflege bedürfen, können sowohl zu Hause als auch in Heimen aufgezogen werden. Man hat vielversprechende Ergebnisse mit häuslichen Übungsprogrammen bei stark minderbegabten Kindern erzielt (24, 101). Derartige Programme arbeiten mit einem speziell geschulten Privatlehrer, der Eltern und Kinder anspricht. Die Mütter lernen dadurch, das tägliche Training durchzuführen, das geschaffen wurde, um das Kind bei der Entwicklung einfacher Gewohnheiten der Selbsthilfe, der Sprache, muskulärer Koordination und emotionaler Kontrolle zu unterstützen.
Einige Definitionen der Minderbegabung machen die *Ätiologie* (oder Kausalfaktoren) zum Bestandteil ihres Konzeptes. So definierte DOLL (26, S. 215) Minderbegabung nach folgenden 6 Kriterien: 1. Soziale Inkompetenz, 2. aufgrund geistiger Subnormalität, 3. die sich entwicklungsmäßig festgesetzt hat und 4. die bis zur Reife reicht, 5. konstitutionellen Ursprungs und 6. grundsätzlich unheilbar ist. Diese Definition enthält zwei Bedingungen, die sich nur schwer auf die meisten Personen anwenden lassen, die man heute als minderbegabt klassifiziert. Erstens, benötigt man viel mehr Wissen über die Ursachen der Minderbegabung als bei den meisten Fällen erreichbar ist. Zweitens, fordert sie logischerweise eine Vorhersage des möglichen Ergebnisses aller nur möglichen Trainingsarten und medizinischer und psychologischer Therapien. Diese Notwendigkeiten schränken offenkundig die Brauchbarkeit der Definition ein und würden die Plazierung der meisten Individuen mit niedrigen IQ in eine Kategorie „unsicher" erfordern. Außerdem kann jede „unheilbare" Form der Minderbegabung in der Zukunft vielleicht neu entdeckten therapeutischen Techniken zugänglich sein.
Der Versuch, ätiologische Überlegungen in das Konzept der Minderbegabung einzuarbeiten, hat auch zum Gebrauch der Kategorie „Pseudoschwachsinn" geführt. Sie bezieht sich auf Personen, die schließlich ein normales intellektuelles Niveau als Resultat von Behandlung, Bildung oder anderen Umweltveränderungen erreichen. Dieser Begriff hat die Situation nur wenig geklärt und zu einer gewissen Verwirrung geführt, da sich die „schwachsinnigen Pbn" des einen Untersuchers zu „Pseudoschwachsinnigen" eines anderen wandeln können.
Offensichtlich hat man Minderbegabung nicht klar und einheitlich definiert. Diese Situation wird verständlicher, wenn man sich klarmacht, daß „Minderbegabung" im Grunde eine Verwaltungskategorie darstellt. Das Konzept entstand aus den praktischen Anforderungen bei Heimzuweisungen, Vermittlung an Spezialklassen und anderem. In gewissem Maße beeinflussen die verfügbaren Möglichkeiten die Klassifikation eines bestimmten Falles. In einem Punkt stimmen die Psychologen überein: Entscheidungen über jedes Indivi-

duum sollten immer auf *vielen Kriterien* beruhen. Hierzu sollte ein IQ gehören – besser, wenn er aus mehr als einem Intelligenztest stammt – und Informationen über die Sozialreife, so wie sie sich im Alltagsverhalten manifestiert. Wichtig ist detailliertes Wissen um die augenblickliche physische Verfassung und die medizinische Vorgeschichte. Alle diese Fakten müssen im Zusammenhang mit Daten über die heimische Umwelt, familiäre Bedingungen, Elternmerkmale, Bildungsvorgeschichte und emotionale und motivationale Faktoren interpretiert werden.
Schätzungen über das *Vorkommen von Minderbegabung* in der Gesamtbevölkerung streuen stark, doch geben die sorgfältigsten und vollständigsten Untersuchungen Häufigkeiten zwischen 1 und 2 Prozent an. Die jeweiligen Prozentzahlen in den verschiedenen Erhebungen variieren mit dem verwendeten Kriterium für die Minderbegabung – psychometrisch, soziale Befähigung oder andere – und mit dem Punkt, an dem man die Trennungslinie zieht. Auch der geographische Ort kann einen Unterschied bedingen, da das Vorkommen in einigen Gebieten sehr viel größer ist als in anderen. Auch das Alter kann sich auf die Schätzung auswirken, da die relativ kurze Lebenserwartung von Minderbegabten ihren Anteil an der Gesamtbevölkerung größer erscheinen läßt, wenn sich die Erhebung auf Kinder beschränkt, als wenn sie alle Altersstufen einbezieht.
Ähnliche Schwierigkeiten treten Versuchen in den Weg, die relative Häufigkeit verschiedener Stufen der Minderbegabung zu bestimmen. Unter institutionalisierten Fällen befinden sich fast 15 % Idioten, 35 % Imbezille und 50 % Schwachsinnige (97). Doch ist der Anteil weniger behinderter Fälle außerhalb der Heime zweifellos viel größer, denn diese Personen können sich eher durchhelfen oder zu Hause versorgt werden. Der relative Anteil verschiedener Schweregrade variiert auch von einer Anstalt zur nächsten, da er von der Beschaffenheit verfügbarer Möglichkeiten und der Einweisungspolitik jeder Anstalt abhängt.

Klinische Formen und Ätiologie

Beschreibende Kategorien

Minderbegabte hat man auch nach ihrer klinischen Form auf der Grundlage differentieller physischer Merkmale klassifiziert. Die häufigsten oder bekanntesten Kategorien sollen in diesem Abschnitt diskutiert werden. Eine ausführlichere Aufzählung und detailliertere Beschreibung jeder Form kann man bei SARASON (77) finden. Stärker medizinisch ausgerichtete Überblicke stellen das klassische Buch von TREDGOLD und SODDY (93) und die neueren Veröf-

fentlichungen von BENDA (8, 9, 10) dar. HEISER (40) behandelt das Thema allgemeinverständlich und richtet sich besonders an Eltern.
Eine der bekanntesten speziellen klinischen Formen stellt der *Mongolismus* dar. Er macht zwischen 5 und 10 % der in Heimen untergebrachten Fälle aus. Dieser Typ ist charakterisiert durch den Fortbestand physischer Eigenschaften, die für ein frühes Stadium fetaler Entwicklung normal sind – daher der Name „unfertiges Kind", mit dem man solche Fälle manchmal belegt hat. Von diesen fetalen Eigenschaften sorgen besonders die schiefstehenden Augen und die Hautfalte darüber für eine oberflächliche Ähnlichkeit mit den Mitgliedern der mongolischen Rasse. Dieses Aussehen führte ursprünglich zu der unglücklichen Namenswahl. Sonst hat dieser Name mit der Rasse überhaupt nichts zu tun. Autoritäten auf diesem Gebiet haben kürzlich andere Begriffe vorgeschlagen, wie „peristatische Amentia" (29) oder „angeborene Akromikrie" (9). Doch es wird einige Zeit vergehen, bevor eine medizinisch angemessenere Bezeichnung den Begriff „Mongolismus" ersetzt hat.
Fälle von Mongolismus lassen sich leicht durch eine Reihe anderer physischer Merkmale identifizieren, z.B. kleiner runder Kopf; weiche, feuchte, fettige Haut; zerklüftete Zunge und kurze dicke Finger. Früher hat man Mongolismus auf Ernährungs- und endokrine Mängel in der pränatalen Umwelt zurückgeführt (7, 9). Doch heute weiß man, daß er an das Vorhandensein von 47 statt den normalen 46 Chromosomen gebunden ist. Neu entwickelte Techniken, die eine verbesserte Beobachtung der Chromosomen erlauben, haben gezeigt, daß Mongoloide ein bestimmtes Chromosom dreifach und nicht zweifach wie normale Personen besitzen[4]. Das Alter der Mutter ist eindeutig eine Bedingung für diese Chromosomenabberation. Denn der Anteil mongoloider Kinder von über 40jährigen Frauen ist größer als der von jüngeren Müttern. In Verbindung mit der früher zitierten Zwillingsforschung von KALLMANN (s. Kap. 9) analysierten ALLEN und BAROFF (1) das Vorkommen von Mongolismus bei EZ und ZZ und ihren Geschwistern. Nach ihren Ergebnissen ist die Häufigkeit des Mongolismus bei den ZZ-Partnern von Mongoloiden nahezu gleich wie die Häufigkeit bei ihren folgenden Geschwistern. Daraus schlossen sie, daß der pathologische Faktor, der zum Mongolismus führt, nicht ein vorübergehender Einfluß während der mongoloiden Schwangerschaft ist, sondern in einem relativ andauernden Wandel im reproduktiven System der Mutter zu suchen ist. Die Daten zeigen auch, daß es EZ gibt, die für Mongolismus diskordant sind. Ein derartiger Befund würde bedeuten, daß ein ätiologischer Faktor, der zu einem mongoloiden Kind führt, entweder auf ein genetisch prädesponiertes Embryo einwirken muß oder noch vor dem frühesten Stadium, an dem die Zwillingsbildung eintritt.

4 s. LEJEUNE, J., TURPIN, R., & GAUTIER, MARTHE. Le mongolisme, premier example d'aberration autosomique humaine. La Semaine des Hopiteaux: Annales de Genetique, 1959, 1, No. 2, 41 – 49.

Etwas gleich häufig wie Mongolismus ist die Art von Minderbegabung die assoziiert ist mit *Cerebrallähmung*. Im allgemeinen Gebrauch steht diese Kategorie für Gehirnverletzungen, die bei einer Zangengeburt oder bei einer schwierigen Entbindung entstanden sind, vor der Geburt, durch Anoxie bei der Geburt (Unterbrechung der Oxygenversorgung) und infektiöse oder toxische Faktoren, die pränatal oder in der frühen Kindheit wirksam sind. Motorische Störungen verschiedener Art und unterschiedlicher Schweregrade sind das bezeichnende Merkmal dieses klinischen Bildes. Doch können diese motorischen Symptome auch ohne Minderbegabung vorkommen. Tatsächlich hat ein erstaunlicher Teil cerebral geschädigter Kinder eine normale oder überdurchschnittliche Intelligenz. Außerdem kann bei einigen cerebral geschädigten Patienten, die als minderbegabt klassifiziert werden, die intellektuelle Subnormalität nicht von der Gehirnschädigung herrühren, sondern von den verzögernden Effekten der motorischen Behinderung auf die normalen Entwicklungsprozesse. Dieser Effekt wurde in Kapitel 5 als ein Beispiel für einen somatopsychischen Einfluß diskutiert.
Andere klinische Formen der Minderbegabung sind selten und machen gewöhnlich weniger als 1 % einer Anstaltpopulation aus. Der *Mikrocephalus* hat einen anomal kleinen, spitzen Schädel mit dem charakteristischen Aussehen eines „Zuckerhutes". Der *Hydrocephalus* hat einen sehr großen Schädel und eine übermäßige Ansammlung cerebrospinaler Flüssigkeit im Gehirn. Den *Kretin* erkennt man leicht an seiner gedrungenen Gestalt, grober dicker Haut, Haarverlust und anderen physischen Merkmalen. Schilddrüsenmangel hat man eindeutig als Ursache des Kretinismus ausgemacht. Gibt man sehr früh im Leben Schilddrüsenextrakt, führt das gewöhnlich zu einer sichtlichen Verbesserung physischer und intellektueller Merkmale, obwohl einige Fälle auf diese Therapie nicht ansprechen. Die Ursachen der Mikrocephalie und Hydrocephalie hat man noch nicht so eindeutig gefunden. Die Daten sprechen jedoch für die Wirkung pränataler Faktoren, wie mütterlicher Ernährung, Gift und Infektionen und Bestrahlung.
Eine andere seltene, doch klar identifizierbare klinische Form ist die *Phenylbrenztraubensäure-Oligophrenie*. Diese Fälle lassen sich identifizieren durch das Vorhandensein von Phenylbrenztraubensäure im Urin. Die Störung resultiert aus einer ererbten Stoffwechselstörung. Sie scheint von einem einzigen rezessiven Gen abzuhängen und fand sich bisher nie bei Personen mit normaler Intelligenz. Normalerweise ist sie begleitet von motorischen Defekten und schwerer geistiger Minderbegabung. Eine weitere ererbte Stoffwechselstörung ist die Amaurotische Idiotie. Sie steht in Wirklichkeit für eine Gruppe von Störungen, die in verschiedenen Altersstufen in der Kindheit auftauchen und sich in klinischen Symptomen und dem Ausmaß intellektueller Subnormalität unterscheiden.
Man muß auch auf die vermutete Bedeutung des Rh-Faktors für Minderbe-

gabung hinweisen. Obwohl dieser Faktor keine natürlichen Antikörper im menschlichen Blut hat, kann er die Produktion von Antikörpern hervorrufen, wenn er in das Blut von Personen ohne diesen Faktor (d.h. Rh-Negative) gerät. Schätzungsweise sind ungefähr 15 % der Bevölkerung Rh-negativ und deshalb anfällig für die Bildung derartiger Antikörper. Man hat einige wichtige Folgen dieses Faktors auf die fetale Entwicklung entdeckt. Erstens: Es findet ein gewisses Maß an Blutaustausch zwischen der Mutter und dem Kind während seines uterinen Lebens statt. Ist die Mutter Rh-negativ und das Kind Rh-positiv, können sich bei der Mutter als Folge einer derartigen Schwangerschaft Antikörper bilden. Das Erstgeborene wird dadurch gewöhnlich nicht betroffen, da es Zeit braucht, bis die Mutter genügend Antikörper gebildet hat. Bei späteren Rh-positiven Nachkommen jedoch kann das fetale Blut stark zersetzt werden und damit zum schweren physischen Syndrom der *fetalen Erythroblastose* führen (32).

Man hat vermutet, daß in Fällen von Rh-Inkompatibilität zwischen Mutter und Kind ohne erkennbare physische Störungen die Wirkung auf das fetale Blut doch noch stark genug gewesen ist, so daß die normale Hirnentwicklung behindert wurde und eine Minderbegabung verursachte. In einer Studie über die Blutgruppen minderbegabter Kinder und ihrer Mütter fanden YANNET und LIEBERMAN (98), daß bei einem geringen Prozentsatz institutionalisierter minderbegabter Fälle, die sich keinem bekannten klinischen Typ zuschreiben ließen, die Minderbegabung aus einer Rh-Unverträglichkeit resultiert haben könnte. Der Prozentsatz Rh-positiver Kinder mit Rh-negativen Müttern in diesen Gruppen war signifikant größer als in der Gesamtbevölkerung und in einer Kg aus Minderbegabten anderer klinischer Formkreise. Weitere Forschungen von YANNET und LIEBERMAN (99, 100) zeigten, daß auch Unverträglichkeiten zwischen Mutter und Kind in anderen Hauptblutgruppen (A, B und O) zu Minderbegabung führen können. Doch spätere Untersuchungen durch andere Forscher erbrachten widersprüchliche Resultate über den Anteil der Blutgruppenunverträglichkeit an der Entwicklung geistiger Defekte (14, 33, 37, 80, 84, 85). Ob man im individuellen Fall die Minderbegabung wirklich einer derartigen Ätiologie zuschreiben kann oder nicht, bleibt eine offene Frage, bis weitere Forschung überzeugendere Daten liefert.

Bei weitem der größte Anteil von Minderbegabten – auch über die Hälfte aller institutionalisierten Fälle – läßt sich nicht einer spezifischen klinischen Form zuordnen. Diese Individuen unterscheiden sich in ihrem Aussehen gewöhnlich nicht von normalen Personen, ihre Störung manifestiert sich nur in intellektueller Subnormalität. Ihre Minderbegabung ist auch relativ mild, die meisten Fälle liegen auf der Schwachsinns- oder schwach imbezillen Stufe. Aus beiden Gründen leben diese Personen seltener in Heimen als diejenigen, die zu einem speziellen klinischen Bild passen. Daher ist die relative Häufigkeit der Erstgenannten in der Gesamtbevölkerung wahrscheinlich sogar höher als es aus Anstaltsstatistiken hervorgeht.

SARASON (77) benutzte den Begriff „Garden-variety mental deficiency" um diese Klasse Behinderter zu bezeichnen. Andere häufige Bezeichnungen sind *simple, unklinische* oder *subkulturelle* Minderbegabung. Einige Autoren unterscheiden zwischen dem *Familientyp*, bei dem einige Fälle von Amentia simplex innerhalb einer Familie vorkommen, und den *undifferenzierten* oder sporadischen Fällen, die in normalen Familien vorkommen. Die Familien-Kategorie wird oft mit der Nebenbedeutung verwendet, es handele sich dabei um eine erbliche Form der Minderbegabung. Die Tatsache jedoch, daß sich derartige Minderbegabungen „durch Familien hindurchziehen", kann sowohl als Beleg für die Umwelt als auch für die Vererbung interpretiert werden (s. Kap. 9). Interessant ist hier auch, daß Studien über Verbesserungen im intellektuellen Niveau durch ein Spezialtraining herausgefunden haben, daß gerade der simple Typ am leichtesten auf ein solches Training anspricht (45, 46). Bedeutsam ist auch die Beobachtung, daß die „simplen Behinderten" häufiger aus Familien der Unterschichten kommen, während die speziellen klinischen Formen mehr einer Zufallsverteilung aus allen Schichten folgen (15, 38). Die letztgenannten kommen mit größerer Häufigkeit als die erstgenannten in Familien vor, die ein normales oder überdurchschnittliches intellektuelles oder sozioökonomisches Niveau aufweisen. Unterdurchschnittliche Familienumwelt kann zumindest bei einigen „simplen" Minderbegabten der Kausalfaktor für den intellektuellen Rückstand sein.

Sicherlich beschreiben Begriffe wie „simple" oder „garden variety" unser Wissen über diese Art von Minderbegabung präziser als einige andere vorgeschlagene Bezeichnungen – „unbekannt" wäre wahrscheinlich eine ehrlichere Charakterisierung. Eine Erbgrundlage gerade bei jenen Fällen anzunehmen, bei denen sich noch keine strukturellen Defekte haben nachweisen lassen, scheint anzudeuten, Minderbegabung selbst sei eine chemische Substanz, die durch Gene übermittelt werden könne! Solange sich kein struktureller Defekt zeigt, *was* soll bei diesen Fällen vererbt sein? Der Nachweis von Erbanteilen scheint tatsächlich bei den sogenannten Sekundärformen der Minderbegabung eindeutiger zu sein. Drüsen- und Stoffwechselstörungen der Mutter, Blutgruppen und selbst der mütterliche Körperbau, der die Chancen für eine schwierige Geburt erhöht, haben zweifellos eine Erbgrundlage. In gewisser Hinsicht kann man natürlich einwenden, Minderbegabung sei in diesen Fällen nur ein indirektes Ergebnis der Erbbedingung. Das zeigt nur deutlich die Künstlichkeit der Erbe-Umwelt-Unterscheidung, besonders wenn man sie auf Verhalten anwendet. Von mehr praktischer Bedeutsamkeit ist die Unterscheidung zwischen strukturell und funktionell determinierten Bedingungen (s. Kap. 3). Die oben diskutierten speziellen klinischen Bilder der Minderbegabung sind alle strukturell oder organisch bedingt und damit relativ unbeeinflußbar durch Training. Hier steht die strukturelle Schädigung dem Erwerb normalen Verhaltens im Wege. Einige „simple" Fälle können jedoch funktionell bedingt sein und deshalb sehr viel stärker auf Training ansprechen.

Sobald man mehr über die große Gruppe der „simpel Amenten" weiß, wird man diese Kategorie sehr wahrscheinlich in einige getrennte Typen mit verschiedenen Ätiologien unterteilen. In Untersuchungen an simpel Amenten nach ihrem Tode fand BENDA (10) Belege für Störungen der Zelldifferenzierung und andere Entwicklungsanomalien des Nervensystems. Aus derartigen Befunden schloß BENDA, bei einer Untergruppe der Amentia simplex lägen der intellektuellen Defizienz immer vererbte neurologische Störungen zugrunde. Diese Untergruppe bezeichnete er als „Oligophrenia vera". Auch die Forschungen von STRAUSS und Mitarbeitern (80) über endogene und exogene Formen der Minderbegabung (siehe unten) deuten bei einigen simpel Amenten auf eine organische Grundlage der intellektuellen Defizienz hin. Andererseits haben etliche Autoren auf die verschiedenen Umweltfaktoren hingewiesen, die in der Äthiologie der Amentia simplex wirksam sein können (57; 77, Kap. 6). Die Unterschichtfamilien, in denen die meisten simpel Amenten aufwachsen, weisen eindeutig zu wenig Gelegenheit zur Entwicklung von Fähigkeiten wie verbalem Verständnis oder abstraktem Denken auf. Diese Fähigkeiten jedoch machen den Hauptteil der Intelligenz in unserer Gesellschaft aus. Gleichzeitig ermuntern derartige Familien zum Erlernen von „Selbstvernichtungstechniken" (57) wie Mißerfolgserwartung, niedriger Selbsteinschätzung, konkretem statt abstraktem Denken und Unterdrückung der Verbalisation und des Neugierverhaltens. In einem solchen sozialen Milieu gibt es auch nur geringe Motivation zur Schulleistung. Einige Psychologen würden alle Fälle von Minderbegabung, die derartig gesellschaftlich depriviert sind, als „Pseudoschwachsinn" klassifizieren (s. z.B. 26, 36, 42, 76). Nach den psychischen Manifestationen jedoch ist diese Art der Amentia simplex genauso „real" wie Behinderungen, die auf organische Defekte zurückgehen.

Ätiologische Klassifikationen

Das Konzept des Pseudoschwachsinns steht für die Bemühungen, Typen von Minderbegabung aufgrund ihrer ätiologischen Basis zu identifizieren. Wir sagten schon in einem früheren Abschnitt, daß ätiologische Überlegungen einen wichtigen Bestandteil bestimmter vorgeschlagener Definitionen von Minderbegabung insgesamt darstellen. In etlichen Schemata zur Klassifikation klinischer Formen hat man ätiologische Konzepte auf speziellere Weise herangezogen, um zwischen Typen von Minderbegabung zu unterscheiden.

Die lange Jahre weit verbreitete Klassifikation von TREDGOLD (93) ist im Grunde ätiologisch. In jüngerer Zeit hat BENDA (9) ein anderes Schema vorgeschlagen, das auf Kausalfaktoren aufbaut. BENDAS System zieht 3 Kriterien zur Klassifikation von Minderbegabung heran: 1. Erb- versus Umweltverursachung, 2. Beschaffenheit des pathogenen Faktors, 3. Einwirkungszeit des pathogenen Faktors.

Beim letztgenannten Kriterium trifft BENDA eine Hauptunterscheidung zwischen pränatalen, perinatalen (während der Geburt) und postnatalen Störungen. Innerhalb der sehr wichtigen pränatalen Periode lassen sich heute auch spezielle klinische Formen präziser datieren, da man den Entwicklungsablauf menschlicher Embryos und Feten kennt. Man hat z.B. festgestellt, daß Mongolismus auf Entwicklungsstörungen basiert, die zwischen der 6. und 12. Schwangerschaftswoche auftreten. Von den *Arten* der heute besonders klar identifizierten pathogenen Faktoren seien genannt: vererbte Stoffwechselstörungen (z.B. amaurotische und Phenylbrenztraubensäure-Amens); pränatale endokrine und Versorgungsdefizite (z.B. Mongolismus und Kretinismus); traumatische Faktoren, wie mechanisch bedingte Geburtsverletzungen, Neugeburtsanoxie, Röntgenbestrahlung und Röteln der Mutter während der Schwangerschaft; schwere Infektionskrankheiten in der Kindheit, soweit sie zu Hirnhautentzündungen führen können.

Die Forschung über die Ätiologie der Minderbegabung ist natürlich von grundlegender Bedeutung. Ebenso ist die Betrachtung aller möglichen ätiologischen Faktoren, die auf den jeweiligen Fall eingewirkt haben könnten, für richtige administrative Entscheidungen wichtig. Dennoch erweisen sich ätiologische Kriterien für Klassifikationszwecke aus mindestens zwei Gründen als unbefriedigend. Erstens, bleiben große Gruppen Minderbegabter übrig, für die es noch keine ausreichende Kenntnis der Kausalfaktoren gibt. Die Amentia simplex stellt das auffallendste Beispiel dar, obwohl auch das ätiologische Wissen über andere klinische Formen noch keineswegs vollständig ist. Sobald man mehr Daten zusammengetragen hatte, nahm man Modifikationen an den Klassifikationsschemata vor: Bestimmte klinische Formen wanderten von einer Kategorie in eine andere. Aus der heutigen Forschung läßt sich klar schlußfolgern: Pränatale und perinatale Umweltfaktoren spielen eine weitaus größere Rolle bei der Verursachung von Minderbegabung als man bisher angenommen hatte (s. 10, 50, 55, 68).

Eine zweite große Schwierigkeit bei der Anwendung ätiologischer Klassifikationen ergibt sich aus der Tatsache, daß pathologische Bedingungen mit ähnlichen Symptomen völlig verschiedene Ätiologien haben können. Mikrocephalie z.B. resultiert manchmal aus traumatischen pränatalen Faktoren wie Röntgenstrahlen oder Röteln. Manchmal scheint sie wieder auf einer vererbten Entwicklungsdefizienz zu beruhen.

Endogene versus exogene Minderbegabung

Die ätiologische Unterscheidung zwischen exogener und endogener Minderbegabung hat ausgedehnte Forschungen in Gang gesetzt. Kurz gesagt, trifft exogen auf alle Fälle zu, deren Minderbegabung mit Hirnschädigungen verbunden ist, während endogen einen intellektuellen Defekt ohne eine neurologische Schädigung meint. Obwohl die Verwendung dieser Begriffe zwischen den Autoren variiert, gebrauchen ihn STRAUSS und Mitarbeiter (88) in eingeschränkter Bedeutung, indem sie alle Fälle grober neuronaler Störungen, wie man sie bei speziellen klinischen Formen findet, aus ihrer Überlegung ausschließen. Nach STRAUSS beziehen sich exogen und endogen also grundsätzlich auf Untergruppen der simplen oder nicht klinischen Amens. Da relativ milde neurologische Störungen beteiligt sind, werden die exogenen Fälle im allgemeinen identifiziert durch eine Anamnese über pränatale oder postnatale Vorfälle, Früh- oder schwierige Geburt oder Infektionskrankheiten in früher Kindheit. In der Regel kommen diese Fälle, im Gegensatz zu den endogenen, aus intellektuell normalen Familien.

Ausführliche Untersuchungen von STRAUSS und anderen sprechen dafür, daß sich psychologisch die exogen Minderbegabten charakteristisch von den endogenen Fällen unterscheiden (s. 77, Kap. 5; 88). In ihrer Testleistung zeigen hirngeschädigte Kinder oft Störungen der Wahrnehmung und Konzeptbildung. Sie neigen dazu, bessere Leistungen in verbalen als in nonverbalen Tests zu erbringen, während das Umgekehrte gewöhnlich für die endogen Minderbegabten gilt. Zusätzlich schätzt man ihr allgemeines Verhalten signifikant häufiger als erethisch, unkontrolliert und ungehemmt ein als das der endogenen Fälle.

Einige Autoren wiesen auf die Ähnlichkeiten zwischen dem Verhalten exogen Minderbegabter und dem von Erwachsenen hin, die Hirnverletzungen erlitten hatten. Ähnlichkeiten fand man auch zwischen der Leistung exogen Minderbegabter und der von cerebral gelähmten Kindern, bei denen die Hirnschädigung motorische und psychische Störungen verursachte. Alle diese Befunde wurden von zahlreichen, voneinander unabhängig arbeitenden Forschern bestätigt. Sie belegen deutlich, daß sich Hirnschädigungen in einem erkennbaren Muster psychischer Störungen manifestieren, das im Gegensatz steht zu der allumfassenden Defizienz endogen Minderbegabter. Gleichzeitig muß man unbedingt im Auge behalten, daß man immer einen gewissen Überschneidungsbetrag zwischen hirngeschädigten und nicht hirngeschädigten Gruppen gefunden hat. Einige hirngeschädigte Fälle zeigen nicht die erwarteten Ausfälle, und einige offensichtlich nicht hirngeschädigte Personen tun es. Daher ist es nicht gerechtfertigt, die Diagnose „Exogen" allein auf Verhaltensmerkmalen aufzubauen, wenn keine klaren Hinweise auf eine Hirnverletzung aus neurologischen Untersuchungen oder der Anamnese vorliegen.

Ein weiterer Punkt: Neuere Forschungen von KNOBLOCH, PASAMANICK und Mitarbeitern (50, 55) legen nahe, daß die meisten – wenn nicht alle – Fälle mit niedrigen IQn in der Säuglingszeit neurologische Schädigungen aufweisen. Mit anderen Worten, es ist relativ schwierig, endogen Minderbegabte früh im Leben zu finden. Dieser Befund ließ die Untersucher vermuten, die zusätzlichen Fälle von Minderbegabung, die man später identifizierte, seien durch Bildungs- und andere gesellschaftliche Deprivationen in früher Kindheit bedingt (50). Obwohl noch nicht eindeutig gesichert, sind die Autoren der Überzeugung, die Anzahl Minderbegabter mit organischer Ätiologie sei relativ gering und bei diesen Fällen seien umweltbedingte Hirnschädigungen am wichtigsten.

Multi- versus unifaktorielle Subnormalität

Eine andere häufige Unterscheidung ätiologischer Natur wird zwischen Minderbegabung als Resultat eines einzigen pathologischen Faktors getroffen und der, die aufgrund einer Faktorenvielfalt entsteht. In beiden Fällen können die Faktoren zur Umwelt oder zur Vererbung gehören, die Unterscheidung richtet sich nur nach der *Anzahl* beteiligter Faktoren. Diese Unterscheidung haben zuerst PEARSON und JAEDERHOLM 1914 vorgeschlagen. Ihre ausführlichste Darstellung findet sich in den Schriften von F. ROBERTS (74). Danach repräsentieren die multifaktoriell bedingten Defekte einfach das untere Ende der Intelligenzverteilung; die unifaktoriellen jedoch verdanken ihre Defizienz der Wirkung einer speziellen pathologischen Bedingung oder eines Vorfalles, der zu einem geistigen Defekt unabhängig von anderen Begleitumständen führt. F. ROBERTS bindet seine Unterscheidung an das *Ausmaß des Defektes*. So behauptet er, die schwächer Geschädigten (hauptsächlich Schwachsinnige) hätten eine multiple Ätiologie, während schwer Geschädigte (besonders Imbezille und Idioten) eine unifaktorielle Ätiologie aufwiesen. Belege für die obengenannte Hypothese leitet er aus drei Hauptquellen her. Erstens: Gründliche Untersuchungen haben gezeigt, daß sich die Verteilung von Intelligenztestwerten eng der Normalverteilung annähert, wenn man Schwachsinnige mit normalen und überdurchschnittlichen Personen zusammenfaßt. Doch sie weicht signifikant von der Normalität ab, wenn man Imbezille und Idioten in die Gruppe mit hineinnimmt. Die Anzahl von Personen mit IQn unter 45 ist eindeutig größer, als nach dem Zufall zu erwarten wäre (s. Kapitel 2). Dieser Befund stimmt mit der Hypothese überein, außer unter Mitwirkung eines einzigen pathologischen Faktors verteilten sich die meisten Fälle mit schwächeren Schädigungen nach dem Zufall über den gesamten Streubereich.

Ein zweiter Beleg basiert auf Familienähnlichkeiten. Stark geschädigte Fälle

stammen aus Familien aller intellektuellen Stufen, während leicht Geschädigte meist aus intellektuell defekten Familien kommen (38, 74). So ist der mittlere IQ von Geschwistern von Schwachsinnigen *niedriger* als der von Geschwistern von Idioten und Imbezillen. Auch haben etliche Untersuchungen über die sozioökonomische Schicht und die Berufe der Eltern von Minderbegabten konsistent ergeben, daß schwächer Geschädigte eher aus Unterschichten kommen während schwerer Geschädigte in dieser Hinsicht eine weite Zufallsstichprobe der Gesamtbevölkerung darstellen (15, 38, 69, 74).
Statt die Unterscheidung auf den Grad des intellektuellen Defektes aufzubauen, vermuteten andere Autoren, Amentia simplex könne eine multiple Ätiologie haben, während die speziellen klinischen Formen durch einen einzigen pathologischen Faktor verursacht seien. Eine etwas andere Variante ist die Dichotomie von LEWIS zwischen subkulturellen und pathologischen Fällen (54). Die letztgenannte Kategorie umfaßt *alle* Fälle mit einer eindeutigen organischen Anomalie. Es ist schwierig auf solchen Grundlagen nach Differenzierungen zu suchen, denn die resultierenden Kategorien überschneiden sich beträchtlich. So sind die meisten schwächer Geschädigten simple Amente. Daß einige von ihnen dennoch eine organische Pathologie aufweisen, erkennt man erst langsam und kann man nur schwer im individuellen Fall nachweisen, wie wir im vorangegangenen Abschnitt über endogene und exogene Ätiologie gesehen haben. Dennoch erscheint die Unterscheidung zwischen multi- und unifaktorieller Ätiologie vielversprechend und die Daten zu ihrer Unterstützung sollten unser Wissen um die Ursachen von Minderbegabung voranbringen.

Physische Merkmale

Im allgemeinen Gesundheitszustand, der Krankheitsanfälligkeit und der physischen Entwicklung sind institutionalisierte Minderbegabte als *Gruppe* eindeutig unter dem Durchschnitt. Die Sterblichkeitsstatistik weist eine viel höhere Todesrate und eine durchschnittlich kürzere Lebenszeit für Minderbegabte nach. In einer Erhebung an 344 Idioten und 424 Imbezillen betrug die mittlere Lebensdauer für die ersten 19,0 Jahre und für die letztgenannten 26,6 Jahre (43). Es gilt im allgemeinen: Je niedriger das intellektuelle Niveau, desto kürzer die Lebenserwartung. Mit medizinischem Fortschritt und Verbesserungen in den institutionellen Möglichkeiten und der Pflege ist zu erwarten, daß diese Werte ansteigen. Doch die Tatsache bleibt, daß unter den bestehenden Bedingungen die Minderbegabten durchschnittlich sehr viel kürzer leben als die intellektuell Normalen.

Daten über Höhe und Gewicht weisen ebenso darauf hin, daß Minderbegabte hinter der Allgemeinbevölkerung im physischen Wachstum zurückbleiben. Alle Erhebungen an institutionalisierten Minderbegabten, oder an Kindern in Spezialklassen für intellektuell Retardierte haben kleine, aber signifikante Unterschiede in der mittleren Länge und dem Gewicht erbracht (34, 65). Sicherlich ist die Überschneidung wie bei allen Vergleichen beträchtlich. So erreichten oder übertrafen in einer Untersuchung 44 % der minderbegabten Kinder den Median der normalen Kinder im Gewicht und 45 % in der Länge (65). Zur Erinnerung: völlige Überschneidung ist gegeben, wenn 50 % einer Gruppe den Median der anderen erreichen oder übertreffen.

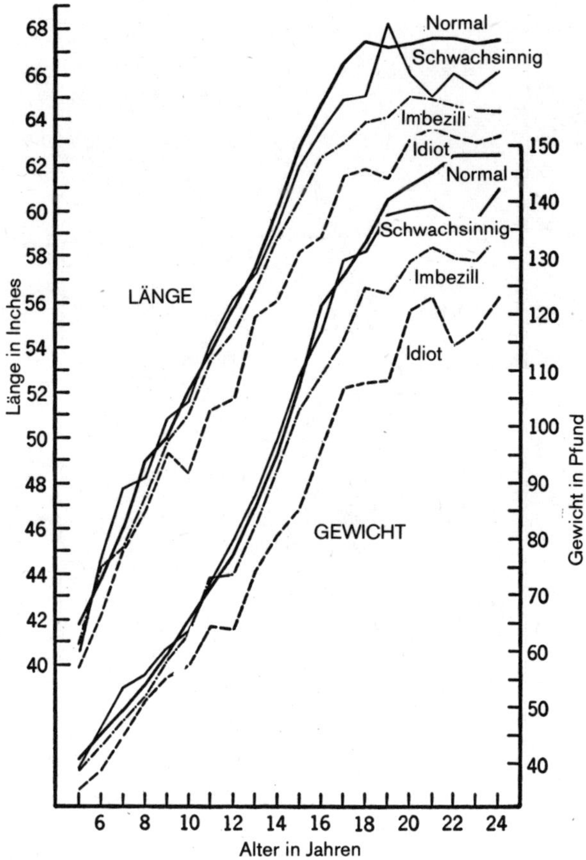

Abb. 72: Mittlere Länge und Gewicht von minderbegabten und normalen Jungen in aufeinanderfolgenden Altersstufen (aus GODDARD, 34, S. 228)

Gleichzeitig ergeben Gruppentrends nicht nur zwischen normalen und minderbegabten Stichproben, sondern auch zwischen verschieden stark Minderbegabten konsistente Differenzen. GODDARD (34) erhob Daten über Höhe und Gewicht an ungefähr 11 000 minderbegabten Personen, die in 19 amerikanischen Heimen für Minderbegabte lebten. Das Alter reichte von früher Säuglingszeit bis zu 60 Jahren. In Abbildung 72 und 73 sind Kurven für die mittlere Höhe und das Gewicht aufeinanderfolgender Altersgruppen in jeder von 4 intellektuellen Stufen wiedergegeben: Idioten, Imbezille, Schwachsinnige und Normale. Die Daten für Jungen finden sich in Abb. 72, die für Mädchen in Abb. 73. Man sieht, daß die Kurven für die vier intellektuellen Stufen eine geringe, aber konsistente Tendenz aufweisen, daß schlechtere physische Ausstattung parallel zur schlechteren intellektuellen Ausstattung verläuft.

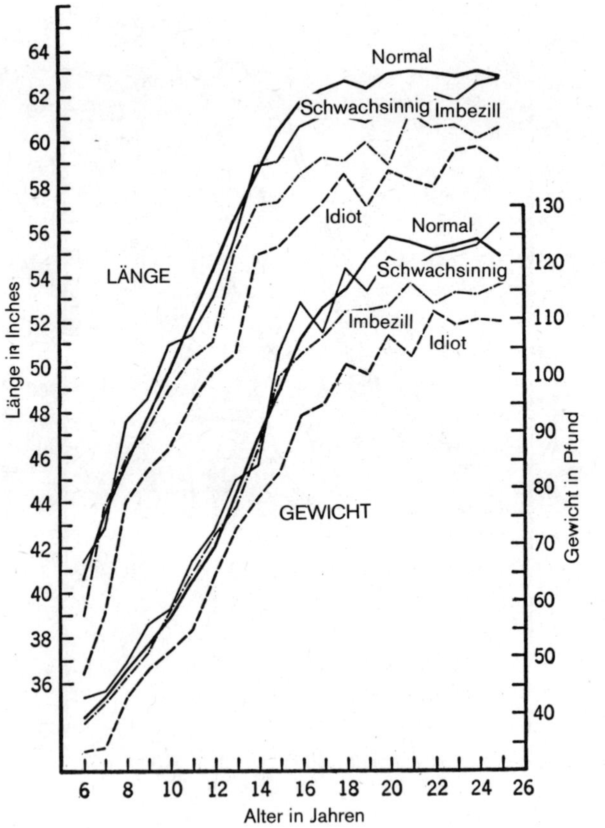

Abb. 73: Mittlere Länge und Gewicht von minderbegabten und normalen Mädchen in aufeinanderfolgenden Altersstufen (aus GODDARD, 34, S. 229)

Diese Beziehung zeigt sich klarer in der Jugend und Erwachsenenzeit als in früheren Altersstufen. Dennoch sind auch sehr früh im Leben dieselben Gruppentrends erkennbar. So fanden ASHER und F. ROBERTS (3) signifikant niedrigere mittlere Geburtsgewichte bei Minderbegabten und Kindern aus Spezialklassen für Retardierte als in der Gesamtbevölkerung.

Vielseitige physische Behinderungen kommen auch häufiger bei minderbegabten als bei normalen Personen vor. TREDOLD (93) hat derartige Behinderungen sehr gründlich untersucht. Sie reichen von kleineren Anomalien in der Kopfform, Anomalien von Augen und Ohren, Hautunreinheiten und Anfälligkeit für Lungenentzündungen und Infektionskrankheiten bis zu Sprachstörungen.

Die Anzahl und Schwere dieser vielseitigen Behinderungen sind auch ungefähr dem Ausmaß des intellektuellen Defektes proportional.

TREDGOLD und andere sahen in diesen Schädigungen Belege für die allgemeine konstitutionelle Schwäche, die auf schlechter Vererbung beruht und sich sowohl in physischer als auch in intellektueller Unterdurchschnittlichkeit manifestiert. Andere Erklärungen dafür sind dem Leser wahrscheinlich schon begegnet. Wir werden auf die Interpretation dieser Befunde bald zurückkommen.

Von besonderem psychologischen Interesse ist die größere Häufigkeit totaler Taubheit und Gehörlosigkeit bei institutionalisierten Minderbegabten als in der normalen Bevölkerung (12, 72). Solche Tatbestände haben wichtige Folgen für den Spracherwerb und die allgemeine intellektuelle Entwicklung. Möglicherweise können simple Minderbegabte sonst normale stumme Personen sein, die nur nicht das richtige Training erhalten haben, um ihren sensorischen Schaden zu überwinden. Selbst relativ kleine Hörschäden können, unentdeckt, ausreichen, um die Schulleistung und andere zwischenmenschliche Kontakte so zu beeinträchtigen, daß milde Formen von Minderbegabung entstehen.

Bei der Interpretation der gesamten physischen Defizienz minderbegabter Gruppen muß man einige Faktoren in Rechnung stellen. Zunächst: Personen mit physischen und intellektuellen Schäden werden leichter in Heime eingewiesen. Minderbegabte mit guter physischer Konstitution werden seltener in ein Heim gebracht und häufiger nach Schulung und Rehabilitation entlassen. Diese Individuen haben eine größere Chance, Routinebeschäftigungen zu beherrschen, die Stärke und stabile Statur mit minimalem Denken und Planen verlangen. Die Wirkung eines solchen Selektionsfaktors könnte z.T. den Unterschied in den altersabhängigen Höhen- und Gewichtskurven für die verschiedenen intellektuellen Stufen von GODDARD erklären. Da es sich hier nur um institutionalisierte Fälle handelte, könnte die Unterlegenheit der höheren Altersstufen durch die Tatsache bedingt sein, daß die physisch Stärksten und Leistungsfähigsten die Heime verlassen haben.

Zweitens: In einer Untersuchung, die bis auf sehr niedrige Minderbegabungsstufen herabgeht, sind wahrscheinlich auch Fälle spezieller klinischer Formenkreise enthalten. Das Vorhandensein solcher Fälle würde ebenfalls die durchschnittlichen physischen Maße der Minderbegabtengruppe insgesamt herabdrücken. Untersucht man jedoch nur simple, nicht klinische Fälle, so wird eine derartige Gruppe in ihrem sozioökonomischen Hintergrund unterdurchschnittlich sein. Familien mit schlechter Ernährung, Hygiene und medizinischer Versorgung werden auch der Tendenz nach intellektuell nicht anregend sein. Die gesamte Umweltdeprivation könnte also für die geistige und die physische Defizienz verantwortlich sein. Schließlich: Einige physische Behinderungen, z.B. sensorische und motorische Störungen oder chronisch schlechte Gesundheit, könnten sich als genügend beeinträchtigend erweisen, um einen stark retardierenden Effekt auf die geistige Entwicklung auszuüben. Solch ein ätiologischer Mechanismus stellt wiederum ein Beispiel für die somatopsychische Beziehung zwischen Physis und Intellekt dar (s. Kap. 5).

Psychische Merkmale

Die meisten Studien über psychische Merkmale von Minderbegabten hat man an simpel Amenten durchgeführt. Diese Fälle kommen sehr viel häufiger vor als die speziellen klinischen Formen. Sie sind meist weniger geschädigt und können deshalb leichter getestet werden. Außerdem sind sie psychologisch interessanter als die speziellen klinischen Fälle, die hauptsächlich ein medizinisches Problem darstellen. Doch geben einige Forscher nicht die klinische Klassifikation ihrer Pbn an. Wahrscheinlich arbeiten sie mit heterogenen Stichproben, in denen die simpel Amenten vorherrschen. Die Interpretation der Resultate wird weiterhin erschwert durch die Tatsache, daß simpel Amente selbst aus exogenen und endogenen Fällen zusammengesetzt sein können und aus einigen nicht identifizierten Fällen, die speziellen klinischen Formengruppen angehören. Man kann deshalb aus den Forschungsergebnissen in diesem Bereich nur bestimmte allgemeine Trends ableiten.

Eine Frage, die sich Forscher gestellt haben, ist die nach *altersbedingten IQ-Veränderungen* bei institutionalisierten Minderbegabten. Man fand, daß in solchen Gruppen der IQ mit dem Alter eher abnimmt als konstant zu bleiben, wie bei normalen Kindern und Jugendlichen (52, 82). Die Minderbegabten scheinen also mit zunehmendem Alter weiter hinter den Normalen zurückzubleiben. Was das absolute Niveau der Werte anbelangt, scheint „geistiges Wachstum" früher zu enden, je niedriger der IQ (52) ist und der allmähliche Abbau beginnt viel früher als bei normalen Personen (90). Alle diese Befunde könnten auf einen genetisch schwächeren Organismus hinweisen. Eine plausiblere Erklärung baut jedoch auf der Tatsache der Institutionalisierung selbst auf. Die meisten Heime sorgen primär für pflegerische Fürsorge und geben nur minimale Schulung. Das gilt besonders für schwergeschädigte Fälle. Unter solchen Bedingungen können wir nicht großen intellektuellen Fortschritt im Verlauf des Heimaufenthaltes erwarten. Man muß auch Selektionsfaktoren mitberücksichtigen. Individuen, die deutlichen intellektuellen Fortschritt machen, werden eher entlassen und so bleiben die schwergestörten Fälle in der Heimpopulation zurück.

Bei bestimmten klinischen Formen und fortschreitender organischer Störung erwartet man natürlich eine Abnahme des IQ mit dem Alter. Für die Mehrzahl simpel Amenter jedoch und nur für Fälle ohne weitere neurologische Veränderungen scheint wohl die Heimumwelt der wichtigste Faktor für den beobachteten IQ-Abbau zu sein. Eine derartige Erklärung wird gestützt durch die IQ-Steigerungen, die man in bestimmten Heimen mit speziellen Trainingsprogrammen und als Ergebnisse von Rehabilitationsstudien (s. nächsten Abschnitt) gefunden hat. Es gibt auch Hinweise dafür, daß Personen aus ungewöhnlich widrigen Umweltbedingungen einen Anstieg im IQ aufweisen, wenn sie eine Zeitlang im Heim gelebt haben (25). In solchen Fällen stellt die Heimumwelt, begrenzt wie sie ist, dennoch eine Verbesserung gegenüber dem früheren kulturellen Milieu der Pbn dar.

Man hat auch dem *Fähigkeitsprofil* von Minderbegabten viel Aufmerksamkeit geschenkt. Sind solche Personen in allen Funktionen gleich unterdurchschnittlich? In dieser Form läßt sich die Frage leicht negativ beantworten. Die idiots savants (s. Kap. 10) stellen Extrembeispiele Minderbegabter mit überdurchschnittlicher Begabung auf bestimmtem Gebiet dar. Gleichzeitig müssen wir erkennen, daß Kompensation nicht die Regel ist. Minderbegabte zeigen im allgemeinen *keine* überdurchschnittlichen Eigenschaften, die ihre Mangelleistung ausgleichen. Im Gegenteil, sie liegen gewöhnlich in allen Funktionen unter dem Durchschnitt, obwohl nicht in allen einheitlich tief darunter.

Wegen des überragenden Gewichtes verbaler Leistungen in Intelligenztests und auch im allgemeinen Intelligenzkonzept unserer Gesellschaft muß man erwarten, daß Minderbegabte in diesen Fähigkeiten am konsistentesten und deutlichsten unter dem Durchschnitt liegen. Allgemeine Befunde unterstützen diese Erwartung. Die meisten simpel Amenten z. B. sind in verbalen Intelligenztests schlechter als in Handlungstests. Um derartige Ergebnisse jedoch in das rechte Lot zu bringen, sei daran erinnert, daß exogen oder durch Hirnverletzung Geschädigte häufiger die umgekehrten Muster aufweisen. Sie liegen weit stärker unter dem Durchschnitt in Wahrnehmungs- und Raumvorstellungs- als in verbalen Funktionen. Doch scheint die Fähigkeit, mit abstrakten Formen jeglicher Art umzugehen, eines der konsistentesten Gebiete von Ausfällen bei Minderbegabten jeden Typs zu sein.

Wegen ihrer möglichen beruflichen Folgen sind Ergebnisse über die *motorischen Fähigkeiten* von besonderem Interesse. Auch hier fallen die Minderbegabten wieder signifikant unter die allgemeinen Normen (19, 81, 92), obwohl die Verteilungen große Überschneidungen aufweisen. So ist aus der Sicht individueller Beratung und Rehabilitation bemerkenswert, daß sich ein erstaunlicher Anteil Minderbegabter finden läßt, der die Fähigkeiten zum Erlernen zahlreicher industrieller Tätigkeiten besitzt.

Einige Untersuchungen haben sich mit der relativen Leistung Normaler und Minderbegabter *desselben Intelligenzalters* in einzelnen Stanford-Binet-Items befaßt (53, 56, 58, 73, 91, 94). Gibt es charakteristische Merkmale, hinsichtlich derer sich z. B. die Testleistung eines 14jährigen mit einem Intelligenzalter von 8 Jahren von der eines normalen 8jährigen unterscheidet? Die Untersuchung von THOMPSON und MAGARET (91) stellt wohl die gründlichste Bemühung um die Beantwortung dieser Frage dar. In dieser Studie wurde die Leistung von 441 Minderbegabten in einzelnen Stanford-Binet-Items mit der von 1326 Normalen aus der Standardisierungsstichprobe verglichen. Alle Vergleiche galten Minderbegabten und Normalen mit jeweils gleichem Intelligenzalter in der Gesamtskala. Von den 73 untersuchten Items begünstigten 12 signifikant die Minderbegabten und 19 die Normalen (signifikant auf dem 1 %-Niveau).

Analysen der Beschaffenheit der beiden Itemreihen ergaben, daß sie sich am deutlichsten in ihren *Ladungen auf dem „ersten Faktor“* unterscheiden – dieser Faktor ist der gesamten Stanford-Binet-Skala gemeinsam (60, Kap. 9). Ein späterer Vergleich zwischen normalen, überdurchschnittlichen und minderbegabten Kindern durch dieselben Autoren bestätigten diese Ergebnisse (56). Die überdurchschnittlichen Kinder übertrafen Normale und Minderbegabte signifikant in den Items, die mit dem gemeinsamen Faktor hoch gesättigt waren. Ein derartiges Ergebnis ist verständlich, wenn man bedenkt, daß der Stanford-Binet insgesamt ein wichtiges Kriterium zur Identifizierung sowohl intellektuell defekter als auch überdurchschnittlicher Pbn ist. SARASON (77, S. 69) führt aus, die Items, in denen Defekte signifikant schlechter als normale seien, enthielten eine relativ große Anzahl von Aufgaben, die *mündliche Antworten* verlangten. Er vermutet, emotionale Faktoren könnten z. T. für den Unterschied verantwortlich sein, da diese Testart an die Schule und andere zwischenmenschliche Kontakte erinnere, bei denen minderbegabte Kinder typischerweise versagt hätten und Frustrationen begegnet seien.

Eine andere Hypothese früherer Autoren zur Erklärung von Unterschieden in der Testleistung zwischen Normalen und Behinderten ließ sich durch die Daten von THOMPSON und MARGARET nicht bestätigen. Man hatte z. B. vermutet, Behinderte wären mit zunehmendem Alter gegenüber normalen Kindern desselben Intelligenzalters in Items im Vorteil, die *frühere Erfahrung* verlangten. Doch nachdem THOMPSON und MARGARET zwei Psychologen jedes Stanford-Binet-Item nach seiner Abhängigkeit von Erfahrung hatten einschätzen lassen, fand man, daß Behinderte in Items besser waren, die *weniger* auf früheren Erfahrungen aufbauten. Man darf natürlich nicht annehmen, die „frühere Erfahrung" von Behinderten sei dieselbe wie die normaler Kinder. Was die Schule als den größten Teil derartiger Erfahrung anbelangt, unterscheiden sich natürlich die beiden Gruppen. Von Stanford-Binet-Items, die stark vom Schulbesuch abhängen, erwartet man sicherlich nicht, daß sie Behinderte begünstigen.

In einer Hinsicht kann das höhere Lebensalter von Minderbegabten zu einem Vorteil über jüngere Kinder desselben Intelligenzalters werden. Das zeigte eine Studie von SLOAN und RASKIN (83). Mit einer Reihe speziell verfaßter Fragen belegten diese Untersucher, daß die Minderbegabten realistischer und praktischer in ihren Berufserwartungen, Wünschen, Einstellungen und Reaktionen auf hypothetische Situationen waren. Anscheinend ist die Kategorie „vergangene Erfahrungen" zu breit, um wirksam zwischen Normalen und Behinderten unterscheiden zu können. Doch wenn man spezifischere Aspekte früherer Erfahrung herausgreift, lassen sich eindeutige Ergebnisse erhalten.

Auch das Konzept der *Rigidität* hat man zur Unterscheidung zwischen Behinderten und Normalen vorgeschlagen. Bei KOUNIN (51) bedeutet der Begriff „Rigidität" hauptsächlich die Getrenntheit von Funktionen, die es den Behinderten erschwert, Aktivitäten, Objekte oder Ideen zueinander in Beziehung zu setzen. Die Daten von THOMPSON und MAGARET unterstützten KOUNINs Hypothese nicht. Gerade die Items, die unabhängig als schwieriger für eine „rigide" Person (im Sinne KOUNINs) eingeschätzt worden waren, waren für Behinderte eher leichter als schwerer. Andere Autoren benutzten den Begriff „Rigidität" für Stereotypie des Verhaltens (96). Institutionalisierte Schwachsinnige z. B. erledigen oft eintönige Aufgaben mit gleichbleibender Präzision und ohne Zeichen von Langeweile. Diese Personen weisen eine erstaunliche Duldsamkeit bei monotonen, sich wiederholenden Aufgaben auf. Man weiß natürlich, daß Monotonie eine Funktion der Aufgabenbeschaffenheit, ablenkender Reize und von Merkmalen des Arbeitenden ist. Ein Individuum mit wenigen widerstreitenden Interessen und begrenzter Fähigkeit wird eine sich wiederholende Aufgabe passender und befriedigender finden als eine Aufgabe, die viele Veränderungen und Umgewöhnungen verlangt. Das Heimleben selbst mit seinem Aktivitätsmangel kann dafür mitverantwortlich sein. Der Heimaufenthalt kann also teilweise sowohl die größere Rigidität Minderbegabter im Vergleich zu Normalen als auch ihre zunehmende Rigidität mit dem Alter bedingen (16).

Eine andere Frage richtet sich auf die *Lernfähigkeit* Minderbegabter. Die Frage läßt sich nicht allgemein beantworten, da es keinen gemeinsamen einheitlichen Lernfaktor gibt (s. Kapitel 11). Im schulischen Lernen sind Minderbegabte insgesamt charakteristisch behindert und ihr Fortschritt ist sehr langsam. Doch sie *können* andere Funktionen mit unterschiedlichen Effektivitätsgraden erlernen. Ein Überblick über die wenigen Veröffentlichungen zu dieser Frage legt nahe, daß es zwar eines minimalen intellektuellen Niveaus zum Lernen einer jeden Aufgabe bedarf, daß es jedoch oberhalb dieses Minimums nur eine geringe oder gar keine Beziehung gibt zwischen Fehlern oder Lerngeschwindigkeit und dem intellektuellen Niveau (61). Neuere Forschungen über die Ergebnisse von Rehabilitationsprogrammen an Minderbegabten verweisen ebenso auf das Ausmaß, in dem sich solche Personen durch Training verbessern können. Diese Studien werden wir im folgenden Abschnitt behandeln.

Training und Rehabilitation

Die Jahre nach dem 2. Weltkrieg haben eine rasche Zunahme von Programmen zur *beruflichen und sozialen Rehabilitation* von schwächer Minderbegabten mit sich gebracht. An dieser Entwicklung sind mehrere Faktoren beteiligt. Erstens, machten es Arbeitszeitverkürzungen wünschenswert, ein weiteres potentielles Arbeitsreservoir in den trainierbaren Behinderten zu erschließen. Man hatte schon jahrelang erkannt, daß es zahlreiche Beschäftigungen in unserer Gesellschaft gibt, die Minderbegabte befriedigend erledigen können. Darunter sind Arbeiten, die nur ein minimales Intelligenzalter von 6 Jahren verlangen (6, 17). Zweitens, sah man in Rehabilitation und Entlassung einen Weg, um die überfüllten Heime für Minderbegabte zu „entvölkern". Schließlich erließ 1943 der Kongreß ein Gesetz, das die Einbeziehung Minderbegabter in berufliche Rehabilitationsprogramme für Behinderte ermöglichte und den Staaten Bundesfonds für diese Zwecke zur Verfügung stellte.

Ende der 40er und Anfang der 50er Jahre initiierten zahlreiche Staaten berufliche Rehabilitationsprogramme für institutionalisierte Minderbegabte. Durch diese Bemühungen hat man beträchtliche Erfahrungen über die Erfordernisse derartiger Programme gesammelt (s. z.B. 28, 66). Allgemein erkannte man, daß zum maximalen Erfolg eines Programmes folgendes gehörte: sorgfältige Auswahl vielversprechender Fälle; Heimtraining in Selbstversorgung und beruflichen Fertigkeiten; wenn nötig, Psychotherapie und medizinische Behandlung; bedingte Überweisung in Familien und in Berufe, die die Berater ausgesucht haben; enge Betreuung und Anleitung in der Eingewöhnungszeit und fortdauernde Beratungsmöglichkeiten nach der Entlassung. Die häufige Beobachtung, daß leichter Behinderte besonders zur Vorausplanung und eigenen Lebensbewältigung mangelnd befähigt sind, macht die Ver-

fügbarkeit von Beratungsdiensten für die erfolgreiche gesellschaftliche Eingliederung dieser Personen besonders wichtig.
Eine Parallelentwicklung war die Ausweitung der Bildungsmöglichkeiten für trainierbare minderbegabte Kinder im öffentlichen Schulsystem. *Spezialklassen* für solche Kinder hat man an vielen zusätzlichen Orten eingerichtet. Man hat der Verbesserung von Auswahlverfahren, der Entwicklung passender Lehrpläne und von Lehrmaterial, der Behandlung spezieller Leistungsausfälle und verwandter Probleme besondere Aufmerksamkeit geschenkt (s. 49, 75, 95). Für die Differentielle Psychologie besonders relevant sind die Ergebnisse von *Nachuntersuchungen* an Minderbegabten, die aus Heimen entlassen oder in Spezialklassen geschult worden sind. Bis heute sind beträchtlich viele Studien darüber veröffentlicht worden. Sie umschließen sehr unterschiedliche Trainings- und Rehabilitationsprogramme und erstrecken sich in ihren Nachuntersuchungszeiträumen von weniger als einem bis über 20 Jahre (s. 2, 4, 5, 13, 20, 23, 31, 39, 44, 45, 59, 62, 63, 67, 71, 79, 87). Die Pbn fallen, was ihr geistiges Niveau betrifft, meist in die Kategorie der Schwachsinnigen. Doch einige Studien arbeiteten mit Grenzfällen und Pbn, deren IQ so niedrig war, daß sie zur imbezillen Gruppe gehörten. So weit sich das feststellen läßt, gehören die meisten zur Amentia simplex und weisen keine größeren neurologischen Störungen auf.
Die Ergebnisse dieser Nachuntersuchungen sind übereinstimmend günstig. Die soziale und berufliche Wiedereingliederung erwies sich als besser als man angenommen hatte und die Anzahl von Mißerfolgen ist klein. Werden Retests angewandt, zeigten die späteren IQn fast durchgängig einen Anstieg über das Anfangsniveau hinaus. Einige ausführlichere Untersuchungen sollen beschrieben werden, um die Verfahren und Ergebnisse zu illustrieren. HEGGE (39) berichtet über eine Nachuntersuchung nach 2 Jahren an 177 jungen Leuten, die 1941 und 1942 aus einer Spezialschule für Minderbegabte entlassen worden waren. Zur Untersuchungszeit waren 88 % beschäftigt, viele über dem Niveau des ungelernten Arbeiters. Die meisten verdienten 40 bis 50 Dollar in der Woche, zeigten ein gutes Ausmaß an Arbeitsstabilität und hatten sich ihre Beschäftigung ohne Hilfe der Familie, von Freunden oder sozialen Vermittlungsbüros besorgt.
KENNEDY (44) führte eine relativ gut kontrollierte Nachuntersuchung an 256 Schwachsinnigen in einer Gemeinde in Connecticut durch. Diese Untersuchung war Teil einer größeren Studie über die menschlichen Resourcen dieses Staates. Die IQn der Gruppe nach Schulleistungen reichten von 50 bis 75. Das Alter der Pbn war zum Zeitpunkt der Nachuntersuchung im Durchschnitt 24 Jahre. Die Pbn wurden mit 129 Pbn einer Kg mit normalen IQn aus derselben Gemeinde verglichen, die man hinsichtlich des Alters, des Geschlechtes, des Schuleintrittsalters, der Rasse, des Geburtslandes, der Nationalität und des väterlichen Berufes mit den Schwachsinnigen parallelisiert

hatte. Daß sie sich dennoch nicht in ihren Hintergrundvariablen entsprachen, erhellt die Tatsache, daß es bei den Schwachsinnigen mehr zerrüttete Familien und familiäre Mißverhältnisse gab als in der Kg.
Als Erwachsene lagen die Schwachsinnigen im Vergleich zu den Normalen günstig. Zum Erhebungszeitpunkt schätzte man 75,5 % der Schwachsinnigen und 63,6 % der Kg als Selbstversorger ein. Die Differenz ist statistisch nicht signifikant, bedeutet also nach diesem Kriterium eine gleich erfolgreiche Anpassung in beiden Gruppen. Als Gruppe hatten die Schwachsinnigen ein niedrigeres berufliches Niveau als die Kg. Weniger Schwachsinnige als Normale hatten Büro-, Geschäfts- oder Fachberufe. Der durchschnittliche Verdienst der beiden Gruppen jedoch war ungefähr derselbe. In der beruflichen Stabilität, dem Ausmaß an öffentlicher Unterstützung und im ehelichen Leben fand man keine signifikanten Unterschiede zwischen den beiden Gruppen. Etwas schlechter war der Bericht über die Schwachsinnigen, was antisoziale Handlungen, gesellschaftliche Betätigungen und außerberufliche Interessen anbelangt. Doch hier muß man bedenken, daß die Familien der beiden Gruppen sich in bestimmten wichtigen psychologischen Variablen nicht entsprachen.

Die Untersuchung, die die längste Zeitspanne abdeckte, beschäftigte sich mit einer Kindergruppe, deren IQ am Anfang bei 70 oder darunter lag. Sie hatte Spezialklassen in den öffentlichen Schulen von Nebraska besucht. Die erste Nachuntersuchung führte BALLER (5) 1936 durch, als die Pbn zwischen 21 und 34 Jahren alt waren. Von der ursprünglichen Gruppe von 206 fand man noch 196 und verglich sie mit einer Normalgruppe, deren IQn von 100 bis 120 reichte. Etwas weniger als 7 % der ursprünglichen Minderbegabtengruppe befand sich zum Zeitpunkt der Nachuntersuchung in Heimen für Minderbegabte. Bildungsmäßig hatte die subnormale Gruppe das durchschnittliche Niveau der 4. oder 5. Klasse erreicht. Im Gegensatz dazu stehen die 12. bis 13. Klasse als Durchschnitt der „normalen" Kg. Die meisten Minderbegabten befanden sich nicht in Gerichtsakten, obwohl ihr Anteil an Straftaten den der Kg übertraf: 25 % versus 4 % erschien in jugendlichen Gerichtsakten und 18 % versus 6 % in Polizeiakten. Von den Minderbegabten hatten 39 % relativ durchgängig einen Beruf innegehabt, von der Kg 90 %. Von den Minderbegabten hatten sich jedoch 83 % zumindest teilweise für unterschiedlich lange Zeiträume selbst versorgt. Der Anteil von Mädchen, die geheiratet hatten, war in beiden Gruppen ungefähr gleich, obwohl Minderbegabte eher früher heiraten und mehr Kinder haben. Bei den Jungen war der Prozentsatz, der geheiratet hatte, sehr viel kleiner – wahrscheinlich aus ökonomischen Gründen. Bei der Bewertung dieser Ergebnisse muß man erstens bedenken, daß die Kg im IQ überdurchschnittlich war und in vielen Aspekten nicht mit den Minderbegabten übereinstimmte. Zweitens, wurden diese Nachuntersuchungsdaten während einer wirtschaftlichen Depression erhoben.

CHARLES (23) veröffentlichte 1953 eine weitere Nachuntersuchung an 151 der ursprünglichen Pbn von BALLER. Zu dieser Zeit lag das Alter der Gruppe im Durchschnitt bei 42 Jahren, es reichte von 36 bis 49. Beschäftigungsberichte ergaben wieder, daß sie sich insgesamt befriedigend angepaßt hatten. So klassifizierte man 82,79 % als „gewöhnlich beschäftigt“ ein, ihre Berufe reichten von ungelernter Arbeit bis zu Leitungstätigkeiten. Von denen, die einträgliche Berufe hatten, waren 47,62 % für einen Zeitraum von 3 bis 20 Jahren in derselben Stellung geblieben. Die meisten ihrer Kinder durchliefen, wie berichtet wird, die Schule normal und erreichten zumindest einen Schulabschluß. Einer war zur Zeit der Erhebung ein erfolgreicher Collegestudent. Die IQn der Kinder reichten von 50 bis 138, der Durchschnitt lag bei 95,44.

Besonders interessant sind die Retestergebnisse, die CHARLES an 20 Pbn erhob, deren anfängliche Stanford-Binet-IQn im Durchschnitt 58,35 betrugen und von 41 bis 70 reichten. Der Retest mit dem Wechsler-Bellevue ergab für diese Gruppe einen Mittelwert von 81,25 mit einer Streubreite von 60 bis 104. Obwohl ein Teil der Steigerung dem Regressionseffekt zuzuschreiben sein mag, kann man wahrscheinlich nicht den gesamten Gewinn dieser Ursache zuschreiben. Wahrscheinlich weist der Anstieg auf eine echte Verbesserung der getesteten Funktionen hin, die einhergegangen ist mit der befriedigenden sozialen und beruflichen Eingliederung vieler Pbn als Erwachsene.
SCHMIDT (79) hat eine sehr umstrittene Studie über die Rehabilitation Minderbegabter veröffentlicht. In diesem Projekt durchliefen 254 Jungen und Mädchen im Alter von 12 und 14 Jahren, die in Spezialklassen gegangen waren, drei Jahre lang ein speziell für sie geschaffenes Bildungsprogramm. Der durchschnittliche Anfangs-IQ im Stanford-Binet lag bei dieser Gruppe bei 52,1 mit einer Streubreite von 27 – 69. Die Pbn wurden periodisch mit Intelligenz-, Leistungs- und Persönlichkeitstests während der 3jährigen Trainingszeit getestet und in einer 5jährigen Nachuntersuchung nach Beendigung des Experimentalprogrammes. Das Ausmaß des Fortschrittes in allen Verhaltensaspekten, über die in dieser Studie berichtet wurde, übersteigt alles, was man bisher in irgendeiner anderen Untersuchung gefunden hat. Bei Abschluß der Untersuchung beobachtete man einen mittleren Gewinn von 40,7 IQ-Punkten; 80,7 % der Pbn machten Gewinne von 30 oder mehr, 59,6 % Gewinne von 40 oder mehr IQ-Punkten. Der größte Teil der Gewinne trat während der 3jährigen experimentellen Periode auf, obwohl sich auch im Verlauf der 5jährigen Nachuntersuchung fortgesetzte Gewinne im IQ zeigten und kein Absinken zum Anfangsniveau hin zu beobachten war.
Der von SCHMIDT berichtete bildungsmäßige Leistungsfortschritt ist genauso auffallend. Obwohl die durchschnittliche Leistung zu Beginn des Experimentes auf dem Niveau der 1. Klasse lag, hatten die Pbn am Ende des 3jährigen Programms fast das Niveau der 5. Klasse erreicht. Weiterhin wechselten 79

Pbn zur regulären Grundschule über, entweder um sich für die direkte Graduierung von der 8. Klasse zu qualifizieren oder um die Grundschule in regulären Klassen zu beenden. Während der 5jährigen Nachuntersuchung beendete eine große Zahl ihre Ausbildung in technischen, handels- oder anderen beruflichen Kursen und 27 Pbn hatten zum Abschluß der Untersuchung die Highschool abgeschlossen. Daten über die folgende Berufsentwicklung, den sozioökonomischen Status, gesellschaftliche Aktivitäten usw. während der Nachuntersuchung zeigten, daß sich die Gruppe sehr zufriedenstellend eingefügt hatte.

Als Kg dienten SCHMIDT 68 Kinder, die auch Spezialklassen für Minderbegabte besuchten, aber nicht am experimentellen Programm teilhatten. Die Kg war einer experimentellen Untergruppe von 64 Fällen ungefähr gleich, was den Anfangs-IQ, die schulische Leistung und das Lebensalter anbelangt. Der mittlere Gewinn dieser experimentellen Untergruppe betrug 23,8 IQ-Punkte, während die Kg im Durchschnitt in demselben Zeitraum 3,6 Punkte verlor. Ebenso fanden sich zwischen diesen beiden Gruppen deutliche Unterschiede im Bildungsfortschritt und in der folgenden beruflichen und sozialen Eingliederung.

Man kann die Studie von SCHMIDT aus allerlei Gründen nur schwer einschätzen (s. 35, 47, 64). Das Vorhandensein zahlreicher kleinerer Rechenfehler und Inkonsistenzen im veröffentlichten Material des Projektes weist auf unsorgfältige Darstellung hin und hat Skepsis an den Daten insgesamt geweckt. Die Verfahren im Trainings- und Rehabilitationsprogramm werden unzureichend beschrieben und schließen damit eine unabhängige Bestätigung aus. Eine Studie von HILL (41) z.B., die vermutlich mit ähnlichen Techniken arbeitete, erbrachte nur geringe IQ-Gewinne. Inwieweit die von HILL herangezogenen Verfahren wirklich mit denen in SCHMIDTs Programm vergleichbar sind, läßt sich nicht feststellen. Eine Überprüfung des Berichtes von SCHMIDT läßt vermuten, daß zumindest ein Teil der Verbesserung in den Testleistungen und im akademischen Fortkommen auf der Korrektur sensorischer Defekte beruhte, der Verbesserung schlechter gesundheitlicher Konstitution und der Behandlung von Sprachstörungen, die zu Beginn bei sehr vielen Fällen vorhanden waren. Auch emotionale Störungen hatten in einigen Fällen die Leistung gestört und Verbesserungen in dieser Richtung wurden im Verlauf des Projektes beobachtet.

In den Anleitungsverfahren hatte man, so wie SCHMIDT es berichtet, offensichtlich besonderes Augenmerk auf die Entwicklung effektiver Arbeits- und Lerngewohnheiten gerichtet und auf das Erreichen minimaler Leistungsniveaus im Lesen und Sprachgebrauch. Derartige Techniken sollten die Fortdauer der Verbesserung über den Abschluß der experimentellen Periode hinaus ermöglichen. SCHMIDT betont ebenfalls die Anregung von Schülerinteresse und die Anpassung der Lehrverfahren an die speziellen Bedürfnisse und

Schwächen jedes Individuums. Alle diese Ziele sind natürlich sehr wünschenswert in Trainingsprogrammen für Minderbegabte. Ob man jedoch aufgrund der speziellen Verfahrensweisen, die SCHMIDT verwandte, derartig große Gewinne erwarten kann, muß bisher eine unbeantwortete Frage bleiben. Jedenfalls scheint die Wirksamkeit vieler Techniken eindeutig auf bestimmte Fälle beschränkt zu sein.
Eine weitere Studie, die zweideutige Resultate erbrachte, sei zur Illustration weiterer methodischer Probleme erwähnt. KEPHART (45) gab 16 institutionalisierten minderbegabten Jungen, zu Beginn des Experimentes 15 bis 18 Jahre alt, intensive Anleitungen über einen Zeitraum von 6 Monaten bis zu fast 3 Jahren. Das Training verwendete konkretes Material, soziale Situationen und abstrakte Probleme. Es sollte konstruktive Tätigkeit anregen und zu Einfallsreichtum, Initiative und origineller Planung ermutigen. Im Anschluß an das Training stieg der IQ im Stanford-Binet von 66,3 auf 76,4. Im Vergleich dazu machte die Kg einen nicht signifikanten Gewinn von 1,9 Punkten. Außer einem Individuum zeigten alle Pbn der trainierten Gruppe eine Verbesserung im IQ. Die größte Schwierigkeit bei der Interpretation dieser Studie rührt von der Ähnlichkeit zwischen einem Teil des Trainingsmaterials und dem Inhalt des Stanford-Binet her. Speziell fordern einige Trainingsprobleme das Erkennen von Absurditäten in Geschichten, eine Aufgabe, die mit etlichen Items im Stanford-Binet viel gemein haben. So ist möglicherweise die Verbesserung auf sehr ähnliche Aufgaben beschränkt und hat nur geringe Wirkung auf die Lösung andersartiger Probleme. In einem derartigen Fall könnte man das Training als Drill (s. Kap. 7) bezeichnen.
Zwei neuere Entwicklungen im Training und in der Rehabilitation Minderbegabter verdienen besondere Beachtung. Eine betrifft das Training schwach geschädigter Minderbegabter im *Vorschulalter*. CHAMBERLAIN und MOSS (22) beschreiben ein Programm für ein Heimtraining, das diese Kinder auf die Schule vorbereiten soll. KIRK (48) berichtet über eine mehrere Jahre dauernde Untersuchung über die Effektivität von speziellem Vorschultraining an einer institutionalisierten und einer freien Gruppe. In dieser Studie wurden Trainings- und Kontrollgruppen periodisch getestet. Das letzte Kriterium war die Schulleistung der Pbn. Generell sprechen die Daten dafür, daß Vorschulerziehung die intellektuelle und soziale Entwicklung minderbegabter Kinder beschleunigen *kann*. Die Verbesserung war bei Kindern aus unterpriviligierten Umwelten größer als bei denen mit organischen Schädigungen. Die trainierte Gruppe behielt auch ihre Überlegenheit über die Kg während der folgenden Schuljahre bei.
Zunehmend erkennt man den Wert von Psychotherapie bei Minderbegabten. Das stellt den zweiten wichtigen Trend dar. Einige Untersucher haben in jüngerer Zeit projektive Verfahren, wie Rorschach, Bilderinterpretation, spontanes Zeichnen und anderes an minderbegabten Pbn angewandt (s. 77, Kap.

9). Die Interpretation spezieller Befunde aus diesen Studien ist zweifelhaft, da man die Validität der Auswertungsverfahren nicht kennt und die heutigen projektiven Tests auch andere technische Mängel aufweisen. Dennoch hat derartige Forschung die Aufmerksamkeit auf das Vorherrschen von emotionalen Problemen und Ängsten bei Minderbegabten gelenkt. Man erkennt allmählich, daß die Schwierigkeiten, die diese Menschen erleben, nicht unbedingt auf das intellektuelle Niveau beschränkt sind. Entsprechend erprobt man Möglichkeiten, verschiedene Arten der Psychotherapie bei Minderbegabten zu benutzen (77, Kap. 10; 86). In einigen Fällen kann durch Psychotherapie der IQ steigen, wenn nämlich emotionale Probleme dem wirksamen intellektuellen Funktionieren und der Entwicklung des Individuums im Wege gestanden haben. In anderen Fällen kann eine Therapie nur die zusätzliche Behinderung durch emotionale Fehlentwicklungen oder Verhaltensstörungen beseitigen. Selbst dann kann Psychotherapie einen bedeutsamen Part im gesamten Rehabilitationsprogramm spielen.

Zusammenfassung

Allgemein steht der Begriff „Minderbegabung" für eine starke Unterdurchschnittlichkeit in den Fähigkeiten, die zum Überleben in einer bestimmten Gesellschaft erforderlich sind. Offensichtlich ist diese Definition der Minderbegabung eng an das Konzept der Intelligenz gebunden. In unserer Gesellschaft spielen Sprachentwicklung und verbale Fähigkeiten eine bedeutsame Rolle bei der Identifikation von Minderbegabten. Die wichtigsten Kriterien zur Diagnose und Klassifikation von Minderbegabten sind die psychometrischen (im IQ ausgedrückt), die rechtlichen oder soziologischen und die bildungsbezogenen. Auch die Unterteilung in Idiot, Imbeziller, Schwachsinniger und Grenzfall basiert auf diesen Kriterien. Vorgeschlagene Definitionen der Minderbegabung nach der Ätiologie lassen sich schwer anwenden, da die Ursachen der Defizienz bei sehr vielen Fällen unbekannt sind.
Einige der bekanntesten klinischen Formen der Minderbegabung sind Mongolismus, cerebrale Lähmung, Mikrocephalie, Kretinismus und Hydrocephalie. Phenylketonurie und amaurotische Idiotie sind relativ seltene Formen, die auf vererbte Stoffwechselstörungen zurückgehen. Bis jetzt blieb unbeantwortet, ob Blutgruppenunverträglichkeit zwischen Mutter und Kind eine bedeutsame Ursache von Minderbegabung ist. Der größte Anteil Minderbegabter paßt nicht in ein spezielles klinisches Bild. Ohne irgendwelche groben neurologischen Defekte hat man diese Fälle unterschiedlich beschrieben als simpel, nicht klinisch, subkulturell, familiär, undifferenziert, garden variety und Oligophrenia vera. Einige Begriffe beziehen sich auf die Gesamtgruppe, an-

dere beschränken sich auf vorgeschlagene Untergruppen. Eine Unterscheidung zwischen endogen und exogen (hirngeschädigt) simpel Amenten hat gründliche Forschung über die psychischen Unterschiede zwischen diesen beiden Formen in Gang gesetzt.

Ätiologische Klassifikationen klinischer Formkreise berücksichtigen Erbe- versus Umweltverursachung, Beschaffenheit pathogener Faktoren und die Zeit der Einwirkung des pathogenen Faktors. Heutige Forschung spricht dafür, daß prä- und perinatale Umweltfaktoren sehr viel wichtiger für die Ätiologie der Minderbegabung sind, als man früher glaubte. Vielversprechend ist die Unterscheidung zwischen multi- und unifaktorieller Verursachung. Erstere wird hauptsächlich auf simpel Amente angewandt (von einigen auf schwächer Geschädigte), die letztgenannte auf spezielle klinische Formen (oder möglicherweise auf alle organischen Fälle oder schwerer geschädigten Fälle, unabhängig von der klinischen Form).

Minderbegabte liegen insgesamt in ihrer physischen Entwicklung unter der Norm: Im Vorherrschen physischer und sensorischer Defekte, in der allgemeinen Gesundheit, der Anfälligkeit für Krankheiten, der Lebensdauer. Allerdings überschneiden sie sich in allen diesen Aspekten stark mit intellektuell normalen Gruppen. Die IQn institutionalisierter Minderbegabter sinken mit dem Alter. Doch zumindest bei einigen Personen kann solch eine Abnahme Resultat der Institutionalisierung selbst sein. Minderbegabte liegen in allen Funktionen unter dem Durchschnitt, doch variiert der Grad der Abweichung nach unten mit der Beschaffenheit der Funktion. Sie sind meist in den abstrakten Fähigkeiten am gestörtesten, bei Aufgaben, die mündliche Antworten verlangen und bei typischen Schulleistungen. Viele zeigen stereotypes Verhalten und starke Ausdauer bei monotonen, immer wiederkehrenden Aufgaben. Obwohl Minderbegabte schulisch langsamer lernen, machen sie befriedigende Fortschritte beim Erlernen vieler anderer Fertigkeiten, die ihrem Fähigkeitsniveau angemessen sind.

Es hat eine rasche Verbreitung von Programmen für die berufliche und soziale Rehabilitation schwächer geschädigter Minderbegabter stattgefunden. Immer mehr Minderbegabte werden in diesen Programmen nach draußen gebracht und aus den Heimen entlassen. Auch die Spezialklassen für minderbegabte Kinder innerhalb des öffentlichen Schulsystems haben in den letzten Jahren stark an Zahl zugenommen. Nachuntersuchungen an Minderbegabten, die aus Heimen entlassen oder in Spezialklassen unterrichtet worden sind, erbrachten konsistent ermutigende Ergebnisse. Einige Aufmerksamkeit hat man auch vorschulischen Trainingsprogrammen gewidmet, die zurückgebliebene Kinder auf die Schule vorbereiten sollen. Ebenso erkennt man auch zunehmend den potentiellen Wert von Psychotherapie zur Rehabilitation von Minderbegabten.

Literaturverzeichnis

1. Allen, G., and Baroff, G. S. Mongoloid twins and their siblings. *Acta genet. statist. med.*, 1955, 5, 294–326.
2. Anderson, V. V., and Fearing, F. M. *A study of the careers of three hundred twenty-two feebleminded persons.* N.Y.: Nat. Comm. Ment. Hyg., 1923.
3. Asher, Cecile, and Roberts, J. A. Fraser. A study of birthweight and intelligence. *Brit. J. soc. Med.*, 1949, 3, 56–68.
4. Badham, J. N. The outside employment of hospitalized mentally defective patients as a step towards resocialization. *Amer. J. ment. Def.*, 1955, 59, 666–680.
5. Baller, W. R. A study of the present social status of a group of adults who, when they were in elementary schools, were classified as mentally deficient. *Genet. Psychol. Monogr.*, 1936, 18, 165–244.
6. Bell, H. M. *Matching youth and jobs.* Washington, D.C.: Amer. Coun. Educ., 1940.
7. Benda, C. E. *Mongolism and cretinism.* (2nd Ed.) N.Y.: Grune & Stratton, 1949.
8. Benda, C. E. *Developmental disorders of mentation and cerebral palsies.* N.Y.: Grune & Stratton, 1952.
9. Benda, C. E. Psychopathology of childhood. In L. Carmichael (Ed.), *Manual of child psychology.* (Rev. Ed.) N.Y.: Wiley, 1954. Pp. 1115–1161.
10. Benda, C. E., and Farrell, M. J. Psychopathology of mental deficiency in children. In P. H. Hoch and J. Zubin (Eds.), *Psychopathology of childhood.* N.Y.: Grune & Stratton, 1955.
11. Binet, A., and Simon, Th. *The intelligence of the feebleminded.* (Transl. by E. S. Kite.) Vineland, N.J.: Training School Publ., No. 11, 1916.
12. Birch, J. W., and Matthews, J. The hearing of mental defectives: its measurement and characteristics. *Amer. J. ment. Def.*, 1951, 55, 384–393.
13. Bobroff, A. Economic adjustment of 121 adults, formerly students in classes for mental retardates. *Amer. J. ment. Def.*, 1956, 60, 525–535.
14. Böök, J. A., Grubb, R., Engleson, G., and Larson, C. A. Rh-incompatibility and mental deficiency. *Amer. J. hum. Genet.*, 1949, 1, 66–78.
15. Bradway, K. P. Paternal occupational intelligence and mental deficiency. *J. appl. Psychol.*, 1935, 19, 527–542.
16. Brand, H., Benoit, E. P., and Ornstein, G. N. Rigidity and feeblemindedness: an examination of the Kounin-Lewin theory. *J. clin. Psychol.*, 1953, 9, 375–378.
17. Burr, Emily T. The vocational adjustment of mental defectives. *Psychol. Clin.*, 1931, 20, 55–64.
18. Burt, C. *The causes and treatment of backwardness.* N.Y.: Philos. Library, 1953.
19. Cantor, G. N., and Stacey, C. L. Manipulative dexterity in mental defectives. *Amer. J. ment. Def.*, 1951, 56, 401–410.
20. Cassidy, Viola M., and Phelps, H. R. *Postschool adjustment of slow learning children.* Columbus, Ohio: Ohio State Univer. Bur. of Spec. and Adult Educ., 1955.

21. Cattell, R. B. Classical and standard score IQ standardization of the I.P.A.T. Culture-Free Intelligence Scale 2. *J. consult. Psychol.*, 1951, 15, 154–159.
22. Chamberlain, Naomi H., and Moss, Dorothy H. *The three "R's" for the retarded (repetition, relaxation, and routine); a program for training the retarded child at home.* N.Y.: Nat. Assoc. for Retarded Children, 1954.
23. Charles, D. C. Ability and accomplishment of persons earlier judged mentally deficient. *Genet. Psychol. Monogr.*, 1953, 47, 3–71.
24. Cianci, V. Home supervision of mental deficients in New Jersey. *Amer. J. ment. Def.*, 1947, 51, 519–524.
25. Clarke, A. D. B., and Clarke, A. M. Cognitive changes in the feebleminded. *Brit. J. Psychol.*, 1954, 45, 173–179.
26. Doll, E. A. The essentials of an inclusive concept of mental deficiency. *Amer. J. ment. Def.*, 1941, 46, 214–219.
27. Doll, E. A. *The measurement of social competence.* Minneapolis, Minn.: Educ. Test Bur., 1953.
28. Engel, Anna M. Employment of the mentally retarded. *Amer. J. ment. Def.*, 1952, 57, 243–267.
29. Engler, M. *Mongolism (peristatic amentia).* Baltimore: Williams & Wilkins, 1949.
30. Esquirol, J. E. D. *Des maladies mentales considérées sous les rapports médical, hygiénique, et médico-légal.* Paris: Baillière, 1838.
31. Fairbank, R. E. The subnormal child—seventeen years after. *Ment. Hyg.*, 1933, 17, 177–208.
32. Fisher, R. A. The Rhesus factor: a study in scientific method. *Amer. Scient.*, 1947, 35, 94–102, 113.
33. Glasser, F. B., Jacobs, M., and Schain, R. The relation of Rh to mental deficiency. *Psychiat. Quart.*, 1951, 25, 282–287.
34. Goddard, H. H. The height and weight of feebleminded children in American institutions. *J. nerv. ment. Dis.*, 1912, 39, 217–235.
35. Goodenough, Florence L. Review of "Changes in personal, social, and intellectual behavior of children originally classified as feebleminded," by Bernardine G. Schmidt. *J. abnorm. soc. Psychol.*, 1949, 44, 135–139.
36. Guertin, W. H. Differential characteristics of the pseudofeebleminded. *Amer. J. ment. Def.*, 1950, 54, 394–398.
37. Hackel, E. Blood factor incompatibility in the etiology of mental deficiency. *Amer. J. hum. Genet.*, 1954, 6, 224–240.
38. Halperin, S. L. A clinico-genetical study of mental defect. *Amer. J. ment. Def.*, 1945, 50, 8–26.
39. Hegge, T. G. The occupational status of higher-grade mental defectives in the present emergency. *Amer. J. ment. Def.*, 1944, 49, 86–98.
40. Heiser, K. F. *Our backward children.* N.Y.: Norton, 1955.
41. Hill, A. Does special education result in improved intelligence for the slow learner? *J. except. Child.*, 1948, 14, 207–213, 224.
42. Kanner, L. Feeblemindedness: absolute, relative, and apparent. *Nerv. Child*, 1949, 7, 365–397.
43. Kaplan, O. Life expectancy of low-grade mental defectives. *Psychol. Rec.*, 1940, 3, 295–306.

44. Kennedy, Ruby J. R. *The social adjustment of morons in a Connecticut city.* Hartford, Conn.: Mansfield-Southbury Social Service, 1948.
45. Kephart, N. C. The effect of a highly specialized program upon the IQ in high-grade mentally deficient boys. *Proc. Amer. Assoc. ment. Def.,* 1939, 44, 216–221.
46. Kephart, N. C., and Strauss, A. A. A clinical factor influencing variations in the IQ. *Amer. J. Orthopsychiat.,* 1940, 10, 343–350.
47. Kirk, S. A. An evaluation of the study by Bernardine G. Schmidt entitled: "Changes in personal, social, and intellectual behavior of children originally classified as feebleminded." *Psychol. Bull.,* 1948, 45, 321–333.
48. Kirk, S. A., *et al., Early education of the mentally retarded.* Urbana, Ill., Univer. of Illinois Press, 1958.
49. Kirk, S. A., and Johnson, G. O. *Educating the retarded child.* Boston: Houghton Mifflin, 1951.
50. Knobloch, Hilda, and Pasamanick, B. The distribution of intellectual potential in an infant population. Paper read at AAAS, New York City, December, 1956.
51. Kounin, J. S. Experimental studies of rigidity. *Char. and Pers.,* 1941, 9, 254–282.
52. Kuhlmann, F. The results of repeated mental reexaminations of 639 feeble-minded over a period of ten years. *J. appl. Psychol.,* 1921, 5, 195–224.
53. Laycock, S. R., and Clark, S. The comparative performance of a group of old-dull and young-bright children on some items of the Revised Stanford-Binet scale of intelligence, form L. *J. educ. Psychol.,* 1942, 33, 1–12.
54. Lewis, E. D. Types of mental deficiency and their social significance. *J. ment. Sci.,* 1933, 79, 298–304.
55. Lilienfeld, A. M., and Pasamanick, B. The association of maternal and fetal factors with the development of mental deficiency. II. Relationship of maternal age, birth order, previous reproductive loss, and degree of mental deficiency. *Amer. J. ment. Def.,* 1956, 60, 557–569.
56. Magaret, Ann, and Thompson, Clare W. Differential test responses of normal, superior, and mentally defective subjects. *J. abnorm. soc. Psychol.,* 1950, 45, 163–167.
57. McCandless, B. R. Environment and intelligence. *Amer. J. ment. Def.,* 1952, 56, 674–691.
58. McFadden, J. H. Differential responses of normal and feebleminded subjects of equal mental age, on the Kent-Rosanoff free association test and the Stanford revision of the Binet-Simon intelligence test. *Ment. Measmt. Monogr.,* 1931, No. 7.
59. McIntosh, W. J. Follow-up study of one thousand non-academic boys. *J. except. Child.,* 1949, 15, 166–170.
60. McNemar, Q. *The revision of the Stanford-Binet Scale: an analysis of the standardization data.* Boston: Houghton Mifflin, 1942.
61. McPherson, Marian W. A survey of experimental studies of learning in individuals who achieve subnormal ratings on standardized psychometric measures. *Amer. J. ment. Def.,* 1948, 52, 232–254.
62. Muench, G. A. A follow-up of mental defectives after eighteen years. *J. abnorm. soc. Psychol.,* 1944, 39, 407–418.

63. Mullen, F. A. Mentally retarded youth find jobs. *Personnel Guid. J.*, 1952, 31, 20–25.
64. Nolan, W. J. A critique of the evaluations of the study of Bernardine G. Schmidt entitled: "Changes in personal, social, and intellectual behavior of children originally classified as feebleminded." *J. except. Child.*, 1949, 15, 225–234.
65. Norsworthy, Naomi. The psychology of mentally deficient children. *Arch. Psychol.*, 1906, No. 1.
66. O'Brien, Margaret W. A vocational study of a group of institutionalized persons. *Amer. J. ment. Def.*, 1952, 57, 56–62.
67. O'Connor, N. The occupational success of feebleminded adolescents. *Occup. Psychol.* (London), 1953, 27, 157–163.
68. Pasamanick, B., and Lilienfeld, A. M. Association of maternal and fetal factors with development of mental deficiency. 1. Abnormalities in the prenatal and paranatal periods. *J. Amer. med. Assoc.*, 1955, 159, 155–160.
69. Paterson, D. G., and Rundquist, E. A. The occupational background of feeblemindedness. *Amer. J. Psychol.*, 1933, 45, 118–124.
70. Porteus, S. D., and Corbett, G. R. Statutory definitions of feeblemindedness in U. S. A. *J. Psychol.*, 1953, 35, 81–105.
71. Potts, Jane H. Vocational rehabilitation for the mentally retarded in Michigan. *Amer. J. ment. Def.*, 1952, 57, 297–320.
72. Rainier, J. D., and Kallmann, F. J. Genetic and demographic aspects of disordered behavior patterns in a deaf population. Paper read at AAAS, New York City, December, 1956.
73. Rautman, A. L. Relative difficulty of test items of the revised Stanford-Binet: an analysis of records from a low intelligence group. *J. exp. Educ.*, 1942, 10, 183–194.
74. Roberts, J. A. Fraser. The genetics of mental deficiency. *Eugen. Rev.*, 1952, 44, 71–83.
75. Rothstein, J. H. (Comp.) *Bibliography: education of the mentally retarded.* San Francisco, Calif.: San Francisco State College, Division of Education, Special Education Department, 1954.
76. Safian, Debra, and Harms, E. Social and educational impairment wrongly diagnosed as feeblemindedness. *Nerv. Child,* 1949, 7, 416–420.
77. Sarason, S. B. *Psychological problems in mental deficiency.* (3rd Ed.) N.Y.: Harper, 1953.
78. Sarason, S. B. Mentally retarded and mentally defective children: major psychological problems. In W. M. Cruickshank (Ed.), *Psychology of exceptional children and youth.* N.Y.: Prentice-Hall, 1955. Pp. 438–474.
79. Schmidt, Bernardine G. Changes in personal, social, and intellectual behavior of children originally classified as feebleminded. *Psychol. Monogr.*, 1946, 60, No. 5.
80. Scholl, M. L., Wheeler, W. E., and Snyder, L. H. Rh antibodies in mothers of feebleminded children. *J. Hered.*, 1947, 38, 253–256.
81. Sloan, W. Motor proficiency and intelligence. *Amer. J. ment. Def.*, 1951, 55, 394–406.
82. Sloan, W., and Harman, H. H. Constancy of IQ in mental defectives. *J. genet. Psychol.*, 1947, 71, 177–185.

83. Sloan, W., and Raskin, A. A study of certain concepts in high grade mental defectives. *Amer. J. ment. Def.*, 1952, 56, 638–642.
84. Snyder, L. H., Schonfeld, M. D., and Offerman, E. M. The Rh factor and feeblemindedness. *J. Hered.*, 1945, 36, 9–10.
85. Snyder, L. H., Schonfeld, M. D., and Offerman, E. M. A further note on the Rh factor and feeblemindedness. *J. Hered.*, 1945, 36, 334.
86. Stacey, C. L., and DeMartino, M. F. (Eds.) *Counseling and psychotherapy with the mentally retarded.* Glencoe, Ill.: The Free Press, 1956.
87. Storrs, J. C. A report on an investigation made of cases discharged from Letchworth Village. *Proc. Amer. Assoc. ment. Def.*, 1934, 58, 220–232.
88. Strauss, A. A., and Lehtinen, L. E. *Psychopathology and education of the brain-injured child.* N.Y.: Grune & Stratton, 1947.
89. Terman, L. M. *The measurement of intelligence.* N.Y.: Houghton Mifflin, 1916.
90. Thompson, Clare W. Decline in limit of performance among adult morons. *Amer. J. Psychol.*, 1951, 64, 203–215.
91. Thompson, Clare W., and Magaret, Ann. Differential test responses of normals and mental defectives. *J. abnorm. soc. Psychol.*, 1947, 42, 285–293.
92. Tizard, J., O'Connor, N., and Crawford, J. M. The abilities of adolescent and adult high-grade male defectives. *J. ment. Sci.*, 1950, 96, 889–907.
93. Tredgold, R. F., and Soddy, K. *A textbook of mental deficiency.* (9th Ed.) Baltimore: Williams & Wilkins, 1956.
94. Wallin, J. E. W. A statistical study of the individual tests in the Stanford-Binet scale. *Ment. Measmt. Monogr.*, 1929, No. 6.
95. Wallin, J. E. W. *Education of mentally handicapped children.* N.Y.: Harper, 1955.
96. Werner, H. The concept of rigidity: a critical evaluation. *Psychol. Rev.*, 1946, 53, 43–52.
97. Whitney, E. A., and Caron, R. E. A brief analysis of recent statistics on mental deficiency. *Amer. J. ment. Def.*, 1947, 51, 713–720.
98. Yannet, H. and Lieberman, Rose. The Rh factor in the etiology of mental deficiency. *Amer. J. ment. Def.*, 1944, 49, 133–137.
99. Yannet, H., and Lieberman, Rose. A and B iso-immunization as a possible factor in the etiology of mental deficiency. *Amer. J. ment. Def.*, 1945, 50, 242–244.
100. Yannet, H., and Lieberman, Rose. Further studies on ABO iso-immunization, secretor status and mental deficiency. *Amer. J. ment. Def.*, 1948, 52, 314–317.
101. Yepsen, L. N., and Cianci, V. Home training for mentally deficient children in New Jersey. *Tr. Sch. Bull.* (Vineland, N.J.), 1946, 43, 21–26.

Kapitel 13
Das Genie

Um als Genie zu gelten, muß ein Individuum ungewöhnlich viel von den Begabungen aufweisen, die in seiner Gesellschaft wichtig sind. Da nur extreme Abweichungen Aufmerksamkeit erregen, scheinen sich Genies durch die große Seltenheit ihrer Talente von der übrigen Menschheit abzuheben und eine getrennte Gruppe zu bilden. Mit dem Auftauchen objektiverer Beobachtungsmethoden und der Entwicklung von Testverfahren hat man jedoch das Vorhandensein weniger stark abweichender Personen nachgewiesen, die die Lükke zwischen den Durchschnittsmenschen und den Genies füllen. Die Volksmeinung, beim Genie handele es sich um eine eigene „Spezies" ist wahrscheinlich auf dieselbe Art entstanden, wie die über die Minderbegabten, und sie wird langsam durch dieselben Methoden verdrängt.

Die Beziehung zwischen Genie und Berühmtheit ist seltsam. Viele Autoren identifizieren beide einfach, in dem sie Genie gleichsetzen mit dem Besitz dessen, „was man braucht", um in unserer Gesellschaft zu Berühmtheit zu gelangen. Der berühmte Mensch wird also ipso facto als Genie angesehen. Es kann also so viele Arten von Genies geben, wie es Wege gibt in einer bestimmten Gesellschaft berühmt zu werden. Dem erfolgreichen Finanzier z.B. kann ehrenhalber ein Universitätsgrad wegen seines „Finanzgenies", dem siegreichen General für sein „militärisches Genie" verliehen werden. Eine Gesellschaft schafft oft neue Formen des „Genies", um ihre Verteilung von Berühmtheiten zu rationalisieren.

Fast jede Theorie über die Beschaffenheit eines Genies ließe sich natürlich verteidigen, indem der Begriff „Genie" beliebig eingeschränkt wird. Die breiteste und objektivste Definition von Genie ist die eines Individuums, das auf irgendeinem Gebiet die durchschnittliche Leistung weit übertrifft. Unvermeidlich jedoch geht soziale Wertung in das Konzept ein. Genie wird nach spezifischen sozialen Kriterien und in einem kulturellen Wertesystem definiert. In unserer Gesellschaft gelten die mehr abstrakten und sprachlichen Fähigkeiten als die „höheren" geistigen Prozesse. Ähnlich befähigen bestimmte Arten von Leistungen ein Individuum eher, das Etikett eines Genies zu gewinnen als andere. So wird akademische und wissenschaftliche Arbeit, Literatur und Musik höher bewertet als z.B. Rollschuhlaufen oder Kochen.

Sicherlich könnten sehr herausragende Fertigkeiten auf den letztgenannten Gebieten gewissermaßen auch als genial betrachtet werden. Ein international berühmter Rollschuhakrobat oder ein namhafter „chef de cuisine“ kann ein Genie genannt und höher eingeschätzt werden als ein mittelmäßiger Wissenschaftler oder Maler. Doch bei den ersten müssen die Leistungen relativ sehr viel größer sein als bei den letztgenannten, damit ein Individuum als Genie bezeichnet werden kann. Und selbst wenn man den Begriff „Genie“ auf derartige Fälle anwendet, fühlt man, daß es nur aus Höflichkeit geschah und das Wort implizit in Anführungsstriche gesetzt ist. Um praktische Bedeutung zu besitzen, muß also offensichtlich jede Definition des Genies *die Auswahl bedeutsamer Talente* berücksichtigen, die man in einer bestimmten kulturellen Gruppe getroffen hat. Ein Individuum losgelöst von seiner Zeit und seinem Ort zu betrachten, ist äußerst unnatürlich.

Theorien über die Natur eines Genies

Einem Genie hat man sehr verschiedene Attribute zugeschrieben. Das reicht von göttlicher Inspiration und einem übermenschlichen „Funken“ bis zu physischen Defekten und Wahnsinn. In diesen diversen Theorien lassen sich 4 zugrundeliegende Standpunkte ausmachen. Man kann sie bezeichnen als: pathologische, psychoanalytische, qualitative und quantitative Theorien. Die wichtigsten Unterscheidungsmerkmale für jede Theorie wollen wir im folgenden betrachten.

Pathologische Theorien

Pathologische Theorien[1] haben Genie mit Wahnsinn in Verbindung gebracht, mit rassischer „Degeneration“ und sogar mit Minderbegabung. Derartige Theorien gehen auf die Alten Griechen und Römer zurück. ARISTOTELES bemerkte, wie häufig hervorragende Männer krankhafte Geistessymptome aufwiesen und PLATON unterschied zwischen zwei Arten von Delirium: einem gewöhnlichen Wahnsinn und einem anderen der „geistigen Ausdünstung“, den Dichter, Erfinder und Propheten hervorbringen. Der *furor poeticus* und die *amabilis insania* der Römer bezogen sich auf dasselbe Phänomen. DEMOKRIT war einer von jenen, die eine derartige Beziehung behaupteten. SENECA

1 Eine Übersicht über die reichhaltige Literatur mit speziellem Bezug zu literarischem und zeichnerischem Genie findet sich bei ANASTASI und FOLEY, 1, S. 65 ff.

inspirierte DRYDEN, seinen berühmten Satz zu schreiben, Genie und Wahnsinn lägen nahe beieinander. LAMARTINE sprach vom „Maladie mentale qu'on appelle génie" und PASCAL behauptete, daß „l'extrême esprit est voisin de l'extrême folie". 1836 schockierte LELUT die literarische Welt durch seine Erklärung, es gäbe physiologische Beweise im Leben des SOKRATES dafür, daß der „Vater der Philosophie" Trancen hatte, kataleptische Anfälle, Illusionen und Halluzinationen. LELUT bezeichnete das als „sensorische oder perceptuelle Verrücktheit". Zehn Jahre später kam LELUT über PASCAL zu einer ähnlichen Auffassung, indem er auf dessen religiöse Visionen und Halluzinationen hinwies. Das frühe Wort von LELUT diente als bedeutsamer Anreiz für spätere Theorien über Genie und Wahnsinn und für eine Menge ähnlicher Analysen von pathalogischen Eigenschaften berühmter Männer.
Die zweite Hälfte des 19. Jahrhunderts war das goldene Zeitalter für pathologische Theorien über das Genie. Das bezeugen die Veröffentlichungen zahlreicher gewichtiger Bücher zu diesem Thema. Ein besonderer Exponent einer solchen Theorie war der italienische Anthropologe LOMBROSO dessen Buch „The Man of Genius" (53) in etliche Sprachen übersetzt und um die Jahrhundertwende gelesen wurde. LOMBROSO schrieb dem Genie bestimmte *physische Stigmata* zu, die angeblich für atavistische und degenerierte Tendenzen sprachen. Als derartige Stigmata nannte er z.B. kurze Gestalt, englische Krankheit, starke Blässe, Abmagerung, Stottern, Linkshändigkeit und verzögerte Entwicklung. Er behauptete auch, es gäbe bestimmte Ähnlichkeiten zwischen dem kreativen Akt des Genies und dem typischen epileptischen Anfall.
Unter den modernen Vertretern pathologischer Genietheorien sind wahrscheinlich KRETSCHMER (47) und LANGE-EICHBAUM (48) am berühmtesten. Der erstgenannte hat behauptet, für ein echtes Genie sei außergewöhnliche Fähigkeit nicht genug. Er schreibt: „Wenn wir von der Konstitution des Genies den psychopathischen Faktor, das Ferment der dämonischen Unruhe und der psychischen Spannung, abziehen, bliebe nichts als ein gewöhnlich begabter Mensch übrig" (47, S. 28). Zusätzlich wendet KRETSCHMER seine Konstitutionstypologie (s. Kap. 6) auf das Problem des Genies an, indem er eine qualitative Unterscheidung zwischen den Leistungen des leptosomen und des pyknischen Genies macht. Danach tendiert der schizothyme Leptosome zur Subjektivität, z.B. in lyrischer Poesie und expressionistischer Malerei; der zyklothyme Pykniker dagegen neigt angeblich mehr zur realistischen Malerei, erzählenden, epischen Romanen u.ä.
Den ausführlichsten modernen Beitrag zur pathologischen Genietheorie hat zweifellos LANGE-EICHBAUM (48, 49, 50) geleistet. In seinem 1928 veröffentlichten „Genie, Irrsinn und Ruhm" trug er die Biographien von 200 genialen Männern und Frauen aus allen Ländern, Zeiten und Leistungsgebieten zusammen. Alle diese Biographien enthalten Angaben über angebliche Anoma-

lien dieser Personen. Die Berichte sind breit belegt durch eine Bibliographie über mehr als 1600 Literaturnachweise, variieren jedoch in ihrer Länge von etlichen Seiten bis zu der einfachsten Aussage wie z.B.: „Für eine lange Zeit psychopathisch". LANGE-EICHBAUM räumt ein, es gäbe kaum invariante oder notwendige Assoziationen zwischen Genie und Wahnsinn. Gleichzeitig besteht er darauf, daß es nur wenige Genies gäbe, die nicht an geistigen Anomalien gelitten hätten. Zu dieser kleinen Minorität zählt er Tizian, Raphael, Andrea del Sarto, Rubens, Leibnitz und einige andere. Aus seiner Erhebung folgerte er, daß von den genialen Personen 12 bis 13 % zumindest einmal in ihrem Leben psychotisch gewesen seien, während der Anteil von Psychotikern in der Gesamtbevölkerung nur ungefähr 0,5 % betrage. Bei einer Beschränkung auf die 78 „bedeutendsten Namen" in seiner Liste fand er mehr als 10 %, die einmal in ihrem Leben psychotisch gewesen waren. Mehr als 83 % waren entweder psychotisch oder deutlich psychopathisch, mehr als 10 % leicht psychopathisch und ungefähr 6,5 % gesund. Bei einer Auswahl von nur 35 Namen, die die „größten Genies aller Zeiten" darstellten, fielen 40 % in die psychotische Kategorie. Über 90 % werden entweder als psychotisch oder psychopathisch charakterisiert und ungefähr 8,5 % als normal. Die Schlußfolgerungen aus dieser Erhebung wurden in einer späteren Studie von LANGE-EICHBAUM neu gestützt. Sie basierte auf 800 Biographien (50).

LANGE-EICHBAUMs Erklärung für die Assoziation zwischen Wahnsinn und Genie ist dreigeteilt. Erstens, soll die pathologische Bedingung die Stärke der Gefühle des Individuums und seine Ansprechbarkeit für winzige Reize steigern und seine Selbstkontrolle vermindern – das alles kann zu Erfahrungen führen, die „normale" Personen nicht machen. Zweitens behauptet LANGE-EICHBAUM, erlebten wahrscheinlich diejenigen, die sich unter diesen Bedingungen befänden, mehr Unglück und Gefühle der Unterlegenheit, die sie stärker motivierten. Schließlich könne die Neigung zu einem reicheren Phantasie- und Traumleben in Verbindung mit einigen dieser Störungen der Ausdruckskreativität förderlich sein.

Nebenbei bemerkt, sind pathologische Erklärungen des Genies noch immer in volkstümlichen oder populärwissenschaftlichen Schriften über dieses Thema lebendig. In dem 1952 veröffentlichten Buch „The Infirmities of Genius" setzt BETT (4) Kreativität mit physischer Schwäche und geistiger Instabilität in Beziehung und illustriert seine These mit den Biographien von 15 berühmten Männern der Vergangenheit.

Bei der Bewertung der zitierten Belege zur Stützung der pathologischen Genie-Auffassung müssen einige Faktoren berücksichtigt werden. Erstens, die Belege in den meisten Studien bestehen aus *selegierten Fällen.* Natürlich lassen sich einige Individuen finden, an denen man fast jede Theorie veranschaulichen kann. Der richtige Test einer Hypothese muß auf einer vollständig unselegierten Stichprobe von Genies basieren. Die Erhebung von LANGE-EICH-

BAUM ist wahrscheinlich weniger derartigen Selektionsfaktoren unterworfen als viele andere solcher Studien, doch völlig frei davon ist sie nicht.

Zweitens, viele Genies fügen sich vielleicht mit der Zeit nicht in eine Gesellschaft ein, die sich um den Durchschnittsmenschen und seine Bedürfnisse dreht. Das ist besonders erkennbar, wenn man ein weit überdurchschnittliches Kind in eine Klasse mittelmäßiger Kinder bringt. Wahrscheinlich gilt das auch für überdurchschnittliche Erwachsene. In einem derartigen Fall wäre die Fehlanpassung eher ein *indirektes Resultat* und nicht eine Ursache oder eine grundlegende Komponente des Genies. Eine andere, aber verwandte Überlegung ist: Ein Genie kann sich wegen seiner überdurchschnittlichen Fähigkeiten leichter der Mängel und Ungerechtigkeiten bewußt sein, die es beobachtet, und dadurch stärker emotionaler „Abnutzung" unterworfen sein. Man hat gesagt, eine sensitive und phantasievolle Person könne nicht so ruhig leben wie ein Lagerverwalter (81).

Genies wurden außerdem oft von ihren Bekannten als *pathologisch* angesehen, bis der praktische Nutzen ihrer Arbeit fühlbar wurde. Ihre Unternehmungen wurden oft mißverstanden oder verlacht, bis ihr Erfolg nachgewiesen war. Das bekannte Beispiel von FULTON und seinem Dampfschiff gehört hierher. In der Vergangenheit traf das Genie zeitweilig auf organisierte und heftige Opposition oder sogar Verfolgung. Ein Leben unter derartigen Bedingungen ist der Entwicklung einer stabilen und gut angepaßten Persönlichkeit nicht förderlich. Doch selbst wenn ein Genie als solches erkannt und berühmt wird, ist es oft von solch einem Glanz der Berühmtheit umgeben, daß alle seine *Aktionen und Eigenheiten Allgemeinwissen* werden. Als Ergebnis stürzt man sich auf jede Verhaltensabweichung, die bei einem weniger berühmten Individuum zu gering wäre, um Aufmerksamkeit zu erregen. Man spricht über sie und schmückt sie aus, bis sie den Umfang eines neurotischen oder psychotischen Symptoms angenommen hat. Schließlich muß man die *gesellschaftlichen Gegebenheiten* betrachten, unter denen das jeweilige Genie lebte. Es ist irreführend, das Verhalten eines Genies des 13. oder 16. Jahrhunderts mit heutigen Kriterien für Anomalie zu bewerten. Trancen und Visionen z.B. waren früher nicht so ungewöhnlich wie heute und hatten nicht dieselbe Bedeutsamkeit.

Psychoanalytische Theorien

In Übereinstimmung mit den neueren Modifikationen pathologischer Theorien betonen psychoanalytische Auffassungen des Genies eher motivationale als intellektuelle Merkmale (22, 31, 35). Obwohl sie zugeben, daß ein hohes Niveau der Fähigkeit Voraussetzung ist, betrachten einige Psychoanalytiker diesen Aspekt des Genies als ein „psychologisches Sieb" (26) und konzentrieren sich auf motivationale Faktoren. Andere haben die noch extremere Position eingenommen, der Genius unterscheide sich vom gewöhnlichen Menschen nicht in seiner Fähigkeit, sondern nur in dem, was er mit seiner Fähigkeit unter starken motivationalen Impulsen tue (83). Einige psychoanalytische Konzepte, die am häufigsten zur Erklärung des Genies herangezogen worden sind, sind „Sublimation", „Kompensation" und „unbewußte Prozesse" bei der kreativen Produktion (35, 83). Mit Sublimation ist gemeint, daß künstlerische oder wissenschaftliche Leistung als eine Ersatzbefriedigung für gehemmte Triebe, oft sexueller Art, diene. Man denkt hier an das bekannte Beispiel eines Dichters, der ein Liebesgedicht schreibt, weil er in der Liebe frustriert worden ist. Doch viele spezielle Fälle, auf die einige Psychoanalytiker diesen Mechanismus anzuwenden versuchten, sind wesentlich weiter hergeholt und scheinen recht gezwungen. Man hat ebenso angenommen, Kompensation für echte oder eingebildete Mängel sei der wichtigste Anstoß für die Leistungen eines Genies (83). Beliebtes Beispiel ist hier der berühmte Redner, der – wie Demosthenes – sein Talent als Kompensation für sein ursprüngliches Stottern oder einen anderen Sprachdefekt entwickelt hat. Man hat auch angenommen, Beethoven hätte seine größten Werke komponiert, nachdem er schwerhörig geworden sei und daß er es wahrscheinlich sogar in jungen Jahren gewesen sei. Daraus folgend hätten sich angeblich seine Interessen seit jungen Jahren auf Hörerfahrungen zentriert, und er hätte ein Leben intensiven Trainings begonnen, das seinen Höhepunkt in seinen hervorragenden musikalischen Leistungen gefunden hätte (83, S. 119). Wie Sublimation kann uns wahrscheinlich auch Kompensation dazu verhelfen, die Motivation einiger Genies zu verstehen, doch sollte sie nicht unterschiedslos auf alle Fälle angewendet werden.

Einige kreative Menschen, besonders Maler, haben über ihre eigenen kreativen Erfahrungen geschrieben. Einige dieser Berichte beziehen sich auf die Produktion unter tranceähnlichen Zuständen und auf das automatische, offensichtlich unkontrollierte Auftauchen kreativer Ideen. Das haben die Psychoanalytiker als Beweis für ihre Theorien über die Bedeutung „unbewußter Prozesse" und die Rolle, die diese Prozesse bei der kreativen Arbeit spielen, angesehen. Die Zahl der Personen, die solche introspektiven Berichte verfaßt haben, ist natürlich klein im Vergleich mit der Gesamtzahl, die Berühmtheit in der Malerei, der Wissenschaft und anderen Gebieten erlangt hat. Maler dramatisieren wahrscheinlich aufgrund der besonderen Beschaffenheit ihrer eigenen Erfahrungen stärker als es andere kreative Menschen tun. Für einen ernüchternden Kontrast zu diesen dramatischen Berichten sorgen die Ergebnisse einer Befragung von ROSSMAN an 710 aktiven und erfolgreichen amerikanischen Erfindern (68). Die Befragung befaßte sich sowohl mit Merkmalen der Erfinder als auch mit der Beschaffenheit des kreativen Prozesses. Sie wurde vervollständigt durch Informationen von Forschungsdirektoren und Pa-

tentanwälten. Kein Teil dieser Studie bietet irgendeine Stützung der Volksmeinung, eine Erfindung sei ein spektakuläres Ereignis. Für diese Gruppe von Erfindern war die kreative Erfahrung insgesamt ein sehr methodischer, systematischer und realer Prozeß.
Selbst von den Malern können diejenigen, die spontan Berichte über ihre eigenen kreativen Erfahrungen niedergeschrieben haben, eine recht atypische Gruppe sein. Wahrscheinlich sind instabilere pathologische Individuen insgesamt eher am Aufzeichnen derartiger Beobachtungen interessiert, nur weil ihre Erfahrungen ungewöhnlicher und berichtenswerter sind. Die Berichte sind keineswegs auf Tatsachen bezogen oder objektiv. Jede vorgefaßte Theorie eines Individuums kann den ursprünglichen Bericht gefärbt haben. Schließlich sind viele psychoanalytische Interpretationen des kreativen Prozesses und der Natur des Genies vage und verwirrend, indem sie oft literarische und bildnerische Konzepte ungetrennt vermischen.

Theorien der qualitativen Überlegenheit

Der Doktrin von qualitativer Überlegenheit entsprechend, ist ein genialer Mensch ein eigener Typ, der sich vom Rest seiner Spezies durch die Fähigkeiten, die er besitzt, unterscheidet. Eine derartige Auffassung kann von der pathologischen und psychoanalytischen darin unterschieden werden, daß sie den genialen Menschen als grundsätzlich *über* der Norm liegend ansieht. In diesem Konzept sind keine Ausfälle irgendwelcher Art enthalten. Nach dieser Theorie resultieren die Leistungen des Genies aus einem Prozeß oder einer Bedingung, die dem gewöhnlichen Menschen völlig fehlt. Ausdrücke wie „Genieblitz" spiegeln den populären Einfluß dieser Auffassung wider.
So wie die pathologische Auffassung, so hat auch dieser Ansatz eine lange Geschichte (s. 34). In der Alten Welt schrieb man das Genie häufig göttlicher Eingebung zu. Die Griechen sprachen vom „Daimon" eines Menschen, man glaubte von ihm, er besitze göttliche Kräfte und sorge für die Inspiration. PLATON und SOKRATES sprachen unter anderem vom Genie in diesen Begriffen. Im Mittelalter betrachtete man Genie oft als die Inspiration eines erwählten Sterblichen durch ein göttliches Wesen oder durch einen Teufel. Wem man es zuschrieb, hing vom Gebrauch ab, der von den kreativen Talenten gemacht wurde.
Qualitative Unterscheidungen sind auch in jüngeren literarischen und philosophischen Schriften über das Genie üblich. Man hat dem genialen Menschen mystische Einsichten und unbewußte Intuitionen zugeschrieben. In diesem Zusammenhang seien die Auffassungen von SCHOPENHAUER, CARLYLE und EMERSON genannt. In psychologischen Erörterungen über das Genie ist dieser Standpunkt sehr viel seltener. Ein Beispiel ist die Theorie von HIRSCH

(34), in der er 3 „Dimensionen“ der Intelligenz unterscheidet. Nach dieser Theorie ist die erste Dimension Wahrnehmung und Denken und wird von Menschen und niederen Tieren geteilt; die zweite ist Begriffsbildung und allen Menschen gemeinsam; die dritte bezeichnet er als „kreative Intelligenz“ und schreibt sie nur dem Genie zu.
Qualitative Unterscheidungen sprechen die Vorstellung der Öffentlichkeit an. Das Genie, das die Laienwelt bewundert, unterscheidet sich in seinen Leistungen so weit vom Rest der Menschheit, daß es zu einer anderen Spezies zu gehören scheint. Doch eine sorgfältige Analyse der Fähigkeiten des Individuums wird keinen grundsätzlich neuen Prozeß aufdecken. Und selbst eine kurze, unbefangene Suche deckt das Vorhandensein mittlerer Fähigkeitsgrade auf allen Gebieten auf.

Theorien über quantitative Überlegenheit

Die Auffassung, Genie bedeute quantitative Überlegenheit, sieht das Genie am oberen Extrem einer kontinuierlichen Fähigkeitsverteilung. Die „speziellen Gaben“ und „kreativen Kräfte“ des Genies werden, in geringerem Umfang, der gesamten Menschheit zugeschrieben. Genie wird in konkretem, meßbaren Verhalten definiert und nicht in unbekannten Größen. Sicherlich wird die Ausstattung eines Genies nicht einem einzelnen Talent zugeschrieben, sondern einer günstigen Kombination verschiedener intellektueller, motivationaler und äußerer Faktoren. Außerdem können die sozialen Effekte des Übertreffens bestimmter kritischer Punkte in einer kontinuierlichen Verteilung sehr weit reichen. So können möglicherweise quantitative Variationen in menschlichen Eigenschaften zu qualitativ unterschiedlichen Resultaten führen.
Eine weitere scharf umstrittene Frage ist die nach *generellem versus speziellem Genie*. Ist ein genialer Mensch einer, der eine umfassende intellektuelle Überlegenheit manifestiert oder einer, der eine hoch spezialisierte Begabung besitzt? Einige Autoren (3, 11) haben besonders die Bedeutung spezieller Fähigkeiten in ihrer Geniedefinition hervorgehoben, z. B. Begabung für Malerei, Musik oder Mechanik. Aus dem, was wir von der Fähigkeitsorganisation wissen, folgt jedoch, daß diese Unterscheidung ungültig ist. Da die Interkorrelationen zwischen verschiedenen Fähigkeiten weder hoch positiv noch hoch negativ sind, können wir alle Generalitätsgrade bei einem Genie erwarten. Einige Individuen können in sehr vielen Eigenschaften überragend sein und so als umfassende Genies erscheinen, wie das klassische Beispiel Leonardo da Vinci. Einige werden nur in sehr wenigen Eigenschaften überragend sein und wieder andere können nur eine einzige Begabung haben, die bemerkenswert genug ist, um sie in die Kategorie „Genie“ einzureihen.

Im Gros der Forschung über begabte Kinder war es üblich, Pbn aufgrund ihres IQ im Stanford-Binet auszuwählen. In TERMANS ausgedehntem Längsschnittprojekt (s. folgende Abschnitte) war minimal ein IQ von 135 zur Einbeziehung in die Studie notwendig. Einige Untersucher haben die Grenze bis auf 125 nach unten verschoben. Doch führte HOLLINGWORTH (37) aus, ein IQ von 135 oder 140 falle sicherlich weit unter das „Genie-Niveau". Derartige IQn finden sich im oberen Viertel von Collegestudenten. Tatsächlich liegt in einigen besseren Colleges der mittlere IQ nahe bei 150. Aufgrund ihrer eigenen Nachuntersuchungen an Gruppen begabter Kinder, vermutete HOLLINGWORTH, ein *IQ von 180 oder höher* sei dem Genie-Niveau sehr viel näher. Es prädestiniere das Individuum für akademische und berufliche Auszeichnung, originelle und kreative Arbeit, das Gewinnen von Preisen und anderen Berühmtheitskennzeichen.

Als ein Resultat heutiger faktorenanalytischer Forschung über die Intelligenz (Kap. 11) werden sich wahrscheinlich die Untersuchungen über begabte Kinder und Erwachsene zunehmend mit *klarer definierten Fähigkeiten* befassen. Das durch traditionelle Intelligenztests besonders repräsentierte verbale Kriterium wird stärker durch Tests über numerische und räumliche Bereiche ausgeweitet werden. Auch wächst offensichtlich das Interesse an Studien über *Kreativität* und *Führerschaft*. Allmählich erkennt man, daß *Genie* nicht nur eines, sondern viele Dinge bedeutet. Die widersprüchlichen Schlußfolgerungen aus einigen Studien über das Genie können oft miteinander in Einklang gebracht werden, wenn man die verschiedenen Spielarten des Genies berücksichtigt, die sich untereinander vielfältig unterscheiden können.

Der Untersucher, der seine Pbn durch Intelligenztests aussucht, wird eine Gruppe erhalten, die hauptsächlich in akademischen Fähigkeiten herausragt. Solche Pbn lassen sich charakterisieren durch rasches Erlernen und gutes Verständnis von abstraktem Material, hauptsächlich sprachlicher Art. Studien über Forscher, Erfinder und Künstler auf der anderen Seite werden wahrscheinlich mit Stichproben arbeiten, die in der Kreativität an der Spitze stehen. Und Erhebungen an berühmten Leuten, die „öffentliche" Berühmtheit erlangten, werden wahrscheinlich einen relativ großen Anteil von Führerpersönlichkeiten umfassen. Ein Minimalniveau akademischer Intelligenz ist zweifellos Voraussetzung für hervorragende Leistung auf jedem Gebiet. Dennoch kann ein Individuum einen hohen IQ haben und es fehlen ihm doch die anderen Qualitäten, die für kreative Leistung oder Führertum erforderlich sind.

Was die *Ursprünge des Genies* anbelangt, so haben frühe Untersucher wie GALTON (27, 28), TERMAN (74) und HOLLINGWORTH (36) am stärksten die Vererbungsfaktoren hervorgehoben. Die Beobachtung, Genie setze sich in Familien fort, gab wahrscheinlich den größten Anstoß für eine derartige Vererbungsinterpretation. Doch dürfen nicht die vielen Einflüsse aus der Familienumwelt übersehen werden (s. Kap. 9).

Heute gibt es Anzeichen für steigendes Interesse daran, wie man Genies *heranzieht* und nicht, wie man sie nur identifiziert. Benötigt werden Forschungen über die Bedingungen, die die Entwicklung von hoher akademischer Intelligenz, von Kreativität und von Führerqualifikationen begünstigen. In einem provokativen Artikel führte PRESSEY Daten über frühreife Musiker und Sportler an, um zu illustrieren, wie günstige Umweltfaktoren – von frühem Alter wirksam – zu herausragenden Leistungen führen können. Er folgerte daraus, daß: „die Entwicklung jeder Fähigkeit durch eine günstige unmittelbare Umgebung verbessert wird, durch geschickte Anleitung, häufige und zunehmende Möglichkeiten zur Übung der Fähigkeit, soziale Hilfen und häufige Erfolgserlebnisse" (60, S. 124). In einer Erhebung von van ZELST und KERR (79, 80) über wissenschaftliches und technisches Personal finden sich einige Daten über die Umweltqualitäten, die für kreative Leistung günstig sind. Die produktiveren Personen in der Gruppe (festgestellt durch Erfindungen und Veröffentlichungen) drückten mehr individualistische Haltungen gegenüber der Forschung aus und zeigten ein grundsätzliches Mißfallen an Verordnungen über die Problemwahl, die Arbeitsstunden, Termine und andere Aspekte der Arbeitssituation.

Methoden zur Untersuchung des Genies

Psychologische Untersuchungen über die Beschaffenheit und Entwicklung von Genies haben zwei grundlegende Ansätze verfolgt, nämlich die Untersuchung von Erwachsenen, die Hervorragendes erreicht haben und die Untersuchung hochbegabter Kinder. Die speziellen Verfahren lassen sich weiter unterteilen in: 1. biographische Analyse, 2. Fallstudie, 3. statistische Erhebung, 4. Historiometrie, 5. Intelligenztesterhebung und 6. Längsschnittstudie. Obwohl jeder Untersucher mehr als eine spezielle Methode kombinieren kann und es oft tut, werden wir sie aus Darstellungsgründen unabhängig betrachten.

In *biographischen* Studien wird alles verfügbare veröffentlichte Material über ein berühmtes Individuum überprüft, um Beschaffenheit und Ursprung seines Genies zu erkennen. Die Untersuchung beschränkt sich auf ein einziges Individuum, das gewöhnlich unter den Großen der Vergangenheit ausgesucht wird. Diese Methode haben besonders Psychoanalytiker und die Verfechter der pathologischen Genieauffassung verwendet. Die Literatur darüber beläuft sich auf mehrere Tausend Titel (s. 1, 48, 49, 50). Als Quellenmaterial besonders interessant sind die Autobiographien berühmter Menschen. Besondere Beispiele sind hier *„The life of Benvenuto Cellini written by Himself"*

(17) und das neuere Buch von N. WIENER (85) „*Ex-prodigy: My Childhood and Youth*". Das letztgenannte Buch enthält einen ausführlichen und einfühlsamen Bericht über die Erlebnisse des Autors als typisches Wunderkind und über seine Entwicklung zu einem führenden Wissenschaftler und Mathematiker des 20. Jahrhunderts.

Die *Fallstudienmethode* beinhaltet ausführliches Testen, Befragen und Beobachten einzelner lebender Individuen. Wegen der Schwierigkeit, Erwachsene einer solchen Untersuchung zu unterziehen, wurde diese Methode zuerst an hochbegabten Kindern angewendet. In den 20er und 30er Jahren dieses Jahrhunderts haben Psychologen einige Untersuchungen an Wunderkindern, auch an jugendlichen Autoren, durchgeführt. Erst in den letzten Jahren hat man diesen Ansatz auch auf hervorragende Erwachsene ausgedehnt.

Die *statistische Erhebungsmethode* basiert wie die biographische auf der Analyse geschriebener Berichte. Sie unterscheidet sich von letztgenannter Methode jedoch in einigen wichtigen Aspekten. Das Ziel der statistischen Erhebungen ist es, allgemeine Trends in einer großen Gruppe zu entdecken und nicht eine vollständige Analyse eines Einzelfalles zu betreiben. Man erhebt alle verfügbaren Informationen über eine große Menschenzahl aus alten Adressbüchern, Lexika, *Who's who* und ähnlichen Quellen. Dieses Material wird gelegentlich aus Biographien vervollständigt. Doch die erstgenannten Quellen werden hauptsächlich herangezogen wegen der objektiveren, reliableren und standardisierteren Beschaffenheit ihrer Daten. Bei dieser Methode ist das Kriterium für Genie hauptsächlich Berühmtheit.

Die *Historiometrie-Methode* zieht alles historische Material über ein Individuum oder eine Gruppe von Individuen heran. Man sammelt Daten aus vielfältigen Quellen, aus Biographien, Adressbüchern und Originaldokumenten, wie Briefen und Tagebüchern. Man versucht möglichst vollständige Informationen zu erhalten, besonders über die Fertigkeiten großer Männer in der Kindheit. Das Material wird dann in Bezug auf eine mehr oder weniger konstante Norm bewertet, um eine Schätzung der Eigenschaften des Individuums zu erreichen. Diese Methode wandten WOODS (91) in seiner Studie über die geistige und moralische Vererbung in Königsfamilien und auch YODER (93) an. TERMAN (70) schlug später eine Abwandlung der Historiometrie vor, bei der die berichteten Leistungen nach Intelligenztestnormen bewertet und ein IQ berechnet wird. Durch diese Methode schätzte TERMAN z. B. den IQ von Francis Galton in seiner Kindheit auf ungefähr 200 ein.

Die *Intelligenztesterhebung* beinhaltet die direkte Untersuchung großer Gruppen intellektuell überdurchschnittlicher Kinder mit Intelligenztests. Man suchte die Pbn ursprünglich aufgrund ihrer Intelligenztestleistung aus und führte später Analysen mit Hilfe von standardisierten intellektuellen, Bildungs- und Persönlichkeitsmaßen durch. Eine relativ junge Entwicklung ist die *Längsschnittstudie*, in der man eine Kindergruppe zunächst wegen ih-

res hohen IQn aussucht und dann bis in die Jugendzeit und das Erwachsenenalter weiter verfolgt.
Jedes dieser Verfahren hat seine eigenen speziellen Vor- und Nachteile. Keines kann in jeder Hinsicht als das schlechteste oder beste angesehen werden. Die statistischen, Historiometrie- und Intelligenztestmethoden lassen sich auf große Gruppen anwenden und decken somit allgemeine Trends auf. Sie sind auch relativ frei von Selektionsfehlern, da sie mit recht repräsentativen Stichproben arbeiten. Die biographische und die Einzelfallmethode geben andererseits ein vollständigeres Bild des Individuums und ermöglichen das Erkennen der spezifischen Interaktion verschiedener Bedingungen in der Entwicklung eines Pb. Die Untersuchung heute lebender Genies ermöglicht direkte Beobachtung und umgeht die Urteilsfehler und andere Ungenauigkeiten, die in historischem Material unvermeidlich vorhanden sind. Gleichzeitig stößt eine sorgfältig kontrollierte Beobachtung lebender Genies auch auf viele praktische Schwierigkeiten. Ein weiterer Nachteil beim Studium von Zeitgenossen ist die Möglichkeit, daß die Berühmtheit einiger Personen kurzlebig und unecht ist und daß andere, die im Verborgenen arbeiten, von der Nachkommenschaft als Genie erkannt werden.
Schließlich sei der relative Vorteil der Untersuchung von genialen Erwachsenen und hochbegabten Kindern betrachtet. Intellektuell überdurchschnittliche Kinder zu untersuchen, um Merkmale genialer Erwachsener zu entdekken, scheint ein etwas umständlicher Weg zu sein. Wahrscheinlich werden sich nur wenige von diesen Kindern zu Erwachsenen entwickeln, die man als Genies klassifizieren kann. Dennoch lassen sich Kinder lange und kontrolliert beobachten und testen, was bei Erwachsenen sehr viel schwieriger ist. Ein weiterer Vorteil der Untersuchung von hochbegabten Kindern ist die Möglichkeit, die Entwicklung aufzudecken. Eine derartige Analyse kann viel zur Klärung der Ursprünge und der Beschaffenheit des Genies beitragen.

Merkmale herausragender Menschen

Statistische Erhebungen

Untersuchungen über Genies mit Hilfe statistischer Erhebungen von geschriebenen Berichten haben in England GALTON (27, 28), ELLIS (25) und BRAMWELL (8) durchgeführt; in Frankreich de CANDOLLE (21), JACOBY (42) und ODIN (57); in Amerika CATTELL (13, 14, 15), BRIMHALL (9), CLARKE (18), BOWERMAN (6), VISHER (82), DAVIS (20) und KNAPP et al. (45, 46). COX (19) sammelte Daten über berühmte Personen aller Länder. CASTLE (12) führte eine ähnliche Erhebung über berühmte Frauen durch, doch sind die

Daten dieser Studie sehr vorläufig und schwer zu interpretieren. Eine kürzlich veröffentlichte Studie von JUDA (43, 44) umfaßt über 294 hochbegabte Personen, die zwischen 1650 und 1900 in deutschsprachigen Gebieten Europas geboren worden sind. Die wichtigsten Ergebnisse dieser verschiedenen Erhebungen sollen kurz untersucht werden.
Der *sozioökonomische Hintergrund* berühmter Personen erwies sich im allgemeinen als weit überdurchschnittlich. Das in einem Slum aufgewachsene Genie ist die seltene Ausnahme. Typische Daten stammen z.B. aus VISHERs Analyse von Starwissenschaftlern in Amerika (82). Derartige „Stars" stellen die berühmtesten Namen dar, die im „Verzeichnis amerikanischer Wissenschaftler" aufgeführt sind. Diejenigen, die in dem jeweiligen Wissenschaftsgebiet herausragten, wurden aufgrund der Nominierungen von Wissenschaftlern ausgesucht, die vorher in dem Gebiet Stars waren. Die ersten 1000 hervorragenden Männer wurden 1903 ausgesucht und man fügte jeweils 250 in jeder neuen fünfjährigen Revision des Verzeichnisses hinzu. Von 849 Starwissenschaftlern, die VISHER untersuchte, hat fast die Hälfte Väter, die Akademiker waren. Dieser Anteil übersteigt bei weitem den in der Gesamtbevölkerung, er liegt zwischen 3 und 6 Prozent. Die gesamte berufliche Verteilung der Väter der berühmten Männer ist in Tabelle 16 wiedergegeben.

Tabelle 16: Berufsverteilung der Väter von 849 amerikanischen Starwissenschaftlern (übernommen aus VISHER, 82, S. 533)

Berufsgruppe	Prozentsatz
Akademiker	45,5
Handel und Verkauf	23,0
Bauer	22,0
gelernter Arbeiter	8,0
ungelernter Arbeiter	1,0

Eine ähnliche Berufsverteilung fand man bei den Vätern berühmter Männer und Frauen, die ELLIS (25) untersuchte. In der Studie von CASTLE an berühmten Frauen aus allen Zeiten und Nationalitäten wird berichtet, 33,1 % hätten Väter in „akademischen Disziplinen" (12). DAVIS (20) neuere Erhebung an 803 gebürtigen amerikanischen Männern, die im „Who's who in the East" aufgeführt waren, ergab wieder einen deutlichen Überhang an Berufen hohen Niveaus bei den Vätern der Pbn. Tabelle 17 gibt die Verteilung väterlicher Berufe wieder, die COX (19) bei einer Gruppe von 282 berühmten Männern und Frauen aus allen Ländern gefunden hat. In dieser Gruppe, die sehr viel früher lebte (1450 – 1850), ist das Vorherrschen eines hohen sozioökonomischen Niveaus sogar noch deutlicher.

Tabelle 17: Berufsverteilung der Väter von 282 berühmten Männern und Frauen aus allen Ländern (aus Cox, 19, S. 37)

Berufsgruppe	Prozentsatz
1. Akademiker und Adel	52,5
2. Gebildete, Großhandel, Vornehme	28,7
3. gelernte Arbeiter, Kleinhandel	13,1
4. Angelernte	3,9
5. ungelernte	1,1
Keine Angaben	0,7

In diesem Zusammenhang kann man auch die Anzahl *berühmter Verwandter* untersuchen. In GALTONs Erhebung (27; s. Kap. 9) hatten die 977 untersuchten berühmten Männer insgesamt 739 bekannte Verwandte, die auch zu Berühmtheit gelangten. Je enger außerdem der Verwandtschaftsgrad war, desto zahlreicher waren im allgemeinen die berühmten Verwandten. BRAMWELL (8) veröffentlichte 1948 eine Nachuntersuchung der Studie GALTONs, die sich über drei nachfolgende Generationen erstreckte. Er bestätigte weitgehend die Ergebnisse GALTONs über die Häufigkeit berühmter Verwandter. Ähnliche Ergebnisse erhielt auch BRIMHALL (9) in einer Untersuchung der Familienbeziehungen zwischen amerikanischen Wissenschaftlern.
Bestimmte interessante Trends legte CATTELLs Analyse des *Geburtsortes* amerikanischer Wissenschaftler nahe (s. 13, 15). 1906 führte CATTELL in einem Bericht aus, daß Städte einen viel größeren relativen Anteil an Wissenschaftlern hätten als ländliche Gebiete. Noch verblüffender ist der Vergleich

Tabelle 18: Anteil amerikanischer Wissenschaftler, die im Osten und in Staaten des Mittelwestens geboren sind (aus CATTELL u. CATTELL, 15, S. 1265)

Geburtsort	Anzahl der Fälle (bezogen auf 1000 Einheiten) Gruppe von 1903	Gruppe von 1932
Massachusetts	134	72
Connecticut	40	16
New York	183	128
Pennsylvania	66	48
Illinois	42	88
Minnesota	4	32
Missouri	14	40
Nebraska	2	20
Kansas	7	32

zwischen verschiedenen Staaten, die sich in ihren Bildungsmöglichkeiten stark unterscheiden. In Tabelle 18 ist die relative Häufigkeit von Wissenschaftlern angegeben, die in 9 Staaten geboren worden sind. Diese Staaten wurden als klarste Belege für einen eindeutigen Trend ausgewählt, der über ein Intervall von 30 Jahren gewirkt hat. Übereinstimmende Daten ergaben sich für die ursprüngliche Gruppe von 1000 Wissenschaftlern, die 1903 ausgesucht worden waren und für die Gruppe von 250 im Jahr 1932 gewählten Personen. Alle Werte sind auf 1000 Einheiten bezogen, um einen direkten Vergleich zu gestatten.

Diese Daten legen einige Schlußfolgerungen nahe, die sich aus den vollständigen Resultaten für alle Teile des Landes ergeben (s. 15). Zunächst gibt es deutliche Diskrepanzen in der relativen Anzahl der in den verschiedenen Landesteilen geborenen berühmten Wissenschaftler. Zweitens stimmen diese Unterschiede im Geburtsort eng mit den Unterschieden in den Bildungsmöglichkeiten zwischen den verschiedenen Landesregionen überein. Drittens unterliegt mit dem Wandel der Bildungsmöglichkeiten auch die Häufigkeit der Wissenschaftler einem entsprechenden Wandel. So hat es z. B. um die Jahrhundertwende in den Staaten des Mittelwestens eine rasche und kontinuierliche Bildungsentwicklung gegeben. Die relative Qualität der Bildung in diesen Staaten hat sich verbessert, neue Universitäten wurden eingerichtet, der Beitrag staatlicher und bundesstaatlicher Geldmittel stieg stark an, die Anzahl von Studenten in Höheren Lehranstalten stieg rapide an und es entstand eine mächtige Tradition, die intellektuelle Aktivität begünstigte. Eine Analyse der „Bevölkerungszentren“ für höhere Bildung von 1790 bis 1920 deckte eine Bewegung in Richtung Westen mit einer Geschwindigkeit von 60 Meilen in einem Jahrzehnt auf (24). Allein aufgrund derartiger Ergebnisse lassen sich natürlich keine Schlüsse über den relativen Anteil von Erbe und Umwelt ziehen. Ob es nun eine selektive Umsiedlung intellektuell überdurchschnittlicher Familien von Neuengland in die Staaten des Mittelwestens gegeben hat oder ob sich die verbesserten Bildungsmöglichkeiten günstig auf die Entwicklung von mehr Wissenschaftlern ausgewirkt hat – oder ob beide Einflüsse gewirkt haben –, kann abschließend aus den verfügbaren Daten nicht bestimmt werden.

Eine Erhebung von KNAPP und GOODRICH (45) an amerikanischen Wissenschaftlern befaßte sich besonders mit den Arten und den Plazierungen von Colleges, in denen die Pbn ihren ersten Unterricht erhalten hatten. Geographisch hatte der Mittelwesten und Westen den größten Anteil, der Nordosten und die Staaten am mittleren Atlantik nahmen den zweiten Rang und die Südstaaten den niedrigsten Rang ein. Interessanterweise schnitten kleine Colleges für Schöne Künste besser ab als große Universitäten. Eine spätere Erhebung von KNAPP und GREENBAUM (46) über die Anfangszeiten von Studenten, die den Ph. D.-Grad erreichten, von Empfängern von Graduierten-Stipendien und von „Fellows“ wies zahlreiche Unterschiede in der Beschaffenheit und dem Ort der besuchten Colleges nach. Große und „teure“ Universitäten hatten z.B. einen relativ größeren Anteil an jungen vielversprechenden Wissenschaftlern als man in früheren Erhebungen über die Anzahl etablierter Wissenschaftler festgestellt hatte. Die Autoren verweisen auf zahlreiche kulturelle Veränderungen nach dem Kriege, die für diesen Wandel verantwortlich sein können. Dennoch schnitten einige Kunstcolleges, die sich durch eine traditionelle „Feindschaft intellektuellen Werten“ gegenüber auszeichneten, ausnehmend gut in *beiden* Erhebungen ab. Ergebnisse wie diese führen vielleicht zu weiterer Forschung über die Bedingungen, die die Entwicklung hervorragender Talente begünstigen.

In Verbindung mit pathologischen Genie-Theorien ist das Auftreten von *Wahnsinn* bei den Verwandten berühmter Männer wie bei ihnen selbst von Interesse. In allen statistischen Erhebungen, in denen die Fälle nicht für eine bestimmte Überprüfung selegiert waren, erwies sich die Häufigkeit intellektueller und emotionaler Störungen bei berühmten Männern und ihren Familien als konsistent kleiner als in der Gesamtbevölkerung. In der von ELLIS (25, S. 192) untersuchten Gruppe hatten weniger als 2 % geistesgestörte Eltern oder geistesgestörte Kinder. Bei den berühmten Individuen selbst machte ELLIS 44 Fälle emotionaler Störungen in einer Gruppe von insgesamt 1030 aus. Von diesen ließen sich nur 13 eindeutig als geistesgestört in der produktiven Zeit ihres Lebens klassifizieren; 19 waren entweder in einem kurzen Zeitraum geistesgestört oder manifestierten nur geringe Störungen; 12 entwickelten im Alter senile Demens (s. 25, S. 189 – 190).

Diese Erhebungen haben auch noch andere Tatsachen an das Licht gebracht, die sich auf das *Alter der Eltern bei der Geburt des Kindes, die Reihenfolge der Geburt* und ähnliche „Lebensstatistiken“ beziehen. Man hat z.B. vermutet, intellektuell überdurchschnittliche Kinder seien häufiger von älteren Eltern geboren worden (62). Aus einem etwas anderen Blickwinkel behauptete LOMBROSO (53), Genies seien die Nachkommen betagter Eltern und er hielt dies für einen Beleg für die pathologische Beschaffenheit des Genies. Die Daten über diese Frage lassen sich schwer interpretieren, da die Sozialschicht einen verkomplizierenden Faktor darstellt. Menschen aus höheren sozialen Schichten, aus denen sich häufiger die Genies rekrutieren, heiraten meist später und haben deshalb erst in höherem Alter Kinder. Sie haben meist auch weniger Kinder, die somit um so mehr von den bildungsmäßigen und anderen sozioökonomischen Vorteilen profitieren können. Aus allen diesen Gründen ist das Alter der Eltern für sich allein nicht ausschlaggebend. Bei amerikanischen Wissenschaftlern beträgt nach CATTELL (14: III) das durchschnittliche Alter des Vaters bei der Geburt des Pb 35 Jahre. Bei englischen Wissenschaftlern fand GALTON (28) einen entsprechenden Wert von 36 Jahren. ELLIS (25) gibt für eine Gruppe britischer berühmter Frauen und Männer 37,1 Jahre an.

In allen diesen Gruppen ist jedoch die Streubreite für das Alter der Eltern bei der Geburt extrem groß. Die meisten Eltern waren in der Blüte ihres Lebens, im Gegensatz zu LOMBROSOs Behauptung.
Etwas überzeugender ist die Analyse der Geburtsreihenfolge innerhalb der Familie. Im allgemeinen ist das berühmte Individuum das älteste oder erstgeborene Kind in der Familie. Am nächst häufigsten ist es das jüngste Kind, mittlere Kinder haben die geringsten Chancen berühmt zu werden (s. 25, 93). Diese Ergebnisse widersprechen direkt der aufgestellten Theorie, ältere Eltern hätten eher intellektuell hochbegabte Nachkommen. Es scheint vielmehr so, daß innerhalb derselben Familie das überragende Kind eher geboren wird, wenn die Eltern noch jünger sind. Für dieses Ergebnis kann es eine kulturelle Erklärung geben. Das Erstgeborene erfreut sich in unserer Gesellschaft traditionell zahlreicherer Vorrechte als sie seine jüngeren Geschwister haben. Man erwartet gewöhnlich mehr vom älteren Sohn. Muß man aus wirtschaftlichen Gründen eine Wahl treffen, so erlaubt man gewöhnlich eher dem ältesten den Abschluß seiner Ausbildung als den jüngeren Kindern. Diese Bedingungen könnten ausreichen, um eine schwache Beziehung zwischen Geburtsreihenfolge und Leistung hervorzurufen. Motivationale Faktoren in den Geschwisterbeziehungen können ebenso einen Beitrag leisten wie die Tatsache, daß der Erstgeborene wahrscheinlich mehr Aufmerksamkeit von Erwachsenen erfährt. Das letztgenannte gilt besonders für Einzelkinder, die man alle als „Erstgeborene" klassifizieren würde. Im Zusammenhang mit den Lebensstatistiken sei an die ausführlichen Daten erinnert, die LEHMAN über das *Alter maximaler Kreativität* zusammengetragen hat (s. Kap. 8).

Historiometrie

Die Kindheit großer Männer, aus der Retrospektive betrachtet, ist Quelle zahlreicher Kontroversen geworden. Es gibt den Volksglauben (auch von LOMBROSO vertreten), viele Genies seien in ihrer Kindheit dumm gewesen. Zur Stützung dieser Behauptung werden gute Beispiele aufgeführt. DARWIN schätzten seine Lehrer intellektuell als unterdurchschnittlich ein. NEWTON lag im letzten Teil seiner Klasse. HEINE war ein akademischer Versager, der gegen die traditionellen Formalismen in den Schulen seiner Zeit rebellierte. PASTEUR, HUME, HUMBOLDT und andere ebenso berühmte Männer waren schlechte Schüler.
Eine Überprüfung des verfügbaren biographischen Materials über derartige Fälle zeigt, daß man irrtümlich auf einen intellektuellen Defekt aufgrund der Schulleistung in einem sehr eng begrenzten Gebiet geschlossen hat. Das intellektuell überragende Kind kann genauso fehlangepaßt in der Schule sein wie ein schwachbegabtes Kind oder ein Grenzfall. Schulen, die für das durch-

schnittliche Kind geeignet sind, können für einen hochbegabten Schüler in vielerlei Hinsicht unpassend sein. Der monotone Drill und das mechanische Auswendiglernen, ein großer Teil des Schulunterrichtes in der Zeit von DARWIN oder HUME, kann sich für ein begabtes Kind als besonders beschwerlich erwiesen haben. DARWIN z. B. scheint sich wesentlich mehr für seine Insektensammlung interessiert zu haben als für das Erlernen lateinischer Deklinationen, sehr zum Ärger seiner Lehrer. So kann man häufig unmöglich die berichteten Meinungen von Eltern oder Lehrern über den intellektuellen Status berühmter Männer in ihrer Kindheit akzeptieren. Exaktere Informationen liefern die Berichte über die *speziellen Verhaltensweisen* eines Individuums in den verschiedenen Altersstufen. YODER (93) hat einen frühen Versuch unternommen, solch eine Analyse für die Kindheit großer Männer durchzuführen. Er wählte von berühmten Männern aus 6 Ländern 50 Fälle aus, die sehr verschiedene Berufe oder Tätigkeiten repräsentierten. Alle Pbn sind im 18. oder 19. Jahrhundert geboren, außer NEWTON, SWIFT und VOLTAIRE, die im 17. Jahrhundert geboren worden sind. Generell fand YODER, daß frühere Biographen die schlechte Gesundheit in der Kindheit oft übertrieben haben und daß diese Bedingung nicht so deutlich wie angenommen war. Schwache oder anfällige Gesundheit kann jedoch in einigen Fällen auch Vorteile bieten, indem sie zum Lesen und zu intellektuellen Beschäftigungen anregt. DICKENS war dafür ein gutes Beispiel. Über den intellektuellen Status berichtet YODER, berühmte Männer hätten oft seit früher Kindheit ein ausgezeichnetes Gedächtnis und lebhafte Vorstellungskraft gezeigt.

Eine detaillierte und umfassende Studie über die Kindheit berühmter Männer hat COX (19) in einem Teil der „Genetic Studies of Genius" unter der Leitung von TERMAN durchgeführt. Er wandte die von TERMAN veränderte Historiometriemethode an. Aufgrund der Prüfung mehrerer tausend biographischer Titel sammelte man Informationen über die Eigenschaften von 301 berühmten Frauen und Männern, die zwischen 1450 und 1850 geboren worden sind. Man wandte besondere Aufmerksamkeit den Daten über das Verhalten in der Kindheit zu, z. B. das Alter des Lesenlernens, erhalten gebliebene Briefe, Originalkompositionen und Hinweise auf frühe Interessen. Man notierte auch alle speziellen Umstände, die die Entwicklung der Pbn beeinflußt haben könnten. Das so zusammengetragene Material wurde analysiert und von drei geübten Psychologen unabhängig bewertet. Jeder Untersucher schätzte den niedrigsten IQ, der nach den vorgelegten Fakten auf jeden Pb paßte. Der Durchschnitt dieser drei unabhängigen Urteile wurde als die endgültige minimale IQ-Schätzung für jeden Pb gesetzt. Unter Berücksichtigung bestimmter Ungenauigkeiten in den Daten folgerte COX, daß der durchschnittliche IQ dieser Gruppe „nicht unter 155 und wahrscheinlich mindestens 165" (19, S. 217) betrug. Der geschätzte minimale IQ streute von fast 100 bis 200. Dieselben Genies, die LOMBROSO und andere als Beispiele für frühe geistige Unterdurchschnittlichkeit angeführt hatten, erbrachten hier ohne Ausnahme Belege für hohe IQn in ihrer Kindheit. Hierunter fallen Lord BYRON, Sir Walter SCOTT und Charles DARWIN, deren geschätzte IQn in der Kindheit 150, 150 bzw. 135 betrugen. Unter denen, die IQn über 180 erreichten, waren GOETHE, John Stuart MILL, MACAULAY, PASCAL, LEIBNITZ und GROTIUS.

Ein anderes interessantes Ergebnis bezieht sich auf die durchschnittlich geschätzten IQn der Personen, die auf unterschiedlichen Gebieten berühmt geworden sind (71). Philosophen stehen mit einem mittleren IQ von 170 an der Spitze der Liste, dann kommen die Dichter, Dramatiker, Erzähler und Staatsmänner mit 160; Wissenschaftler hatten einen Mittelwert von 155, Musiker 145, Maler 140 und militärische Führer 125. Diese Hierarchie spiegelt wahrscheinlich zumindest teilweise die enge Verbindung zwischen „Intelligenz" und verbaler Leistung in unseren heutigen Bewertungsmaßstäben wider. Diejenigen mit einem mittleren IQ von 160 oder darüber beschäftigten sich mit Tätigkeiten, in denen die geschriebene oder gesprochene Sprache eine Hauptrolle spielt. In ihren Leistungsgebieten am weitesten vom verbalen Sektor entfernt sind die Personen am unteren Ende der Liste: militärische Führer, Maler und Musiker.

In derselben Erhebung wählte man 100 Genies aus, für die die relevanten Berichte besonders reichhaltig waren. Man schätzte jede Person nach zahlreichen speziellen intellektuellen, emotionalen und Charaktereigenschaften ein. Diese Schätzungen basierten wie die der IQn auf dem Verhalten der Pbn in der Kindheit. Man verwendete die Durchschnittswerte von zwei unabhängigen Beurteilern. Als Gruppe erwiesen sich die Pbn in allen beurteilten Merkmalen als eindeutig überdurchschnittlich. Sie waren besonders in Merkmalen herausragend wie: Wunsch sich hervorzutun; Standhaftigkeit in der Arbeit; Beharrlichkeit Hindernissen gegenüber; intellektuelle Arbeit, die auf spezielle Ziele gerichtet ist; Tiefe der Auffassungsgabe; Originalität und Kreativität. Eine andere Untergruppe mit 50 Fällen, die ebenfalls wegen der Datenmenge ausgesucht worden war, schätzte man in ähnlicher Form hinsichtlich ihrer physischen und geistigen Gesundheit in der Kindheit ein. Die Verteilung der Gruppe in diesen Merkmalen ist recht normal und weist keinen größeren Prozentsatz ungünstiger Abweichungen auf als man sie unter unselegierten Schulkindern findet.

Einige Inkonsistenzen und Verwirrungen über die Verbindung zwischen „Genie" und „Wahnsinn" mögen darauf basieren, daß diese umfassenden Kategorien allgemein so verwendet werden, als ob sie einzelne Einheiten (56, 84) darstellten. Fragen wir: *Welche Art* Genie und *welche Art* Anomalie, werden wir wahrscheinlich eher eine bedeutsame und konsistente Antwort erhalten. Neue Analysen der Originaldaten von COX ergaben z.B., daß emotionale Anomalien am häufigsten beim „ästhetischen Typ" (Dichter, Erzähler, Maler, Musiker) und beim „Reformertyp" (revolutionärer Staatsmann oder radikaler Religionsführer) vorkamen. Am wenigsten fand man sie bei Wissenschaftlern, Soldaten, Staatsmännern und konservativen Religionsführern. Das „phantasievollere" Genie zeigt eher psychopathische Merkmale als der berühmte „Mann der Tat". Wie für spezielle Typen der Anomalie lassen Analysen an derselben Gruppe vermuten, daß Introversion, emotionale Erregbarkeit und fanatisches Selbstvertrauen am häufigsten vorkommen. Bedenkt man, wie oft diese Genies mit ihren neuen Ideen Recht hatten, scheint das letztgenannte Symptom eher ein Zeichen für Fanatismus der restlichen Menschheit als das des Genies zu sein!

Andere Untersucher bestätigten diese Ergebnisse über die *Spezifität* der „genialen Persönlichkeit". Eine Erhebung (61) verglich 21 Wissenschaftler mit 123 Literaten, die alle im 19. Jahrhundert lebten. Die Literatengruppe beschränkte sich auf Dichter, Erzähler und Dramatiker; zu den Wissenschaftlern gehörten nur Biologen, Physiker und Mathematiker. Man fand einen interessanten Unterschied im sozioökonomischen Hintergrund zwischen den beiden Gruppen. Obwohl Wissenschaftler und Literaten hauptsächlich von Akademikern abstammten, unterschieden sich die beiden Gruppen darin voneinander, daß Wissenschaftler sehr viel häufiger aus der bäuerlichen und Handwerkerschicht stammten als die Literaten. Die Literaten stammten am zweithäufigsten aus der halbgebildeten Schicht. Andererseits berichtete man bei den Literaten häufiger von echter Armut als bei den Wissenschaftlern. Die Wissenschaftler als Gruppe wurden als freundlicher, bescheidener und geselliger beschrieben. Die Literaten taten sich durch Beharrlichkeit hervor, waren aber auch gefühlsbetonter, lieferten mehr Hinweise auf Neurosen und hatten in der Kindheit und im Erwachsenenalter eine etwas schlechtere Gesundheit.

Relevant ist auch eine spätere Erhebung (69) über die Merkmale von „Forschern", die mit einer ähnlichen Methode durchgeführt wurde. Man prüfte das biographische Material über 250 Forscher, von EUKLID und PYTHAGORAS bis zu heute lebenden Wissenschaftlern. Am häufigsten fand man unter anderem folgende Merkmale: Erfindungsreichtum, Enthusiasmus und Aggressivität; am seltensten waren Religiosität, Selbstkontrolle und gute Gesundheit.

Die Ergebnisse all dieser Studien müssen wegen ihrer möglichen methodischen Schwächen mit viel Vorsicht betrachtet werden. Viel hängt von der Repräsentativität der Stichproben ab, der Vollständigkeit verfügbarer Daten, der Objektivität und Genauigkeit, mit der die berichteten Verhaltensitems vom Untersucher bewertet werden. Untersucht man berühmte Männer der Vergangenheit, benötigt man auch ein bestimmtes Maß an historischer Einsicht, um ein Individuum im Vergleich zu seiner eigenen kulturellen Umgebung beurteilen zu können. Insgesamt zeigen derartige Studien jedoch, daß berühmte Männer und Frauen meist aus günstigen Umwelten stammen, früh überdurchschnittliche Fähigkeiten erkennen ließen und als Gruppe nicht deutlich instabiler waren als die weniger begabten. Gleichzeitig sollte klar sein, daß „das Genie" nicht eine, sondern viele Arten von Personen bedeutet.

Fallstudien an lebenden Wissenschaftlern

Um 1950 und später veröffentlichte ROE (63, 64, 65, 66, 67) eine Reihe klinischer Studien an kleinen Gruppen berühmter lebender amerikanischer Wissenschaftler, darunter 20 Biologen, 22 Physiker (12 theoretische und 10 experimentelle), 14 Psychologen und 8 Anthropologen. Er erhob Daten mit Hilfe speziell konstruierter, schwieriger Tests für verbale, numerische und räumliche Fähigkeiten, des RORSCHACHs und des TAT (Thematischer Apperzeptionstest) und ausführlicher Interviews. Die letztgenannten erstreckten sich über Lebensdaten und eigene Angaben der Pbn über die für ihre frühe Entwicklung und Berufswahl relevanten Faktoren.

Obwohl man unmöglich die vielfältigen Details, die diese Verfahren erbrachten, zusammenfassen kann, sollen einige allgemeine Trends erwähnt werden. Wie in anderen Erhebungen an berühmten Männern war der sozioökonomische Hintergrund dieser Gruppen hoch. Der Beruf des Vaters lag auf Akademiker-Niveau bei 84 % der theoretischen Physiker, bei 50 % der Experimentalphysiker, bei 45 % der Biologen und bei fast 50 % der Psychologen und Anthropologen. In den meisten Familien bewertete man die Bildung hoch. Gewöhnlich hielt man es für selbstverständlich, daß die Pbn das College besuchten, selbst wenn das finanzielle Opfer forderte. Die eigenen Bildungsgeschichten der Pbn waren klar überdurchschnittlich. Das belegten beschleunigter Schulbesuch, hervorragende Zensuren, Mitgliedschaft in Gesellschaften und andere akademische Ehren, die Zulassung zum College und graduierte Abschlüsse in relativ jungem Alter. Die meisten Pbn waren zweifellos begabte Kinder gewesen. Viele waren eifrige Leser, zeigten früh Talent bei der Konstruktion mechanischer Vorrichtungen und brachten sich selbst in ihrer Freizeit Gebiete bei wie Algebra, Differentialrechnung und Latein.

In den speziell entwickelten Leistungstests zeigten sich einige Gruppendifferenzen. So erwiesen sich z.B. trotz der Bemühungen um geeignete Items die numerischen Tests als zu einfach für die Physiker und konnten bei dieser Gruppe nicht angewendet werden. Im Raumvorstellungstest lagen die Physiker mit ihren Werten signifikant höher als die Biologen. Die theoretischen Physiker waren in verbalen Tests signifikant besser als die Experimentalphysiker. Bemerkenswert ist jedoch, daß die individuellen Testdifferenzen in jeder Gruppe sehr hoch waren. War einmal ein bestimmtes Minimum überschritten, so schien außerdem der Grad verbaler Intelligenz nicht mehr mit dem Berufserfolg innerhalb der Gruppen in Beziehung zu stehen. Solch ein

Ergebnis stützt die heutige Sicht, daß wissenschaftliche Begabung nicht mit dem IQ in seiner traditionellen Bedeutung gleichzusetzen ist.
Analysen projektiver Testantworten (RORSCHACH und TAT) deckten einige Persönlichkeitsmerkmale auf, die zwischen den Gruppen differenzierten. Die Physiker z.B. gaben Hinweise auf große intellektuelle und emotionale Energie, oft nicht sehr gut kontrolliert. Sozial waren sie etwas schlecht angepaßt. Ihre Antworten sprachen für Unabhängigkeit von den Eltern ohne damit verbundene Schuldgefühle; ebenso für Unabhängigkeit von persönlichen Beziehungen generell. Psychologen und Anthropologen dagegen wiesen eine Tendenz zu einer abhängigen Elternbeziehung auf, verbunden mit Schuldgefühlen und Unglücklichsein. Ebenso wiesen die Antworten auf große Sensitivität, einige Aggression, Widerstand gegen Beherrschung und starkes Interesse am Menschen hin.
Einige sehr interessante Daten stammen aus den eigenen Angaben der Pbn über ihre Motivation und Entwicklungsgeschichte. Am häufigsten tauchten in diesen Berichten u.a. Erfolgsmotivation, persönlicher Einfluß einzelner Lehrer, starke innere Bedürfnisse, heftige Bemühungen und Vertieftsein in die Arbeit bis zur Ausschaltung anderer Interessen. Zumindest bei einigen Physikern und Biologen trugen ungünstige Bedingungen wie schlechte Gesundheit, schwache Konstitution oder Verlust der Eltern in der Kindheit zu einem Gefühl von „Besonderheit" bei und begünstigten eher eine größere Konzentration der Arbeitsinteressen.
Wenige andere Studien über lebende Wissenschaftler benutzten Verfahren, die denen von ROE ähnelten, obwohl keine gründlichen Fallstudien angestellt worden sind. In einer frühen Studie untersuchte ROSSMAN (68) die Merkmale von Erfindern mit Hilfe von Fragebogen. 710 amerikanische Erfinder, 78 Forschungsleiter und 176 Patentanwälte, die häufig mit Erfindern in Kontakt kamen, füllten sie aus. In neuerer Zeit legten CATTELL und DREVDAHL (16) den 16-PF amerikanischen Wissenschaftlern vor, 96 Biologen, 91 Physikern und 107 Psychologen. In allen drei Gruppen befanden sich Forscher, Lehrer und Verwalter. Einige signifikante Differenzen auf den 1%-Niveau fand man zwischen Wissenschaftlern und der Gesamtbevölkerung; zwischen Wissenschaftlern und Studenten; zwischen Forschern, Lehrern und Verwaltern im Wissenschaftsbereich. Diese Ergebnisse muß man jedoch als sehr vorläufig ansehen, da sich der benutzte Test noch in einem Vorstadium der Konstruktion befindet.
Es soll auch eine Untersuchung von AUSUBEL (2) erwähnt werden. Sie befaßte sich mit der Messung der Erfolgsmotivation bei einer Kindergruppe mit IQn über 130. Die Erfolgsmotivation hatte sich als eine wichtige Bedingung in den Fallstudien von ROE erwiesen. Wegen methodischer Schwächen erbrachte die Studie von AUSUBEL unvollständige Resultate. Von Interesse ist sie primär deshalb, da sie sich einem vielversprechenden Forschungsbereich zugewandt

hat, d.h. Persönlichkeitsunterschieden zwischen Individuen mit demselben intellektuellen Niveau, die unterschiedlich erfolgreich sind. Ein anderer relevanter Forschungsansatz stellt die faktorenanalytische Forschung über Kreativität dar (s. Kap. 11).

Das hochbegabte Kind

„Das Wunderkind"

Da Genies im allgemeinen in ihrer Kindheit überragende Talente an den Tag legten, sollte sich eine direkte Untersuchung begabter Kinder als fruchtbar für eine Analyse des Genies erweisen. Die ursprüngliche Auffassung vom „Wunderkind" war die eines schwachen, kränklichen, unsozialen und stark spezialisierten Individuums. Seine Leistungen hielt man ihrer Natur nach für intellektuelle „Kunststücke" mit geringem oder gar keinem praktischen Wert.

Einer der frühesten Berichte über solch ein Wunderkind handelt von Christian Heinrich Heineken, von dessen bemerkenswerten Leistungen sein Lehrer in einem alten deutschen Buch berichtete (s. 39, 51). Im Alter von 14 Monaten lernte dieses Kind Geschichten aus dem Alten und Neuen Testament auswendig. Mit 4 Jahren konnte es Deutsch, Französisch und Latein lesen und war ein geschickter Redner in allen drei Sprachen. In diesem Alter konnte es die grundlegenden arithmetischen Operationen durchführen und es kannte viele Fakten aus Geschichte und Geographie. Sein Ruhm breitete sich in ganz Europa aus und es wurde eingeladen, vor dem König von Dänemark zu erscheinen. Dem traditionellen Stereotyp entsprechend war Heineken ein kränkliches Kind und starb im Alter von 4 Jahren und 4 Monaten.
Trotz entgegengesetzten Glaubens ist der Fall von Christian Heinrich Heineken keineswegs typisch. Als Beispiel für ein hochbegabtes Kind, das sich zu einem gesunden und erfolgreichen Erwachsenen entwickelte, können wir den Fall von Karl Witte (86) betrachten. 1800 in Lochau in Preußen geboren, lebte dieses „Wunderkind" 83 Jahre und behielt seine hervorragenden intellektuellen Kräfte bis zu seinem Ende. Sein Vater war von dem Erfolg früher Unterweisung überzeugt und wollte das an seinem Sohn überprüfen. Dem Kind wurde nie die „Babysprache" beigebracht. Alle Spiele, die es spielte, waren Wissensspiele. Schon mit 8 Jahren las es mit deutlichem Vergnügen die Originaltexte von Homer, Plutarch, Virgil, Cicero, Fénelon, Florian, Metastasio und Schiller. Mit 9 Jahren wurde es als regulärer Student in Leipzig immatrikuliert. Vor seinem 15. Geburtstag verlieh man Karl Witte den Ph.-D. Grad. Zwei Jahre später wurde er Doktor der Rechte, gleichzeitig wurde er zum

Mitglied des Lehrkörpers an der Universität von Berlin ernannt. Karl Wittes Vater schrieb über die Erziehung seines Sohnes:

„...er war zunächst einmal ein starker, aktiver und glücklicher junger Mann und damit hatte er, wie jeder weiß, Erfolg gehabt...Für mich wäre es im höchsten Maße unerfreulich gewesen, hätte ich aus ihm vorrangig einen Griechisch- oder Lateingelehrten oder einen Mathematiker gemacht. Aus diesem Grunde trat ich immer dann dazwischen, wenn ich den Eindruck hatte, diese oder jene Sprache oder Wissenschaft erregte seine Aufmerksamkeit jeweils zu früh" (86, S. 63 – 64).

Karl scheint nicht im mindesten eitel oder verwöhnt gewesen zu sein. Er prahlte nie mit seinem Wissen, war bescheiden und unauffällig und versuchte nicht selten von seinen Kameraden zu lernen, was sie besser wußten als er. Er hatte viele Spielkameraden in seinem Alter und man berichtet, daß „er so gut mit ihnen auskam, daß sie ihn unweigerlich sehr gern hatten und sich fast immer mit Tränen in den Augen von ihm trennten" (86, S. 187).

Heutige Fallstudien von Psychologen über begabte Kinder haben ebensowenig die Auffassung unterstützt, solche Kinder müßten unbedingt in anderer Hinsicht unterdurchschnittlich sein. 1942 trug HOLLINGWORTH in einem Buch (39) 31 Fallgeschichten über Kinder zusammen, deren IQn über 180 lagen. Derartige IQn kommen ungefähr einmal in über einer Million Fällen vor. Die Fertigkeiten und die Sozialanpassung von Kindern mit diesem IQ-Niveau illustrieren die folgenden Fälle.

Eine begabte jugendliche Autorin, Elizabeth.., erreichte im Stanford-Binet einen IQ von 188, als man sie im Alter von 7 Jahren und 10 Monaten testete (s. 74; 75; 39, S. 35 – 37). Sie hatte in allen anderen Intelligenz- und Schultests hohe Werte, zeigte aber ein besonderes Interesse und Talent für die Erstellung von Prosa und Gedichten. Man berichtet von diesem Kind, es sei ausnehmend gesund und ohne alle physischen Defekte gewesen. Ungefähr 1 Jahr war sie in ihrer physischen Entwicklung voraus. Schon in frühem Alter waren die überragenden sprachlichen Fähigkeiten von Elizabeth deutlich. Mit 19 Monaten konnte sie sich klar ausdrücken und beherrschte das Alphabet. Bis zu ihrem 8. Geburtstag hatte sie annähernd 700 Bücher gelesen, darunter Autoren wie Burns, Shakespeare, Longfellow, Wordsworth, Scott und Poe. Bis zu diesem Alter hatte sie über 100 Gedichte und 75 Erzählungen geschrieben. Das folgende ist ein Beispiel ihrer literarischen Produkte, das sie im Alter von 7 Jahren und 11 Monaten verfaßt hat und „Fairy Definition" betitelte.

„Fairies are the fancies of an imaginative brain
Which wearying of earthly realities aspires to
Create beings living only in thought
Endowing the spirits thus created
With all genius for giving happiness."

(Definition einer Fee)
(Feen entstammen den Launen eines phantasievollen Geistes.
Der Erdenrealitäten überdrüssig, trachtet er Wesen
zu schaffen, die nur in Gedanken leben. Die so geschaffenen Geister stattet er dabei mit allen Begabungen zum Glücklichmachen aus).

1920 erregte ein Junge weite Aufmerksamkeit. Er ging in die psychologische Literatur als E... (39, S. 134 – 158) ein. Als er im Alter von 8 Jahren und 11 Monaten zum erstenmal getestet wurde, erreichte er ein Intelligenzalter von 15,7 das entspricht einem IQ von 187. Er war auch in allen anderen Tests hervorragend außer in denen, die Handgeschicklichkeit verlangten. Er soll stark und gesund gewesen sein, doch nicht besonders zu Spielen und Sport geneigt haben. Im Alter von 12 Jahren trat er in das Columbia College ein. In der Thorndike-Intelligenzprüfung für Highschool-Graduierte nahm er den zweiten Platz unter 483 Mitbewerbern ein. Während seines ersten Jahres im College waren seine akademischen Noten B oder besser. Die Ausnahme bildete die physische Ausbildung, in der seine Note C war. Man beschrieb ihn als „guten Kumpel", der gut mit den anderen Studenten auskam. Er erreichte den A. B. Grad mit 15 Jahren und wurde auch für die Phi Beta Kappa ausgesucht. Mit 16 Jahren erhielt er den M.A. Grad und mit 18 Jahren hatte er außer der Dissertation praktisch alle Bedingungen für den Ph.D. erfüllt. In der CAVD Intelligenzprüfung war sein Wert 441, der ungefähr im obersten Viertel von 1% der Collegegraduierten liegt. Während des gesamten Untersuchungszeitraumes zeigte E... keine Tendenz, unter das hohe intellektuelle Niveau seines ersten IQ zu sinken.
Diese Fälle sind typische Beispiele für intellektuell überragende Kinder. Besondere Talente in der Kindheit vertragen sich mit guter Gesundheit, physischer Spannkraft, Langlebigkeit oder einer abgerundeten Persönlichkeit. Sicherlich lassen sich auch schwächliche, ängstliche und kränkliche Kinder unter den Begabten finden wie unter intellektuell Normalen oder Dummen. Doch solche Fälle sind sehr selten und können nicht als repräsentativ für die Gesamtgruppe angesehen werden.
Die Hochbegabten können natürlich ihre speziellen Anpassungsprobleme aufgrund ihres herausragenden intellektuellen Status haben, besonders in Kindheit und Jugend. Doch solche Fehlanpassungen sind eher ein indirektes *Resultat* der hohen Intelligenz als eine Ursache oder innere Komponente des Genies (38, 39). Mögliche Probleme, auf die ein Kind mit einem IQ weit über 150 trifft, stammen z.B. aus der Tatsache, daß es *jünger und kleiner ist als seine Klassenkameraden.* Diese Bedingung verführt ihn eher zur Prahlerei und kann seiner Teilnahme an Sport und aktiven Spielen entgegenstehen. Eine zweite Quelle für Schwierigkeiten liegt in der *„Isolation"* von seinen Kameraden und den gemeinsamen Aktivitäten der anderen, die wohl leicht

entstehen, wenn die Interessen und Fähigkeiten eines Individuums denen seiner Gefährten so unähnlich sind. Es kann *Negativismus* der Autorität gegenüber entstehen, wenn ein Kind erkennt, daß Autorität oft irrational und fehlerhaft in ihrem Wirken ist. *Intoleranz* und mangelnder Wille, „Deppen freudig zu ertragen", kann auf Beobachtungen relativ albernen Denkens bei seinen Kameraden folgen. Das begabte Kind kann auch die Angewohnheit *ineffizienter Arbeit und Faulheit* annehmen, da die gewöhnliche Schularbeit ihm keinen Anreiz bietet. Solche Gewohnheiten können sich in späteren Ausbildungs- und sogar Berufsaktivitäten fortsetzen.

Aus diesen Gründen folgerte HOLLINGWORTH (38, 79), der optimale IQ aus der Sicht der persönlichen Anpassung, der Führerschaft und dem Akzeptieren durch die Kameraden, mit dem „entsprechenden Nutzen und den Privilegien", die solch ein Akzeptieren mit sich bringe, liege zwischen 130 und 150. Neuere Fallstudien an begabten Kindern durch HILDRETH (32) bestätigen diese Folgerung. Doch die sozialen Beziehungsprobleme, auf die Hochbegabte stoßen, sind nur zum Teil Resultat ihrer eigenen Persönlichkeitsmängel. Gerade durch ihr Überragen rufen solche Individuen eher Gefühle der Unterlegenheit und Verteidigungsreaktionen in ihrer Umgebung wach. Fallstudien bieten zahlreiche Beispiele für Zurückweisungen und Aggression von Seiten der Umwelt, die sich durch die außergewöhnlichen Leistungen eines begabten Kindes bedroht fühlt.

Andererseits sind die Anpassungsschwierigkeiten eines begabten Kindes so beschaffen, daß sie durch richtiges Verständnis und eine angemessene Ausbildungsumwelt verkleinert werden könne. Neue Fallstudien an Kindern mit hohen IQn betonen die Wichtigkeit einer frühen Identifikation, der Bildungsbeschleunigung, Lehrplananreicherung und verständnisvoller Familienkooperation für das Erreichen günstiger Ergebnisse (90). Unter dem Einfluß von Pionieren wie HOLLINGWORTH machte die Spezialausbildung begabter Kinder in den 20er und 30er Jahren rasche Fortschritte. Dann verzögerte sich weiterer Fortschritt und das Interesse verschwand. Man richtete stärker die Aufmerksamkeit auf die Ausbildung Minderbegabter als auf die intellektuell Begabter.

Vor kurzem jedoch ist das Interesse an begabten Kindern wieder erwacht. Das belegt die Entstehung einiger nationaler und lokaler Organisationen, die sich mit begabten Kindern befassen. Einige Veröffentlichungen in den 50er Jahren handeln ausführlich von den Merkmalen, Problemen und der Ausbildung begabter Kinder (29, 33, 89). Es gibt auch Belege für ein wieder entstandenes Interesse an der Errichtung von Spezialklassen für begabte Kinder im öffentlichen Schulsystem (s. z.B. 7, 30). Auch der im Januar 1957 erschienene erste Zeitschriftenband der neu eingerichteten National Association for Gifted Children ist ein weiteres Zeichen für die erneuerte Strömung. Erzieher und die Öffentlichkeit sind sich immer noch nicht einig über den Sinn der Beschleunigung und der Spezialklassen für Kinder. Doch Psychologen, die eng mit Begabten zusammengearbeitet haben, legten starke Argumente zugunsten beider Praktiken vor. Sie nannten überzeugende Belege zur Stützung ihrer Position (54, 59, 72, 76, 92).

Intelligenztesterhebungen

Das Testen großer Gruppen intellektuell überragender Kinder hat die Kontinuität aufgedeckt, die zwischen dem durchschnittlichen und dem hochbegabten „Wunderkind" besteht. Um genügend viele Fälle für derartige Studien zu finden, muß das Selektionsniveau herabgesetzt werden. Doch durch die Untersuchung eines weiteren Streubereiches überdurchschnittlicher Intelligenz erhält man ein vollständigeres Bild. Seit der Entstehung der Intelligenztestbewegung sind zahlreiche Studien an recht großen Gruppen überdurchschnittlicher Kinder erschienen. Das aufwendigste Projekt dieser Art haben 1921 TERMAN und seine Mitarbeiter in Angriff genommen. Sie berichteten darüber in den „Genetic Studies of Genius" (s. 10, 74, 76). Wegen des großen Umfanges dieser Studie und ihrer grundsätzlichen Übereinstimmung mit den Ergebnissen anderer Untersuchungen wollen wir sie detaillierter beschreiben.
Die Gesamtgruppe in TERMANs Studie (s. 76, Kap. 1) bestand aus 1528 kalifornischen Kindern mit einem IQ von 135 bis 200. Sie waren zwischen 3 und 19 Jahren alt. Diese Kinder repräsentieren nahezu die oberen 1 % der Schulpopulation. Von diesen machten 661 Grundschulkinder die „Hauptexperimentalgruppe" aus. Auf ihr basieren die wichtigsten Ergebnisse der ersten Erhebung. In zahlreichen Tests und Maßen verglich man diese Gruppe mit Kgn, die sich aus Zufallsstichproben von Schulkindern zusammensetzten. Aus Gründen der Zweckmäßigkeit verwendete man für verschiedene Vergleiche unterschiedliche Kgn. Die Anzahl der Fälle reichte von ungefähr 600 bis 800.
Das *sozioökonomische Niveau* der begabten Gruppe lag entscheidend über dem Durchschnitt. Von den Vätern der begabten Kinder gehörten 31,4 % zur Akademikerschicht, 50 % in die Fachhochschulschicht und zur Klasse höherer Geschäftsleute, 11,8 % zu der Klasse der gelernten Arbeiter und 6,8 % zur Klasse der angelernten oder ungelernten Arbeiter. Die durchschnittlich von den Eltern der begabten Kinder erreichte Klasse war 11,8 und die der Großeltern 10,0. Im Vergleich dazu hat die Durchschnittsperson ihrer Generation in den USA vier bis fünf Schulklassen hinter sich gebracht. Weiterhin hat ein Drittel der Väter und 15,5 % der Mütter ein College besucht. Die Anzahl berühmter Verwandter und Vorfahren überstieg auch weit den Wert, den man nach dem Zufall erwarten würde. Viele Familien hatten sehr vornehme Stammbäume.

In einer Felduntersuchung besuchte man die Heime der begabten Kinder und schätzte sie auf einer standardisierten Skala von 0 bis 6 hinsichtlich des Lebensstandards, der Sauberkeit, der Größe, der Elternbeziehungen und der Elternaufsicht ein. Die durchschnittliche Schätzung der Familie lag bei 4,5 für jede der fünf Kategorien und nur 10 % der Familien erreichten ein deutlich schlechtes Gesamturteil. Die Einschätzungen der Nachbarschaft und des Einkommensniveaus waren ebenso deutlich besser als für den Durchschnitt in Kalifornien.

Wir werden als nächstes bestimmte *Lebensdaten*, medizinische und physische Daten betrachten, die man an den begabten Kindern selbst erhoben hat. Die Häufigkeit für Wahnsinn in den Familien war unter dem Durchschnitt. Nur von 0,4 % der Eltern und 0,3 % der Groß- und Urgroßeltern berichtete man von Geisteskrankheiten. Wie in den Studien an erwachsenen Hochbegabten machten in der begabten Gruppe die erstgeborenen Kinder einen größeren Anteil aus als in der Allgemeinbevölkerung. Die begabten Kinder entwickelten sich seit frühester Kindheit rascher als das normale Kind. Sie liefen durchschnittlich einen Monat früher und sprachen 3 1/2 Monate früher als die Kgn. Auch die Pubertät setzte etwas früher als normal ein. Physische Untersuchungen ergaben für die Gruppe insgesamt überdurchschnittliche Gesundheit und relatives Freisein von Behinderungen. Ebenso waren Merkmale wie „Nervosität", Stottern, Kopfschmerzen, allgemeine Schwächlichkeit und schlechter Ernährungszustand bei den Begabten seltener als in den Kgn. In Länge, Gewicht, physischer und muskulärer Entwicklung und Stärke überlagerten sich die Begabten mit den Kgn fast vollständig. Wenn jedoch Unterschiede vorkamen, dann zugunsten der Begabtengruppe.

Das *Ausbildungsniveau* der Begabtengruppe war dem der Normalen weit überlegen. Über 85 % der begabten Kinder waren akzeleriert und keines retardiert. Die Anwendung standardisierter Leistungstests in Schulfächern zeigte, daß die meisten Kinder bereits die Fächer beherrschten, die 1 bis 3 Klassen über der vorkamen, die sie besuchten. So ist das begabte Kind in Anbetracht seiner wahren „Fähigkeiten" in seiner Schulklassenplazierung eher retardiert als akzeleriert. Insgesamt sind die begabten Kinder meist in allen Schulfächern hervorragend; Einseitigkeit ist für diese Kinder nicht charakteristisch. Ihre Überlegenheit ist jedoch am größten in Fächern wie Sprachgebrauch, Lesen und anderen „abstrakten" Leistungen und am geringsten im Werken, Nähen, Kochen und ähnlichen „handwerklichen" Fächern. Doch möglicherweise resultiert die umfassende Bildungsüberlegenheit der begabten Gruppe zum Teil aus der Selektionsmethode für die Pbn der Studie. Man fragte die Lehrer nach den Namen des klügsten und jüngsten Kindes in jeder Klasse und von diesen Genannten suchte man die begabten Pbn mit Hilfe von Intelligenztests aus.

Die Begabtengruppe wies eine weite Streubreite von *Interessen* außerhalb ihrer Schularbeit auf sowie ein aktives *Spielleben*. Ein zweimonatiger Lesebericht der Kinder ergab, daß Begabte mehr lesen als die Kg in allen Altersstufen. Mit 9 Jahren war die Zahl der von der Begabtengruppe gelesenen Bücher dreimal so groß wie die der Kg. Der Themenbereich war auch breiter und die Qualität der Bücher bei der Begabtengruppe besser. Die begabten Kinder begeisterten sich auch mehr, hatten generell lebhaftere Interessen und berichteten von mehr Hobbies als die Kg. Begabte Kinder hatten auch fast zweimal so viel Sammlungen wie die Kg angelegt. Sie waren meist umfangreicher und eher wissenschaftlicher Natur. Ein Fragebogen über Spielwissen zeigte, daß das typische begabte Kind von 10 Jahren mehr über Spiele und Regeln wußte als das durchschnittliche Kind mit 13 Jahren. Abgesehen davon, daß die Spielinteressen begabter Kinder reifer waren als die der gleichaltrigen Kinder der Kg, fand man keine auffallenden Unterschiede in ihren Spielaktivitäten.

Die begabten waren auch in ihrer *charakterlichen und Persönlichkeitsentwicklung* den normalen Kindern überlegen. Das bestätigten sowohl objektive Tests als auch die Urteile von Lehrern und Eltern. In einer speziell zusammengestellten Batterie aus 7 objektiven Persönlichkeitstests waren die Differenzen zugunsten der begabten Kinder beträchtlich und in jedem Test über dem 1%-Niveau signifikant (die kritischen Brüche reichten von 3,87 bis 14,41). Zwischen 60 bis 80% der Begabtengruppe glichen oder übertrafen den Durchschnittswert der Kg in jedem Test.
Die Ergebnisse der kalifornischen Studie werden weitgehend durch weniger umfassende Untersuchungen an ähnlichen Gruppen gestützt: Im Mittelwesten von WITTY (87, 88) in New York von HOLLINGWORTH (36, 37, 39), in England von DUFF (23) und in Neuseeland von PARKYN (58). Günstiger Heim- und Elternhintergrund, überdurchschnittliche Gesundheit und Physis, hervorragende Ausbildungsergebnisse, überdurchschnittliche emotionale Reife und Stabilität waren für alle diese Begabtengruppen charakteristisch.

Das begabte Kind wächst heran

Ein häufig vorkommender Aberglaube über Genies und Wunderkinder besagt, das begabte Kind verschlechtere sich, sobald es die Reife erreiche, und sein endgültiges geistiges Niveau werde durchschnittlich oder sogar noch schlechter sein. Ausgedehnte Fallstudien an wenigen Fällen, wie auch zahlreiche Untersuchungen an Gruppen von begabten Kindern haben diese Auffassung recht eindeutig widerlegt.
Bisher stellt die aufwendigste Längsschnittstudie an intellektuell überragenden Kindern die „Stanford Gifted Child Study“ unter der Leitung von TER-

MAN dar. Daten von Nachuntersuchungen sind in den Bänden III, IV und V der „Genetic Studies of Genius“ enthalten (10, 76, 77). Ein wesentlicher Bestandteil der Planung für dieses Projekt beinhaltet die Nachuntersuchungen der Originalgruppe begabter Kinder ihr ganzes Leben hindurch, die Untersuchungen ihrer Ehegatten und Kinder. Seit der ersten Erhebung hat man intensive Nachuntersuchungen in ungefähr 12jährigen Intervallen durchgeführt. Zwischendurch führte man Nachuntersuchungen auf dem Postweg durch. Die 1945 erhobenen Daten, als die meisten Pbn ungefähr 35 Jahre alt waren, haben TERMAN und ODEN in „The Gifted Child Grows Up“ (76) zusammengefaßt. Der 1959 veröffentlichte 5. Band derselben Autoren erstreckt sich über die Entwicklungen bis zu einem mittleren Alter von 45 Jahren (77). Die Nachuntersuchungen waren im Hinblick auf die Stichproben ungewöhnlich vollständig. In der bisher letzten Nachuntersuchung, 35 Jahre nach der ersten Erhebung, erhob man noch die Daten von 98 % der ursprünglichen 1528 Fälle.

Mit einem speziell konstruierten „Concept Mastery Test“ maß man den erwachsenen Intelligenzstatus. Dieser Test bestand aus Gegensätzen und Analogien und bezog sich auf zahlreiche Informationsgebiete. Mit diesem Test konnte man den durchschnittlichen Erwachsenen-IQ der Begabtengruppe abschätzen. Er betrug ungefähr 135 und spiegelte damit einen Verlust von 17 Punkten gegenüber dem Durchschnittswert von 152 in der Kindheit wider. TERMAN und MCNEMAR (76, Kap. 11 und 12) folgerten, daß ein derartiger Verlust nicht größer ist, als man aufgrund des Regressionseffektes erwarten würde (s. Kap. 7). Eine derartige Regression ist jedoch nicht nur auf die Meßfehler im Stanford-Binet und dem Concept-Mastery Test zurückzuführen, sondern auch auf die Unterschiede in den durch die beiden Tests gemessenen Funktionen, ebenso auf tatsächliche Verhaltensänderungen der Pbn aufgrund Reifung und Lernen. Anders ausgedrückt: Vorhersagen über einen Zeitraum von 25 Jahren hinweg sind deutlichen Zufallsfehlern nicht nur wegen der mangelnden Testreliabilität unterworfen, sondern auch wegen der vielen Geschehnisse, die die Pbn während eines solchen Zeitraumes verändern können. Später hat THORNDIKE (78) versucht, die Werte des Concept Mastery Tests der begabten Pbn nach allgemeinen Normen zu bewerten. Er benutzte andere Bezugsgruppen und erreichte eine etwas niedrigere Mittelwertschätzung für die Begabtengruppe. Wegen der zahlreichen Annäherungen, die man machen muß, um den Wandel von den Stanford-Binet-Werten in der Kindheit zu den erwachsenen Concept Mastery Werten abzuschätzen, können diese Ergebnisse nur vorläufig sein. Wichtig ist, daß die begabten Pbn als Erwachsene noch immer deutlich über dem Durchschnitt der Gesamtbevölkerung liegen, egal welche Schätzung herangezogen wird. Nach THORNDIKE (78) liegt der Mittelwert der Begabtengruppe etwas oberhalb des 95. Percentils der Gesamtbevölkerung.

Bildungsmäßig übertraf die Begabtengruppe in allen Vergleichen. Sehr viel zahlreicher besuchten sie das College, erreichten häufiger Graduiertengrade, erhielten bessere Noten und sehr viel mehr akademische Ehren als jede andere Gruppe, mit der man sie verglich. Von den Männern beendeten 69,5 % das College, von den Frauen 66,8 %. Der Prozentsatz, der den Ph.D.-Grad erhielt, war über fünfmal so groß bei den Männern und über achtmal so groß bei den Frauen in der Begabtengruppe wie in einer repräsentativen Stichprobe von Collegeabgängern. Eine spezielle Untersuchung über die Bildungsbeschleunigung in der Begabtengruppe zeigte nicht nur, daß Beschleunigung das übliche war, sondern bestätigte in keinem Fall die Auffassung, daß solch eine Beschleunigung abträglich sein kann. Jede kleine soziale Behinderung, an der die stark akzelerierten Pbn in der Jugend gelitten haben, scheint in späteren Jahren vollständig überwunden zu werden. Tatsächlich begünstigen alle möglichen Unterschiede, die man in der späteren Leistung oder Eingliederung findet, eher die akzelerierte Gruppe.

Tabelle 19: Berufsklassifikation begabter Männer im Alter von 35 Jahren im Vergleich mit der Berufsverteilung aller männlichen Beschäftigten in Kalifornien (aus Terman u. Oden, 76, S. 172)

Berufsgruppe	Prozentsatz begabter Männer (N = 724)	Prozentsatz männlicher Beschäftigter in Kalifornien (1940) (N = 1878559)
I. Akademiker	45,4	5,7
II. Fachhochschule, Großhandel	25,7	8,1
III. Büro, Gelerntes Handwerk, Kleinhandel	20,7	24,3
IV. Bauer, andere landwirtschaftl. Tätigkeiten	1,2	12,4
V. angelerntes Handwerk, Kleinbetrieb	6,2	31,6
VI. einfaches Handwerk	0,7	17,8
VII. Gelegenheitsarbeiter: Stadt und Land	0,0	

Im Beschäftigungsniveau übertraf die Begabtengruppe weit den Durchschnitt. Das zeigt sich in den 8 mal so häufigen Akademikerberufen. Tabelle 19 gibt die Berufsverteilung der begabten Männer von 1940 wieder und daneben die entsprechende Verteilung aller 1940 in einer kalifornischen Volkszählung erfaßten berufstätigen Männer. Zu der Zeit fiel fast die Hälfte der begabten Männer in die Akademiker-Kategorie, demgegenüber nur 6 % der Allgemeinheit. Die entsprechenden Prozentwerte für Fachhochschulabgänger und Großhandelsleute betrugen 25,7 bzw. 8,1 %. Doch waren nur 6,2 % der Begabten im angelernten Handwerk beschäftigt, gegenüber 31,6 % der

Gesamtbevölkerung. So waren auch weniger als 1 % der Begabtengruppe als gering angelernte Handwerker und niemand als Ungelernter beschäftigt, in der Gesamtbevölkerung jedoch in beiden Kategorien zusammen 17,8 %. Selbst in einem Vergleich zwischen Gruppen männlicher Collegeabgänger überragten die begabten Männer deutlich in ihrem Berufsniveau die anderen. In der Nachuntersuchung von 1955 blieb der Anteil begabter Männer, die als Akademiker beschäftigt waren, nahezu derselbe wie 1940. Doch der Anteil an der Kategorie für Fachhochschulberufe und Großhandelsleute stieg auf 40 (77).

Die Berufsgeschichte der begabten Frauen läßt sich schwerer interpretieren, da Beruf und Karriere für die beiden Geschlechter in unserer Gesellschaft unterschiedliche Bedeutung haben. Von der Gesamtgruppe begabter Frauen waren 42 % Hausfrauen und verdienten z. Z. der Nachuntersuchung von 1940 nichts. Dieser Prozentsatz stieg bis 1955 auf 60. Von den Berufstätigen waren die meisten als Sekretärinnen oder in anderen Büroberufen beschäftigt. Am zweithäufigsten waren sie Grundschul- oder Highschool-Lehrerinnen. Sozialarbeit, Malerei, Schriftstellerei, Collegeunterricht und Forschung belief sich jeweils auf 5 bis 7 %. Das auffallendste Ergebnis im Vergleich zwischen begabten Frauen und anderen Gruppen weiblicher Collegeabsolventen ist vielleicht der kleinere Anteil begabter Frauen, die den Lehrberuf und der größere Anteil, der die Büroarbeit wählte. Die Interpretation all dieser Ergebnisse ist gefährlich angesichts der Faktorenvielzahl, die in unserer heutigen Gesellschaft die Berufe von Frauen beeinflussen. Die Diskussion über Geschlechtsunterschiede im nächsten Kapitel wird zur Klärung dieser Ergebnisse beitragen. Gleichzeitig ist zu bemerken, daß eine Reihe von den „Karrierefrauen“ in der Begabtengruppe bemerkenswerten Erfolg und Berühmtheit erlangten. Darunter sind einige Wissenschaftlerinnen, die unter den „American Men of Science“ aufgeführt sind, eine bekannte Dichterin, eine Biochemikerin, die an der Entwicklung der Salk-Schutzimpfung teilhatte, eine sehr erfolgreiche Magazinredakteurin und eine prominente Collegeleiterin (77).

Die Sterblichkeitsrate der Begabtengruppe lag unter der der Allgemeinheit. Die physische und geistige Gesundheit blieb überdurchschnittlich. Das Vorkommen von Delinquenz, Alkoholismus und schweren Fehlverhaltensweisen war geringer als in der Gesamtbevölkerung. Es liegen deutliche Belege für gute emotionale und soziale Entwicklung und breitgefaßte Interessen vor. Die Teilnahme an Aktivitäten außerhalb des Lehrbetriebes fiel im College und in der Highschool auf. Hobbies und Freizeitinteressen waren gut entwickelt und ähnelten stark denen jeder heute lebenden amerikanischen Gruppe. Aktives Interesse an politischen und sozialen Belangen wird belegt durch die Tatsache, daß über 90 % dieser Gruppe angaben, in allen nationalen Wahlen ihre Stimme abgegeben zu haben. Das gilt in der gesamten kaliforni-

schen Bevölkerung nur für ungefähr 70 %. Die sozialen und politischen Einstellungen der Begabtengruppe zeigten keine deutliche Abweichung von der Allgemeinheit. Die Angaben über die militärischen und zivilen Fähigkeiten der Pbn im Krieg waren auch bemerkenswert und ausgezeichnet.
Besonders interessant sind die Daten über den Ehestatus und die eheliche Anpassung. Sowohl begabte Männer als auch begabte Frauen sind häufiger verheiratet als die Collegeabgänger desselben Alters und ungefähr gleich häufig wie die Gesamtbevölkerung. Intelligenztests an Ehegatten und Kindern belegten meist Überdurchschnittlichkeit, erbrachten aber niedrigere Werte als der Durchschnitt der Begabtengruppe selbst. In speziell konstruierten Tests zur „Ehebegabung" und „Eheglück" lag die untersuchte Gruppe leicht über anderen, weniger stark nach ihrer Intelligenz selegierten Gruppen. Die sexuelle Anpassung war in jeder Hinsicht so normal wie in weniger begabten Gruppen. Die Scheidungsrate lag nicht über der der Allgemeinheit in vergleichbarem Alter.
Eine spezielle Untersuchung an Individuen, deren IQn 170 oder höher waren, ergab, daß sie im Vergleich zum Rest der Begabtengruppe im Vorteil waren. Sie hatten häufiger verkürzte Schulzeit durchgemacht, erhielten bessere Noten und dehnten ihre Ausbildung länger aus als der Durchschnitt der Gesamtgruppe. Sie waren genauso gut emotional angepaßt wie der Rest der Gruppe und beruflich erfolgreicher. Diese bestimmte Gruppe besonders hoch begabter Kinder scheint also insgesamt die speziellen Probleme und Schwierigkeiten überwinden zu können, die ihr hohes intellektuelles Niveau mit sich bringen kann.
Die interessanteste Analyse der gesamten Studie ist u.a. wahrscheinlich der Vergleich zwischen den 150 als „erfolgreichste" (Gruppe A) und den 150 als „am wenigsten erfolgreich" (Gruppe C) in ihrer Leistung eingeschätzten erwachsenen Männer. Abgesehen von den durchschnittlich hohen Fähigkeiten der gesamten Begabtengruppe reichte die Leistung der erwachsenen Individuen von „internationaler Berühmtheit bis zur ungelernten Arbeit" (76, S. 311). Um einige Korrelate der Leistung von Erwachsenen abzuklären, verglich man die gegensätzlichen Gruppen A und C in ungefähr 200 Informationsitems, die man zwischen 1921 und 1941 erhoben hatte. Die auffälligsten Unterschiede betrafen das bessere Bildungs- und Berufsniveau der Eltern von A und der größere „Leistungsantrieb" bei A. Aus dieser Gruppe hatten z.B. über 50 % Väter mit Collegeabschluß, die C-Männer dagegen nur zu 15,5 %. Mehr als doppelt soviele Väter von A waren Akademiker.
Für die Pbn selbst ergaben sowohl Selbsteinschätzungen als auch Beurteilungen durch die Familie und Bekannte die größten A-C-Unterschiede in „Konzentration auf ein Ziel", „Ausdauer" und „Selbstvertrauen". Signifikante Unterschiede zugunsten von A fand man in der Kürze des Schulbesuches: Die A-Gruppe beendete in jüngeren Jahren Grundschule, Highschool

und das College. Auch der erste IQ lag im Durchschnitt bei A signifikant höher. Diese Differenz betrug jedoch nur 5 Punkte: 150 und 155. Zusammengefaßt scheinen die Faktoren des häuslichen Hintergrundes die bedeutsamste Rolle für die Leistung erwachsener Männer zu spielen, die alle ein höheres Intelligenzniveau haben. Bei diesen Männern führten oft motivationale Faktoren – die wahrscheinlich selbst auf Umweltbedingungen zurückgehen – zu den Unterschieden zwischen hervorragenden Leistungen und Mittelmäßigkeit.

Eine andere spezielle Analyse (73) befaßte sich mit den Unterschieden zwischen denjenigen, die Physiker wurden und denjenigen, die sich in den Sozialwissenschaften, Jura oder den Humanwissenschaften spezialisiert hatten. Es handelte sich um eine Gruppe von fast 800 Männern aus der gesamten Begabtenstichprobe. Diese Pbn verfolgte man bis 1950, als ihr mittleres Alter 40 Jahre betrug. Von ungefähr 500 Items, die aus Testwerten, Schätzurteilen und biographischen Daten bestanden, differenzierten 108 signifikant zwischen den beiden Gruppen auf dem 5 %-Niveau. Die meisten differenzierenden Items handelten von Interessen. Sie stammten aus Angaben aus der Kindheit über wissenschaftliches Interesse und aus Werten im Strong Vocational Interest Blank.

Die meisten oben angeführten Daten über Erwachsene basierten auf der 1940 durchgeführten Nachuntersuchung der Stanford-Gruppe, als die Pbn durchschnittlich 35 Jahre alt waren. Die spätere Nachuntersuchung mit 45 Jahren bestätigte weitgehend die früheren Schlußfolgerungen. In der Mitte ihres Lebens behielt die Begabtengruppe ihre Position über dem allgemeinen Durchschnitt hinsichtlich ihrer physischen und geistigen Gesundheit, der persönlichen Anpassung, der Berufsleistung und ihres intellektuellen Status bei. Interessanterweise stieg die mittlere Leistung im Concept Mastery Test signifikant an und sank nicht bei dem Retest mit 45 Jahren. Bemerkenswert ist auch das Ergebnis, daß die Sterberate der Begabtenstichprobe mit 45 Jahren nur ungefähr 80 % der normalen Erwartung für diese Altersgruppe betrug.

Obwohl in sehr viel geringerem Umfang lieferten die Nachuntersuchungen an der New Yorker (40, 41, 55) und den vorher genannten Gruppen des Mittleren Westens (88) eine allgemeine Bestätigung der kalifornischen Ergebnisse. Diese Studien sprechen auch dafür, daß das begabte Kind insgesamt zu einem intellektuell überlegenen und recht gut angepaßten Erwachsenen heranwächst.

Dennoch besteht die Möglichkeit, daß die kalifornischen Ergebnisse ungebührlich optimistisch sind, was die emotionale Anpassung der Kinder mit hohen IQn anbelangt. Die Methode der *Selektion der Originalgruppe* kann z.T. für ein derartiges Ergebnis verantwortlich sein. Den Hauptteil der Gruppe suchte man aufgrund der Empfehlungen von Lehrern aus. Den so empfohlenen Kindern legte man für die endgültige Selektion Intelligenztests vor. Als Überprüfung dieses Verfahrens testete man im Anschluß an die Nominierungen der Lehrer die gesamte Population aller drei Schulen. Das Ergebnis zeigt, daß ungefähr 90 % aller Kinder, die sich für die Studie durch Testwerte qualifizierten, durch das übliche Vorgehen identifiziert worden wären. Möglicherweise enthielten die 10 %, die der Studie entgingen, eine unverhältnismäßig große Anzahl von schulisch und emotional schlecht angepaßten Fällen. Ihr Ausschluß aus der Untersuchung aufgrund der Selektionsmethode kann zu einem unberechtigt optimistischen Bild hinsichtlich dieser beiden Aspekte geführt haben. Bestätigt wird das durch eine Testerhebung von LEWIS (52) an 45 000 Kindern der 4. bis 8. Klassen. In Unkenntnis der Testresultate wurden die Lehrer gebeten, jedes Kind zu nennen, das ihrer Meinung nach „ein entscheidendes Problem", „extrem geistig retardiert" und „ein Genie" sei. Der Einfluß der Anpassung der Kinder an die Klasse, schulischer Interessen und Leistungen zeigte sich deutlich in den Wahlen für die „Genie"-Kategorie.

Man sollte auch die möglichen Effekte der *Teilnahme an der Studie* auf die spätere Entwicklung der Pbn bedenken. Man verfolgte keine Kg zum Vergleich mit den begabten Kindern. Man darf nicht das Wissen jedes Pb, er sei ein „begabtes Kind", sondern auch das persönliche Interesse an jedem Pb völlig außer Acht lassen, das die Untersucher und Projektleiter offensichtlich an den Tag legten. Der experimentelle Plan für diese Studie enthält keine Kontrolle für diesen Faktor.
Man muß auch bedenken, daß begabte Kinder vornehmlich aus überdurchschnittlichen sozioökonomischen Schichten stammen. Vielleicht ist gerade dieser Aspekt ihres familiären Hintergrundes weitgehend für ihre überragende Persönlichkeitsentwicklung verantwortlich. Relevante Daten hierzu findet man in einer Untersuchung von BONSALL und STEFFLRE (5), in der 1359 weißen Jungen der oberen Klassen von Highschools in großstädtischen Gebieten die Guilford-Zimmermann Temperament Survey (s. Kap. 11) vorgelegt wurde. Diejenigen mit Werten in den oberen 11 % der Gruppe in den PMA-Tests von THURSTONE bezeichnete man für die Zwecke dieser Studie als „hochbegabt". Der Beruf der Eltern diente als Index für das sozioökonomische Niveau. Die Datenanalyse führte die Autoren zu dem Schluß, „die vorher gefundene Überlegenheit der Begabten in bezug auf das Temperament beruht eher auf dem sozioökonomischen Niveau der meisten begabten Kinder als auf irgendeinem anderen Unterschied in den begabten Kindern als solchen".

Zusammenfassung

Das Genie repräsentiert einen Superlativ im Ausmaß der Fähigkeiten, die für eine bestimmte Gesellschaft von besonders hoher sozialer Bedeutsamkeit sind. Die wichtigsten Theorien über die Beschaffenheit eines Genies lassen sich unter vier Überschriften fassen: pathologisch, psychoanalytisch, qualitativ und quantitativ. Ein Genie kann unterschiedliche Grade der Spezifität oder Generalität herausragender Fähigkeiten aufweisen. In der Forschung an Erwachsenen ist gewöhnlich Berühmtheit das Kriterium für Genie gewesen. Untersuchungen an begabten Kindern wiederum haben traditionell einen hohen IQ als Basis für die Auswahl von Pbn herangezogen. Man erkennt jedoch heute, daß ein hoher IQ nicht unbedingt eine ausreichende Bedingung für herausragende Leistung zu sein braucht. Zunehmend wendet man sich speziellen Fähigkeiten zu, die nicht durch die traditionellen Intelligenztests abgedeckt werden, d.h. besonders der Kreativität, Führerqualitäten und motivationalen Faktoren. Was den Ursprung für Genie anbelangt, interessiert man sich ebenfalls zunehmend für die Methoden, ein Genie großzuziehen und nicht so sehr für seine Identifizierung allein.

Methoden zum Studium des Genies sind die biographische Analyse, Fallstudien, statistische Erhebungen, Historiometrie, Intelligenztestuntersuchungen und Längsschnittstudien. In Untersuchungen *berühmter Männer* verwandten besonders die Vertreter pathologischer und psychoanalytischer Theorien biographische Analysen. Fallstudien hat man erst in neuerer Zeit an berühmten Erwachsenen angewendet. Das illustrieren klinische Untersuchungen an kleinen Gruppen berühmter amerikanischer Physiker, Biologen, Psychologen und Anthropologen. Beginnend mit der Pionierleistung von GALTON hat man statistische Erhebungen an berühmten Männern und Frauen in verschiedenen Ländern durchgeführt. Ihre Ergebnisse zeigen übereinstimmend, daß berühmte Personen als Gruppe aus relativ hohen sozioökonomischen Schichten stammen, viele berühmte Verwandte haben und meist aus Umwelten mit starken intellektuellen Traditionen und mit überdurchschnittlichen Bildungsmöglichkeiten stammen. Im Gegensatz zu den Behauptungen pathologischer Genietheorien ist das Vorkommen von Wahnsinn bei berühmten Personen und ihren Verwandten eher geringer als in der Gesamtbevölkerung. Historiometrie befaßt sich mit den Leistungen berühmter Männer in der Kindheit. Sie belegt, daß die große Mehrheit in der Kindheit intellektuell überdurchschnittlich war.

Forschung an *begabten Kindern* nahm ihren Anfang mit individuellen Fallstudien von „Wunderkindern". Im Gegensatz zur populären Stereotypie sind solche begabten Kinder insgesamt eher physisch überdurchschnittlich und emotional gut angepaßt. Kinder mit sehr hoher Intelligenz begegnen jedoch besonderen Problemen der sozialen Anpassung aufgrund ihrer auffal-

lenden Unterschiede zu ihren Altersgenossen. Dennoch darf man derartige Probleme nicht als einen integrierten oder grundlegenden Bestandteil hoher Intelligenz ansehen. Denn sie können durch ein passendes Zuhause und passende schulische Umwelt vermieden werden. In letzter Zeit hat es eine Wiedergeburt des Interesses an begabten Kindern, ihren Problemen und ihrer Ausbildung gegeben.
Das herausragende Forschungsprojekt über begabte Kinder, das Intelligenztesterhebungen mit Längsschnittmethoden vereinigte, ist die Stanford-Studie. Sie wurde unter der Leitung von TERMAN durchgeführt. Die Originalstichprobe von 1528 kalifornischen Kindern mit IQn von 135 oder darüber wurde intensiv mit Tests, Beurteilungen, Fragebogen, Hausbesuchen und physischen und medizinischen Messungen untersucht. Die Pbn wurden ihre gesamte Lebenszeit hindurch weiter untersucht. Man erhob Daten über ihre Ehegatten und Kinder. Sowohl die ersten Untersuchungen als auch die Nachuntersuchungen geben ein überwältigend positives Bild von dem ausbildungsmäßigen, sozialen, emotionalen und physischen Status der intellektuell überragenden Kinder und ihrer Entwicklung zum Erwachsenen. Was die Art der Qualifikation betrifft, so können schlecht angepaßte oder bildungsmäßig erfolglose begabte Kinder aus der Studie durch die angewendeten Selektionsverfahren ausgeschieden worden sein. Auch die Teilnahme an der Studie kann einen begünstigenden Einfluß auf die Entwicklung der Pbn genommen haben. Schließlich besteht die Tatsache, daß der Hauptteil begabter Kinder, wie die meisten berühmten Männer, aus hohen sozioökonomischen Schichten stammen und relativ gut gebildete Eltern haben. Das kann ebenfalls ein Verursachungsfaktor für ihre intellektuelle Entwicklung und die soziale, emotionale und physische Überdurchschnittlichkeit sein.

Literaturverzeichnis

1. Anastasi, Anne, and Foley, J. P., Jr. A survey of the literature on artistic behavior in the abnormal: II. Approaches and interrelationships. *Ann. N.Y. Acad. Sci.*, 1941, 42, 1–112.
2. Ausubel, D. P. Prestige motivation of gifted children. *Genet. Psychol. Monogr.*, 1951, 43, 53–117.
3. Bentley, J. E. *Superior children.* N.Y.: Norton, 1937.
4. Bett, W. R. *The infirmities of genius.* N.Y.: Philosophical Library, 1952.
5. Bonsall, Marcella R., and Stefflre, B. The temperament of gifted children. *Calif. J. educ. Res.*, 1955, 6, 162–165.
6. Bowerman, W. G. *Studies in genius.* N.Y.: Philosophical Library, 1947.
7. Bowman, Lillie L. Educational opportunities for gifted children in California. *Calif. J. educ. Res.*, 1955, 6, 195–199.

8. Bramwell, B. S. Galton's "Hereditary genius"; and the three following generations since 1896. *Eugen. Rev.*, 1948, 39, 146–153.
9. Brimhall, D. R. Family resemblances among American men of science. *Amer. Naturalist*, 1922, 56, 504–547; 1923, 57, 74–88, 137–152, 326–344.
10. Burks, Barbara S., Jensen, Dortha W. and Terman, L. M. *The promise of youth: follow-up studies of a thousand gifted children.* Stanford Univer., Calif.: Stanford Univer. Press, 1930.
11. Carroll, H. A. *Genius in the making.* N.Y.: McGraw-Hill, 1940.
12. Castle, Cora S. A statistical study of eminent women. *Arch. Psychol.*, 1913, No. 27.
13. Cattell, J. McK. A statistical study of American men of science: III. *Science*, 1906, N.S., 24, 732–742.
14. Cattell, J. McK. Families of American men of science. I. *Pop. Sci. Mon.*, 1915, 86, 504–515; II. *Sci. Mon.*, 1917, 4, 248–262; III. *Sci. Mon.*, 1917, 5, 368–377.
15. Cattell, J. McK., and Cattell, J. (Eds.) *American men of science.* (5th Ed.) N.Y.: Science Press, 1933.
16. Cattell, R. B., and Drevdahl, J. E. A comparison of the personality profile (16 P.F.) of eminent researchers with that of eminent teachers and administrators and of the general population. *Brit. J. Psychol.*, 1955, 46, 248–261.
17. Cellini, B. *The life of Benvenuto Cellini written by himself.* (Ed and transl. by J. A. Symonds.) N.Y.: Brentano, 1906.
18. Clarke, E. L. American men of letters. *Stud. in Hist., Econ., and Pub. Law, Columbia Univer.*, 1916, 72, No. 168.
19. Cox, Catharine M. *The early mental traits of three hundred geniuses.* Stanford Univer., Calif.: Stanford Univer. Press, 1926.
20. Davis, B. Eminence and level of social origin. *Amer. J. Sociol.*, 1953, 59, 11–18.
21. deCandolle, A. *Histoire des sciences et des savants depuis deux siècles.* Genève: Georg, 1873.
22. Dooley, L. Psychoanalytic studies of genius. *Amer. J. Psychol.*, 1916, 27, 363–417.
23. Duff, J. F. Children of high intelligence: a follow-up inquiry. *Brit. J. Psychol.*, 1929, 19, 413–439.
24. Eells, W. C. The center of population of higher education. *Sch. and Soc.*, 1926, 24, 339–344.
25. Ellis, H. *A study of British genius.* London: Hurst and Blackett, 1904.
26. Freud, S. *The relation of the poet to day-dreaming. Collected Papers,* Vol. IV. N.Y.: Internat. Psychoanal. Press, 1925.
27. Galton, F. *Hereditary genius.* N.Y.: Macmillan, 1914 (1st Ed., London, 1869).
28. Galton, F. *English men of science.* N.Y.: Appleton, 1875.
29. Gowan, J. C., and Gowan, May S. The gifted child: an annotated bibliography. *Calif. J. educ. Res.*, 1955, 6, 72–94.
30. Hall, T. *Gifted children: the Cleveland story.* Cleveland, Ohio: World Publishing Co., 1956.
31. Herzberg, A. *Psychology of philosophers.* N.Y.: Harcourt, Brace, 1929.

32. Hildreth, Gertrude H. Three gifted children: a developmental study. *J. genet. Psychol.*, 1954, 85, 239–262.
33. Hildreth, Gertrude H., *et al. Educating gifted children at Hunter College Elementary School.* N.Y.: Harper, 1952.
34. Hirsch, N. D. M. *Genius and creative intelligence.* Cambridge, Mass.: Sci-Art, 1931.
35. Hitschmann, E. *Great men: psychoanalytic studies.* N.Y.: International Universities Press, 1956.
36. Hollingworth, Leta S. *Gifted children: their nature and nurture.* N.Y.: Macmillan, 1926.
37. Hollingworth, Leta S. Review of research. *39th Yearb., Nat. Soc. Stud. Educ.*, 1940, Part I, 43–66.
38. Hollingworth, Leta S. Intelligence as an element in personality. *39th Yearb., Nat. Soc. Stud. Educ.*, 1940, Part I, 271–275.
39. Hollingworth, Leta S. *Children above 180 IQ.* N.Y.: World Book Co., 1942.
40. Hollingworth, Leta S., and Kaunitz, Ruth M. The centile status of gifted children at maturity. *J. genet. Psychol.*, 1934, 45, 106–120.
41. Hollingworth, Leta S., and Rust, Metta M. Application of the Bernreuter Inventory of Personality to highly intelligent adolescents. *J. Psychol.*, 1937, 4, 287–293.
42. Jacoby, P. *Études sur la sélection chez l'homme.* Paris: Alcan, 1904 (1st Ed., 1881).
43. Juda, Adele. The relationship between highest mental capacity and psychic abnormalities. *Amer. J. Psychiat.*, 1949, 106, 296–307.
44. Juda, Adele. *Hochstbegabung.* Munich: Urban and Schwarzenberg, 1953.
45. Knapp, R. H., and Goodrich, H. B. *Origins of American scientists.* Chicago: Univer. Chicago Press, 1952.
46. Knapp, R. H., and Greenbaum, J. J. *The younger American scholar: his collegiate origins.* Chicago: Univer. Chicago Press, 1953.
47. Kretschmer, E. *The psychology of men of genius.* N.Y.: Harcourt, Brace, 1931.
48. Lange-Eichbaum, W. *The problem of genius.* (Transl. by E. and C. Paul.) N.Y.: Macmillan, 1932.
49. Lange-Eichbaum, W. *Genie, Irrsinn und Ruhm.* Munich: Reinhardt, 1928.
50. Lange-Eichbaum, W. *Das Genie-Problem; eine Einführung.* Munich: Reinhardt, 1951.
51. Lehndorff, H., and Falkenstein, L. Christian Henrick Heineken: the miracle boy from Lübeck, 1720–1724. *Arch. Pediat.*, 1955, 72, 360–377.
52. Lewis, W. D. Some characteristics of children designated as mentally retarded, as problems, and as geniuses by teachers. *J. genet. Psychol.*, 1947, 70, 29–51.
53. Lombroso, C. *The man of genius.* N.Y.: Scribner's, 1895.
54. Lorge, I. Social gains in the special education of the gifted. *Sch. and Soc.*, 1954, 79 (2024), 4–7.
55. Lorge, I., and Hollingworth, Leta S. Adult status of highly intelligent children. *J. genet. Psychol.*, 1936, 49, 215–226.
56. Miles, Catharine C., and Wolfe, Lillian S. Childhood physical and mental health records of historical geniuses. *Psychol. Monogr.*, 1936, 47, 390–400.

57. Odin, A. *Genèse des grands hommes, gens de lettres français modernes.* Vol. I. Paris: Librairie Universitaire, H. Welter (Ed.), 1895.
58. Parkyn, G. W. *Children of high intelligence, a New Zealand study.* London: Oxford Univer. Press, 1948.
59. Pressey, S. L. Acceleration: basic principles and recent research. *Proc., 1954 Conf. Test. Probl., Educ. Test. Serv.,* 1955, 107–112.
60. Pressey, S. L. Concerning the nature and nurture of genius. *Sci. Mon.,* 1955, 81, 123–129.
61. Raskin, Evelyn. Comparison of scientific and literary ability: a biographical study of eminent scientists and men of letters of the nineteenth century. *J. abnorm. soc. Psychol.,* 1936, 31, 20–35.
62. Redfield, C. L. *Great men and how they are produced.* Chicago: Author, 1915.
63. Roe, Anne. A psychological study of eminent biologists. *Psychol. Monogr.,* 1951, 65, No. 14.
64. Roe, Anne. A psychological study of physical scientists. *Genet. Psychol. Monogr.,* 1951, 43, 121–235.
65. Roe, Anne. A study of imagery in research scientists. *J. Pers.,* 1951, 19, 459–470.
66. Roe, Anne. *The making of a scientist.* N.Y.: Dodd, Mead, 1953.
67. Roe, Anne. A psychological study of eminent psychologists and anthropologists, and a comparison with biological and physical scientists. *Psychol. Monogr.,* 1953, 67, No. 2.
68. Rossman, J. *The psychology of the inventor.* (Rev. Ed.) Washington, D.C.: Inventors Publ. Co., 1931.
69. Shannon, J. R. Traits of research workers. *J. educ. Res.,* 1947, 40, 513–521.
70. Terman, L. M. The intelligence quotient of Francis Galton in childhood. *Amer. J. Psychol.,* 1917, 28, 209–215.
71. Terman, L. M. Psychological approaches to the biography of genius. *Science,* 1940, 92, 293–310.
72. Terman, L. M. The discovery and encouragement of exceptional talent. *Amer. Psychologist,* 1954, 9, 221–230.
73. Terman, L. M. Scientists and non-scientists in a group of 800 gifted men. *Psychol. Monogr.,* 1954, 68, No. 378.
74. Terman, L. M., *et al. Mental and physical traits of a thousand gifted children.* Stanford Univer., Calif.: Stanford Univer. Press, 1925.
75. Terman, L. M., and Fenton, J. C. Preliminary report of a gifted juvenile author. *J. appl. Psychol.,* 1921, 5, 163–178.
76. Terman, L. M., and Oden, Melita H. *The gifted child grows up.* Stanford Univer., Calif.: Stanford Univer. Press, 1947.
77. Terman, L. M., and Oden, Melita H. *The gifted group at midlife.* Stanford Univer., Calif.: Stanford Univer. Press, 1959.
78. Thorndike, R. L. An evaluation of the adult intellectual status of Terman's gifted children. *J. genet. Psychol.,* 1948, 72, 17–27.
79. Van Zelst, R. H., and Kerr, W. A. Some correlates of technical and scientific productivity. *J. abnorm. soc. Psychol.,* 1951, 46, 470–475.
80. Van Zelst, R. H., and Kerr, W. A. A further note on some correlates of scientific and technical productivity. *J. abnorm. soc. Psychol.,* 1952, 47, 129.

81. Vinchon, J. *L'art et la folie.* Paris: Boutelleau (Librairie Stock), 1924.
82. Visher, S. S. *Scientists starred, 1903–1943, in "American Men of Science."* Baltimore, Md.: Johns Hopkins Press, 1947.
83. Wexberg, E. *Individual psychology.* (Transl. by W. B. Wolfe.) N.Y.: Cosmopolitan Book Corp., 1929.
84. White, R. K. Note on the psychopathology of genius. *J. soc. Psychol.*, 1930, 1, 311–315.
85. Wiener, N. *Ex-prodigy: my childhood and youth.* N.Y.: Simon and Schuster, 1953.
86. Witte, K. *The education of Karl Witte.* (Transl. by L. Wiener.) N.Y.: Crowell, 1914.
87. Witty, P. A study of one hundred gifted children. *Kansas State Teach. Coll., Stud. Educ.*, 1930, 1, No. 13.
88. Witty, P. A genetic study of fifty gifted children. *39th Yearb., Nat. Soc. Stud. Educ.*, 1940, Part II, 401–409.
89. Witty, P. (Ed.) *The gifted child.* Boston: Heath, 1951.
90. Witty, P., and Coomer, Anne. A case study of gifted twin boys. *Except. Child.*, 1955, 22, 104–108, 124–125.
91. Woods, F. A. *Mental and moral heredity in royalty.* N.Y.: Holt, 1906.
92. Worcester, D. A. *The education of children of above-average mentality.* Lincoln: Univer. Nebraska Press, 1956.
93. Yoder, A. H. The study of the boyhood of great men. *Ped. Sem.*, 1894–96, 3, 134–156.

Kapitel 14
Geschlechtsunterschiede

Die Literatur über psychische Unterschiede zwischen den Geschlechtern ist umfangreich. Ihr Inhalt reicht von anekdotischen Beobachtungen und spekulativen Diskussionen bis zu den Ergebnissen gut geplanter Experimente und der Leistung in standardisierten Tests. Selbst die Untersuchungen mit objektiven Daten von großen repräsentativen Stichproben sind zu zahlreich, als daß sie in einem einzigen Kapitel abgehandelt werden könnten. Man kann nur generelle Trends anhand von Beispielstudien wiedergeben. In der Vorausschau läßt sich feststellen, daß etliche psychische Merkmale – Einstellungen wie auch Persönlichkeitseigenschaften – signifikante Mittelwertunterschiede zwischen den Geschlechtern ergeben. Gleichzeitig sind innerhalb jedes Geschlechts die individuellen Unterschiede extrem groß und die Verteilungen überschneiden sich dadurch sehr weit. Außerdem muß man die meisten vorliegenden Daten über Geschlechtsunterschiede als rein *deskriptiv* betrachten. Wir wissen recht viel darüber, worin sich das Verhalten von Männern und Frauen in einer bestimmten Kultur zu einer bestimmten Zeit unterscheidet. Doch wir wissen noch wenig über die Ursprünge solcher Unterschiede. Dennoch ergeben die Daten aus vielfältigen Quellen langsam ein Bild von der Wirkung biologischer und kultureller Faktoren bei der Entwicklung von Verhaltensunterschieden zwischen Männern und Frauen.

Methodische Probleme

Wie andere Gruppenvergleiche wirft das Studium von Geschlechtsunterschieden im Verhalten eine Reihe methodischer Schwierigkeiten auf. Das Verständnis dieser Probleme ist Voraussetzung für eine richtige Interpretation der Ergebnisse in jeder Untersuchung. Aus diesem Grund wollen wir zuerst bestimmte Grundfragen erörtern, die bei der Bewertung jedes Datensatzes über Gruppenunterschiede auftauchen.

Signifikanz eines Unterschiedes

Als erstes müssen wir bei jeder angegebenen Gruppenmittelwertdifferenz u. a. nach der statistischen Signifikanz der Differenz fragen. Dieses Problem haben wir in Kapitel 1 als ein Beispiel für die wichtigen Beiträge statistischer Methoden zur Entwicklung der Differentiellen Psychologie angesprochen. Das Konzept von der statistischen Signifikanz handelt im Grunde von der Übereinstimmung der Ergebnisse einer Stichprobe mit denen der Grundgesamtheit und mit ihrer Übereinstimmung bei Retests an denselben Pbn. Wenn wir fragen, ob eine Mittelwertdifferenz in einem mechanischen Leistungstest zugunsten der Jungen „signifikant" ist, wollen wir in Wirklichkeit wissen, ob wir zu Recht über die vorliegenden Daten hinaus verallgemeinern. Wie sicher können wir sein, daß Jungen auch dann noch im Durchschnitt über den Mädchen liegen, wenn wir den Test (oder eine Parallelform) an denselben Pbn zu einer anderen Zeit oder an unterschiedlichen Jungen- und Mädchengruppen aus derselben Population wiederholen?

Die Antwort gibt man im allgemeinen in Form eines t-Wertes, dem ein p-Wert beigegeben ist. Die Aussage, eine Differenz sei auf dem 1 %-Niveau ($p < 0{,}01$) signifikant, bedeutet: es gibt eine Möglichkeit von 100, daß eine gleich große oder größere Differenz als die in unserer Stichprobe erhaltene per Zufall resultieren könnte. Daher können wir mit einer Irrtumswahrscheinlichkeit von 1:100 schließen, daß Jungen im Durchschnitt über den Mädchen liegen. Wenn jedoch die erhaltene Differenz nicht auf einem annehmbaren Niveau (gewöhnlich 1 % oder 5 %) signifikant ist, können wir nicht schließen, daß die Daten überhaupt irgendeinen Geschlechtsunterschied belegen, und es ist sinnlos, den Unterschied weiter zu diskutieren.

Überschneidungen

Als man Samuel Johnson fragte, wer intelligenter sei, Mann oder Frau, antwortete er: „Welcher Mann, welche Frau?" Das drückt lebendig die großen individuellen Unterschiede in jedem Geschlecht und das daraus folgende Überschneiden ihrer Verteilungen aus. Da sich Frauen in jedem psychischen Merkmal stark voneinander unterscheiden und Männer untereinander ebenso stark variieren, muß nicht jede aufgedeckte Beziehung zwischen Gruppenmittelwerten unbedingt für Einzelfälle gelten. Selbst wenn eine Gruppe die andere in einem großen und signifikanten Ausmaß überragt, lassen sich Individuen in der „schlechteren" Gruppe finden, die bestimmte Individuen in der „besseren" Gruppe übertreffen. Den relativ kleinen Unterschieden zwischen den Mittelwerten der Gruppen stehen die großen individuellen Unterschiede innerhalb jeder Gruppe gegenüber. Deshalb liefert die Zugehörigkeit eines

Individuums zu einer Gruppe nur wenig oder gar keine Information über seinen Status in den meisten Eigenschaften.

Meist hat man sich in Diskussionen über Gruppenunterschiede primär auf Mittelwerte oder andere Gruppenmerkmale gestützt. Für ein vollständiges Bild der relativen Positionen der beiden Gruppen sollte jedoch ein Wert für das Ausmaß der Überschneidung angegeben werden. Das beste Verfahren ist, die gesamte Häufigkeitsverteilung der beiden Gruppen wiederzugeben. Das ist jedoch oft undurchführbar. Im Fall normalverteilter Stichproben besteht eine einfachere Alternative darin, den Prozentsatz von Pbn der einen Gruppe anzugeben, der den Median der anderen erreicht oder übertrifft. Eine vollständige Überschneidung ist gegeben, wenn 50 % der einen Gruppe den Median der anderen erreicht oder übertrifft. Abbildung 74 illustriert einen solchen Fall. Die Kurven fallen natürlich nicht zusammen, wenn die *Streubreiten* ungleich sind. In einem solchen Fall besteht das vollständige Überschneiden darin, daß eine Verteilung vollständig in der anderen enthalten ist. Wenn dann eine Verteilung deutlich schief ist, kann ein solches Maß der Überschneidung irreführen.

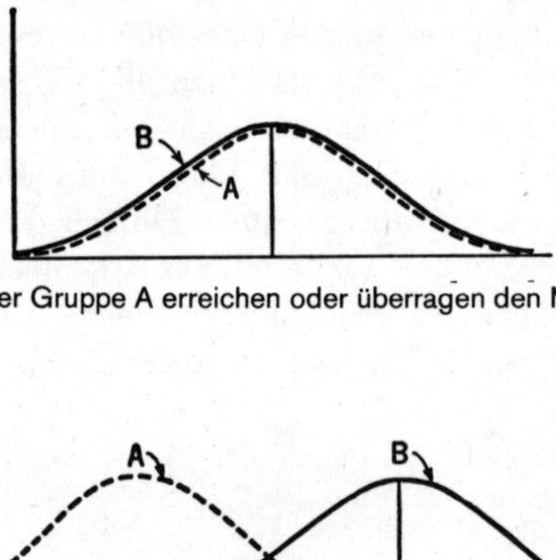

1. 50 Prozent einer Gruppe A erreichen oder überragen den Median einer Gruppe B

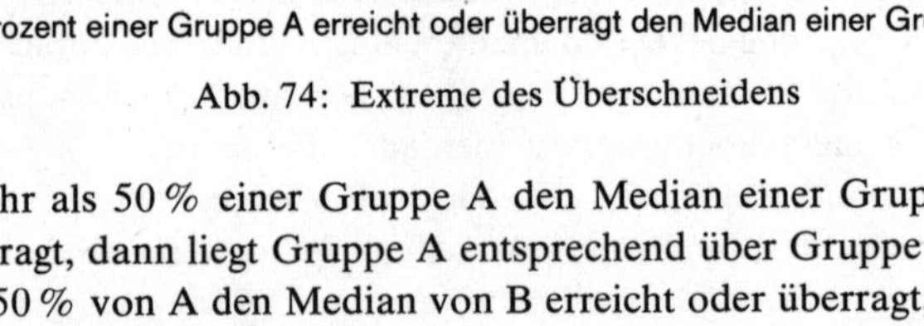

2. 0 Prozent einer Gruppe A erreicht oder überragt den Median einer Gruppe B

Abb. 74: Extreme des Überschneidens

Wenn mehr als 50 % einer Gruppe A den Median einer Gruppe B erreicht oder überragt, dann liegt Gruppe A entsprechend über Gruppe B. Wenn weniger als 50 % von A den Median von B erreicht oder überragt, liegt Gruppe A unter Gruppe B. Das Überschneiden drückt man gewöhnlich in Bezug zum Median einer Gruppe und nicht zum *niedrigsten* Wert aus. Selbst wenn 0 % einer Gruppe A den Median von B erreicht oder übersteigt, gibt es also immer noch einige Individuen in Gruppe A, deren Wert genauso gut oder besser ist als der Wert bestimmter Individuen in Gruppe B. Diese Situation illustriert der zweite Teil von Abbildung 74.

Daß die Absicherung einer statistisch signifikanten Differenz zwischen zwei Gruppen nicht die Möglichkeit starker Überschneidungen zwischen ihnen ausschließt, belegt Abbildung 75. Dieses Bild enthält die Verteilungen von 189 Jungen und 206 Mädchen in der 3. und 4. Grundschulklasse in einem Rechentest. Der Mittelwert für die Jungen beträgt 40,39 und der für die Mädchen 35,81. Die Differenz zwischen den Mittelwerten ist auf dem 1 %-Niveau signifikant. Eine Überprüfung der Verteilungen deckt jedoch starke Überschneidungen auf: Fast alle Individuen in beiden Gruppen fallen in dieselbe Streubreite der Werte. Nach dem üblichen Maß für die Überschneidung erreichen oder überragen 28 % der Mädchen den Median der Jungen.

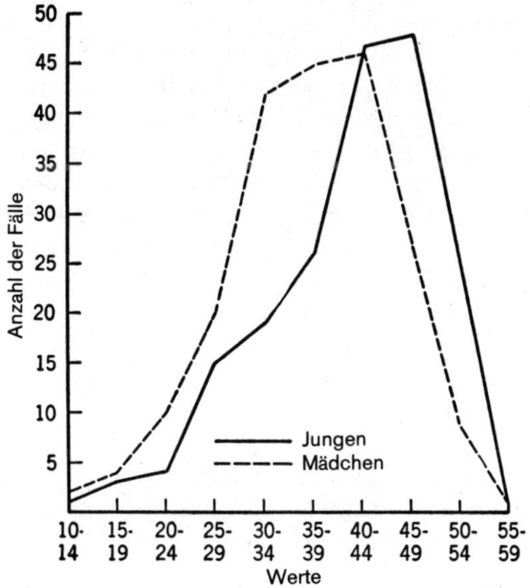

Abb. 75: Verteilung von Jungen und Mädchen in einem Rechentest: 28 % der Mädchen erreichen oder übertreffen den Median der Jungen (Daten aus SCHILLER, 107, S. 67)

Selektionsfaktoren

Stichproben für Gruppenvergleiche müssen für ihre jeweiligen Populationen gleich repräsentativ sein. Oft führt die Wirkung von Selektionsfaktoren zu Stichproben, die nicht wirklich vergleichbar sind. Unter solchen Umständen kann die erhaltene Gruppendifferenz aus anderen als den untersuchten Bedingungen resultieren. Wenn man also eine Gruppe von Mädchen auf dem College mit Jungen von einer Handelsschule vergliche, wären die beiden Stichproben verschieden selegiert. Nicht nur, daß keine Gruppe für Männer oder Frauen generell repräsentativ ist, sondern die eine repräsentiert das obere Ende der weiblichen Verteilung und die andere den mittleren oder leicht unterdurchschnittlichen Teil der männlichen Verteilung in Bezug auf Ausbildungs- und damit korrelierte Variablen. Diese Gruppen sind zusätzlich zu ihrer mangelnden Repräsentativität nicht vergleichbar.

Wahrscheinlich würde keiner ernsthaft Unterschiede in der Testleistung zwischen Mädchen vom College und Jungen einer Handelsschule auf einen Geschlechtsunterschied zurückführen. Die fehlende Vergleichbarkeit zwischen diesen Stichproben in anderen Aspekten ist zu offensichtlich. Manchmal können jedoch Selektionsfaktoren in ihrer Wirkung verdeckter sein und unbemerkt bleiben. Man könnte z.B. vermuten, Mädchen und Jungen in der letzten Highschoolklasse stellten vergleichbare Stichproben dar. Das ist aber nicht der Fall. Jungen mit schlechteren Schulleistungen verlassen eher die Schule und gehen Geld verdienen als Mädchen. Ein derartiges selektives Abgehen ergibt sich aus dem Anteil von Jungen und Mädchen in aufeinanderfolgenden Jahren in der Highschool und aus den Schulberichten über die Schulabgänger. Folglich stellen die Jungen, die in der Schule bleiben, hinsichtlich ihrer akademischen Intelligenz eine stärker selegierte Gruppe dar als die Mädchen. Aufgrund dieser unterschiedlichen Selektion überragen die Jungen in den Abgangsklassen der Highschool als Gruppe die Mädchen in derselben Art von Intelligenztests, in denen die Mädchen in niedrigeren Klassen besser waren (16, 98). Solch eine Umkehr der Geschlechtsunterschiede resultiert aus den kumulativen Effekten der selektiven Schulabgänge über die Jahre hinweg.

Ein weiteres Beispiel für differentielle Selektion ergibt sich aus Diskussionen über Geschlechtsunterschiede in der Variabilität. Im Anschluß an H. Ellis (27) haben zahlreiche Autoren angenommen, der Streubereich der Intelligenz

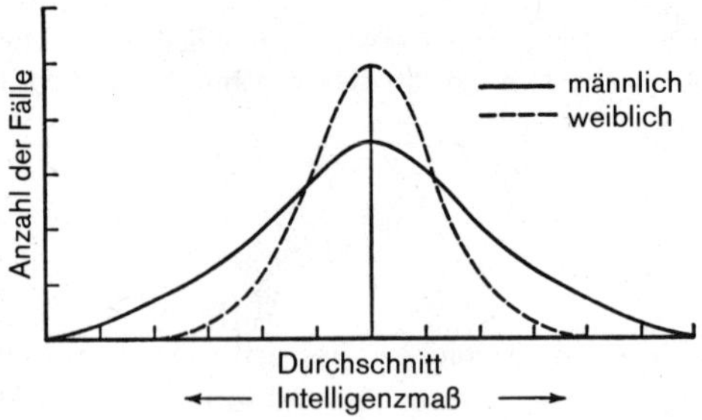

Abb. 76: Hypothetische Verteilung der Intelligenz bei Männern und Frauen nach der Doktrin von der größeren männlichen Variabilität

bei Männern sei weiter, wenn auch die durchschnittliche Fähigkeit von Männern und Frauen gleich sei. Solch ein möglicher Geschlechtsunterschied in der Variabilität ist in Abbildung 76 schematisch dargestellt.

Nach dieser Doktrin sollte es sowohl mehr Genies als auch mehr Minderbegabte bei Männern als bei Frauen geben. Die Doktrin von der größeren männlichen Variabilität wurde sogar von ihren Vertretern für ein grundlegendes biologisches Gesetz gehalten. Man glaubte, es gelte für alle Eigenschaften, physischer und psychischer Art. Diese Doktrin erfreute sich großer Popularität und wurde im ersten Quartal dieses Jahrhunderts von vielen Psychologen übernommen (s. z.B. 21, 134). Sie ist auch aus den heutigen Schriften, besonders aus populärwissenschaftlichen Diskussionen über Geschlechtsunterschiede, noch nicht völlig verschwunden.

Der Beleg zur Stützung der größeren intellektuellen Variabilität der Männer war zweigeteilt. Einerseits zitierte man die Statistiken über Berühmtheit als Beweis für die größere Häufigkeit überragender Intelligenz und das Vorhandensein von mehr extrem positiven Abweichungen beim männlichen Geschlecht. Ähnliche Daten legte man vor, um die breitere Streuung männlicher Intelligenz am unteren Ende der Verteilung zu belegen. Erhebungen an Institutionen für Minderbegabte in verschiedenen Ländern zeigten einen übereinstimmenden Überhang von Männern. Das letztgenannte Ergebnis sieht man heute weitgehend als das Resultat *differentieller Geschlechtsselektion bei Heimzuweisungen* an.

Daten zur Stützung einer solchen Erklärung findet man in einer Studie von HOLLINGWORTH (53). Er untersuchte 1000 Fälle, die einer Klinik in New York City zur Prüfung überwiesen worden waren und 1142 Fälle, die in einem Heim für Minderbegabte lebten. Erstens: Die Männer, die zur Überprüfung überwiesen worden waren und die wirklich Zugewiesenen, waren durchschnittlich viel jünger als die Frauen. Zweitens: Die IQn der zur Überprüfung kommenden Frauen waren niedriger als die der Männer. Diese Differenz im IQ war sogar noch größer, als man die wirklich eingewiesenen Fälle miteinander verglich. Eine Untersuchung der früheren Berufe und der Fallgeschichten der Pbn ließ vermuten, daß die wahrscheinliche Erklärung dieser Ergebnisse in der konkurrenzfreien Beschaffenheit vieler für Frauen offener Berufe liegt. Das macht das Aufdecken der Minderbegabung und die Notwendigkeit der Einweisung bei Frauen weniger wahrscheinlich als bei Männern. Ein schwachsinniges Mädchen kann außerhalb eines Heimes überleben, indem es seinen Unterhalt durch Hausarbeit oder durch Heirat bestreitet. Auch Familien sorgen eher für ein minderbegabtes Mädchen. Jungen dagegen werden häufiger schon in jungen Jahren zur Industriearbeit gezwungen und zeigen bald im folgenden Wettbewerb ihre Minderbegabung. Obwohl die Männer in den Heimen überwiegen, scheint es also, als ob sich mehr minderbegabte Frauen außerhalb von Heimen befänden.

Eine ähnlich differentielle Selektion findet bei der Zuweisung zu Spezialklassen für minderbegabte Kinder im öffentlichen Schulsystem statt. In einer von BALTIMORE (11) durchgeführten Studie zeigte es sich, daß fast dreimal soviele Jungen wie Mädchen Spezialklassen besuchen. Die übrigen Mädchen mit entsprechender Fähigkeit fand man jedoch in regulären öffentlichen Schulen (s. auch 102). Offensichtlich haben die unterschiedlichen sozialen und ökonomischen Bedingungen, denen die beiden Geschlechter begegnen, zu einem „Doppelstandard" bei der Klassifikation von Jungen und Mädchen als minderbegabt geführt.

Genauso verdächtig ist der Beleg für größere männliche Variabilität, der auf dem oberen Ende der Verteilung basiert. Das Übermaß an berühmten Männern kann ungleiche Möglichkeiten berühmt zu werden und andere kulturelle Faktoren widerspiegeln. Das werden wir in einem späteren Abschnitt über Geschlechtsunterschiede im beruflichen Fortkommen wieder aufgreifen. In Bezug auf Selektionsfaktoren sind jedoch die Ergebnisse aus Erhebungen an Kindern mit sehr hohen IQn besonders interessant. Man hat manchmal die „Stanford Gifted Child Study" (s. Kap. 13) als Unterstützung der Theorie über größere männliche Variabilität angeführt, da man mehr begabte Jungen als Mädchen in die Studie aufnahm. Die Gesamtgruppe bestand aus 857 Jungen und 671 Mädchen. Unter den Kindern mit IQn über 170 gab es 47 Jungen und 34 Mädchen. Andererseits gab es in HOLLINGWORTHs Sammlung von Fallstudien über Kinder mit IQn über 180 16 Mädchen und 15 Jungen (54). WITTYs Kindergruppe mit IQn von 140 und darüber aus Kansas City bestand aus 24 Mädchen und 26 Jungen (148). Man muß bedenken, daß die Pbn in der Stanford-Studie zum großen Teil durch Empfehlungen von Lehrern ausgesucht wurden. Die in WITTYs Gruppe fand man, indem man allen Kindern der 3. bis 7. Klassen in Kansas City einen Gruppenintelligenztest vorlegte. Die Fälle von HOLLINGWORTH wurden entweder aufgrund ihrer auffallenden Leistungen oder aufgrund von Intelligenztests identifiziert, die man eigentlich aus anderen Gründen angewandt hatte. So beruht möglicherweise der Überhang an Jungen in der Stanford-Gruppe auf der Wirksamkeit von Geschlechtsstereotypien in den Urteilen der Lehrer. Vielleicht sehen Lehrer ein Mädchen mit hohem IQ häufiger lediglich als „gute Schülerin" an, während sie einen Jungen mit dem gleichen IQ als „brilliant" beurteilen.

Eine derartige Erklärung mit Selektionsfaktoren wird durch Ergebnisse vollständiger Schuluntersuchungen mit Intelligenztests gestützt. In einer Studie legte man allen Kindern aus den Klassen 3 bis 8 in 22 städtischen Schulen einen Gruppenintelligenztest vor. Der Prozentsatz der Jungen in den zusammengefaßten oberen und unteren 7 % der Verteilung unterschied sich nicht signifikant von dem der Mädchen (103). Es gab jedoch mehr Mädchen in den oberen und mehr Jungen in den unteren 7 %. In einer späteren Erhebung (74) testete man fast 45 000 Kinder der Klassen 4 bis 8 aus 36 Staaten mit dem

Kuhlmann-Anderson Intelligence Test. Die oberen 10% der Gruppe enthielten ebenfalls mehr Mädchen als Jungen (2676 Mädchen versus 1853 Jungen). In den obersten 2% der Verteilung herrschten wiederum die Mädchen im Verhältnis 146,3:100 vor. In den unteren 10% fand man die umgekehrte Tendenz: 3009 Jungen und 1618 Mädchen (85). Der weitgehend verbale Inhalt der meisten Intelligenztests und ihre Abhängigkeit von Schulleistungen begünstigt wahrscheinlich die Mädchen und ist für ihre bessere Leistung verantwortlich. Diese Erhebungen belegen jedoch in keiner Weise größere männliche Variabilität oder größere Häufigkeit von Jungen auf den höheren IQ-Stufen.

Auch umfassendere Erhebungen über die gesamte Verteilung jedes Geschlechts haben die Doktrin von Geschlechtsunterschieden in der Variabilität nicht bestätigt. K. PEARSON (96) bestritt als erster die Angemessenheit der Untersuchung von Geschlechtsunterschieden in der Variabilität durch Vergleiche zwischen den Extremen der Verteilungen. Er machte auf die Notwendigkeit aufmerksam, die *Variabilität um den Durchschnitt* bei großen Gruppen unselegierter Pbn zu messen. PEARSON selbst berechnete Koeffizienten der relativen Variabilität für verschiedene Datenklassen, die hauptsächlich aus physischen und anatomischen Maßen von Erwachsenen bestanden. Er fand keinen Hinweis auf größere männliche Variabilität, sondern eine leichte Tendenz zu größerer weiblicher Variabilität. Ähnlich haben HOLLINGWORTH und MONTAGUE (55) zahlreiche physische Messungen an 1000 männlichen und 1000 weiblichen Säuglingen *bei der Geburt* erhoben, so daß mögliche Effekte verschiedener Umwelten ausgeschaltet waren. Man fand keinen konsistenten Geschlechtsunterschied in der Variabilität.

Auch spätere Erhebungen über physische Merkmale wie Länge, Gewicht, physiologische Reife, Zähne und Knochenentwicklung haben ebenso wie Studien mit Intelligenz-, speziellen Fähigkeits- und Leistungstests nur geringe und inkonsistente Differenzen ergeben (77, 87, 101, 103). Die relative Variabilität der beiden Geschlechter verändert sich mit dem jeweiligen untersuchten Merkmal, dem Alter der Pbn, ihrem sozialen und ökonomischen Niveau und sogar mit der jeweiligen Gemeinde, in der die Daten erhoben werden. Bei Intelligenztests variieren die Ergebnisse auch von einem Test zum anderen.

Auch die beiden schottischen Erhebungen (111, 112) sind hier von Belang, in denen nahezu vollständigen Stichproben 11jähriger Kinder ein Gruppenintelligenztest vorgelegt worden war. In diesen Untersuchungen zeigten die Jungen eine etwas größere Variabilität: die Standardabweichungen waren 1932 15,92 vs. 15,02 und 1947 16,68 vs. 15,44. Wegen der sehr umfangreichen Stichprobe sind beide Differenzen auf dem 1%-Niveau signifikant. Weitere Analysen machten jedoch deutlich, daß die Differenzen aus einem geringen Überhang von Jungen mit sehr niedrigen Maßen stammte. Einige

Faktoren können an einem derartigen Ergebnis beteiligt gewesen sein. Da der Test dem üblichen sprachlichen Typ entsprach, kann sowohl die größere Häufigkeit von Lesestörungen bei Jungen als auch ihre schlechtere Motivation für typisch akademische Aufgaben für einige niedrige Werte verantwortlich sein. Man fand auch, daß bei Jungen mehr physische Behinderungen vorlagen als bei Mädchen. Diese Behinderungen können in einigen Fällen der Testleistung im Wege gestanden haben. Möglicherweise basieren einige physische Behinderungen auf geschlechtsgebundenen genetischen Faktoren (s. Kap. 3). Solch eine Hypothese *könnte* die biologische Grundlage für Geschlechtsunterschiede in der Variabilität sein. Dennoch muß man immer im Auge behalten, daß in der Gesamtbevölkerung die erhaltenen Geschlechtsunterschiede in der Variabilität extrem gering und gewöhnlich nicht signifikant sind.

Schätzurteile und soziale Stereotype

Ein spezielles methodisches Problem bei Gruppenvergleichen liegt nicht bei den Pbn sondern den verwendeten Meßinstrumenten. Ein Beispiel ist hier der Gebrauch von Schätzurteilen. Zahlreiche Untersuchungen über Geschlechtsunterschiede in Persönlichkeitseigenschaften arbeiteten mit Schätzurteilen von Bekannten. Auch Lehrerurteile über Persönlichkeitseigenschaften und Fähigkeiten von Schulkindern hat man verwendet. In allen diesen Fällen kann man unmöglich entscheiden, in welchem Ausmaß die Urteile den Einfluß sozialer Stereotype auf den Urteiler widerspiegeln und in welchem Ausmaß sie die eigenen Merkmale der Pbn anzeigen. Erwarten z. B. Lehrer von Mädchen, daß sie kooperativer sind als Jungen, wird die reine Tatsache, daß jemand ein Mädchen ist, zu einem höheren Urteil in Kooperationsbereitschaft führen. Solange soziale Stereotype mit Kategorien assoziiert sind wie Geschlecht, Rasse, Nationalität und sozialer Schicht, werden Gruppenvergleiche auf der Basis von Schätzurteilen nur schwer zu interpretieren sein.

Intelligenztests und Globalwerte

Intelligenztests eigenen sich ebenfalls aus mehreren Gründen nicht für Gruppenvergleiche. Erstens, hat man bestimmte Intelligenztests mit Absicht so konstruiert, daß sie Geschlechtsunterschiede in den Gesamtwerten ausschalten. Das belegt gut der Stanford-Binet von 1937, der heute im Gebrauch ist (86). Man hat die Items, die große Geschlechtsunterschiede im Prozentsatz der Löser zeigten, völlig ausgeschlossen. Denn man nahm an, daß Geschlechtsunterschiede in diesen Items aufgabenspezifisch sein könnten und einfach nur Unterschiede in Erfahrung und Übung widerspiegeln. Von den verbleibenden Items wurden diejenigen Items, die Mädchen leicht begünstigten durch andere ausbalanciert, die die Jungen in gleichem Ausmaß begünstigten. Daß man keine Geschlechtsunterschiede im IQ in der Standardisierungsstichprobe des Stanford-Binet von 1937 fand, belegt also nur die Sorgfalt der Konstruktion und sagt nichts oder nur wenig über Geschlechtsunterschiede in der Intelligenz aus.

Ein weiteres Problem betrifft den Gebrauch von Globalwerten bei Gruppenvergleichen. Gruppenunterschiede in Fähigkeiten können vollständig verdeckt werden durch den Vergleich von Gesamtwerten von zusammengesetzten Tests. Wenn z.B. Jungen in numerischen Fähigkeiten überragen und Mädchen in verbalen Fähigkeiten und eine Skala für sogenannte allgemeine Intelligenz mit Items aus beiden Gebieten gleich stark gesättigt ist, dann wird man keine signifikante Differenz im Gesamtwert finden. Sind jedoch Items eines Typs in einer Skala überrepräsentiert, so wird das die Gruppe begünstigen, die in diesem Merkmal besser ist und es wird sich eine deutliche Differenz in der allgemeinen Intelligenz ergeben. Im Zuge der Entwicklung der Faktorenanalyse sucht man zunehmend nach Gruppenunterschieden in einzelnen Fähigkeiten und nicht so sehr im „allgemeinen Leistungsniveau". Bei der Untersuchung von Gruppendifferenzen ist es besonders wichtig, die Ergebnisse in speziellen Werten mitzuteilen und die Schlußfolgerungen auf das spezielle Material, das Vorgehen und die anderen Bedingungen der jeweiligen Untersuchung zu beschränken.

Ob Jungen oder Mädchen einen höheren IQ erreichen, hängt von den jeweiligen Items in einem Test ab. Hat man nicht absichtlich versucht, Geschlechtsunterschiede aus dem Test auszuschließen, so gibt es allgemein eine Tendenz zugunsten der Mädchen. Das ergibt sich aus der Tatsache, daß Intelligenztests weitgehend aus verbalen Items bestehen, in denen Mädchen besser sind. Hängen die Tests auch noch vom Gedächtnis ab, haben Mädchen einen zusätzlichen Vorteil. Weiterhin sind viele Intelligenztests an Schulleistungen validiert, in denen die Mädchen, besonders auf dem Grundschulniveau, ebenfalls überlegen sind[1]. Aus dieser Diskussion ist klar geworden, daß die Frage danach, welches Geschlecht „intelligenter" sei, etwas doppeldeutig ist. In Anbetracht dessen, was wir über Eigenschaftsorganisation und die Beschaffenheit der Intelligenz wissen (s. Kap. 11), ist dies auch nicht überraschend. Sehr viel sinnvoller läßt sich fragen, welche Geschlechtsunterschiede in spezielleren Funktionen bestehen, die die „Intelligenz" in unserer Kultur ausmachen.

---

1 Den Beleg für diese speziellen Geschlechtsunterschiede findet man in einem späteren Abschnitt.

Biologische und kulturelle Faktoren

Sobald wir die wichtigsten Geschlechtsunterschiede in Fähigkeits- und Persönlichkeitseigenschaften überprüfen (s. spätere Abschnitte), werden wir wiederholt fragen wollen: „Was ist der Ursprung derartiger Unterschiede?“ Resultieren sie aus ererbten, biologischen Geschlechtsunterschieden oder aus sozialen Stereotypien, Geschlechtsrollen und anderen kulturellen Kräften? Die meisten Untersuchungen bieten kaum direkte Angaben zur Beantwortung dieser Fragen. Gleichzeitig wissen wir, daß sich die Geschlechter biologisch sehr vielfältig unterscheiden. Zumindest einige dieser physischen Unterschiede werden sich entweder direkt oder durch indirekte somatopsychische Effekte (s. Kap. 5) in psychischen Unterschieden widerspiegeln. Ebenso wissen wir, daß die meisten Kulturen den beiden Geschlechtern unterschiedliche psychische Umwelten bieten und daß derartige Umweltunterschiede mit den biologischen Unterschieden auf vielen Wegen interagieren können.

Einfluß biologischer Unterschiede

Männer und Frauen haben verschiedene Rollen in der *reproduktiven Funktion.* Das kann zu zahlreichen anderen Geschlechtsunterschieden in der emotionalen Entwicklung, den intellektuellen Funktionen und der Leistung führen. Einige Psychoanalytiker haben besonders diese Differenzen als Grundlage für weite Divergenzen des psychischen Funktionierens in nahezu jeder Lebensphase herausgestellt. Mehrere psychoanalytische Theorien über Geschlechtsunterschiede sind jedoch höchst spekulativ und ernsthaft in Frage zu stellen (kritische Diskussionen hierzu siehe 66, 133). Auf objektiverem Niveau ist klar, daß die lange Zeit der Schwangerschaft und der Kindererziehung, die biologisch dem weiblichen Partner zufällt, wichtige Folgen für die Geschlechtsdifferenzierung in Interessen, emotionalen Eigenschaften, Berufszielen und den Leistungen auf vielen Gebieten hat.
Der Einfluß von *Sexualhormonen* auf das Verhalten ist eine direkte Quelle für Geschlechtsunterschiede in psychischen Eigenschaften – über die Beteiligung dieser Hormone an der reproduktiven Funktion hinaus (10). Da sich die endokrinen Sekretionen über das Blut auf alle Körperteile übertragen, werden generalisierte Verhaltenseffekte möglich. Ausführliche Daten aus Tierexperimenten und klinischen Humanbeobachtungen belegen, daß das Vorhandensein männlicher oder weiblicher Sexualhormone bestimmte Verhaltensaspekte, wie z.B. Aggressivität, beeinflußt. Gleichzeitig muß man jedoch wissen, daß es im Hinblick auf die Produktion von Sexualhormonen keinen scharfen Gegensatz zwischen Männern und Frauen gibt, sondern daß es sich um graduelle Unterschiede handelt. Neben der Sekretion des männlichen Sexualhor-

mons Androgen produzieren alle Männer auch etwas weibliches Sexualhormon Östrogen. Ähnlich produzieren Frauen neben Östrogen auch Androgen. Der relative Anteil der beiden bestimmt den Grad, in dem das Individuum männliche oder weibliche Merkmale entwickelt.
Eine andere mögliche Quelle für allgemeine Geschlechtsunterschiede steckt in den *Geschlechtschromosomen* selbst. Jede Zelle im Körper enthält einen kompletten Chromosomensatz (s. Kap. 3). Bei Frauen finden sich in jeder Körperzelle 23 Chromosomenpaare plus einem XX-Paar; bei Männern finden sich in jeder Körperzelle dieselben 23 Paare plus einem XY-Paar. Das bedeutet natürlich nicht, daß jede Körperzelle sich unbedingt bei Männern und Frauen unterschiedlich entwickelt, denn nicht alle Gene sind bei der Entwicklung jeder Zelle aktiv. Doch diese in jeder Zelle wiederholten Geschlechtsunterschiede in der Genausstattung stellen vielleicht einen Mechanismus dar, der für viele physische Geschlechtsunterschiede verantwortlich ist.
Tatsächlich hat man für fast jede physische Variable Geschlechtsunterschiede gefunden: im *Körperbau, in anatomischen Merkmalen, physiologischen Funktionen* und der *biochemischen Zusammensetzung des Blutes* (106, 120, 131). Die meisten genannten Unterschiede nehmen mit dem Alter zu. So ist der Mann bei der Geburt im Durchschnitt ungefähr 5 % schwerer als die Frau und im Alter von 20 Jahren 20 % schwerer; in der Länge überragt der Mann die Frau von 1 bis 2 % in der Kindheit bis zu fast 10 % im Alter von 20 Jahren[2]. Muskelstärke zeigt eine konsistente Differenz zugunsten der Männer in allen Altersstufen (61, 106, 131). Vom frühen Säuglingsalter an legen Männer auch eine stärkere „muskuläre Ansprechbarkeit" an den Tag. Das zeigt sich in der stärkeren Tendenz zur Unruhe und kräftigen äußerlichen Aktivitäten. Möglicherweise ist für ein solches Übermaß an muskulären Reaktionen auch die größere Vitalkapazität der Männer von Bedeutung. (Vitalkapazität ist das gesamte Luftvolumen, das nach maximaler Inhalation von den Lungen wieder ausgestoßen wird.) Dieser Unterschied ist besonders bedeutsam, da die Vitalkapazität ein wichtiger Faktor bei der anhaltenden Energieabgabe ist. In früher Kindheit ist die Vitalkapazität von Jungen ungefähr 7 % höher als die von Mädchen; im Erwachsenenalter erreicht der männliche Vorsprung ungefähr 35 %. Der Vitalindex oder das Verhältnis von Vitalkapazität zum Körpergewicht ist ebenfalls bei Männern in allen Altersstufen, für die man Messungen gemacht hat, größer. Selbst im Verhältnis zu seinem Körpergewicht verbraucht der Mann also mehr Brennstoff und gibt mehr Energie ab als die Frau.
Alle diese physischen Unterschiede können für Geschlechtsunterschiede in

2 Während weniger Jahre in früher Jugend sind Mädchen durchschnittlich größer und schwerer als Jungen. Das beruht aber auf der *Entwicklungsakzeleration* der Mädchen (s. u.).

Spielaktivitäten, Interessen und Leistungen auf den verschiedenen Gebieten von Bedeutung sein. Man kann z.B. erwarten, daß die größere Stärke und Beweglichkeit der Jungen die Wahrscheinlichkeit erhöht, mit mechanischen Objekten umzugehen und somit indirekt die Entwicklung klarer mechanischer Konzepte fördert. Auch die Aggressivität und Dominanz in sozialen Beziehungen kann ursprünglich durch die größere Körperlänge, Stärke und Ausdauer begünstigt worden sein.

Ein anderer wichtiger Geschlechtsunterschied bezieht sich auf die *Entwicklungsakzeleration* von Mädchen. Mädchen erreichen nicht nur früher ihre körperliche Reife, sondern die ganze Kindheit hindurch sind sie ihrem Erwachsenenstatus näher (106, 119, 131). Sowohl Längsschnitt- als auch Querschnittstudien haben gezeigt, daß Mädchen in jedem untersuchten Alter einen größeren Prozentsatz ihrer späteren Größe und ihres späteren Gewichtes erreicht haben als Jungen (6, 75). Andere Aspekte der körperlichen Entwicklung zeigen eine ähnliche Akzeleration des weiblichen Geschlechts (106). Man weiß allgemein, daß Mädchen die Pubertät früher erreichen als Jungen. In den verschiedenen Gruppen beträgt die Differenz durchschnittlich 12 bis 20 Monate. Die Skelettentwicklung läßt sich durch das relative Ausmaß der Ossifikation oder Verhärtung der Knochen in den verschiedenen Körperteilen erfassen. Auch hierin sind die Mädchen den Jungen in jedem Alter überlegen. Eine ähnliche Differenz fand man in der Zahnentwicklung. Allgemein verlieren Mädchen ihre Milchzähne früher und bekommen ihre bleibenden Zähne in jüngerem Alter als Jungen. Bei bestimmten Zähnen beträgt der Unterschied ein Jahr oder mehr. Bemerkenswerterweise beginnt die allgemeine Entwicklungsakzeleration der Mädchen schon *vor der Geburt.* Mädchen sind durchschnittlich bei der Geburt reifer als Jungen und es gibt Belege dafür, daß sie nach einem kürzeren Schwangerschaftszeitraum geboren werden als Jungen.

Mehrere Autoren haben besonders die mögliche psychische Bedeutsamkeit der Geschlechtsunterschiede in der körperlichen Entwicklungsgeschwindigkeit betont (s. z.B. 16, 75, 96, 106). Man nahm z.B. an, daß die Mädchen ebenso intellektuell wie körperlich akzeleriert seien. Wäre dies der Fall, wären Gruppen von Mädchen und Jungen in gleichem Alter nicht vergleichbar. Man müßte dann die Geschlechter hinsichtlich ihrer Entwicklungsstufe oder ihrer körperlichen Reife parallelisieren und nicht in Bezug auf ihr Lebensalter. Doch solch ein Verfahren würde zu Ungleichheiten im Ausmaß der Übung und der allgemeinen Umweltanregung führen. Dieses Problem betrifft natürlich nur den Vergleich von Kindern und nicht den von Erwachsenen. Doch am häufigsten waren Kinder die Pbn in Untersuchungen über Geschlechtsunterschiede, zum einen, weil man sie leichter in großer Zahl erreichen kann und zum anderen, weil sie relativ homogeneren Umwelten ausgesetzt sind als Erwachsene.

Man hat übrigens die intellektuelle Akzeleration der Mädchen nicht direkt nachgewiesen. Man schloß nur auf sie in Analogie zur körperlichen Entwicklung. Doch die vorliegenden Daten über die Beziehungen zwischen physischen und psychischen Eigenschaften zeigen, daß die Beziehungen für solch eine simple Entsprechung viel zu komplex sind (siehe Kapitel 5). Wahrscheinlich variieren die Effekte von Geschlechtsunterschieden auf die Entwicklungsrate sehr stark von einem Merkmal zum anderen. Die Entwicklungsakzeleration der Mädchen im Säuglingsalter kann z. B. ein wichtiger Faktor für ihren schnelleren Fortschritt beim Spracherwerb sein und ihnen so einen Vorsprung für die Sprachentwicklung insgesamt geben. Der frühere Eintritt der Pubertät bei Mädchen führt zweifellos in bestimmten Altersstufen einen unkontrollierten Faktor in die Geschlechtsvergleiche von emotionalen und Persönlichkeitsmerkmalen ein. Eine weitere mögliche Folge der Entwicklungsakzeleration der Mädchen betrifft den Sozialbereich (106). Wegen ihrer körperlichen Akzeleration schließen sich junge Mädchen eher an Jungen an, die älter sind als sie selbst. Das ist vielleicht auch für die übliche Altersdiskrepanz bei der Heirat verantwortlich. Da das Mädchen gewöhnlich jünger ist als die Jungen, mit denen sie befreundet ist – und jünger als der Mann, den sie heiratet – wird sie von ihren meisten männlichen Bekannten in der Bildung, der intellektuellen Entwicklung und dem allgemeinen Erfahrungsschatz übertroffen. Solch eine Situation kann sehr gut die Wurzel für die zahlreichen sozialen Einstellungen den beiden Geschlechtern gegenüber sein. Ein jüngeres Individuum hat eher weniger Einsicht, Information und Verantwortungsgefühl als ein älteres und solch ein Altersunterschied ist vielleicht als Geschlechtsunterschied interpretiert und bestätigt worden.

Ein anderer wichtiger Geschlechtsunterschied betrifft die *Lebensfähigkeit* und *geschlechtsgebundene Defekte*. In allen Altersstufen zeigen Frauen mehr „Lebensfähigkeit“ oder Fähigkeit, am Leben zu bleiben als Männer. Die Interpretation der Sterblichkeitsstatistik für Erwachsene und sogar für die späte Kindheit wird natürlich durch die unterschiedlichen Gefahren erschwert, denen die beiden Geschlechter in ihren traditionellen beruflichen und Freizeitaktivitäten begegnen. Die höhere Sterblichkeitsrate der Männer läßt sich nicht völlig auf dieser Basis erklären, mehrere Faktoren weisen jedoch darauf hin.

Zunächst sind die pränatalen und Säuglingstodesfälle bei Jungen häufiger als bei Mädchen. Man hat geschätzt, daß das Verhältnis von männlichen zu weiblichen Befruchtungen zwischen 120 zu 100 und 150 zu 100 liegt. Die Gründe für diese Mehrheit männlicher Befruchtungen sind nicht klar. Man hat angenommen, daß die männliche, oder Y-tragende Spermatozoe leichter und beweglicher ist als die X-tragende. Eine andere Möglichkeit ist, daß die männliche Spermatozoe sowohl aus chemischen als auch aus physischen Gründen in der uterinen Umwelt bessere Überlebenschancen hat. Welche

Gründe auch immer vorliegen, es werden nur 5 bis 6 % mehr Jungen als Mädchen geboren, obwohl 20 bis 50 % mehr Jungen empfangen werden. So hat selbst vor der Geburt der Tod sehr viel mehr Tribut vom männlichen Geschlecht gefordert. In jedem Stadium der pränatalen Entwicklung ist der Prozentsatz männlicher Toter größer als der weiblicher. Dieser Unterschied in der Lebensfähigkeit ist außerdem nicht nur auf Menschen beschränkt, sondern gilt ebenso für niedere Lebewesen. Während des gesamten Lebens scheint der Mann biologisch auf zahlreichen Wegen verletzbarer zu sein. Er ist anfälliger für Infektionen und erleidet häufiger physische Defekte. Die meisten Defekte finden sich bei Männern häufiger.

Ein Grund für diesen Geschlechtsunterschied in der Lebensfähigkeit und den physischen Störungen kann in den Geschlechtschromosomen liegen. Da die Frau zwei X-Chromosomen hat, kann die Wirkung eines defekten Gens in diesem Chromosom durch ein normales Gen im anderen ausgeglichen werden. Der Mann jedoch hat nur ein X-Chromosom. Das Y-Chromosom enthält relativ wenig Gene und es ist zweifelhaft, ob eines von ihnen ein Gegenstück zu einem X-Gen ist. Viel wahrscheinlicher ist, daß ein defektes Gen beim Mann kein normales Gegenstück findet, daß seinen Effekt ausgleicht. Diese Beziehung zwischen korrespondierenden Genen in jedem Chromosomenpaar läßt sich vielleicht am besten verstehen, wenn wir daran denken, daß ein Gen wahrscheinlich dann defekt ist, wenn ihm bestimmte chemische Grundsubstanzen fehlen. Solch ein Defizit kann durch das Vorhandensein derselben Substanz in einem korrespondierenden normalen Gen überwunden werden. Farbenblindheit und Hämophilie, die beide häufiger bei Männern vorkommen, stellen gut gesicherte Beispiele für geschlechtsgebundene Defekte dar (s. Kap. 3).

Man könnte lange über die möglichen sozialen Folgen und indirekten psychischen Effekte der größeren Lebensfähigkeit von Frauen spekulieren. Ein Resultat ist z. B. der zunehmende Überhang von Frauen in den oberen Altersstufen – eine Bedingung, die die relative Heiratsaussicht beeinflußt. Ein verhältnismäßiger Mangel von Männern macht eine Heirat eher zu einem Wettkampf für die Frauen als für die Männer. Diese Situation kann sich umgekehrt wieder in unterschiedlicher Persönlichkeitsentwicklung bei den beiden Geschlechtern widerspiegeln.

Ein interessantes physiologisches Konzept hat erstaunliche Aufmerksamkeit bei den Diskussionen über Geschlechtsunterschiede erregt. Es bezieht sich auf die Homöostase oder die Stabilität der körperlichen Funktionen. Es gibt Belege dafür, daß ein homöostatischer Mechanismus, der den Körper in seiner Normallage zu halten versucht, bei Männern in engeren Grenzen arbeitet (131). So zeigen Männer geringere Fluktuationen in Maßen wie der Körpertemperatur, dem Grundstoffwechsel, dem Säure-Basen Gleichgewicht des Blutes und dem Blutzuckerspiegel. Man hat die Beobachtung, daß Frauen

häufiger unter Aufwallungen, Ohnmachten und verschiedenen Drüsenstörungen leiden, als Beleg für ihre größere physiologische Instabilität angeführt. Experimente haben auch gezeigt, daß Mädchen auf Streßsituationen stärker als Jungen reagieren, sich aber auch schneller erholen (122).
Aus diesen Differenzen in der physiologischen Homöostase haben einige Autoren einen parallelen Geschlechtsunterschied in der „geistigen Homöostase" abgeleitet (60). Ihr schreiben sie die größere „psychische Unruhe" der Frauen zu, die sich zeigt in höherer Emotionalität, neurotischen Tendenzen, nervösen Angewohnheiten, Gefühlen der Minderwertigkeit und anderen Symptomen der Instabilität. Die Analogie ist interessant, doch wir müssen die größte Vorsicht bei solch einem Brückenschlag von physiologischen auf Verhaltensdaten walten lassen. Selbst in physischen Funktionen lassen sich Ausnahmen von der größeren Stabilität bei dem männlichen Geschlecht finden. Außerdem können wir nicht annehmen, daß psychische und physiologische Homöostase unbedingt sehr eng aufeinander bezogen sind. Es ist z.B. richtig, daß bei emotionaler Erregung physiologische Veränderungen stattfinden, doch daraus folgt nicht, daß individuelle Unterschiede in der Emotionalität mit individuellen Unterschieden in physiologischen Merkmalen korreliert sind. Weiterhin können die physiologischen Veränderungen selbst durch die früheren Erfahrungen des Individuums, seinen Familienhintergrund und ähnliches beeinflußt werden. Tatsächlich sprechen die Daten über individuelle Differenzen in der Persönlichkeitsentwicklung eher für die Wichtigkeit von Erfahrungsfaktoren. Solche Faktoren können für die Bestimmung von Geschlechtsunterschieden im Verhalten ebenso wichtig sein.

Geschlechtsunterschiede bei Tieren

Da kulturelle Faktoren oft die Interpretation beobachteter Geschlechtsunterschiede im menschlichen Verhalten erschweren, kann die Überprüfung von Geschlechtsdifferenzen bei subhumanen Spezies interessant sein. Man hat so argumentiert: Wenn ähnliche Geschlechtsunterschiede im Verhalten auf verschiedenen phylogenetischen Stufen beobachtet werden, dann lassen sich solche Unterschiede eher direkt oder indirekt auf eine strukturelle Basis zurückführen. Bei Labyrinthleistungen wie bei anderen *Lern*aufgaben sind die Geschlechtsunterschiede bei Tieren inkonsistent und gering (93). Obwohl die experimentellen Daten über viele höhere Tiere recht mager sind, scheint es doch keine Hinweise auf einen Geschlechtsunterschied in einer Fähigkeit zu geben. Gefundene Differenzen beziehen sich mehr auf emotionale Merkmale.

Es gibt erstaunlich viele Daten – aus Feldstudien, Beobachtungen von Tierzüchtern und Trainern und aus schriftlichen Berichten von Laboratorienfor-

schern –, die alle für eine größere Aggressivität bei männlichen als bei weiblichen Tieren der meisten Spezies sprechen (19, 47, 106, 116, 149). Gewöhnlich berichtet man, Kämpfe, Ruhelosigkeit und Widerstand gegen Kontrolle seien für männliche Tiere charakteristischer als für weibliche. Daß dies mit dem Vorhandensein von männlichen Sexualhormonen zu tun hat, legen zahlreiche Experimente nahe, in denen man die Gonaden entfernt oder aber Sexualhormone injiziert hat. Nicht nur das reproduktive Verhalten wird durch derartige endokrine Faktoren beeinflußt, sondern auch anderes Verhalten, das für das eine oder andere Geschlecht charakteristisch ist, z.B. Kampfeslust oder Singen bei bestimmten Vogelarten (10, 60, 116).
Andererseits müssen wir uns vor einer Übergeneralisation derartiger Resultate auf die Geschlechtsstereotypen beim Menschen hüten. Es lassen sich auch Tierdaten finden, die nicht zu den üblichen menschlichen Stereotypien passen. Sorgfältig kontrollierte Studien über die Ängstlichkeit bei Ratten z.B. zeigten, daß die Weibchen weniger ängstlich sind als die Männchen (4). Dieser Geschlechtsunterschied hielt – wenn auch vermindert – an, nachdem man den Ratten beider Geschlechter die Gonaden entfernt hatte. Weibliche Ratten erwiesen sich auch als aktiver als die männlichen (s. 93). Man machte auch dem traditionellen menschlichen Stereotyp entgegengesetzte Beobachtungen über das *Paarungsverhalten* einer bestimmten Affenspezies (19). Hier konnten beide Geschlechter die sexuellen Annäherungen zur Vorbereitung der Kopulation einleiten. Es gab kein Zeichen dafür, daß das Männchen dieser Spezies unbedingt die Initiative ergriff.
Alles in allem müssen die vorliegenden Ergebnisse über Geschlechtsunterschiede in tierischem Verhalten mit deutlicher Vorsicht interpretiert werden. Solche Beobachtungen können Wege zur Untersuchung möglicher physiologischer Korrelate des Verhaltens eröffnen. Doch wäre es verfrüht, irgendeine Verallgemeinerung über universelle Geschlechtsunterschiede in irgendeiner Verhaltensfunktion zu treffen. Man sollte daran denken, daß biologische Faktoren bei der Determination von Geschlechtsunterschieden im Verhalten eher unwichtiger und kulturelle Faktoren wichtiger werden, wenn wir die phylogenetische Leiter hinaufsteigen (10, 116).

Die Bedeutung der Kultur

Nicht nur aus der Anthropologie sondern auch aus unserer eigenen Kulturgeschichte wird offenbar, daß Geschlechtsrollen und Geschlechtsstereotype zu verschiedenen Zeiten und an verschiedenen Orten unterschiedlich sind. Sicherlich lassen sich einige überdauernde Verhaltensdifferenzen identifizieren. So kann das weitverbreitete Vorherrschen männlicher Dominanz in unterschiedlichen Kulturen mit Geschlechtsunterschieden in der Physis und der

Muskelstärke sowie mit den Sexualhormonen in Beziehung stehen. Doch das Ausmaß dieser Geschlechtsunterschiede in der Dominanz variiert stark von einer Kultur zur anderen. Das gleiche gilt für die Art, wie sie ausgedrückt wird. Außerdem können viele Merkmale, die mit dem traditionellen Stereotyp in unserer Kultur assoziiert sind, in anderen Kulturen fehlen oder ins Gegenteil verkehrt sein.

Die Berufe waren traditionell u.a. die wichtigsten kulturellen Bereiche zur Geschlechtsunterscheidung. In relativ primitiven Kulturen, in denen die Beschäftigungen vorrangig physischer Natur sind, beobachtet man notwendigerweise eine scharfe Arbeitstrennung zwischen den Geschlechtern. Weil die Frauen die Jungen austragen und nähren, gehen sie in solch primitiven Kulturen eher Beschäftigungen nach, die sie enger an das Haus binden, z.B. der Nahrungszubereitung und der Herstellung und Reparatur der Kleidung. Überlegene Körperstärke und Ausdauer ließen den Mann das Kriegshandwerk, Metallarbeiten, Jagen und den Großteil des Fischens übernehmen. Doch die modernen Berufe passen nicht in diese Primitivkategorien (106, 116). Selbst moderne Kriegsführung besteht nicht so sehr im Umgang mit Speeren und Wurfspießen als vielmehr darin, Knöpfe zu drücken und Pläne zu entwerfen. Paradoxerweise ist heute das Haus eines der Hauptorte für physiche Beschäftigungen im Vergleich mit dem Büro, dem Laden, dem Konferenzraum oder dem Vortragssaal. Mit der Maschinisierung reduzierten sich die physischen Anforderungen von immer mehr Berufen. Unser Denken sollte sich deshalb nicht in traditionellen Stereotypien verstricken, sondern sich durch die Anforderungen der spezifischen Situation und den Fähigkeiten des spezifischen Individuums leiten lassen.

Daß Frauen keine „natürliche Affinität" zu bestimmten Aufgaben haben und auch die Männer keinen „natürlichen Widerwillen" dagegen, läßt sich einfach illustrieren. HUXLEY und HADDON (58, S. 69) zitieren bei ihrer Diskussion über den sozialen Druck auf geschlechtsspezifische Fähigkeitsunterschiede die Bemerkung des griechischen Autors Athenaeus aus dem 3. Jahrhundert: „Wer hörte jemals von einem weiblichen Koch?" In demselben Stil macht MEAD (89, S. XIX) aufmerksam auf die „Sitte eines phillipinischen Stammes, nach der kein Mann ein Geheimnis für sich behalten kann; die Annahme des Mannes, nur Männer hätten am Spiel mit Babies Freude; das Verbot fast jeder häuslichen Arbeit als zu ehrwürdig für Frauen bei den Todas oder die feste Überzeugung der Arapesh, Frauenköpfe seien stärker als die der Männer". Andere Beispiele lassen sich in der Geschichte unserer eigenen Kultur finden. Die meisten Autoren über die Sozialgeschichte des Mittelalters betonen z.B. „den maskulinen Charakter" der Frauen dieser Zeit. So schreibt GARREAU in seiner Schrift über Frankreich zur Zeit der Kreuzzüge:

„Ein besonderes Merkmal dieser Epoche ist die starke Ähnlichkeit zwischen dem Gehabe von Männern und Frauen. Die Regel, diese oder jene Gefühle oder Handlungen seien für ein Geschlecht erlaubt und für das andere verboten, hatte sich noch nicht durchgesetzt. Männer hatten das Recht, sich in Tränen aufzulösen und Frauen, ohne Prüderie zu sprechen... Wenn wir ihr intellektuelles Niveau betrachten, scheinen die Frauen weit überlegen. Sie sind ernster, subtiler. Bei ihnen scheinen wir nicht auf den groben Stand der Zivilisation zu treffen, zu dem ihre Ehemänner gehören... In der Regel scheinen die Frauen die Angewohnheit zu haben, ihre Handlungen abzuwägen und sich nicht ersten Eindrücken auszuliefern“ (s. 2, S. 199).

Die Spielaktivitäten von Jungen und Mädchen hat man häufig diskutiert. Man hat z.B. behauptet, Mädchen spielten aus einem angeborenen „Muttertrieb“ heraus oder einem ähnlichen angeborenen Interesse oder einer für ihr Geschlecht charakteristischen Gefühlseigenschaft mit Puppen. Das fast vollständige Fehlen dieser Spielweise bei Jungen hat man entsprechend als ein Zeichen für einen grundlegenden biologischen Unterschied in emotionalen Reaktionen angesehen. Interessant ist hier eine Beobachtung, die MEAD (88) in ihren Studien auf der Insel der Manus in Neu-Guinea gemacht hat. Den Kindern auf dieser Insel sind Puppen gewöhnlich unbekannt. Doch als man ihnen zum erstenmal hölzerne Figuren vorlegte, waren es die Jungen und nicht die Mädchen, die sie als Puppen annahmen, ihnen Wiegenlieder sangen und das typische Elternverhalten an den Tag legten. Diese Reaktion läßt sich mit dem Erwachsenenverhalten bei den Manus erklären. Aufgrund der traditionellen Arbeitsteilung sind die Frauen den ganzen Tag über mit ihren verschiedenen Pflichten beschäftigt, während die Männer zwischen Jagen und Fischen viel mehr Mußezeiten haben. Folglich wenden sich die Väter mehr als die Mütter den Kindern zu und spielen mit ihnen. Diese sozial bedingte Differenzierung des Verhaltens spiegelte sich in den spielerischen Reaktionen der Jungen und Mädchen wider.

Es gibt eine andere lebendige Illustration für die Rolle kultureller Faktoren bei Geschlechtsunterschieden im Verhalten. MEAD beschrieb die traditionellen emotionalen Merkmale von Frauen und Männern in drei primitiven Stämmen auf Neu-Guinea (89). Die drei Gruppen unterschieden sich scharf in ihren Mustern der weiblichen und männlichen Persönlichkeit voneinander. Bei den *Arapesh* zeigten Männer und Frauen emotionale Charakteristika, die man in unserer Gesellschaft als eindeutig feminin bezeichnen würde. In dieser Gruppe sind beide Geschlechter darin geübt, kooperativ, nicht aggressiv, höflich, nicht konkurrierend und rücksichtsvoll den Bedürfnissen der anderen gegenüber zu sein. Die *Mundugumur* zeigten ein völlig gegensätzliches Bild. In dieser Gesellschaft waren Männer und Frauen gewaltsam, aggressiv, unbarmherzig, kämpferisch und hatten große Freude an Aktionen und am Kämpfen. Am interessantesten ist wohl die Eigenart der *Tchambuli*, bei denen eine Umkehr der für unsere Gesellschaft typischen Geschlechtseinstellungen erschien. Die Frauen hatten die Machtpositionen in Tchambuli inne, denn sie waren für das Fischen und die Anfertigung von Moskitonetzen verantwortlich, die für diesen Stamm die wichtigsten Handelsartikel darstellten. Die Männer dagegen beschäftigten sich hauptsächlich mit künstlerischen und anderen nicht verwertbaren Tätigkeiten; die meisten konnten gut tanzen, schnitzen, malen und beherrschten andere Künste. Im Hinblick auf ihre Persönlichkeit wurden die Tchambuli-Frauen als unpersönlich, praktisch und tüchtig beschrieben, während die Männer sich anmutig, künstlerisch, emotional unterwürfig, furchtsam und empfindlich für die Meinungen anderer zeigten.

Wie in unserer Gesellschaft hatten alle drei Kulturen ihre „Abweichler", ihre schlecht angepaßten Individuen, deren Persönlichkeitsmerkmale den akzeptierten Normen widersprachen. Doch der Abweichler in einer Gesellschaft entsprach oft dem traditionellen Ideal einer anderen. So verkörpert die „maskuline" Frau bei den Tchambuli die typisch femininen Merkmale unserer Gesellschaft; der „verweichlichte" Tchambulimann weist Verhalten aus, das wir als typisch männlich charakterisieren würden.

In den letzten Jahren haben sich Psychologen, Anthropologen und Soziologen zunehmend dafür interessiert, die Differenzierung der Geschlechtsrollen in unserer eigenen heutigen Gesellschaft zu untersuchen (66, 90, 116, 117). Vom Säuglingsalter an werden Jungen und Mädchen in unterschiedlichen „Subkulturen" aufgezogen. Sie erfahren auf zahlreichen Wegen eine unterschiedliche Behandlung von den Eltern, anderen Erwachsenen und Spielgefährten. Die Persönlichkeiten der Mutter und des Vaters selbst sind wichtige Faktoren für die Entwicklung der kindlichen Auffassung von den Geschlechtsrollen (91, 100, 114). Doch es gibt viele andere Wege, auf denen man Jungen und Mädchen bewußt macht, was man von ihnen in der Sprache, im Benehmen, der Kleidung, den Spielaktivitäten und anderen Verhaltensaspekten erwartet.

Schon vor Schuleintritt haben die meisten Kinder eine klare Auffassung über die Geschlechtsrollen angenommen. Es gibt Belege dafür, daß Arbeiterkinder das Bewußtsein solcher Rollen früher entwickeln als Kinder aus der Mittelschicht und daß Jungen es früher entwickeln als Mädchen (100). Untersuchungen an Schulkindern (139, 140) und an Collegestudenten (32, 118) ergaben konsistente Unterschiede in den Eigenschaften, die man den beiden Geschlechtern zuschreibt und in denjenigen Merkmalen, die in jedem Geschlecht geschätzt werden. Geschlechtsrollen können sich nicht nur auf die Entwicklung von Persönlichkeitseigenschaften, sondern auch auf Fähigkeiten auswirken. Man fand entsprechende Beziehungen zwischen Fähigkeitsmustern und Persönlichkeitsmerkmalen in einer Studie an Jungen und Mädchen der Abschlußklassen von Highschools (138). Jungen mit überragenden verbalen Fähigkeiten und Mädchen mit überragenden räumlichen Fähigkeiten zeigten eher mehr Persönlichkeitsstörungen als Pbn mit Fähigkeiten, die stärker mit

den vorherrschenden Geschlechtsstereotypien in unserer Gesellschaft übereinstimmen.
Unter Verwendung eines projektiven Tests in einer Studie über die Entwicklung der Geschlechtsrollenidentifikation fand BROWN (17), daß von Kindern im Alter von 5 bis 11 Jahren Jungen eine stärkere Vorliebe für die männliche Rolle an den Tag legten als Mädchen für die weibliche. Dieses Ergebnis stimmt mit den Geschlechtsrollenpräferenzen Erwachsener überein (s. 17). Solche Unterschiede können teilweise das Prestige und andere Vorteile widerspiegeln, die an die männliche Rolle in unserer Gesellschaft gebunden sind.

Fassen wir zusammen: Kulturelle Faktoren spielen eine bedeutende Rolle bei der Differenzierung der Geschlechtsrollen und den entsprechenden Geschlechtsunterschieden im Verhalten. Selbst wenn physische Unterschiede zu Geschlechtsunterschieden im Verhalten beitragen, ist der Beitrag gewöhnlich indirekt und wird auf komplizierte Weise von kulturellen Faktoren überlagert. In derartigen Fällen führen eher die *sozialen Folgen* derartiger physischer Unterschiede und nicht die biologischen Geschlechtsunterschiede selbst zu einer divergenten Persönlichkeitsentwicklung beider Geschlechter.

Geschlechtsunterschiede in Fähigkeiten

Verschiedene Untersucher fanden konsistent bestimmte Geschlechtsunterschiede in Fähigkeiten. In solchen Fällen hat man Mittelwertunterschiede auf einem befriedigenden Signifikanzniveau abgesichert. Die Unterschiede sind groß genug, um praktische Bedeutung zu haben. Dennoch dürfen wir nicht das starke *Überschneiden* aus den Augen verlieren, das die Verteilungen beider Geschlechter in den Fähigkeiten kennzeichnet. Außerdem muß man die Resultate als Beschreibungen der Geschlechtsunterschiede unter den *bestehenden kulturellen Bedingungen* betrachten.

Motorische Fertigkeiten

Im Durchschnitt übertreffen die Jungen Mädchen nicht nur in Körperstärke, sondern auch in der Geschwindigkeit und Koordination *grober Körperbewegungen*. Diesen Unterschied findet man vom Säuglingsalter an. In ausgedehnten Beobachtungen an Kindern im Vorschulalter fanden GESELL und Mitarbeiter (36), daß Jungen schneller und mit weniger Fehlern eine Serie enger Gänge entlanggingen als Mädchen. Jungen warfen auch einen Ball gezielter und weiter als Mädchen. In Verbindung mit der letztgenannten Beobachtung führte man eine Studie über die charakteristischen Ballwurfabläufe von Jungen und Mädchen durch. Eine eindeutige Geschlechtsdifferenzierung im typischen Ballwurfgehabe war schon bei 5- und 6jährigen deutlich. Männer jeder Altersstufe übertreffen im Durchschnitt Frauen in Koordinationstests wie Zielen und Verfolgen. Männer haben auch kürzere und konsistentere Reaktionszeiten als Frauen.

Andererseits übertreffen die Mädchen im allgemeinen die Jungen in der *Handgeschicklichkeit.* In früher Kindheit zeigt sich das in der Tatsache, daß Mädchen sich gewöhnlich früher und erfolgreicher selbst ankleiden können als Jungen (36). Die bessere Kontrolle der Mädchen über Finger- und Handgelenkbewegungen schlägt sich auch im Verhalten nieder wie Händewaschen und Türklinkedrücken. In der Standardisierungsstichprobe des Stanford-Binet schafften mehr Mädchen als Jungen die Tests im Knöpfen und Schleifebinden (86). Erwachsene Frauen können viele Handgeschicklichkeitsaufgaben schneller und genauer ausführen als Männer. Das hat man in der Industrie weitgehend erkannt, besonders im 2. Weltkrieg, als man Frauen oft Montage-, Prüfungs- und ähnliche industrielle Arbeiten übertrug. Auch durch Leistungen in Fähigkeitstests wird eine derartige Beobachtung gestützt. In Tests wie dem Fingergeschicklichkeitstest und dem Zangengeschicklichkeitstest von O'CONNOR oder dem Nagelbrett von PURDUE sind die Normen für erwachsene Frauen konsistent höher als für Männer. Diese Ergebnisse sind auch nicht auf unsere Kultur beschränkt. In einer Untersuchung an Collegestudenten in Indien übertrafen die Frauen die Männer in Geschicklichkeitstests, wenn auch die Geschlechtsunterschiede bei einer Gruppe von Industriearbeitern zu vernachlässigen waren (132).

Die männliche Überlegenheit in groben Körperbewegungen kann weitgehend auf solchen strukturellen Faktoren wie Muskelstärke, Körpergröße und -proportionen beruhen. Andererseits kann der weibliche Vorteil in der Handgeschicklichkeit, der Geschwindigkeit und Kontrolle kleiner Bewegungen ursprünglich auf die Entwicklungsakzeleration der Mädchen zurückgehen. Im allgemeinen folgt die Feinbewegung den groben Körperbewegungen in der Entwicklung jedes Individuums. Erwartungsgemäß müßten Mädchen Koordination der Feinbewegungen in jüngerem Alter erlernen als Jungen. Diese ursprünglich biologisch bestimmten Geschlechtsunterschiede können sich auf den Erwerb von Interessen und Fertigkeiten auswirken und dadurch einen fortschreitenden Mechanismus der Geschlechtsdifferenzierung in Gang setzen.

In Aufgaben, die die rasche *Auffassung von Details* und häufiges Aufmerksamkeitswechseln erfordern, sind generell Frauen besser. Das ist eine der wichtigsten Fähigkeiten, die in Büroeignungstests gemessen werden, in denen Frauen konsistent besser abschneiden als Männer. Nach den Normen für den Minnesota Bürotest erreichen oder überschreiten nur 16 % der männlichen Arbeiter aus der Gesamtbevölkerung den Median weiblicher Arbeiter beim Prüfen von Ähnlichkeiten und Unterschieden in einer Liste mit Namen und Zahlen (5). Außerdem zeigten etliche verschiedene Untersuchungen eine signifikante weibliche Überlegenheit in diesem Test von der fünften Klasse bis zum Abschlußjahr auf der Highschool (5, 108). Ähnliche Ergebnisse erhielt man mit anderen Bürotests, z. B. mit dem Büroschnelligkeits- und -genauigkeitstest aus den Differentiellen Leistungstests (14). Büroarbeitstests wie die genannten sind weitgehend Maße für den Faktor „Wahrnehmungsgeschwindigkeit", den man mit Hilfe von Faktorenanalysen (s. Kapitel 10) identifiziert hat. Gerade in dieser Fähigkeit sind Frauen wahrscheinlich besser.

Signifikante Unterschiede zugunsten der Männer fand man in einer anderen Wahrnehmungsfunktion, die mit *räumlicher Orientierung* zu tun hat. In den Experimenten von WITKIN und seinen Mitarbeitern (147) wiesen Frauen eine größere Abhängigkeit vom visuellen Feld auf als Männer (s. Kap. 11). Stehen visuelle und kinästhetische Hinweise im Widerstreit, wie im Drehraum-Drehstuhl-Test, machten Frauen mehr Fehler als Männer aufgrund ihrer Unfähigkeit, die irreführenden visuellen Reize auszuschließen. Doch mit geschlossenen Augen waren die Frauen genauso gut wie die Männer. Die Leistung der Frauen war ebenfalls schlechter, wenn ein visueller Reiz unabhängig von seiner Umgebung beurteilt werden mußte wie im Stab-Rahmen-Test. Ebenso hatten die Frauen auch im Test mit eingeschlossenen Figuren mehr Schwierigkeiten als die Männer, die vorgegebene Figur im jeweiligen komplexen Muster zu erkennen.

In einer Untersuchung an schwedischen Studenten entdeckte man einen weiteren Geschlechtsunterschied in der räumlichen Orientierung (105). Die Aufgabe bestand darin, auf einen kleinen beleuchteten Punkt in einem dunklen Raum zu deuten. Obwohl alle Pbn beträchtliche Schwierigkeiten hatten, den beleuchteten Punkt zu lokalisieren, machten Frauen signifikant mehr Fehler als Männer. Frauen erwiesen sich auch als weniger in der Lage, Reizen zu widerstehen, die ihre räumliche Orientierung störten.

Die Forschungen über Geschlechtsunterschiede in Wahrnehmungsfunktionen und über die Beziehungen derartiger Funktionen zu anderen Verhaltensaspekten befinden sich noch im Anfangsstadium. Hier sei daran erinnert, daß es Belege für eine mögliche Beziehung zwischen der Leistung in Raumorientierungsaufgaben und bestimmten breiteren Persönlichkeitsmerkmalen gibt. Die vorliegenden Ergebnisse sollten auch in Verbindung mit Geschlechtsunterschieden in verschiedenen räumlichen Leistungstests gesehen werden (s. u.).

Verbale Funktionen

Von früher Kindheit bis in das Erwachsenenalter hinein hat man weibliche Überlegenheit in verbalen oder sprachlichen Funktionen festgestellt (83, 131). Diesen Unterschied hat man fast in jedem untersuchten Aspekt der sprachlichen Entwicklung gefunden und mit bemerkenswerter Konsistenz haben die verschiedenen Untersucher von ihm berichtet. Nach Beobachtungen an normalen, hochbegabten und minderbegabten Kindern sprechen Mädchen durchschnittlich früher als Jungen. In einer Studie (81) bestimmte man für jedes Kind den Prozentsatz von verständlichen verbalen Antworten. Mit 18 Monaten betrug der durchschnittliche Prozentsatz für Jungen 14 und für Mädchen 38; mit 24 Monaten 49 für die Jungen und 78 % für die Mädchen. Mädchen gebrauchen auch früher als Jungen Sätze und verwenden eher längere Sätze und eine ausgereiftere Satzstruktur. Auch beim Lesenlernen sind Mädchen schneller als Jungen.

Mädchen erreichen in einem jüngeren Alter als Jungen eine ausgereifte Artikulation. Die Artikulationsmuster von Mädchen aus der ersten Schulklasse sind fast dieselben wie die der Jungen aus der zweiten Klasse. Dieser Entwicklungsunterschied auf der motorischen Sprachseite kann ein Hinweis auf die allgemeine weibliche Überlegenheit in den sprachlichen Funktionen sein. Wahrscheinlich ist die Akzeleration der Mädchen in der physischen Entwicklung für den schnelleren Fortschritt in der Artikulation verantwortlich. Das wiederum kann sie bei der Beherrschung aller Sprachstufen stark begünstigen. Solch ein Unterschied in der Entwicklungsrate kann auch teilweise für die sehr viel größere Häufigkeit von Lesestörungen, Stottern, Stammeln und anderen Sprachstörungen bei Jungen verantwortlich sein. Das Verhältnis zwischen männlichen und weiblichen Stotterern schwankt von 2:1 bis 10:1 (109, 110). In einer Erhebung an 17 Gruppen mit Lesestörungen (12) variierte der Prozentsatz von Jungen von 60 bis 100. Wenn Jungen häufiger im Sprechen und Lesen an Normen gemessen werden, denen sie strukturell nicht genügen können, erfahren sie wahrscheinlich häufiger Frustration und Verwirrung in sprachlichen Situationen als Mädchen (83, 109, 110). Dies kann ein wichtiger Faktor nicht nur für die Entwicklung von Sprachstörungen, sondern auch für den normalen späteren Fortschritt der Individuen in den verbalen Funktionen sein. Eine andere Erklärung für den Sprachvorteil der Mädchen basiert auf Geschlechtsunterschieden im Ausmaß und der Beschaffenheit des Kontaktes mit der Mutter, der wichtigsten Quelle für den frühen Spracherwerb (82).

Die Mädchen behalten ihre Überlegenheit in vielen Aspekten der verbalen Funktion im Grundschul- und Highschool-Alter bei. In einer Untersuchung über die Sprachentwicklung von Kindern in den Klassen 4 bis 12 ließ man 472 Jungen und 514 Mädchen einen Aufsatz über ein für beide Geschlechter interessantes Thema schreiben. Innerhalb derselben Zeit schrieben die Mädchen längere Aufsätze als die Jungen. Die Grundschuljungen verwandten durchschnittlich 86 % von der Wortanzahl der Mädchen und die Jungen der Highschool 83 % (68). Mädchen sind gewöhnlich in ihrer Lesegeschwindigkeit schneller und besser in Tests wie Gegensätze, Analogien, Satzvervollständigen, Geschichtenvervollständigen und Umgestellte Sätze. Relevante Daten stammen aus Untersuchungen, die getrennte verbale Tests verwenden und aus Analysen von Untertestwerten aus Intelligenztests. Die allgemeine Überlegenheit der Mädchen in den üblichen Intelligenztests resultiert z.T. aus dem Vorherrschen verbaler Inhalte in diesen Tests.

Mit den neu entwickelten multifaktoriellen Batterien lassen sich die Geschlechtsunterschiede in verbalen Funktionen etwas genauer analysieren. Studien an Highschoolgruppen mit den PMA von THURSTONE zeigten eine signifikante Differenz zugunsten der Mädchen in Wortflüssigkeit (W), doch nicht im Wortverständnis (V). Hierin sind Geschlechtsunterschiede eher zu vernachlässigen und inkonsistent (46, 49, 52). Auch in der Normstichprobe für die Differentiellen Leistungstests waren die Mädchen im Wortgebrauch signifikant besser, der verbale Denktest jedoch erbrachte geringe Unterschiede zugunsten der Jungen (14, 144). Man muß jedoch berücksichtigen, daß Jungen in Highschools eine stärker selegierte Gruppe darstellen als die Mädchen in Highschools – ein Unterschied, der sich auf die Resultate einiger oben genannter Untersuchungen ausgewirkt haben kann. Dennoch ist belegt, daß Mädchen relativ besser in der Wortflüssigkeit und in Aufgaben sind, die die Beherrschung der Sprachwerkzeuge verlangen als in Tests für den Sprachschatz, für verbales Verständnis und verbales Denken.

Gedächtnis

Mädchen sind auch in Gedächtnistests besser, obwohl hier die Unterschiede nicht so groß und konsistent sind wie in verbalen Tests. In der Standardisierungsstichprobe des Stanford-Binet von 1937 (86) schafften signifikant mehr Mädchen als Jungen die Tests für Bildergedächtnis und das Kopieren einer Perlenkette aus dem Gedächtnis. In anderen Gedächtnistests in der Skala fand man keinen signifikanten Unterschied zugunsten eines Geschlechts. Auch Gruppenintelligenztests zeigten meist eine bessere Leistung von Frauen

in Tests, die mit Gedächtnis zu tun haben. In der Gedächtnisspanne und dem Gedächtnis für geometrische Formen sind jedoch die Geschlechtsunterschiede zu vernachlässigen und inkonsistent. Im Gedächtnis für Geschichten hängt die Richtung der Geschlechtsunterschiede oft von dem relativen inhaltlichen Reiz für die beiden Geschlechter ab.
Wenn der Inhalt kein Geschlecht begünstigt, sind jedoch im allgemeinen die Mädchen konsistenter im logischen als im mechanischen Gedächtnis besser. Dies mag auf der größeren Abhängigkeit logischer Gedächtnistests von der Lesefertigkeit basieren. Tatsächlich ist möglicherweise die Rolle verbaler Funktionen als Erleichterung beim Behalten oder Erinnern der meisten Materialarten für die weibliche Überlegenheit in vielen Gedächtnistests verantwortlich. Nach einer anderen Beobachtung scheinen Frauen lebendigere geistige Vorstellungen in jeder Sinnesmodalität zu besitzen als Männer. In welchem Ausmaß ein derartiger Unterschied auf Geschlechtsunterschieden im Beruf und in anderen traditionellen Beschäftigungen basiert, läßt sich aus den Daten nicht bestimmen.

Räumliche und mechanische Fertigkeiten

In Tests für räumliche und mechanische Fertigkeiten hat man wiederholt einen Unterschied zugunsten der Männer beobachtet. Doch etliche Fakten legen die Möglichkeit nahe, daß diese Differenz vorrangig eine kulturelle Basis besitzt. So zeigt sich die männliche Überlegenheit deutlicher und konsistenter in Tests, die von mechanischem Wissen abhängen, als in abstrakteren Tests für räumliche Beziehungen, die beiden Geschlechtern gleich ungeläufig sind. Außerdem findet man die männliche Überlegenheit in diesem Bereich nicht so früh wie die weibliche Überlegenheit in verbaler Fähigkeit. In den ausgedehnten Beobachtungen von GESELL und seinen Mitarbeitern in Yale z.B. fand man in den ersten 5 Lebensjahren keine signifikanten oder konsistenten Geschlechtsunterschiede beim Blöckebauen, bei Formbrettern und in der Formerkennung (36).
Bei Kindern im Schulalter jedoch ist ein klarer Geschlechtsunterschied in mechanischen Tests deutlich. Im Stanford-Binet sind die Jungen signifikant besser im Blöckezählen von Bildern, der Richtungsorientierung und im Suchplanen – alle erfordern wahrscheinlich räumliche Fähigkeiten (86). In Tests wie Formbretter, Puzzlekasten, Objektmontieren und Wegelabyrinth sind Jungen sowohl in der Geschwindigkeit als auch in der Genauigkeit sehr viel besser als Mädchen. PORTEUS (97) fand in seinen abgestuften Papier- und Bleistiftlabyrinthen eine ähnliche männliche Überlegenheit. Die Jungen waren eindeutig in diesen Labyrinthen besser, wenn man sie mit Mädchen mit denselben IQn im Stanford-Binet verglich.

Tabelle 20: Kritische Brüche für die Unterschiede zwischen männlichen und weiblichen Durchschnittswerten in den Minnesota Mechanical Aptitude Tests (aus Paterson et al., 95, S. 274)

Test	Kritischer Bruch (Diff./σDiff.)* Schüler (7. Klasse)	Collegestudenten (2. Jahr)
Montieren	12,1	10,4
Papierformbrett	2,0	2,4
räumliche Beziehungen	−3,2	2,4
Blockaufbauen	−5,0	1,4
Kartensortieren	−8,9	−0,6

* In dieser Tabelle steht ein Minuszeichen für einen Unterschied zugunsten der Mädchen. Ein kritischer Bruch von 2,58 oder höher entspricht einem Signifikanzniveau von 1 %.

Bei der Standardisierung der Minnesota Mechanical Aptitude Tests (95) untersuchte man die Geschlechtsunterschiede bei Kindern aus der 7. Klasse und Collegestudenten im 2. Jahr. In Tabelle 20 findet man die kritischen Brüche für die Unterschiede zwischen den Mittelwerten von Männern und Frauen in diesen Tests. Der größte Geschlechtsunterschied findet sich im Montagetest, der das Zusammenbauen zahlreicher Gebrauchsgegenstände aus vorgegebenen Teilen verlangt, z.B. einen Flaschenöffner oder eine Zündkerze. Die größere Erfahrung von Jungen mit mechanischen Objekten gibt ihnen in einem derartigen Test zweifellos einen Vorteil. Der Test „Papierformbrett“ fordert abstraktere räumliche Veranschaulichung. Die männliche Überlegenheit verfehlt knapp das erforderliche Signifikanzniveau. Beim Test „räumliche Beziehungen“ müssen möglichst schnell zahlreiche unregelmäßig geformte Teile in die passenden Lücken eingefügt werden. Dieser Test und die Tests „Blockaufbau“ und „Kartensortieren“ begünstigen die Mädchen – entsprechend dem häufig berichteten Geschlechtsunterschied in der Handgeschicklichkeit und der Wahrnehmungsdiskrimination. Doch der weibliche Vorsprung in diesen Tests verschwindet bei Collegestichproben entweder aufgrund selektiver Faktoren oder aufgrund dazwischenliegender Erfahrungsunterschiede.

In Tests für mechanisches Verständnis haben Frauen, wie man ausgehend von den Geschlechtsunterschieden in mechanischem Wissen und Erfahrung erwarten kann, niedrigere Werte als Männer. Das illustrieren Ergebnisse einer Erhebung mit dem Bennet-Test für mechanisches Verständnis (Form AA), den man 390 Frauen und 338 Männern vergleichbaren Alters und vergleichbarer Ausbildung sowohl aus der Highschool als auch aus Erwachsenengruppen vorgelegt hatte (13). Die Männer lagen durchschnittlich in diesem Test

viel höher als die Frauen. Die kritischen Brüche für die Differenzen lagen in den verschiedenen Gruppen zwischen 7,2 und 10,5. Obwohl der Geschlechtsunterschied von einem Problem zum nächsten stark variierte, machten die Frauen in jedem Item mehr Fehler als die Männer.
Man kann hier auch die Geschlechtsunterschiede in Leistungstests der „Intelligenz“ erwähnen, von denen viele weitgehend von räumlichen und nicht von verbalen Fähigkeiten abhängen. Solche Tests begünstigen generell die Jungen. In einer vollständigen Stichprobe 11jähriger Kinder z.B., die in einer schottischen Erhebung untersucht worden waren, gab man zusätzlich zum Stanford-Binet eine Batterie von 8 aus Intelligenzskalen ausgesuchten Handlungstests (77). Der gesamte Leistungswert erbrachte einen signifikanten Unterschied zugunsten der Jungen, obwohl der IQ im Stanford-Binet keinen signifikanten Geschlechtsunterschied in derselben Stichprobe erbrachte. In multiplen Leistungstestbatterien sind konsistent die Jungen in Raumfaktoren besser (14, 46, 49, 52, 144).

Numerische Fähigkeiten

In numerischen Tests begünstigen wieder die größten Differenzen die Jungen. Solch ein männlicher Vorsprung erscheint jedoch so lange nicht, bis die Kinder in die Grundschule eingetreten sind. GESELLs Beobachtungen an Vorschulkindern zeigen entweder vernachlässigenswerte Unterschiede oder eine leichte Überlegenheit der Mädchen in der frühen Entwicklung numerischer Konzepte (36). Erhebungen an Kindern aus dem Kindergarten und der ersten Klasse erbrachten keine signifikanten Geschlechtsunterschiede in arithmetischen Fähigkeiten (s. 131).
Auch auf den niedrigeren Stufen des Stanford-Binet sind die Geschlechtsunterschiede in Tests für Zählen und Zahlkonzepte gering oder inkonsistent.
Bei Grundschulkindern wie bei älteren Pbn ergeben *Rechentests* entweder keine Geschlechtsunterschiede oder, weit häufiger, einen Unterschied zugunsten der Mädchen (131). In arithmetischen Problemen und anderen *numerischen Denktests* sind jedoch die Männer recht konsistent besser (131). Im Stanford-Binet von 1937 (86) sind die Jungen signifikant besser in Tests für arithmetisches Denken, Scharfsinn (schwierige Arten eines numerischen Denkproblems) und Induktion (es muß eine allgemeine numerische Regel gefunden werden). In den meisten Gruppenintelligenztests auf Grundschul-, Highschool- und Collegeniveau übertreffen die Jungen die Mädchen in Tests wie arithmetisches Denken und Zahlenreihen. In multifaktoriellen Batterien sind die Mädchen den Jungen meist überlegen in Tests für den numerischen Faktor (N), der Geschwindigkeit und Genauigkeit bei Rechenoperationen erfaßt (46). Dagegen haben die Jungen gewöhnlich höhere Werte in numerischen Denktests (14, 144).

Einige Studien beleuchten auch noch die Geschlechtsunterschiede im allgemeinen Problemlösen. Ihre Ergebnisse können somit einige beobachtete Geschlechtsunterschiede im rechnerischen Denken und bei der Lösung von Denkproblemen auf anderen Gebieten zu klären helfen. Bei Collegestudenten fand SWEENEY (125), daß Männer signifikant in Problemen überlegen waren, die „Umstrukturierung" erfordern, d.h. das Aufgeben des ersten Zuganges und die Umorganisation der Daten in anderer Weise. Dieser Geschlechtsunterschied verblieb sogar, als man die Gruppen nach ihrer allgemeinen Intelligenz, verbalen und mathematischen Fähigkeiten, relevantem Wissen und einigen Hintergrundfaktoren parallelisiert hatte.
In einer Studie an Highschool-Abgängern fand KOSTIK (67), daß Jungen in ihrer Fähigkeit zum Transfer herausragten, d.h. in der Fähigkeit, Fertigkeiten und Wissen auf neue Situationen zu übertragen. Wieder hatte man relevante Faktoren wie Intelligenz, Vorwissen, Lesefähigkeit, Übungseffekte und bestimmte Persönlichkeitsmerkmale kontrolliert. Männliche Überlegenheit im Übungstransfer hat man auch in anderen Studien an Highschool- und Collegestudenten bestätigt (s. 50). Alle diese Untersuchungen bieten vielversprechende Wege zu weiterer Forschung über Geschlechtsunterschiede, besonders wenn man sie in Verbindung mit neueren Arbeiten über die Kreativität und über Denken sieht (s. Kap. 11). Man sollte auch erforschen, inwieweit diese Geschlechtsunterschiede auf Problemlösungseinstellungen beruhen, die übungsbedingt sind.

Fähigkeiten zur Malerei und Musik

Bei Vorschulkindern fügen Mädchen generell mehr Details in ihre Zeichnungen ein als Jungen (36). Das gilt für spontane Zeichnungen und verschiedene kontrollierte Zeichentests, z.B. beim Mannzeichnen oder beim Vervollständigen von Figuren. Unterschiede in der Entwicklungsgeschwindigkeit wie in den traditionellen Spielen von Jungen und Mädchen können für diese Ergebnisse verantwortlich sein. In der späten Kindheit und bei Erwachsenen lassen sich Geschlechtsunterschiede in der künstlerischen Produktion und im Geschmack sehr viel schwerer bewerten, da offensichtlich die relevante Übung und Erfahrung sehr unterschiedlich sind. In Tests für den Kunstgeschmack, z.B. dem MCADORY und dem MEIER Art Judgment Test überragen die Frauen die Männer in ihren Durchschnittswerten um kleine, aber signifikante Beträge[3] (7, 30).

---

3 In einer Studie von PROTHRO und PERRY (99) fand man an einer Stichprobe schwarzer und weißer Highschool- und Collegestudenten keine signifikante Geschlechtsdifferenz im MEIER-Art-Test. Doch hatten bei den Weißen die Frauen und bei den Schwarzen die Männer etwas höhere Werte.

In den Seashore Maßen für musikalisches Talent, die relativ einfache Gehördiskrimination und Gedächtnis messen, fand man keine signifikanten Geschlechtsunterschiede (31).
In komplexeren Tests, die größeres Gewicht auf den ästhetischen Geschmack legen, begünstigen die Werte generell die Frauen. Ein interessanter Hinweis auf den möglichen Ursprung dieser Differenzen stammt aus einer Untersuchung an Collegestudenten mit den Kwalwasser-Dykema Musiktests (37). Man verglich Männer und Frauen aus einer Gruppe von 1000 Studenten aus 11 Colleges des Ostens miteinander. Insgesamt hatten die Frauen einen höheren Durchschnittswert. Doch als man nur die Pbn, die keinen Musikunterricht gehabt hatten, miteinander verglich, verschwand der Geschlechtsunterschied. Dieses Ergebnis spricht dafür, daß die gewöhnlich berichteten Unterschiede in diesen Tests aus unterschiedlicher Übungsdauer resultieren.

Geschlechtsunterschiede in der Persönlichkeit

Interessen und Einstellungen

Aus der alltäglichen Beobachtung geht eindeutig hervor, daß auffallende Persönlichkeitsunterschiede zwischen erwachsenen Männern und Frauen in unserer Gesellschaft bestehen. In vielen emotionalen und sozialen Charakteristika ist diese Differenzierung schon in frühem Alter erkennbar. Ein wichtiger Aspekt der Persönlichkeitsentwicklung, in dem sich traditionelle Geschlechtsunterschiede manifestieren, schließt Interessen, Vorlieben, Ideale, Einstellungen und persönliche Wertvorstellungen mit ein. Wegen ihrer relativ verdeckten und fortdauernden Beschaffenheit üben diese Charakteristika oft einen unerwarteten Einfluß aus. Sie beeinflussen nicht nur die Entwicklung emotionaler und charakterlicher Eigenschaften, sondern auch die Leistungen und erfolgreichen Fähigkeiten eines Individuums.
Aus sehr verschiedenen Quellen liegen Daten über Interessen und Einstellungen vor. Besonders umfangreich sind die Informationen, die man an *Kindern* gesammelt hat (s. 131). Die Vorlieben von Jungen und Mädchen hat man z.B. in folgenden Bereichen miteinander verglichen: Spiele, spontane Zeichnungen, die Themenwahl für Aufsätze, Sammlungen, Lesestoff, Filme, Radioprogramme, Idealbilder aus der Einbildung oder aus dem öffentlichen Leben, Berufswahlen und allgemeine Lebensziele. Aus diesen verschiedenen Studien haben sich recht klare und konsistente männliche und weibliche Interessensmuster ergeben.
Einige wenige Beispiele sollen genügen, um den Trend der Ergebnisse zu verdeutlichen. Ausführliche Studien über *Spiele* (72, 128) haben gezeigt, daß

sich Jungen häufiger mit aktiven, heftigen Spielen beschäftigen, mit Aktivitäten, die Muskelgeschwindigkeit und -fertigkeit fordern, und mit hochorganisierten Wettkampfspielen. Die Spiele von Mädchen sind eher seßhaft, konservativ und im Aktionsbereich beschränkt. In einer Studie von HONZIK (56) gab man 252 Kindern aus der Berkeley Growth Study verschiedenes Spielmaterial und forderte sie auf, eine vorgestellte Szene aus einem Film zu bauen. Jungen verwendeten mehr Blöcke und Geräte zur Aufgabenausführung, während Mädchen mehr Möbel und Familienfiguren verwendeten. ERIKSON (29) analysierte dieselben Daten noch einmal. Er zeigte, daß Jungen mehr dazu neigen, hohe Konstruktionen, Trümmer und Objekte in eingefangener Bewegung zu schaffen. Mädchen konstruieren häufiger vorrangig statische Szenen und verwenden Blöcke, um Einzäunungen, z.B. Räume zu markieren.

Im *Lesestoff*, bei *Filmen* und *Radioprogrammen* bevorzugen Jungen Gefahr, Fahrten und Entdeckung; Mädchen bewerten Liebes- und romantische Geschichten, Kinder und Familienleben am höchsten. Eine Erhebung über die Lesegewohnheiten Schweizer Kinder bestätigte diese Ergebnisse (8).

Die *Berufswahlen* von Highschoolschülern sprechen dafür, daß Jungen Berufe anstreben, die Macht, Gewinn und Unabhängigkeit bieten. Mädchen dagegen legen einen größeren Wert auf interessante Berufserfahrungen und den Sozialdienst (121). In einem Vergleich der *Lebensbereiche*, die die Highschoolschüler für Diskussionen und das Lesen in der Schule am höchsten bewerten, fand man bestimmte Geschlechtsunterschiede, die in später Jugend zunahmen (126). Die Jungen gaben den höchsten Rang Diskussionen über physische Gesundheit, Sicherheit und Geld und zeigten offen Interesse an der Sexualität. Die Mädchen machten sich mehr Gedanken über persönliche Attraktivität, persönliche Philosophie, über Planungen der täglichen Pflichten, geistige Gesundheit, Benehmen, persönliche Qualitäten, Heim- und Familienbeziehungen.

Forschungen an *Erwachsenengruppen* mit Hilfe vielfältiger Techniken wiesen ähnliche Geschlechtsunterschiede in den Interessen und Einstellungen nach. Mehrere Untersucher haben systematisch Gesprächsfetzen von Männern und Frauen analysiert, die man an verschiedenen Örtlichkeiten in der Stadt New York (18, 92, 143), in einer College-Stadt des Mittleren Westens (70) und in zwei Londoner Geschäftsstraßen (69) abgehört hat. Obwohl der Ort in einem bestimmten Ausmaß die Gesprächsthemen bestimmt, sind die wichtigsten Geschlechtsunterschiede recht konsistent. Geld, Geschäftsangelegenheiten und Sport kommen häufiger in Gesprächen zwischen Männern vor. Andere Frauen und Kleidung findet man häufiger in Gesprächen zwischen Frauen. Außerdem sprechen Frauen signifikant häufiger als Männer über Menschen. Die Gespräche gemischter Gruppen werden entweder beherrscht von

Themen, die für beide Geschlechter von gleichem oder von geringem Interesse sind.

Geschlechtsunterschiede fand man auch in Interessentests, wie dem Kuder Preference Record (135, 137), der besonders als Maß für Berufsvorlieben geschaffen worden ist. Im Durchschnitt zeigen Männer stärkere Vorlieben für mechanische, Werbungs-, Berechnungs- und wissenschaftliche Arbeiten. Die Frauen legen im Durchschnitt größeres Interesse für Literatur, Malerei, Sozialdienste und Büroarbeiten an den Tag. Ähnliche Unterschiede zwischen Männern und Frauen allgemein fand man in der Strong Vocational Interest Blank (123). Andererseits zeigten Männer- und Frauengruppen aus *denselben Berufen* sehr ähnliche Interessensmuster (115). So ähnelten Ärztinnen oder Lebensversicherungsvertreterinnen sehr viel stärker in ihren Interessen Ärzten und Lebensversicherungsvertretern als Hausfrauen.

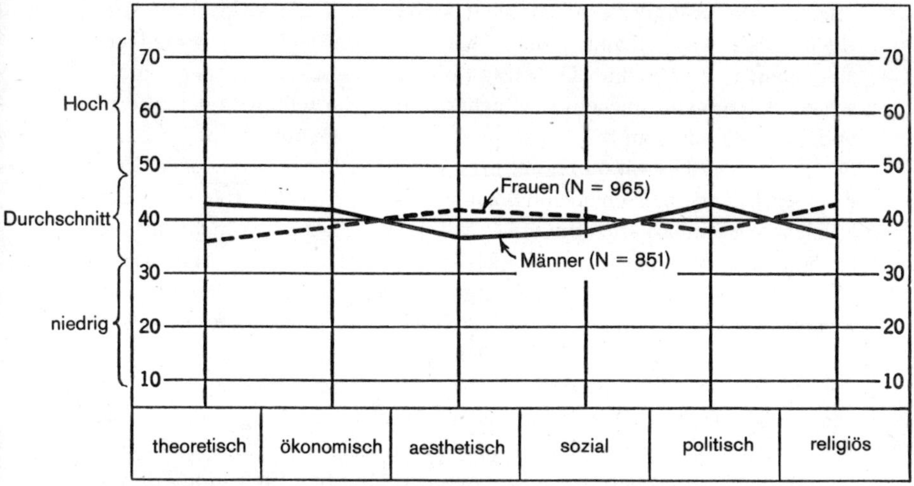

Abb. 77: Mittelwertprofile von männlichen und weiblichen Collegstudenten in der „Study of Values" von ALLPORT-VERNON-LINDZEY (Daten aus ALLPORT, VERNON u. LINDZEY, 3. S. 9)

Man hat auch signifikante Geschlechtsunterschiede in der Study of Values (3) von ALLPORT, VERNON und LINDZEY gefunden. Wie man in Abbildung 77 sieht, sind die Angaben der Frauen am höchsten für ästhetische, soziale und religiöse Werte. Das spricht dafür, daß unmittelbares Vergnügen an künstlerischen Erlebnissen, Sorge um das Wohlergehen anderer Menschen und Betonung geistlicher Werte relativ wichtig in den Lebenszielen von Frauen sind. Die Profile der Männer zeigen Spitzen in den theoretischen, ökonomischen und politischen Werten. Solch ein Profil spricht für ein Interesse an abstraktem Wissen und Verstehen, dem Wunsch nach praktischem Erfolg und das Bedürfnis nach Ansehen und Macht über andere. Obwohl die Geschlechtsunterschiede alle signifikant sind, sind sie nicht groß und das Überschneiden ist beträchtlich. Im Strong VIB fand man sehr viel größere Unterschiede zwischen verschiedenen Berufsgruppen desselben Geschlechts als zwischen Männern und Frauen insgesamt.

In dieser Übersicht über Geschlechtsunterschiede in Interessen, Vorlieben, Einstellungen und Werten sind wir wiederholt auf die größere *soziale Orientierung* der Frauen gestoßen. Dieser Geschlechtsunterschied erscheint früh im Leben und setzt sich bis ins hohe Alter fort. Ein möglicher Faktor für das größere soziale Interesse und die soziale Orientierung von Mädchen kann ihre frühere Sprachentwicklung sein. Ihre raschere Beherrschung der Sprache gibt Mädchen sicherlich einen Vorteil beim Kommunizieren mit anderen Kindern und Erwachsenen und kann somit Aktivitäten sozialer Art in Gang setzen. Von besonderer Wichtigkeit sind jedoch die verdeckten sozialen Zwänge, die wahrscheinlich viel früher zu wirken beginnen als man sich im allgemeinen klarmacht. Die traditionellen Geschlechtsrollen und Geschlechtsstereotype spiegeln sich sicher in den Einstellungen der Eltern und anderer Personen dem Kind gegenüber seit seiner Geburt wider.

Die ganze Kindheit hindurch hat man in sehr vielen verschiedenen Situationen Geschlechtsunterschiede im Sozialverhalten festgestellt (60, 131). Bei den Spielen von Kindergartenkindern befassen sich die Jungen mehr mit Objekten und die Mädchen mehr mit persönlichen Beziehungen. Mädchen legen auch mehr als Jungen Verantwortung und „mütterliches Verhalten" anderen Kindern gegenüber an den Tag. In allen Altersstufen beschäftigen sich Mädchen mehr mit „Sozialspielen", an denen andere Kinder beteiligt sind; sie lesen mehr Bücher über Menschen und bezeugen häufiger Interesse am Umgang mit Menschen. Daß Mädchen sich häufiger mit Fragen des Aussehens und Benehmens beschäftigen, ist indirekt ein Zeichen für das stärkere Interesse an dem, was andere von ihnen denken. Man ließ Eltern die Fragen aufschreiben, die ihre Kinder stellten. Mädchen fragten anteilmäßig signifikant häufiger über soziale Beziehungen. Liebenswürdige Spitznamen sind häufiger bei Mädchen, Jungen gebrauchen häufiger Spitznamen, die auf physische Absonderlichkeiten hinweisen. Mädchen ärgern sich häufiger über Situationen, die ihr Sozialprestige ankratzen und sind auch häufiger neidisch. Ihre Wünsche, Befürchtungen, Tagträume und ihre erfreulichen wie unerfreulichen Erinnerungen drehen sich häufiger um Menschen. Selbst Untersuchungen über Kinderträume haben ergeben, daß Mädchen häufiger als Jungen über die verschiedensten Menschen, ihre eigene Familie und das Zuhause träumen.

Sowohl die Geschlechtsunterschiede in der Erinnerung als auch das stärkere Interesse an Menschen ist vielleicht für die bessere Leistung von Frauen bei der Assoziation von Namen mit Gesichtern verantwortlich. In einer Untersuchung an 210 Collegestudenten fand man in einem Bildertest und in einer Miniatursozialsituation, in der gesprochene Namen mit Einzelpersonen identifiziert wurden, signifikante Unterschiede zugunsten von Frauen (63). Interessant ist auch eine Studie an Personen im Alter von 70 bis 90 Jahren, in der die Soziabilität von Frauen mit ihrem Glücklichsein hoch positiv korreliert, doch bei Männern nicht signifikant korreliert war (s. 60).

Aus zahlreichen Quellen gibt es Hinweise auf Geschlechtsunterschiede in der *Leistungsmotivation.* Männer scheinen in unserer Kultur einen stärkeren Antrieb als Frauen zur Leistung und zum Vorankommen zu haben. Dieser Unterschied zeigt sich in den vorher zitierten Berufswahlen von Highschoolstudenten und in Ergebnissen der Study of Values. Auch die Berufsgeschichten der Pbn, die an der Stanford Gifted Child Study (s. Kap. 13) teilnahmen, belegt diesen Punkt. Trotz ihres hohen intellektuellen Niveaus hatten die meisten berufstätigen Frauem in dieser Gruppe Beschäftigungen recht routinemäßiger Art gewählt, z.B. Büroarbeit.

Experimente über das „Anspruchsniveau" von Jungen und Mädchen unterstützen diese allgemeinen Beobachtungen. In solchen Experimenten soll der Pb vor jedem Versuch jeweils angeben, welchen Wert er zu erreichen versuchen will. Die Diskrepanz zwischen dem antizipierten Ziel und der wirklichen Leistung ist ein Zeichen für das Anspruchsniveau eines Individuums. In einer Untersuchung mit Mädchen und Jungen in der 4., 6., 8. und 12. Klasse hatten die Mädchen eine geringere Zieldiskrepanz als die Jungen (142). Mit einem anderen Ansatz fanden auch McClelland und seine Mitarbeiter (84) große Geschlechtsdifferenzen im Leistungsmotiv. In dieser Studie schrieben die Pbn als Antwort auf Bilder Geschichten, bevor und nachdem sie einen „Intelligenztest" unter Bedingungen durchgeführt hatten, die das Leistungsmotiv steigern sollten. Die Geschichten wurden nach dem Ausmaß der Leistungsmotivation bewertet. Im Anschluß an die Testerfahrungen zeigten sich bei den Männern, nicht aber bei den Frauen signifikante Unterschiede. Doch in zusätzlichen Experimenten ergab sich, daß sich immer dann die Leistungsmotivation bei Frauen, und nicht bei Männern signifikant änderte, wenn die dazwischenliegende Erfahrung die soziale und nicht die intellektuelle Bewertung ansprach. Diese Ergebnisse beleuchten wiederum die dominierende Sozialorientierung von Frauen in unserer Kultur und weisen darauf hin, daß Geschlechtsunterschiede in der Leistungsmotivation im Hinblick auf das jeweilige Ziel betrachtet werden müssen.

Sexualverhalten

Auch in ihrem Sexualverhalten spiegeln sich Unterschiede in der Orientierung und in den Einstellungen von Männern und Frauen wider. Die ausführlichste Informationsquelle zu diesem Thema stellt die Forschung von KINSEY und seinen Mitarbeitern dar (64, 65). In diesen Untersuchungen erhob man die Daten von 5300 männlichen und 5940 weiblichen weißen Amerikanern mit Hilfe intensiver zweistündiger Interviews. Der zweite Band (65) über die Daten der Frauen enthält auch Vergleiche zwischen den Ergebnissen beider Geschlechter. Man hat methodisch die Forschung von KINSEY hauptsächlich aus zwei Gründen kritisiert. Erstens, beruhen die Daten auf dem, was die Pbn über ihre sexuellen Erfahrungen erinnern und berichten. Obwohl die Interviewer gut geschult waren und offensichtlich mit den Pbn gute Zusammenarbeit erreicht wurde, gibt es in dieser Hinsicht eine unbekannte Fehlerquelle.

Eine zweite und ernsthaftere Kritik betrifft den sogenannten „Freiwilligenfehler". Da die meisten Pbn Freiwillige waren, unterschieden sie sich wahrscheinlich in systematischer Weise von denjenigen, die in dieser Studie nicht erfaßt wurden. Es gibt einige Belege dafür, daß sich Freiwillige für jede Untersuchung signifikant in Persönlichkeitsmerkmalen von Nichtfreiwilligen unterscheiden (104). Noch bedeutsamer ist der Befund von MASLOW und SAKODA (79), nach dem die Collegestudenten, die sich für die Interviews gemeldet haben, signifikant höhere Werte in einem Selbsteinschätzungsfragebogen hatten als ihre Klassenkameraden. In einer früheren Studie hatte MASLOW (78) eine hohe positive Korrelation zwischen dem Selbsteinschätzungswert und unkonventionellen sexuellen Einstellungen gefunden. Solche Ergebnisse lassen vermuten, daß der Freiwilligenfehler in den Daten von KINSEY in der Richtung gewirkt hat, daß die Häufigkeit unkonventionellen Sexualverhaltens in der Gesamtstichprobe erhöht wurde.

Eine andere Schwierigkeit bei der Stichprobenwahl betrifft die mangelnde Vergleichbarkeit der gesamten Frauen- und Männerstichproben, ganz besonders im Hinblick auf die Ausbildung. Doch selbst als man parallele Untergruppen von Männer und Frauen miteinander verglich, blieben die wichtigsten Geschlechtsunterschiede aus der Gesamtstichprobe bestehen. Weitere methodologische Analysen finden sich in den Kritiken der beiden Bände durch TERMAN (127) bzw. durch HYMAN und BARMACK (59). Ausführlichere Kritiken und Diskussionen über die Implikationen der Ergebnisse aus den verschiedensten Blickwinkeln kann man in den Büchern finden, die ELLIS (26), GEDDES (35) und HIMELHOCH und FAVA (51) herausgegeben haben.

Im Hinblick auf *Geschlechtsunterschiede* besteht das wichtigste und am besten gesicherte Ergebnis der KINSEY-Forschung darin, daß Männer durch eine *breitere Vielfalt symbolischer Reize* sexuell angeregt werden, z.B. durch Bilder oder verbale Berichte über sexuelle Aktivität, durch nackte Figuren und Objekte, die mit dem anderen Geschlecht assoziiert sind. Da man über ähnliche Geschlechtsunterschiede bei Tieren berichtet hat, gibt es wahrscheinlich eine biologische Basis für ein solches Ergebnis. Dennoch erscheint die Erklärung von KINSEY et al. mit Geschlechtsunterschieden im cerebralen Cortex höchst fragwürdig. Außerdem sind beim Menschen alle vorhandenen biologischen Unterschiede zweifellos durch vielfältige kulturelle Faktoren überlagert. Von möglicher Bedeutung ist der Befund, daß bei bestimmten Reizen, z.B. romantischen Filmszenen, Frauen häufiger von sexueller Erregung berichten als Männer. Die größere soziale Akzeptierung derartiger Reize kann mit den Geschlechtsunterschieden in den Reaktionen zu tun haben. Es sei auch erwähnt, daß die Streubreite individueller Unterschiede bei jedem Geschlecht extrem weit ist und eine starke Überschneidung vorliegt. So wird ein Drittel der Frauen in der KINSEY-Studie durch symbolische Reize ebenso oft oder häufiger als der Durchschnittsmann erregt. Ähnlich reagierten 2 bis 3% der Frauen sexuell auf eine breitere Vielfalt von Faktoren als irgendein Mann in der Stichprobe.

Emotionale Anpassung

Ein wichtiger Persönlichkeitsbereich, in dem man große Geschlechtsunterschiede gefunden hat, ist der der *emotionalen Instabilität* oder des *Neurotizismus*. Bei Vorschul- und Grundschulkindern berichten Mädchen mehr über Ängste und Ärger als Jungen. Sie manifestieren mehr „nervöse Gewohnheiten", d.h. u.a. Nägelkauen und Daumenlutschen (s. 131). Auf der anderen Seite finden sich „Verhaltensprobleme" bei Jungen häufiger. Der Gesamtbetrag an Instabilität ist also bei beiden Geschlechtern in diesen Altersstufen nicht unterschiedlich. Mädchen beschränken sich vielleicht einfach darauf, ihre Fehlanpassung auf sanfteren und weniger heftigen Wegen auszudrücken als Jungen. Der Grund kann in den unterschiedlichen Geschlechtsrollen und sozial auferlegten Einschränkungen liegen. In der California Guidance Study (76; s. Kap. 8) fand man signifikante Geschlechtsunterschiede in den Häufigkeiten für verschiedene *Arten* von Verhaltensstörungen bei Kindern im Alter von 3 bis 13 Jahren. Jungen zeigten häufiger Überaktivität, aufmerksamkeitsheischendes Verhalten, Neid, Streitlust, Lügen, Selbstsucht beim Teilen, schlechte Laune und Stehlen. Mädchen lutschten eher am Daumen, waren extrem zurückhaltend, regten sich über ihr Essen auf, waren ängstlich, schüchtern, furchtsam, überempfindlich, düster und hatten Stimmungsschwankungen.

In Neurosefragebögen erscheinen bis in die Jugendjahre hinein keine eindeutigen Unterschiede in emotionaler Instabilität. Dieses Ergebnis wird gestützt durch etliche Untersuchungen mit verschiedenen Formen der Woodworth Personal Data Sheet, die speziell für Kinder und Jugendliche konstruiert wurden (44, 80, 128, 131).

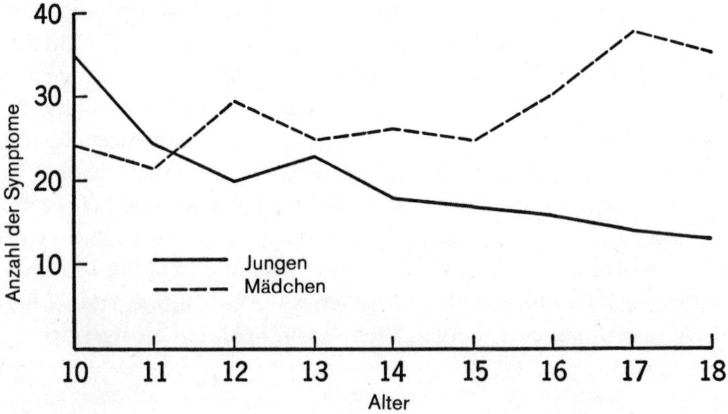

Abb. 78: Mediane der Symptomanzahl von Jungen und Mädchen im WOODWORTH-MATHEWS-Test für emotionale Instabilität (aus MATHEWS, 80, S. 21)

Abbildung 78 illustriert die Altersveränderungen in dieser Hinsicht. Die Werte basieren auf den Daten von 557 Jungen und 558 Mädchen im Alter von 9 bis 19 Jahren. Im Alter von 10 Jahren berichteten die Jungen eine größere Anzahl von neurotischen Symptomen (im Median) als die Mädchen im Woodworth-Mathews-Test. Mit zunehmendem Alter steigt der Median für die Symptomanzahl der Mädchen, doch für die Jungen sinkt er ab. Oberhalb des Alters von 14 Jahren ist die Geschlechtsdifferenz statistisch signifikant und begünstigt konsistent die Jungen. Eine Hypothese, die solche Daten offenbar nahelegt, bezieht sich auf die zunehmende Differenzierung der sozialen Zwänge mit dem Alter.
Bei Erwachsenengruppen sind die Geschlechtsunterschiede in Anpassungsfragebögen groß und konsistent. Im Bernreuther Personality Inventory z.B. geben weibliche Collegestudenten signifikant mehr neurotische Symptome an als Männer. Das ergibt sich aus Tabelle 21. In demselben Fragebogen hatten die Männer signifikant höhere Werte für *Dominanz, Selbstzufriedenheit* und *Selbstvertrauen.* Der signifikant höhere Mittelwert für *Introversion* bei Frauen muß mit Zurückhaltung interpretiert werden, da andere Studien inkonsistente Ergebnisse erbrachten.
Anscheinend legen Frauen auf bestimmten Gebieten mehr Introversion an den Tag, und Männer auf anderen (48). Das Fehlen eines Geschlechtsunter-

Tabelle 21: Geschlechtsunterschiede bei Collegestudenten im Persönlichkeitsfragebogen von BERNREUTER (Daten aus BERNREUTER, 15)

Skala	männlicher Durchschnitt	weiblicher Durchschnitt	kritischer Bruch*	Richtung des Unterschiedes
B_1N: Neurotizismus	−57,3	−42,8	3,15	Frauen neurotischer
B_2S: Selbstzufriedenheit	27,0	6,8	5,89	Männer selbstzufriedener
B_3I: Introversion	−25,6	−14,7	3,50	Frauen introvertierter
B_4D: Dominanz	45,9	30,6	3,77	Männer dominanter
F_1C: Vertrauen	−51,5	8,7	9,62	Männer mehr Selbstvertr.
F_2S: Soziabilität	−25,9	−31,1	0,88	kein signifikanter Unterschied

* Von der Autorin aus den veröffentlichten Normen berechnet. Werte von 2,58 oder höher indiziert Signifikanz auf dem 1 %-Niveau.

schiedes auf der Skala für *Soziabilität* mag auf der Tatsache basieren, daß sich die Items dieser Skala sowohl auf soziale Orientierung als auch auf soziale Teilnahme beziehen. Aus einer Analyse der Daten von 3000 Collegestudenten schlossen JOHNSON und TERMAN (60), daß Frauen sich nicht wirklich sozialer verhalten als Männer, doch stärker wünschen sozial zu sein. Der offene Ausdruck sozialer Interessen bei Frauen wird oft durch Ängstlichkeit, mangelndes Selbstvertrauen und speziellere kulturelle Restriktionen verhindert.

Der Geschlechtsunterschied in der Anzahl neurotischer Antworten ist mit anderen Persönlichkeitsfragebogen bestätigt worden (40, 43). Daß derartige Unterschiede sich nicht nur auf die Antworten in Fragebogen beschränken, legt eine Studie an Collegestudenten nahe (23). Zwei erfahrene Berater interviewten Studenten, nachdem sie einen Persönlichkeitsfragebogen beantwortet hatten. Das Übermaß an Fehlanpassung bei den Frauen, wie es sich in den Interviews zeigte, war sogar noch größer als in den Testwerten.

In ihrer Analyse der relevanten Literatur betonten JOHNSON und TERMAN konstitutionelle und nicht kulturelle Faktoren als Basis für das größere emotionale Ungleichgewicht der Frauen. Belege zur Stützung einer solchen Behauptung waren u. a.: 1. das frühe Alter, in dem sich Geschlechtsunterschiede in nervösen Gewohnheiten zeigen; 2. der Fortbestand von Geschlechtsunterschieden im Neurotizismus heute trotz des Trends zur Angleichung sozialer Rollen; 3. die Tatsache, daß Geschlechtsunterschiede in der Emotionalität genauso groß oder noch größer sind bei institutionalisierten Blinden, Tauben oder Waisenkindern trotz der relativen Uniformität von Heimumwelten; 4. die Tatsache, daß Spitzen des „nervösen" Verhaltens oft mit physiologischen Veränderungen in der Pubertät und der Menopause zusammenfallen.

Alle diese Belege erlauben auch Alternativerklärungen. Pubertät und Menopause sind ebenso Zeiten akuter Krisen in unserer Gesellschaft wie Zeiten physiologischer Verwirrung. Heimumwelten sind bei weitem nicht gleich für Jungen und Mädchen. Tatsächlich gibt es keinen Grund für die Annahme, Geschlechtsstereotype seien bei Heimpersonal anders geartet als bei irgendwelchen anderen Mitgliedern unserer Gesellschaft. Die Fortdauer von Geschlechtsunterschieden im Neurotizismus ist in unserer heutigen Gesellschaft nicht erstaunlich. Die größere Angleichung der Bildung und die sporadische Zulassung von Frauen zu bestimmten vorherrschend „maskulinen" Berufen ohne Entfernung anderer Quellen für Frustration und Diskrimination kann eher Konflikte und Fehlanpassung verstärken als vermindern. Wie für das Übermaß nervöser Gewohnheiten bei weiblichen Kindern haben wir schon ausgeführt, daß nervöse Gewohnheiten wahrscheinlich ein ungenügendes Anzeichen für Emotionalität sind. Die Daten zeigen nicht eindeutig, daß die Frauen in der Kindheit das „emotionalere" Geschlecht sind, selbst wenn wir sichergestellt hätten, daß die Umwelten für Jungen und Mädchen gleich wären.

Aggressivität und Dominanz

Einer der beständigsten Geschlechtsunterschiede liegt in der größeren *Aggressivität* der Männer. Die Ursprünge für diesen Geschlechtsunterschied sind wahrscheinlich teils kulturell, teils biologisch bedingt. So hat man z. B. einen ähnlichen Geschlechtsunterschied in Aggression und Kampfesbereitschaft bei zahlreichen Tierarten beobachtet. Die größere Gestalt und Muskelstärke des Mannes ist zweifellos ein beteiligter Faktor, das männliche Sexualhormon ein anderer. Der Anteil des letztgenannten zeigt sich in den auffallenden Annäherungen im aggressiven Verhalten, nachdem man die Gonaden bei Tieren verpflanzt hat.
In unserer Kultur manifestieren sich Geschlechtsunterschiede in der Aggressivität von früher Kindheit an. Unter Verwendung von Lehrerberichten oder direkten Beobachtungen hat man in Studien an Kindergarten- und Vorschulkindern wiederholt nachgewiesen, daß Jungen mehr Wut, Aggression, Zerstörungssucht und zänkisches Verhalten an den Tag legen als Mädchen (45, 94, 131). In einer Untersuchung an 150 Vorschulkindern beobachtete SEARS (113) Puppenspiele, bei denen die Puppen Familienmitglieder unter typischen Bedingungen darstellten. Dieses Spielmaterial wurde somit als eine „projektive Technik" verwendet, indem den Kindern Gelegenheit geboten wurde, ihre Gefühle auszuagieren. In dieser Situation zeigten Jungen nicht nur signifikant mehr Aggressionen als Mädchen, sondern sie manifestierten auch eher Aggression durch physische Gewalt. Mädchen dagegen beschränkten

sich mehr auf verbale und andere symbolische Formen der Aggression. Geschlechtsunterschiede im Zerstörungsdrang fand man ebenso in einer Analyse von Fragebogendaten, die auf den Angaben von Collegestudenten über das Vorkommen von Zerstörungswut in ihrer Kindheit basierten (22).

Geschlechtsunterschiede in der Aggressivität können ebenso für die größere Jungenzahl verantwortlich sein, die an Kinderkliniken als *verhaltensgestört* überwiesen werden (1, 38). Aus einer Erhebung an 2500 Fällen, die man aus den Jahresakten der wichtigsten Erziehungsberatungsstellen in vier großen amerikanischen Städten entnommen hatte, geht hervor, daß 2 1/2 mal so viele Jungen vorgestellt wurden (38). Als man nur die Fälle betrachtete, die wegen aggressiven und antisozialen Verhaltens gekommen waren, stieg das Verhältnis von Jungen zu Mädchen auf fast 4:1. Zusätzliche Daten stammen aus etlichen ausführlichen Schuluntersuchungen, in denen man Lehrer bat, Informationen über die Problemkinder in ihren Klassen vorzulegen. Die Ergebnisse all dieser Erhebungen stimmen eng überein (131). In einer Untersuchung, die sich über 10 Städte erstreckte, betrug das Verhältnis von Jungen zu Mädchen in der Problemgruppe 4:1 (146). Unerwünschte Verhaltensweisen, die man viel häufiger über Jungen als über Mädchen berichtete, waren: Faulheit, Zerstörung von Eigentum, Stehlen, Fluchen, Ungehorsam, Trotz, Grausamkeit, Angeberei und Grobheit (145). Außerdem wurde pro Kind bei den Jungen von mehr unerwünschten Verhaltensweisen berichtet als bei Mädchen (145). Inwieweit diese Geschlechtsunterschiede die Einstellungen der Lehrer Mädchen und Jungen gegenüber widerspiegeln und inwieweit sie wirkliche Verhaltensunterschiede repräsentieren, läßt sich schwer entscheiden. Daß die Unterschiede zumindest teilweise das Ergebnis des „Haloeffektes" in den Lehrerurteilen ist, belegen zahlreiche Untersuchungen über solche Urteile (s. 131).

Relevant sind auch Statistiken über *Kriminalität und Delinquenz.* Solche Berichte müssen natürlich mit deutlicher Vorsicht interpretiert werden, da für die beiden Geschlechter die Gelegenheiten zum Verbrechen sehr unterschiedlich sind. Offenkundig behandeln auch die Gerichte die beiden Geschlechter unterschiedlich. Bei den meisten Verbrechen unterschätzen wahrscheinlich die vorliegenden Statistiken die Häufigkeit des Vorkommens bei Frauen. Eine Ausnahme ist die sexuelle Delinquenz, die man bei Frauen mit weniger Milde beurteilt als bei Männern. Doch welche Gründe auch immer vorliegen mögen, die Diskrepanz zwischen den Verbrechenshäufigkeiten für beide Geschlechter ist beträchtlich. In einem typischen Jahr übertrafen zahlenmäßig die Männer, die man in staatliche oder bundesstaatliche Gefängnisse oder Besserungsanstalten geschickt hatte, die Frauen in einem Verhältnis von nahezu 25:1 (s. 106, S. 245). Ein ähnliches Verhältnis fand man für eine Einjahresperiode zwischen männlichen und weiblichen Verurteilungen im Staate New York. Betrachtet man die Zahlen der Festnahmen, so sinkt das Verhältnis auf 19:1 (106, S. 248). Dieses Ergebnis illustriert die unterschiedliche Behandlung von Männern und Frauen durch die Gerichte. Statistiken über Jugenddelinquenz variieren sehr stark von einem Bericht zum anderen aufgrund von Faktoren wie dem Kriterium für Delinquenz und den Unterschieden in örtlichen Bedingungen und Praktiken. Alle stimmen jedoch darin überein, daß mehr Jungen als Mädchen delinquent geworden sind (131).

Die Anwendung von Persönlichkeitsfragebögen hat ähnliche Geschlechtsunterschiede in *Überlegenheit* oder *Dominanz* erbracht. Obwohl das letztgenannte Merkmal, mit derartigen Fragebögen gemessen, nicht dasselbe wie Aggression ist, haben sie doch viel gemeinsam. In Fragebögen wie dem Bernreuter (15), Gordon (40) und Guilford-Zimmermann (43) erreichen Männer signifikant höhere Dominanzwerte als Frauen. Das gilt für Highschool-, College- und gemischte Erwachsenengruppen.

Persönlichkeitstests für Maskulinität – Feminität (M-F)

In den letzten Jahren ist man zunehmend an Geschlechtsunterschiede durch Vergleiche zwischen Männern und Frauen in solchen Antworten herangegangen, die sich für das jeweilige Geschlecht in unserer heutigen Kultur als am charakteristischsten erwiesen haben. Man wählt Testitems nach ihrer Fähigkeit zur Diskrimination zwischen den Geschlechtern aus. Wenn also 30 % der Männer und 29 % Frauen angeben, sie schätzten moderne Malerei, würde man dieses Item ausscheiden, da es nicht zwischen den beiden Geschlechtern differenziert. Man behält nur solche Items, die signifikant unterschiedlich häufig von Männern und Frauen angestrichen werden. Der resultierende Test soll dann ein Maß für „Maskulinität – Feminität" in dem Sinne sein, daß er die charakteristisch männlichen und weiblichen Antworten in unserer Kultur widerspiegelt. Diesen Ansatz illustriert die Attitude-Interest Analysis, die TERMAN und MILES entwickelt haben, ebenso die Werte für Maskulinität – Feminität in Tests wie dem SVIB, dem MMPI, der Guilford-Zimmermann Temperament Survey und der Feminitätsskala von GOUGH (42). In neuerer Zeit hat man auch versucht, projektive Tests der Maskulinität – Feminität zum Gebrauch mit Kindern (17, 29, 56) und Erwachsenen (34) zu entwickeln.

Man muß betonen, daß diese Tests in der Absicht geschaffen wurden, Geschlechtsunterschiede hervorzuheben. In derselben Weise hat man Intelligenztests wie den Stanford-Binet so konstruiert, daß Geschlechtsunterschiede ausgenommen oder minimalisiert wurden. Das Verhalten von Männern und Frauen zeigt zweifellos viele Ähnlichkeiten. Diese Tests konzentrieren sich jedoch auf die Unterschiede, da sie als Ziel möglichst vollständig die Unterschiede zwischen Männern und Frauen messen sollen. Für jede Person, die solch einen Test ablegt, bezeichnet der M-F-Wert das Ausmaß, in dem ihre Antworten mit denen übereinstimmen, die am stärksten charakteristisch sind für die Männer oder Frauen in unserer Kultur.

TERMAN und MILES (129) haben die ausführlichste Untersuchung über die charakteristischen Geschlechtsunterschiede in der Persönlichkeit durchgeführt. Nach einer erschöpfenden Literaturübersicht und langdauernden Forschungen wählte man Items aus, die die deutlichsten Unterschiede zwischen repräsentativen Männer- und Frauenstichproben in unserer Gesellschaft aufzeigten. An Hunderten von Personen sammelte man Daten, an Grundschülern, Highschool-, College- und Graduierten-Studenten, unselegierten Erwachsenen, Mitgliedern verschiedener Berufe und besonders selegierten Gruppen, z.B. Sportlern, jugendlichen Delinquenten und erwachsenen Homosexuellen. Als Resultat dieser Forschung konstruierte man die Attitude-Interest-Analysis. Sie besteht aus sieben Teilen: Wortassoziationen, Tintenklecksassoziationen, Information, emotionalen und ethischen Einstellungen, Interessen, Meinungen und introvertierter Reaktion.

Diese Skala erwies sich als sehr erfolgreich bei der Trennung zwischen Antworten männlicher und weiblicher Gruppen. Man erhielt signifikante Geschlechtsunterschiede im Gesamtwert auf allen Altersstufen, vom Teenager bis zum 80jährigen. Die kritischen Brüche für diese Differenzen reichten von 7,2 bis 39,9. Die Überschneidungen zwischen männlichen und weiblichen Verteilungen waren auch relativ gering. Der Test erreicht also seinen Zweck, solche Verhaltensmerkmale aufzudecken, die am klarsten zwischen den beiden Geschlechtern differenzieren.

Eine intensive Analyse weiblicher und männlicher Antworten in jedem Testteil brachte die Persönlichkeitsaspekte der beiden Geschlechter an den Tag, die in unserer Kultur am eindeutigsten differenziert sind. TERMAN und MILES fassen diese Unterschiede wie folgt zusammen:

„Aus welchem Winkel wir sie auch immer untersucht haben, die Männer in den Standardisierungsgruppen zeigten ein deutliches Interesse an Heldentaten und Abenteuern, aushäusigen und physisch anstrengenden Berufen, an Maschinen und Werkzeug, an der Wissenschaft, physikalischen Phänomenen und Erfindungen; und aus mehr gelegentlichen Belegen, an Geschäft und Verkauf. Andererseits zeigten die Frauen in unseren Gruppen ein deutliches Interesse an häuslichen Angelegenheiten, an ästhetischen Objekten und Beschäftigungen; sie zogen eindeutig ruhigere Beschäftigungen im Hause vor und Berufe, die direkte Dienste besonders an jungen, hilflosen und leidenden Menschen beinhalteten. Diese Ergebnisse unterstützen und vervollständigen die subjektiveren Unterschiede – in der emotionalen Anlage und Ausrichtung. Die Männer manifestieren direkt oder indirekt ein stärkeres Selbstbewußtsein und Aggressivität; sie bringen mehr Härte und Furchtlosigkeit und mehr Rauheit im Benehmen, der Sprache und den Gefühlen zum Ausdruck. Die Frauen bezeichnen sich selbst als stärker mitleidig und mitfühlend, ängstlicher, anspruchsvoller, ästhetisch empfindsamer, allgemein emotioneller (oder zumindest deutlicher in den vier betrachteten Emotionen), als strengere Moralistinnen und geben auch bei sich selbst Schwächen in der emotionalen Kontrolle und (weniger deutlich) in der Physis zu“ (129, S. 447 – 448).

Was die Ursprünge für derartige Geschlechtsunterschiede in der Persönlichkeit anbelangt, sprechen etliche Belege für einen größeren Anteil kultureller als biologischer Einflüsse. Eine relevante Datenquelle stellen einige Vergleiche von Gruppenprofilen dar, über die TERMAN und MILES (129, S. 570 – 579) berichten. Diese Profile bestehen aus den Durchschnittswerten verschiedener Männer- und Frauengruppen in den einzelnen Untertests. Sie sprechen sehr stark für die *Spezifität* der Unterschiede in M-F. Gruppen mit demselben mittleren Gesamtwert können einen solchen Wert auf sehr verschiedenen Wegen erreichen. Nach dem M-F-Index fallen z.B. unter die „maskulinsten“ Gruppen Jungen von der Highschool und Ingenieure. Beide erreichten identische mittlere Gesamtwerte, doch die hohe Maskulinität der Jungen von der Highschool basierte weitgehend auf ihren Interessen und ihrem Wissen, während sie bei den Ingenieuren auf ihre emotionalen und ethischen Einstellungen zurückging. Im letztgenannten Test waren die Jungen von der Highschool in Wirklichkeit femininer als die männliche Allgemeinbevölkerung.

Diese Diskrepanzen werden verständlich, wenn wir die Ergebnisse einer Faktorenanalyse betrachten, die mit Teilwerten im TERMAN-MILES-Test von Jungen und Mädchen der 9. Klasse durchgeführt wurde (33). Man identifizierte 2 Faktoren. Der erste betraf vorherrschend Gefühle und wurde als „Härte“ oder „Unempfindlichkeit“ für die Jungen und als „Empfindsamkeit“ für die Mädchen beschrieben. Der zweite war ein Interessensfaktor. In den Daten der Mädchen fanden sich auch Hinweise auf einen dritten Faktor, der mit der Annahme der weiblichen Geschlechtsrolle zu tun hatte.

Korrelationen zwischen M-F-Werten und physischen Merkmalen waren meist niedrig und nicht signifikant (9; 39; 129, Kap. 5). Solche Korrelationen sind wohl eher das Resultat sozialer Effekte auf bestimmte auffallende Körpermerkmale als das Resultat zugrundeliegender biologischer Faktoren. Man fand z.B. eine leichte Tendenz dafür, daß größere Männer (129) und Männer mit tieferen Stimmen (39) einen maskulineren M-F-Index erhalten. Solch eine Korrelation kann einfach den Einfluß sozialer Stereotype auf die Entwicklung der individuellen Persönlichkeit widerspiegeln. Studien an männlichen Homosexuellen (129, Kap. 11 – 13) sprechen ebenfalls dafür, daß Erfahrungs- und nicht strukturelle Faktoren primär für die Entwicklung homosexuellen Verhaltens verantwortlich sind. Besonders wichtig ist die frühe Heimumwelt und die Elterneinstellung dem Individuum gegenüber.

In der Gesamtbevölkerung steht der M-F-Index in signifikanter Beziehung zur *Ausbildung* und zum *Beruf* (129). Illustrative Daten über Berufsgruppen sind in Abbildung 79 wiedergegeben. Man fand auch, daß sehr intelligente und gebildete Frauen eher höhere „maskuline“ Werte hatten als ihre Ge-

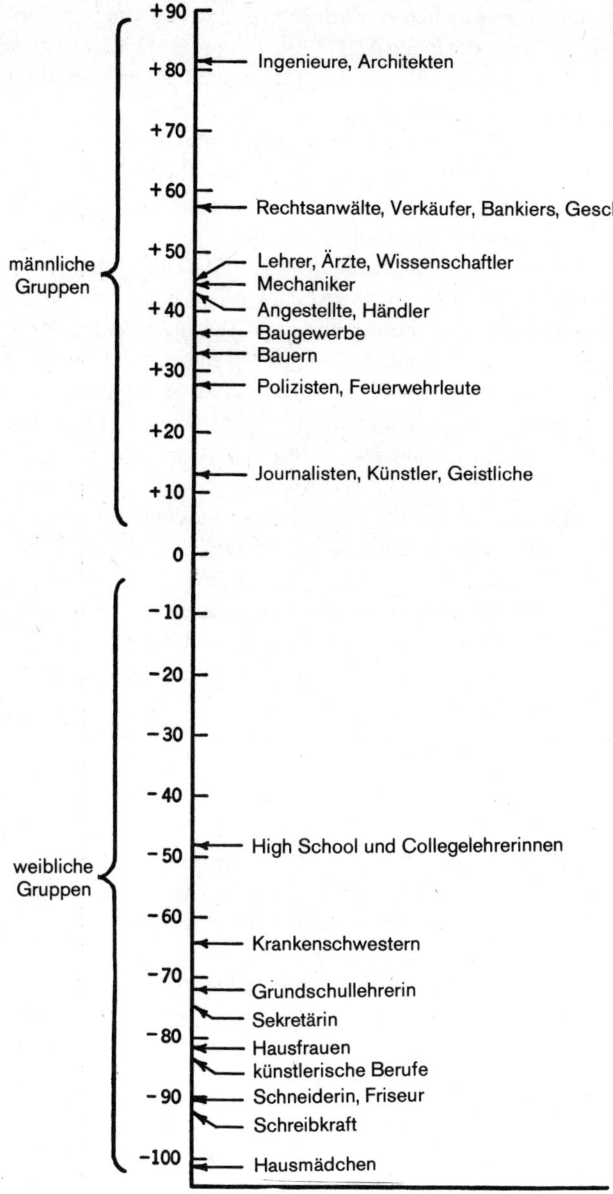

Abb. 79: Mittlerer M-F-Index für Männer und Frauen aus verschiedenen Berufen. Das positive Skalenende steht für hohe maskuline, das negative für hohe feminine Werte (Daten aus TERMAN u. MILES, 129, S. 159, 179)

schlechtsnormen erwarten ließen. So haben z.B. Frauen, die im Who's who aufgeführt sind und jene, die einen M.D., oder einen Ph.D.-Grad erlangt haben, im Durchschnitt einen höheren „maskulinen" Gesamtwert als irgendeine der Berufsgruppen aus Abbildung 79. Entsprechend erhalten auch Männer, die nebenberuflich Interessen künstlerischer oder kultureller Art nachgehen, eher höhere „feminine" Werte. Der vereinheitlichende Einfluß spezieller Übung oder Erfahrung scheint also zu einer Konvergenz der Temperamentsqualitäten der beiden Geschlechter zu führen.
Der M-F-Index scheint auch von dem *häuslichen Milieu* abzuhängen, in dem das Individuum groß geworden ist. Faktoren wie Tod eines Elternteils, übermäßige oder ausschließliche Bindung an einen Elternteil, Vorherrschen von Brüdern oder Schwestern als Geschwister, stehen in sehr viel engerer Beziehung zum M-F-Wert als physische Merkmale (129). Weiterhin gibt es Hinweise darauf, daß bei Männern und Frauen eine Abweichung in Richtung auf die Norm des anderen Geschlechts verbunden ist mit unerfreulichen und ungünstigen Kindheitserfahrungen, zerbrochenen Familien und elterlicher Fehlanpassung (117). Eine fröhliche, glückliche Kindheit jedoch ermuntert das Individuum, das passende männliche oder weibliche Verhaltensmodell zu übernehmen, das durch seine Kultur präsentiert wird. Ergebnisse in Holland (57) legen nahe, daß durch solche Tests gemessene Geschlechtsunterschiede weitgehend durch *kulturelle Muster* bestimmt sind. Die Anwendung einer Übersetzung des Terman-Miles-Tests an holländischen Kindern zeigte, daß nur wenige der Originalitems signifikant zwischen Männern und Frauen in diesem Land zu unterscheiden vermochten.

Geschlechtsunterschiede in der Leistung

Die Leistungen beider Geschlechter sowohl in der Schule als auch in der späteren Berufstätigkeit weisen einige interessante, oft komplexe Beziehungen zu Geschlechtsunterschieden in Fähigkeits- und Persönlichkeitsmerkmalen auf. Auch die weitreichenden Implikationen der Geschlechtsrollen lassen sich in den relativen Leistungen beider Geschlechter in verschiedenen Situationen erkennen.

Schulleistung

In akademischer Arbeit insgesamt sind eher die Mädchen besser. Dennoch bringt die Anwendung standardisierter Schulleistungstests Geschlechtsunterschiede in einzelnen Schulfächern an den Tag, die sehr eng mit denen übereinstimmen, die man in Intelligenz- und Fähigkeitstests gefunden hat. In Batterien wie dem Stanford-Schulleistungs-Test, den man vielen Tausend Grundschulkindern in verschiedenen Untersuchungen vorgelegt hat, haben die Jungen signifikant höhere Werte in Naturwissenschaft, Sozialwissenschaft und rechnerischem Denken; Mädchen in Rechtschreibung, Sprachgebrauch und (weniger konsistent) in arithmetischen Rechenoperationen (s 131, 136). Einige der größten Geschlechtsunterschiede hat man in naturwissenschaftlichen Tests festgestellt, die man auf Highschool- (62) und Collegeniveau (71) angewendet hat. Ebenso auffallende Unterschiede stellte man bei der jährlichen naturwissenschaftlichen Talentsuche fest (24, 25). Obwohl zwei- bis dreimal so viele Jungen wie Mädchen jedes Jahr an diesem Wettkampf teilnehmen – und die Mädchen also erwartungsgemäß eine höher selegierte Stichprobe darstellen müßten – erhält man regelmäßig große signifikante Differenzen zugunsten der Jungen.

Im allgemeinen übertreffen Mädchen die Jungen in den Schulfächern, die weitgehend von verbalen Fähigkeiten, Gedächtnis und Wahrnehmungsgeschwindigkeit und -genauigkeit abhängen. Jungen sind in denjenigen Fächern besser, die numerisches Denken und räumliche Fähigkeiten erfordern und in bestimmten „Wissensfächern“ wie Geschichte, Geographie und Naturwissenschaften. Das stimmt mit der üblichen Überlegenheit von Jungen in Tests für allgemeines Wissen überein, die in Intelligenzskalen enthalten sind. Das beruht wahrscheinlich auf der weniger eingeschränkten und stärker heterogenen Umwelt, denen Jungen ausgesetzt sind und wohl ebenso auf ihren weiter gestreuten Leseinteressen. TERMAN (128) berichtet z.B. in seiner Untersuchung über die Lesegewohnheiten begabter Kinder, daß Mädchen sehr viel häufiger Phantasie- und Gefühlsromane, Geschichten über Schule und häusliches Leben lesen. Jungen dagegen zeigten ein besonderes Interesse an Büchern über Naturwissenschaften, Geschichte, Biologie, Reisen, an Sachbüchern und Abenteuergeschichten. Bemerkenswert ist auch, daß die Geschlechtsunterschiede in Naturwissenschaften und Mathematik deutlich mit dem Alter zunehmen. Außerdem haben Untersuchungen in der Vorschule und den ersten Grundschuljahren keine Geschlechtsunterschiede in Funktionen erbracht, die in Beziehung zu quantitativem und naturwissenschaftlichem Denken stehen, z.B. der Entwicklung der Zahlauffassung oder der Lösung von Problemen mit Kausalbeziehungen.

Was den *Schulfortschritt* anbelangt, sind Mädchen konsistent erfolgreicher als Jungen. Sie sind seltener retardiert, häufiger akzeleriert und werden in größeren Zahlen versetzt als Jungen (75). Ebenso übertreffen Mädchen die Jungen in den erreichten Schulklassen, und das selbst in jenen Fächern, die in Leistungstests die Jungen begünstigen. So ergibt ein Vergleich der Noten in Arithmetik, Geschichte oder jedem anderen Fach, in dem die Jungen höhere Leistungstestwerte erreichen, einen Geschlechtsunterschied zugunsten der

Mädchen. Der Vorsprung der Mädchen in den Noten wurde besonders lebendig in einer Untersuchung (73) an 202 Jungen und 188 Mädchen der Klassen 2 bis 6, denen man allen den Stanford Leistungstest vorlegte. Die Mädchen waren in den Noten besser im *Vergleich zu den Jungen, die dieselben Intelligenztestwerte erreichten*. So zeigen also die Noten eine sehr viel größere weibliche Überlegenheit auf als sie durch die Werte in objektiven Leistungstests belegt zu sein scheint.

In der Highschool erreichen die Mädchen generell bessere Noten als die Jungen, obwohl die letztgenannten eine stärker selegierte Gruppe darstellen und in Leistungstests ein besseres Bild abgeben. Auch auf dem Collegeniveau gibt es Hinweise, daß sich Mädchen besser als Jungen in die akademische Umwelt einfügen. In einer Analyse der Berichte über 1818 Studenten, die in einem einzigen Jahr in ein College mit Koedukation eintraten, hatten die Mädchen einen relativ geringeren Anteil an schulischen Versagern, schlechteren Studenten und Gegnern von Collegeaktivitäten als Jungen, doch einen relativ größeren Anteil an überdurchschnittlichen Studenten (124). Von Bedeutung ist auch ein Ergebnis, daß in technischen Schulen der Luftwaffe Frauen bessere Noten als die Männer erreichen, die denselben Fähigkeitsindex aufweisen (41).

Ein Grund für den größeren schulischen Erfolg der Mädchen kann in ihren besseren *sprachlichen Fähigkeiten* liegen, die wahrscheinlich für das meiste schulische Lernen von Bedeutung sind. Heutige Lehrmethoden und Testverfahren sind vorrangig verbal. Ein anderer möglicher Faktor, besonders in jungen Schulklassen, ist die Sauberkeit und allgemeine Überlegenheit der Mädchen in der *Handschrift*, die sich auf die Noten für geschriebene Arbeiten auswirken kann. In Untersuchungen an Grundschul- und Highschoolgruppen waren die Mädchen in der Qualität ihrer Handschrift deutlich überlegen (s. 75, 150). Sowohl die Entwicklungsakzeleration der Mädchen als auch ihre Überlegenheit in der Handgeschicklichkeit haben zweifellos an ihrer größeren Schreibfertigkeit Anteil.

Wahrscheinlich beeinflussen auch Persönlichkeitsunterschiede zwischen Jungen und Mädchen die Zensurengebung. Mädchen sind im allgemeinen fügsamer, ruhiger, nicht so sehr außerschulischen Ablenkungen unterworfen und weniger widerspenstig gegenüber der Schuldisziplin als Jungen. Diese Persönlichkeitsunterschiede können sich durch die wirklich gelernte Stoffmenge und direkter durch den Eindruck auf den Lehrer auf die Noten auswirken.

Man muß auch die Wirkung der *Geschlechtsstereotype* selbst in Rechnung stellen. Daß derartige Stereotype die Urteile von Lehrern und Klassenkameraden beeinflussen, belegen die Ergebnisse von HARTSHORNE, MAY und MALLER (44). In dieser Untersuchung an Grundschülern erhielten Mädchen signifikant höhere Beurteilungen in Hilfeleistung, Ausdauer und Hemmung, obwohl objektive Tests nur einen signifikanten Unterschied in Hemmung ergaben. Man sollte auch das Vorherrschen *weiblicher Lehrer* in den Grundschulklassen berücksichtigen. Mädchen identifizieren sich nicht nur leichter mit Lehrerinnen, sondern möglicherweise sind auf verdeckten Wegen auch die Lehrmethoden und andere Vorgehensweisen in der Klasse besser den Bedürfnissen von Mädchen angepaßt. Folglich können Mädchen von Anbeginn eine günstigere Einstellung zur Schule entwickeln und diese Einstellung kann sich auf alle Situationen in der Klasse übertragen.

Berufsleistung

Eine Überprüfung aller möglichen biographischen Übersichten zeigt eine sehr viel größere Anzahl von Männern, die Berühmtheit erlangt haben als Frauen. Und von den wenigen Frauen, die in solchen Kompendien aufgeführt sind, gelangten viele durch bestimmte Umstände zu Ruhm, z.B. durch königliche Geburt, und nicht durch den Besitz einer besonderen Begabung. In der Studie von ELLIS (28) über britische Genies tauchen in der Gesamtgruppe von 1030 Pbn nur 55 Frauen auf. Auch der Berühmtheitsstandard scheint für Frauen nicht höher zu sein als für Männer. Im Gegenteil, ELLIS behauptet, viele Frauen in seiner Gruppe seien berühmt geworden „aufgrund von Leistungen, die bei einem Mann wohl nicht ähnlich hoch bewertet worden wären". In CATTELLS (21) Zusammenstellung der 1000 berühmtesten Personen der Welt sind nur 32 Frauen aufgeführt. Von diesen waren 11 Erbherrscherinnen und 8 wurden durch andere glückliche Umstände bekannt.
Zu ähnlichen Ergebnissen gelangte auch CASTLE (20) in ihrer statistischen Studie über berühmte Frauen. Sie sammelte insgesamt 868 Namen von Frauen, die aus 42 Nationen stammten und in sehr verschiedenen Epochen gelebt hatten, d.h. vom 7. Jahrhundert vor Christi Geburt bis zum 19. Jahrhundert. Die *größte Zahl* von Frauen (38 %) war in der Literatur zur Berühmtheit gelangt. Den *größten Grad an Berühmtheit* jedoch, wie er durch die Zeilenanzahl angezeigt wird, die man dem Individuum in historischen Standardwerken zubilligt, haben Frauen als Landesherren, politische Führer, Mütter oder Mätressen berühmter Männer erlangt. Nichtintellektuelle Wege, auf denen Frauen Ruhm erlangten, waren z.B. Heirat, Religion, Geburt, Menschenliebe, tragisches Schicksal, Schönheit und „Verewigtwerden in der Literatur".
In neuerer Zeit ist die Diskrepanz zwischen den Zahlen von Männern und Frauen, die sich auf intellektuellem Gebiet hervorgetan haben, noch immer groß, obwohl sie ständig geringer wird. In dem Verzeichnis amerikanischer Wissenschaftler z.B. sind von insgesamt 2607 ausgezeichneten Wissenschaftlern aus den Jahren 1903 bis 1943 nur 50 Frauen (141).
Die Interpretation derartiger Leistungsdaten wird offensichtlich erschwert

durch viele Faktoren, die neben der Fähigkeit die Berühmtheit bestimmen. Für die berichteten Unterschiede in der Leistung *könnte* man vollständig Umweltbedingungen verantwortlich machen. Viele *Berufssparten* sind bis vor kurzem für Frauen völlig verschlossen gewesen. Selbst heute findet der Wettbewerb zwischen Männern und Frauen auf vielen Gebieten nicht auf einer gleichen Stufe statt. Auch die Bildungsmöglichkeiten waren in der Vergangenheit unterschiedlich, obwohl sich heute die Umwelten der beiden Geschlechter in dieser Hinsicht einander stärker angenähert haben als in irgendeiner anderen Zeit. Wenn auch in Amerika die Ausbildung von Frauen besser war als in den meisten anderen Ländern, so gab es doch bis in die Mitte des 19. Jahrhunderts in diesem Land keine einzige Institution mit Collegeniveau, die Frauen zuließ. Akademiker- und höhere Ausbildung gab es noch längere Zeit nicht. Selbst in den Grund- und Realschulen unterscheiden sich die traditionellen Lehrpläne für Mädchen und Jungen, sie enthalten weniger Naturwissenschaften und mehr Literatur, Kunst und andere „feine“ Fächer.
Eine andere bedeutende Quelle für Geschlechtsunterschiede in der Leistung stellen die *Geschlechtsrollen und -stereotypien* dar. Sie repräsentieren starke und anhaltende soziale Einflüsse, die von früher Kindheit an wirksam sind. Was man von einem Individuum erwartet, ist ein machtvolles Element bei der Entwicklung seines eigenen Selbstbildes. Wenn eine derartige Erwartung die Kraft kultureller Tradition hinter sich hat und sich wiederholt bestätigt in fast allen Begegnungen mit der Familie, Lehrern, Altersgenossen und anderen Bekannten, kann man ihr nur schwerlich nicht unterliegen. Folglich ist das Individuum dann allmählich selbst davon überzeugt, daß es die ihm zugeschriebenen Eigenschaften auch besitzt.
Vielleicht können uns die Nachuntersuchungen an begabten Kindern (s. Kap. 13) einen Hinweis auf die Geschlechtsunterschiede in der Leistung Erwachsener geben. In der Stanford Gifted Child Study (130) waren die Berufe der erwachsenen Frauen insgesamt recht unauffällig. Die Anzahl der Frauen, die in der Universitätslaufbahn, in der Forschung, mit Malerei oder Schriftstellerei beschäftigt waren, war sehr klein. Diese Geschlechtsunterschiede in den Berufstätigkeiten Erwachsener sind besonders bemerkenswert, wenn wir daran denken, daß man die Männer und Frauen in dieser Gruppe ausgesucht hatte, da sie in ihrer Kindheit in denselben IQ-Bereich fielen. Weiterhin zeigte der Anfangs-IQ bei den Männern eine enge Beziehung zum späteren Berufsniveau, bei den Frauen dagegen nahezu keine. In der Tat waren 2/3 der Frauen mit IQn von 170 oder darüber Hausfrauen oder Büroangestellte.

Auch die Statistiken über die höhere Bildung begünstigen die Männer in dieser Gruppe. Obwohl die Prozentzahlen, die das College durchliefen, bei beiden Geschlechtern sehr ähnlich waren, erhielten sehr viel mehr Männer als Frauen Graduiertengrade, besonders auf dem Doktorniveau. Außerdem zeigten bei den späteren Tests im Jugendlichen- und Erwachsenenalter die Frauen einen stärkeren mittleren Verlust im IQ als die Männer. Möglicherweise verbessern die intellektuell überragenden Jungen, wenn sie immer mehr den traditionellen Beschäftigungen und sozialen Zwängen ausgesetzt sind, kontinuierlich ihre intellektuellen Funktionen, während die genauso überragenden Mädchen eher in weniger intellektuelle Tätigkeiten gedrängt werden. Derartige Geschlechtsunterschiede in Ausbildungs-, Berufs- und Freizeitbeschäftigungen können sich wiederum mit dem Alter in zunehmender Divergenz der Intelligenztestwerte niederschlagen.

Zusammenfassung

Zur richtigen Wertung von Daten über Geschlechtsunterschiede – oder irgendwelche anderen Gruppenunterschiede – müssen wir nach der statistischen Signifikanz der Unterschiede fragen, nach dem Ausmaß der Überschneidung der Gruppen und der Vergleichbarkeit der Stichproben. Der Gebrauch von Schätzurteilen, von IQn oder anderen Globalwerten kann sich bei Gruppenvergleichen als besonders irreführend erweisen.
Sowohl biologische als auch kulturelle Faktoren sind an der Entwicklung von Geschlechtsunterschieden in Fähigkeits- und Persönlichkeitseigenschaften beteiligt. Der Einfluß von biologischen Faktoren kann relativ direkt sein, wie z.B. die Wirkung männlicher Sexualhormone auf aggressives Verhalten. Oder er kann indirekt sein, wie z.B. die sozialen und Bildungseffekte der Entwicklungsakzeleration von Mädchen. Der Anteil der Kultur ergibt sich aus den breiten Variationen der Geschlechtsrollen, die man in verschiedenen Kulturen und verschiedenen Perioden in unserer eigenen Geschichte gefunden hat. Neuere Forschung hat sich auf die Geschlechtsrollen in unserer eigenen Kultur konzentriert – ihre Übernahme in der Kindheit, ihre Effekte auf die Verhaltensentwicklung und ihre Beziehung zur Persönlichkeitsanpassung. Aus rein deskriptiver Sicht hat man bestimmte Geschlechtsunterschiede in Fähigkeits- und Persönlichkeitseigenschaften zuverlässig unter den bestehenden kulturellen Bedingungen absichern können. Männer sind meist in der Geschwindigkeit und Koordination grober Körperbewegungen, in der räumlichen Orientierung und anderen räumlichen Fähigkeiten, mechanischem Verständnis und rechnerischem Denken besser. Frauen übertreffen die Männer häufig in Handgeschicklichkeit, Wahrnehmungsgeschwindigkeit und -genauigkeit, im Gedächtnis, bei Rechenoperationen, in verbaler Flüssigkeit und anderen Aufgaben, die Sprachbeherrschung verlangen. In Untersuchungen an Kindern und Erwachsenen hat man anhand der unterschiedlichen Methoden zahlreiche Geschlechtsunterschiede in Interessen und Einstellun-

gen gefunden. Alle diese Unterschiede spiegeln die traditionellen Geschlechtsrollen in unserer Kultur wider. Besonders interessant sind Geschlechtsunterschiede in der sozialen Orientierung und Leistungsmotivation. Andere wichtige Persönlichkeitsunterschiede hat man im Sexualverhalten, der emotionalen Anpassung und der Aggressivität gefunden. Vorliegende M-F-Tests bieten einen Index für den Grad, in dem die individuelle Persönlichkeit der typisch männlichen oder weiblichen Persönlichkeit in unserer Kultur ähnelt.

In der Schulleistung sind Mädchen konsistent besser. Sie scheinen in einer typisch akademischen Situation vielfältig erfolgreicher zu sein als Jungen. Doch in den späteren Berufen erreichen Männer in sehr viel größerer Zahl und sehr viel höherem Ausmaß Auszeichnungen. Beide anscheinend inkonsistenten Ergebnisse können eine komplexe Interaktion zwischen Geschlechtsunterschieden in Fähigkeiten, der Persönlichkeit, den Geschlechtsrollen und anderen kulturellen Bedingungen widerspiegeln.

Aus dem bisher Gesagten ist deutlich geworden, daß wir nicht von Über- oder Unterlegenheit sprechen können, sondern nur von *spezifischen Unterschieden* zwischen den Geschlechtern in Fähigkeiten oder der Persönlichkeit. Diese Unterschiede sind weitgehend das Resultat *kultureller und anderer Erfahrungsfaktoren*, obwohl auch bestimmte physische Unterschiede direkt oder durch ihre sozialen Effekte zweifellos die Verhaltensentwicklung beeinflussen. Schließlich ist die Überschneidung in allen psychischen Merkmalen so groß, daß wir Männer und Frauen wohl eher individuell als nach Gruppenstereotypien betrachten müssen. Es wird sich als nützlich erweisen, diese drei Punkte als Regeln anzusehen, wenn wir andere Gruppenunterschiede verstehen wollen, die wir in den folgenden Kapiteln betrachten werden.

Literaturverzeichnis

1. Ackerson, L. *Children's behavior problems*. Chicago: Univer. Chicago Press, 1931.
2. Adams, H. *Mont-Saint-Michel and Chartres*. Boston: Houghton Mifflin, 1913.
3. Allport, G. W., Vernon, P. E., and Lindzey, G. *Study of Values* (Rev. Ed.): *Manual of directions*. Boston: Houghton Mifflin, 1951.
4. Anderson, E. E. Sex differences in timidity in normal and gonadectomized rats. *J. genet. Psychol.*, 1941, 59, 139–153.
5. Andrew, Dorothy M., and Paterson, D. G. *Minnesota Clerical Test: Manual*. N.Y.: Psychol. Corp., 1946.
6. Baldwin, B. T. The physical growth of children from birth to maturity. *Univer. Iowa Stud. Child Welf.*, 1921, 1.

7. Barrett, H. O. Sex differences in art ability. *J. educ. Res.*, 1950, 43, 391–393.
8. Baumgarten-Tramer, Franziska. Zur Frage der psychischen Geschlectsunterschiede bei Schulkindern. *Criança portug.*, 1945–46, 5, 261–269.
9. Bayley, Nancy. Some psychological correlates of somatic androgyny. *Child Develpm.*, 1951, 22, 47–60.
10. Beach, F. A. *Hormones and behavior.* N.Y.: Hoeber, 1948.
11. Bennett, A. A comparative study of subnormal children in elementary schools. *Teach. Coll. Contr. Educ.*, 1932, No. 510.
12. Bennett, C. C. An inquiry into the genesis of poor reading. *Teach. Coll. Contr. Educ.*, 1938, No. 755.
13. Bennett, G. K., and Cruikshank, Ruth M. Sex differences in the understanding of mechanical problems. *J. appl. Psychol.*, 1942, 26, 121–127.
14. Bennett, G. K., Seashore, H. G., and Wesman, A. G. *Differential Aptitude Tests: Manual.* (2nd Ed.) N.Y.: Psychol. Corp., 1952.
15. Bernreuter, R. G. *The Personality Inventory: Percentile Norms.* Stanford Univer., Calif.: Stanford Univer. Press, 1938.
16. Book, W. F., and Meadows, J. L. Sex differences in 5925 high school seniors in ten psychological tests. *J. appl. Psychol.*, 1928, 12, 56–81.
17. Brown, D. G. Masculinity-femininity development in children. *J. consult. Psychol.*, 1957, 21, 197–202.
18. Carlson, J. S., Cook, S. W., and Stromberg, E. L. Sex differences in conversation. *J. appl. Psychol.*, 1936, 20, 727–735.
19. Carpenter, C. R. A field study of the behavior and social relations of howling monkeys. *Comp. Psychol. Monogr.*, 1934, 10, No. 42.
20. Castle, Cora S. A statistical study of eminent women. *Arch. Psychol.*, 1913, No. 27.
21. Cattell, J. McK. A statistical study of eminent men. *Pop. Sci. Mon.*, 1903, 62, 359–377.
22. Clark, W. H. Sex differences and motivation in the urge to destroy. *J. soc. Psychol.*, 1952, 36, 167–177.
23. Darley, J. G. Tested maladjustment related to clinically diagnosed maladjustment. *J. appl. Psychol.*, 1937, 21, 632–642.
24. Edgerton, H. A., and Britt, S. H. Sex differences in the Science Talent Test. *Science*, 1944, 100, 192–193.
25. Edgerton, H. A., and Britt, S. H. Technical aspects of the Fourth Annual Science Talent Search. *Educ. psychol. Measmt.*, 1947, 7, 3–21.
26. Ellis, A. (Ed.) *Sex life of the American woman and the Kinsey Report.* N.Y.: Greenberg, 1954.
27. Ellis, H. *Man and woman: a study of human secondary sexual characters.* N.Y.: Scribner's, 1904.
28. Ellis, H. *A study of British genius.* London: Hurst and Blackett, 1904.
29. Erikson, E. H. Sex differences in the play configurations of pre-adolescents. *Amer. J. Orthopsychiat.*, 1951, 21, 667–692.
30. Eurich, A. C., and Carroll, H. A. Group differences in art judgment. *Sch. and Soc.*, 1931, 34, 204–206.
31. Farnsworth, P. R. An historical, critical, and experimental study of the Seashore-Kwalwasser Test Battery. *Genet. Psychol. Monogr.*, 1931, 9, No. 5, 291–393.

32. Fernberger, S. W. Persistence of stereotypes concerning sex differences. *J. abnorm. soc. Psychol.*, 1948, 43, 97–101.
33. Ford, C., Jr., and Tyler, Leona E. A factor analysis of Terman and Miles' M-F Test. *J. appl. Psychol.*, 1952, 36, 251–253.
34. Franck, Kate, and Rosen, E. A projective test of masculinity-femininity. *J. consult. Psychol.*, 1949, 13, 247–256.
35. Geddes, D. P. *An analysis of the Kinsey reports on sexual behavior in the human male and female.* N.Y.: Dutton, 1954.
36. Gesell, A., *et al. The first five years of life.* N.Y.: Harper, 1940.
37. Gilbert, G. M. Sex differences in musical aptitude and training. *J. gen. Psychol.*, 1942, 26, 19–33.
38. Gilbert, G. M. A survey of "referral problems" in metropolitan child guidance centers. *J. clin. Psychol.*, 1957, 13, 37–42.
39. Gilkinson, H. Masculine temperament and secondary sex characteristics: a study of the relationship between psychological and physical measures of masculinity. *Genet. Psychol. Monogr.*, 1937, 19, 105–154.
40. Gordon, L. V. *Gordon Personal Profile: Manual.* Yonkers-on-Hudson, N.Y.: World Book Co., 1953.
41. Gordon, Mary A. A study in the applicability of the same minimum qualifying scores for technical schools to white males, WAF, and Negro males. *HRRC, Air Res. Develpm. Command, Tech. Rep.* 53–34, 1953.
42. Gough, H. G. Identifying psychological femininity. *Educ. psychol. Measmt.*, 1952, 12, 427–439.
43. Guilford, J. P., and Zimmerman, W. S. *The Guilford-Zimmerman Temperament Survey: Manual.* Beverly Hills, Calif.: Sheridan Supply Co., 1949.
44. Hartshorne, H., May, M. A., and Maller, J. B. *Studies in the nature of character.* Vol. II. *Studies in service and self-control.* N.Y.: Macmillan, 1929.
45. Hattwick, Laberta A. Sex differences in behavior of nursery school children. *Child Develpm.*, 1937, 8, 343–355.
46. Havighurst, R. J., and Breese, Fay H. Relation between ability and social status in a midwestern community: III. primary mental abilities. *J. educ. Psychol.*, 1947, 38, 241–247.
47. Hebb, D. O. Behavioral differences between male and female chimpanzees. *Bull. Canad. psychol. Assoc.*, 1946, 6, 56–58.
48. Heidbreder, Edna. Introversion and extroversion in men and women. *J. abnorm. soc. Psychol.*, 1927, 22, 52–61.
49. Herzberg, F., and Lapkin, M. A study of sex differences on the Primary Mental Abilities test. *Educ. psychol. Measmt.*, 1954, 14, 687–689.
50. Hilgard, E. R., Edgren, R. D., and Irvine, R. P. Errors in transfer following learning with understanding: further studies with Katona's card-trick experiments. *J. exp. Psychol.*, 1954, 47, 457–464.
51. Himelhoch, J., and Fava, Sylvia F. (Eds.) *Sexual behavior in American society; an appraisal of the first two Kinsey reports.* N.Y.: Norton, 1955.
52. Hobson, J. R. Sex differences in primary mental abilities. *J. educ. Res.*, 1947, 41, 126–132.
53. Hollingworth, Leta S. Differential action upon the sexes of forces which tend to segregate the feebleminded. *J. abnorm. Psychol.*, 1922, 17, 35–57.
54. Hollingworth, Leta S. *Children above 180 IQ.* Yonkers-on-Hudson, N.Y.: World Book Co., 1942.

55. Hollingworth, Leta S., and Montague, Helen. The comparative variability of the sexes at birth. *Amer. J. Sociol.*, 1914–15, 20, 335–370.
56. Honzik, Marjorie P. Sex differences in the occurrence of materials in the play constructions of pre-adolescents. *Child Develpm.*, 1951, 22, 15–36.
57. Houwink, R. H. (The Attitude-Interest Analysis Test of Terman and Miles and a specimen revision for the Netherlands.) *Ned. Tijdschr. Psychol.*, 1950, 5, 242–262.
58. Huxley, J. S., and Haddon, A. C. *We Europeans.* N.Y.: Harper, 1936.
59. Hyman, H., and Barmack, J. E. Special review: Sexual behavior in the human female. *Psychol. Bull.*, 1954, 51, 418–432.
60. Johnson, Winifred B., and Terman, L. M. Some highlights in the literature of psychological sex differences published since 1920. *J. Psychol.*, 1940, 9, 327–336.
61. Jones, H. E. Sex differences in physical abilities. *Hum. Biol.*, 1947, 19, 12–25.
62. Jordan, A. M. Sex differences in mental traits. *High Sch. J.*, 1937, 20, 254–261.
63. Kaess, W. A., and Witryol, S. L. Memory for names and faces: a characteristic of social intelligence? *J. appl. Psychol.*, 1955, 39, 457–462.
64. Kinsey, A. C., *et al. Sexual behavior in the human male.* Philadelphia: Saunders, 1948.
65. Kinsey, A. C., *et al. Sexual behavior in the human female.* Philadelphia: Saunders, 1953.
66. Komarovsky, Mirra. *Women in the modern world: their education and their dilemmas.* Boston: Little, Brown, 1953.
67. Kostik, M. M. A study of transfer: sex differences in the reasoning process. *J. educ. Psychol.*, 1954, 45, 449–458.
68. LaBrant, L. L. A study of certain language developments of children in grades four to twelve inclusive. *Genet. Psychol. Monogr.*, 1933, 14, 387–491.
69. Landis, C. National differences in conversations. *J. abnorm. soc. Psychol.*, 1927, 21, 354–357.
70. Landis, M. H., and Burtt, H. E. A study of conversations. *J. comp. Psychol.*, 1924, 4, 81–89.
71. Learned, W. S., and Wood, B. D. The student and his knowledge. *Carnegie Found. Adv. Teach. Bull.*, 1938, No. 29.
72. Lehman, H. C., and Witty, P. A. *The psychology of play activities.* N.Y.: Barnes, 1927.
73. Lentz, T. F. Sex differences in school marks with achievement test scores constant. *Sch. and Soc.*, 1929, 29, 65–68.
74. Lewis, W. D. Sex distribution of intelligence among inferior and superior children. *J. genet. Psychol.*, 1945, 67, 67–75.
75. Lincoln, E. A. *Sex differences in the growth of American school children.* Baltimore: Warwick and York, 1927.
76. Macfarlane, Jean W., Allen, Lucile, and Honzik, Marjorie P. A developmental study of the behavior problems of normal children between twenty-one months and fourteen years. *Univer. Calif. Publ. Child Develpm.*, 1954, 2, 1–122.

77. Macmeeken, Agnes M. *The intelligence of a representative group of Scottish children.* London: Univer. London Press, 1939.
78. Maslow, A. H. Self-esteem (dominance-feeling) and sexuality in women. *J. soc. Psychol.,* 1942, 16, 259–294.
79. Maslow, A. H., and Sakoda, J. M. Volunteer-error in the Kinsey study. *J. abnorm. soc. Psychol.,* 1952, 47, 259–262.
80. Mathews, Ellen. A study of emotional stability in children. *J. Delinqu.* 1923, 8, 1–40.
81. McCarthy, Dorothea. The language development of the preschool child. *Univer. Minn. Inst. Child Welf. Monogr.,* 1930, 4.
82. McCarthy, Dorothea. Some possible explanations of sex differences in language development and disorders. *J. Psychol.,* 1953, 35, 155–160.
83. McCarthy, Dorothea. Language development in children. In L. Carmichael (Ed.), *Manual of child psychology.* (2nd Ed.) N.Y.: Wiley, 1954. Pp. 492–630.
84. McClelland, D., *et al. The achievement motive.* N.Y.: Appleton-Century-Crofts, 1953.
85. McGehee, W. A study of retarded children in the elementary school. *Peabody Coll. Contr. Educ.,* 1939, No. 246.
86. McNemar, Q. *The revision of the Stanford-Binet Scale: an analysis of the standardization data.* Boston: Houghton Mifflin, 1942.
87. McNemar, Q., and Terman, L. M. Sex differences in variational tendency. *Genet. Psychol. Monogr.,* 1936, 18, No. 1.
88. Mead, Margaret. *Growing up in New Guinea.* N.Y.: Morrow, 1930.
89. Mead, Margaret. *Sex and temperament in three primitive societies.* N.Y.: Morrow, 1935.
90. Mead, Margaret. *Male and female, a study of the sexes in a changing world.* N.Y.: Morrow, 1949.
91. Milner, Esther. Effects of sex role and social status on the early adolescent personality. *Genet. Psychol. Monogr.,* 1949, 40, 231–325.
92. Moore, H. T. Further data concerning sex differences. *J. abnorm. soc. Psychol.,* 1922, 17, 210–214.
93. Munn, N. L. *Handbook of psychological research on the rat.* Boston: Houghton Mifflin, 1950.
94. Muste, Myra J., and Sharpe, Doris F. Some influential factors in the determination of aggressive behavior in preschool children. *Child Develpm.,* 1947, 18, 11–28.
95. Paterson, D. G., *et al. Minnesota Mechanical Ability Tests.* Minneapolis: Univer. Minn. Press, 1930.
96. Pearson, K. *The chances of death and other studies in evolution.* London: Arnold, 1897. Vol. I.
97. Porteus, S. D. The measurement of intelligence: 643 children examined by the Binet and Porteus tests. *J. educ. Psychol.,* 1918, 9, 13–31.
98. Pressey, L. W. Sex differences shown by 2544 school children on a group scale of intelligence, with special reference to variability. *J. appl. Psychol.,* 1918, 2, 323–340.
99. Prothro, E. T., and Perry, H. T. Group differences in performance on the Meier Art Test. *J. appl. Psychol.,* 1950, 34, 96–97.

100. Rabban, M. Sex-role identification in young children in two diverse social groups. *Genet. Psychol. Monogr.*, 1950, 42, 81–158.
101. Rhinehart, J. B. Sex differences in dispersion at the high school and college levels. *Psychol. Monogr.*, 1947, 61, No. 282.
102. Rigg, M. G. The use and abuse of the ungraded room. *Educ. Admin. Super.*, 1936, 22, 389–391.
103. Rigg, M. G. The relative variability in intelligence of boys and girls. *J. genet. Psychol.*, 1940, 56, 211–214.
104. Riggs, Margaret M., and Kaess, W. Personality differences between volunteers and nonvolunteers. *J. Psychol.*, 1955, 40, 229–245.
105. Sandström, C. I. Sex differences in localization and orientation. *Acta Psychol.*, 1953, 9, 82–96.
106. Scheinfeld, A. *Women and men.* N.Y.: Harcourt, Brace, 1943.
107. Schiller, Belle. Verbal, numerical, and spatial abilities of young children. *Arch. Psychol.*, 1934, No. 161.
108. Schneidler, Gwendolen R., and Paterson, D. G. Sex differences in clerical aptitude. *J. educ. Psychol.*, 1942, 33, 303–309.
109. Schnell, H. Sex differences in relation to stuttering: Part I. *J. Speech Disorders*, 1946, 11, 277–298.
110. Schnell, H. Sex differences in relation to stuttering: Part II. *J. Speech Disorders*, 1947, 12, 23–38.
111. Scottish Council for Research in Education. *The intelligence of a representative group of Scottish children.* London: Univer. London Press, 1939
112. Scottish Council for Research in Education. *The trend of Scottish intelligence.* London: Univer. London Press, 1949.
113. Sears, Pauline S. Doll play aggression in normal young children: influence of sex, age, sibling status, father's absence. *Psychol. Monogr.*, 1951, 65, No. 6.
114. Sears, R. R., Pintler, M. H., and Sears, Pauline S. Effect of father separation on preschool children's doll play aggression. *Child Develpm.*, 1946, 17, 219–243.
115. Seder, M. A. The vocational interests of professional women. *J. appl. Psychol.*, 1940, 24, 130–143, 265–272.
116. Seward, Georgene H. *Sex and the social order.* N.Y.: McGraw-Hill, 1946.
117. Seward, Georgene H. *Psychotherapy and culture conflict.* N.Y.: Ronald, 1956.
118. Sherriffs, A. C., and Jarrett, R. F. Sex differences in attitudes about sex differences. *J. Psychol.*, 1953, 35, 161–168.
119. Shuttleworth, F. K. Physical and mental growth of boys and girls ages six through nineteen in relation to age of maximum growth. *Monogr. Soc. Res. Child Develpm.*, 1939, 4, No. 3.
120. Shuttleworth, F. K. The adolescent period: a graphic atlas. *Monogr. Soc. Res. Child Develpm.*, 1949, 14, No. 1.
121. Singer, S. L., and Stefflre, B. Sex differences in job values and desires. *Personnel Guid. J.*, 1954, 32, 483–484.
122. Sontag, L. W. Physiological factors and personality in children. *Child Develpm.*, 1947, 18, 185–189.

123. Strong, E. K., Jr. *Vocational interests of men and women.* Stanford Univer., Calif.: Stanford Univer. Press, 1943.
124. Summerskill, J., and Darling, C. D. Sex differences in adjustment to college. *J. educ. Psychol.,* 1955, 46, 355–361.
125. Sweeney, E. J. Sex differences in problem solving. *Stanford Univer., Dept. Psychol., Tech. Rep.* No. 1, Dec. 1, 1953.
126. Symonds, P. M. Changes in sex differences in problems and interests of adolescents with increasing age. *J. genet. Psychol.,* 1937, 50, 83–89.
127. Terman, L. M. Kinsey's "Sexual behavior in the human male": some comments and criticisms. *Psychol. Bull.,* 1948, 45, 443–459.
128. Terman, L. M., *et al. Genetic studies of genius.* Vol. I. Stanford Univer., Calif.: Stanford Univer. Press, 1925.
129. Terman, L. M., and Miles, Catharine C. *Sex and personality: studies in masculinity and femininity.* N.Y.: McGraw-Hill, 1936.
130. Terman, L. M., and Oden, Melita H. *The gifted child grows up.* Stanford Univer., Calif.: Stanford Univer. Press, 1947.
131. Terman, L. M., and Tyler, Leona E. Psychological sex differences. In L. Carmichael (Ed.), *Manual of child psychology.* (2nd Ed.) N.Y.: Wiley, 1954. Pp. 1064–1114.
132. Thanga, M. N. An experimental study of sex differences in manual dexterity. *J. Educ. and Psychol., Baroda,* 1955, 13, 77–86.
133. Thompson, Clara. Cultural pressures in the psychology of women. In P. Mullahy (Ed.), *A study of interpersonal relations.* N.Y.: Hermitage Press, 1949. Pp. 130–146.
134. Thorndike, E. L. *Educational psychology.* N.Y.: Teachers Coll., Columbia Univer., 1914. Vol. III.
135. Traxler, A. E., and McCall, W. C. Some data on the Kuder Preference Record. *Educ. psychol. Measmt.,* 1941, 1, 253–268.
136. Traxler, A. E., and Spaulding, Geraldine. Sex differences in achievement of independent school pupils as measured by Stanford Achievement Test, Form K. *Educ. Rec. Bull.,* 1954, No. 63, 69–80.
137. Triggs, Frances O. A study of the relation of the Kuder Preference Record scores to various other measures. *Educ. psychol. Measmt.,* 1943, 3, 341–354.
138. Trumbull, R. A study in relationships between factors of personality and intelligence. *J. soc. Psychol.,* 1953, 38, 161–173.
139. Tuddenham, R. D. Studies in reputation: III. Correlates of popularity among elementary school children. *J. educ. Psychol.,* 1951, 42, 257–276.
140. Tuddenham, R. D. Studies in reputation. I. Sex and grade differences in school children's evaluations of their peers. *Psychol. Monogr.,* 1952, 66, No. 1.
141. Visher, S. S. *Scientists starred, 1903–1943, in "American men of science"* Baltimore: Johns Hopkins Press, 1947.
142. Walter, L. M., and Marzolf, S. S. The relation of sex, age, and school achievement to levels of aspiration. *J. educ. Psychol.,* 1951, 42, 285–292.
143. Watson, Jeanne, Breed, W., and Posman, H. A study in urban conversation: sample of 1001 remarks overheard in Manhattan. *J. soc. Psychol.,* 1948, 28, 121–123.
144. Wesman, A. G. Separation of sex groups in test reporting. *J. educ. Psychol.,* 1949, 40, 223–229.

145. Wickman, E. K. *Children's behavior and teachers' attitudes.* N.Y.: Commonwealth Fund, 1928.
146. Williams, H. D. A survey of predelinquent children in ten middle western cities. *J. juv. Res.*, 1933, 17, 163–174.
147. Witkin, H. A., *et al. Personality through perception.* N.Y.: Harper, 1954.
148. Witty, P. A genetic study of fifty gifted children. *39th Yearb., Nat. Soc. Stud. Educ.*, 1940, Part II, 401–409.
149. Yerkes, R. M. *Chimpanzees: a laboratory colony.* New Haven, Conn.: Yale Univer. Press, 1943.
150. Zazzo, R. Première contribution des psychologues scolaires à la psychologie différentielle des sexes. *Enfance,* 1948, 1, 168–175.

Kapitel 15
Soziale Klassenunterschiede

In einer einzelnen Nation gibt es gewöhnlich Menschenklassen oder Subkulturen, die jede ihre eigenen Traditionen, Lebensweisen, emotionalen Reaktionen und Fähigkeitsmuster haben. In Amerika sind die Unterschiede zwischen Gebieten wie Neuengland, dem Süden, dem Mittleren Westen und Westen sowohl real wie auch fiktiv wohlbekannt. Ebenso verbreitet ist die Unterscheidung zwischen Stadt- und Landbewohnern. Tatsächlich handelt es sich nicht um eine Zweiteilung, sondern sie erstreckt sich über eine Vielzahl unterscheidbarer Gruppen. Von der großen Metropole über die mittelgroße Stadt, die Kleinstadt, das Dorf mit dem Hauptgeschäft und der Post bis hin zum isolierten Außenposten in den Bergen gibt es sowohl in der psychischen als auch in der physischen Umwelt große Unterschiede.
Eine besonders wichtige kulturelle Differenzierung stellen soziale Klassen dar. Forschungen an amerikanischen Gemeinwesen haben nicht nur das Vorherrschen einer solchen sozialen Schichtung aufgezeigt, sondern auch den tiefgreifenden Effekt, den die individuelle Mitgliedschaft zu einer Klasse auf die Verhaltensentwicklung hat. Der Hauptunterschied zwischen einem starren Kastensystem und den Klassensystemen, die man in einer Demokratie wie den USA findet, liegt in der größeren „sozialen Mobilität", die in den letztgenannten möglich ist. So kann ein Individuum aus einer niedrigeren sozialen Klasse durch eigene Anstrengungen einen höheren Sozialstatus erreichen. Gerade diese Möglichkeit ist die Wurzel vieler charakteristischer Motivationen und Einstellungen der „Mittelschicht", mit ihrer Betonung harter Arbeit, Selbstverbesserung und Leistung.

Soziale Klassenstruktur

Die Klassendifferenzierung der amerikanischen Gesellschaft ist in etlichen Studien an amerikanischen Gemeinwesen gründlich untersucht worden. Die meisten Untersuchungen standen unter der Leitung von W. Lloyd WARNER. Man hat typische Städte in verschiedenen Landesteilen unter Pseudonymen beschrieben, z.B. eine *Yankeestadt* in Neuengland (115), eine *alte Stadt* im

Süden (24) und ein *Jonesville* im Mittleren Westen (116). Andere Teile des Mittleren Westens repräsentieren *Middletown* (63, 64) und *Plainville*, USA (117). Die in diesen Untersuchungen verwandten Methoden sind Abwandlungen anthropologischer Beobachtungsverfahren für Feldstudien an primitiven Kulturen. Im allgemeinen leben die Untersucher eine Zeitlang in der Gemeinde, sie nehmen an gesellschaftlichen Veranstaltungen teil und fragen lokale Gewährsleute – Personen aus unterschiedlichen sozialen Schichten, deren Aktivitäten sie in Kontakt mit vielen Gemeindemitgliedern bringen. Mit Hilfe solcher Techniken erhält man nicht nur Informationen über die gesamte Klassenstruktur des Gemeinwesens, sondern auch über die Klassenzugehörigkeit individueller Personen.
Eine Hauptüberlegung bei der Klassenidentifikation von Individuen dreht sich um das Ausmaß und die Beschaffenheit der Teilnahme an gesellschaftlichen Aktivitäten mit Mitgliedern einer bestimmten Klasse.

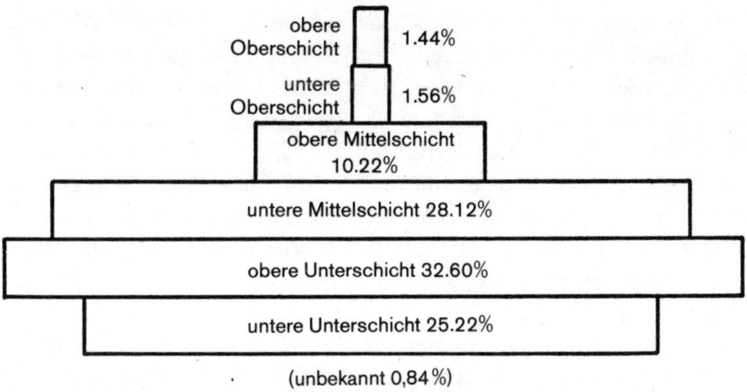

Abb. 80: Soziale Schichtung in einer amerikanischen Gemeinde: Yankee Citty (aus WARNER u. LUNT, 115, S. 88)

Die Ergebnisse derartiger Erhebungen zeigen eine Schichtung in 6 Klassen, die als obere Oberschicht, untere Ober-, obere Mittel-, untere Mittel-, obere Unter- und untere Unterschicht bezeichnet werden. Abbildung 80 zeigt die Prozente von Personen, die in jede Klasse fallen aus, einer Stichprobe von 16 785 Fällen, die man in *Yankee City* untersucht hat. Diese Prozentwerte unterscheiden sich in anderen untersuchten Gemeinden nicht wesentlich. Die Unterscheidung zwischen oberer Ober- und unterer Oberschicht in Neuengland und den Städten des Südens basierte primär auf dem Familienhintergrund. Die obere Oberschicht stellte die „Alte Aristokratie" dar, und die untere Oberschicht die „Neureichen". In den Gemeinden des Mittelwestens traf man diese Unterscheidung nicht generell. Dort gibt es nur eine „Oberschicht", die die reichsten und bekanntesten Familien umfaßt. Die obere Mittelschicht bestand hauptsächlich aus Geschäftsleuten und Akademikern, den „Stützen der Gesellschaft“, während die untere Mittelschicht kleinere Geschäftsleute, „Arbeiter im weißen Kittel“ und einige Facharbeiter umschloß. Die obere Unterschicht, die weitgehend aus angelernten und ungelernten Arbeitern bestand, wird oft von Personen der Mittelschicht als „arm, aber sauber“ und „hart arbeitenden Menschen“ beschrieben. Im Gegensatz dazu charakterisierte man die untere Unterschicht als wechselhaft und unordentlich. Die untere Mittelschicht und die obere Unterschicht beinhalten zusammen über 60 % der Bevölkerung. Sie stellen das Niveau des „einfachen Mannes“ (116) und die „Kernkultur“ dar.

WARNER und seine Mitarbeiter nennen die oben beschriebenen Beobachtungsverfahren die Methode der „Evaluated Participation“ (E.P.). Dies ist eine direkte, doch mühsame und zeitraubende Technik zur Bestimmung der individuellen Klassenzugehörigkeit. Ein einfacheres und kürzeres Vorgehen ergibt den sogenannten Index für Statuscharakteristika (I.S.C.), das von WARNER und seinen Mitarbeitern entwickelt wurde (116). Den I.S.C. für jedes Individuum berechnet man, indem man es auf einer 7stufigen Skala nach 4 Faktoren beurteilt, d.h. nach dem Beruf, der Einkommensquelle, dem Haustyp und dem Wohngebiet, und dann die gewichtete Summe der vier Schätzurteile bildet. Die genannten Verfahren, um diesen Index zu erreichen, beschrieben WARNER et al. in *„Social Class in America“* (116). Die Autoren berichten auch über eine gute Übereinstimmung zwischen dem Sozialstatus, wie er mit der E.P. und den I.S.C.-Methoden bestimmt wurde. Da das Berufsniveau ein relativ großes Gewicht bei der Berechnung des I.S.C. erhält, und außerdem mit den anderen drei Charakteristika korreliert ist, kann es selbst eine recht gute Annäherung an den Sozialstatus ergeben, wie er in den Erhebungen von WARNER beschrieben wird. Deshalb können die vielen vorliegenden Daten über die Beziehung zwischen dem Berufsniveau und der Intelligenz (s.u.) in das Bild der Klassendifferenzierung eingefügt werden, das von der soziologischen Forschung stammt.

Ein anderer Zugang zur Untersuchung der Klassenstruktur findet sich in der Arbeit von TRYON (111). Unter Verwendung der Clusteranalyse (eine Spielart der Faktorenanalyse) untersuchte TRYON die Interkorrelationen zwischen 33 Arten von Volkszählungsdaten über 243 Wohngebiete in der Bucht von San Francisco. Ein Vorteil dieses Verfahrens besteht darin, daß es nur objektive Daten verlangt, die in öffentlichen Berichten vorliegen. Die Analyse ergab 3 Faktoren oder Dimensionen. Die erste ist eine Dimension für Familienleben (F), die charakterisiert ist durch Einfamilienhäuser, große Familien und nicht arbeitende Hausfrauen. Die zweite Dimension, Assimilation (A), bezieht sich primär auf den Anteil einheimischer weißer Bewohner in der Umgebung, doch auch bestimmte Berufsvariablen weisen hier signifikante Ladungen auf. Der dritte Faktor wurde als „sozioökonomische Unabhängig-

keit“ identifiziert (S) und umfaßt Variablen wie hohes Berufs- und Bildungsniveau, hochrangige Häuser und Beschäftigung von Hausangestellten. TRYON führt aus, was gewöhnlich als sozioökonomisches Niveau bezeichnet oder von den WARNER-Techniken als Sozialstatus gemessen werde, stelle eine Kombination aus den Faktoren sozioökonomische Unabhängigkeit und Assimilation dar.
Eine andere vereinfachte Technik zur Bestimmung der individuellen sozialen Klasse stellt die SCI Berufsschätzskala dar, die SIMS (97, 98) entwickelt hat. In dieser Skala wird dem Pb eine Liste von 42 Berufstiteln vorgelegt, die vom U.S. Botschafter bis zum Staßenkehrer reicht, doch zufällig angeordnet ist. Diese Berufe hat man mit Hilfe vorangegangener Forschung über Prestige-Beurteilungen der verschiedenen Berufe aus einer viel längeren Liste ausgesucht. Für jeden gegebenen Beruf gibt der Pb an, ob er das Gefühl hat, daß die Personen in diesem Beruf *derselben* sozialen Klasse wie er selbst und seine Familie angehören oder einer *höheren* oder *niedrigeren* Klasse. Ist ihm ein bestimmter Beruf nicht genügend bekannt, kann er „zweifelhaft“ anstreichen. Der Pb-Wert aus dem die Klassenzugehörigkeit bestimmt wird, basiert auf der Anzahl als „niedriger“ angestrichener Berufe und der Hälfte der als *dieselben* angestrichenen Berufe. Diese Skala ist also ein Mittel, den Sozialstatus herauszufinden, mit dem sich das Individuum selbst identifiziert. Doch die Ergebnisse korrelieren auch hoch mit objektiven Merkmalen wie dem Einkommensniveau und dem Beruf. Andererseits können Diskrepanzen zwischen objektivem und wahrgenommenem Status in individuellen Fällen von bedeutendem psychologischen Interesse sein.

Klassenunterschiede in der psychischen Entwicklung

Für den differentiellen Psychologen sind die Effekte besonders interessant, die soziale Klassenzugehörigkeit auf die individuelle emotionale und intellektuelle Entwicklung haben kann. Obwohl soziale Mobilität möglich ist und in unserer Gesellschaft die Trennungslinien zwischen den sozialen Klassen nicht scharf sind, stellen derartige Klassen doch eigene Subkulturen dar. Die Beschaffenheit und das Ausmaß der sozialen Interaktion zwischen Mitgliedern verschiedener Klassen ist beschränkt. Außerdem spiegelt sich die Klassenaufteilung in auffallenden Unterschieden im häuslichen Leben, der Erziehung, den Freizeitbeschäftigungen und gesellschaftlichen Aktivitäten wider.

Einige Autoren haben sich besonders mit den Klassenunterschieden in den Praktiken der Kindererziehung und den möglichen Folgen dieser Unterschiede auf die psychische Entwicklung beschäftigt (21, 22, 25, 65, 74). DAVIS und HAVIGHURST (25) untersuchten diese Frage mit Hilfe ausführlicher Interviews mit Familien der oberen Mittel- und oberen Unterschicht in Chicago. Die Interviews erstreckten sich auf Bereiche wie Ernährungsplan, Sauberkeitserziehung, Mittagsschlaf, Alleinausgehen, Stunde, zu der das Kind am Abend zu Hause sein soll und das Alter, in dem man von dem Kind die Übernahme verschiedener Verantwortlichkeiten erwartet. Man fand sowohl in den untersuchten weißen als auch in den schwarzen Gruppen einige statistisch signifikante Unterschiede. Diese Unterschiede sprechen dafür, daß Eltern der Mittelschicht in ihren Erziehungspraktiken eher streng sind, das Kind bei der Ernährung und dem Sauberkeitstraining stärker frustrieren und von ihren Kindern früher die Übernahme von Verantwortung erwarten.
Andere Studien legten nahe, daß Kinder in der „Kernkultur" (untere Mittel- und obere Unterschicht) eher unter Bedingungen aufwachsen, die ungebührlich streng sind und Konformität verlangen. Im Gegensatz dazu erfreuen sich Kinder der niedrigsten sozialen Schicht großer Freiheit (s. z.B. 74). Daß solch eine Aussage jedoch modifiziert werden muß, bezeugen die Ergebnisse von MAAS (65). Er befragte Jungen und Mädchen im Alter von 10 bis 15 Jahren, die zur Kernkultur gehörten. MAAS schloß daraus, daß ein Kind aus der Kernkultur zwar physisch stärker eingeschränkt und strenger erzogen wird, was die Entwöhnung, die Sauberkeit und andere Erziehungspraktiken anbelangt, daß es jedoch mehr Möglichkeiten hat, mit beiden Eltern zu kommunizieren, weniger Angst vor den Eltern hat und weniger elterliche Zurückweisung erfährt als das Unterschichtkind.
Bestätigende Belege stammen aus einer Studie von MILNER (75) an Kindern der ersten Klasse. Zunächst zeigte sich eine enge Beziehung zwischen dem Index von WARNER für Statusmerkmale und der Lesefertigkeit und sprachlichen Entwicklung der Kinder. Man wählte für eine intensive Untersuchung mit Hilfe von Interviews aus Kindern und ihren Müttern zwei Untergruppen mit hohen und niedrigen Sprachwerten aus. Man fand eine Reihe deutlicher Unterschiede zwischen den beiden Untergruppen, die auch in ihrem sozioökonomischen Niveau differierten. MILNER folgerte, daß dem Unterschichtkind bei Schuleintritt hauptsächlich zwei Vorteile des Mittelschichtkindes fehlten. Der erste ist „eine warme positive Familienatmosphäre oder eine Beziehungsform zu Erwachsenen, die man immer mehr als motivationale Voraussetzung für jede Art von Lernen unter Erwachsenenkontrolle ansieht". Die Unterschichtkinder in MILNERs Studie nahmen Erwachsene als vorwiegend feindlich wahr. Der zweite Vorteil wird beschrieben als „eine ausge-

dehnte Gelegenheit, verbal mit Erwachsenen zu interagieren, die für das Kind hohen persönlichen Wert haben und über angemessene Sprachmuster verfügen". Der letztgenannte Punkt zeigt sich in einer grundsätzlich verschiedenen Atmosphäre am Eßtisch. In den Heimen der Kinder mit hohen Werten gab es zahlreichere spontane Unterhaltungen zwischen Erwachsenen und Kindern am Eßtisch. Im Gegensatz dazu neigten die Eltern von Kindern mit niedrigen Werten dazu, Unterhaltungen der Kinder während der Mahlzeiten zu verbieten oder zu entmutigen. Aus anderen Studien mit Vorschul- und Schulkindern gibt es reichliche Belege für eine enge Beziehung zwischen der Sprachentwicklung und dem sozioökonomischen Niveau (s. 70). MILNERS Studie beleuchtet ein wenig den möglichen kausalen Mechanismus, der dieser Beziehung zugrundeliegt.

Aufgrund von Interviews mit über 600 englischen Jungen im Alter von 10 bis 14 Jahren fand auch HIMMELWEIT (45) in Häusern der Mittelschicht mehr günstige Eltern-Kind-Beziehungen als in denen der Unterschicht. Trotz des stärkeren Konformitätsdruckes, dem Kinder der Mittelschicht ausgesetzt sind, gibt es keinen Beleg für größere allgemeine Ängstlichkeit oder Spannung. Als mögliche Erklärung führt der Autor die stärkere Kinderzentriertheit der Mittelschichthäuser an. In solchen Häusern fühlen sich die Kinder stärker akzeptiert, können Sorgen mit ihren Eltern diskutieren und sich auf sie verlassen.

Anscheinend muß man Verallgemeinerungen über die Strenge oder die Freizügigkeit von Erziehungspraktiken in Verbindung mit der sozialen Schicht sorgfältig überprüfen. Häuser, die in einer Hinsicht großzügiger sind, können in anderer strenger sein (s. z.B. 93). Zweifellos benötigen wir ausführlichere Studien über die Erziehungspraktiken von größeren Stichproben. Vielleicht lassen sich durch die Anwendung der gründlichen Beobachtungstechniken, die BARKER und WRIGHT (8, 9) entwickelt haben, einige Punkte klären. Diese Untersucher nennen ihren Ansatz „psychologische Ökologie". Sie bieten eine vollständige Beschreibung der alltäglichen Aktivitäten, sozialen Interaktionen und der psychologischen „Heimat" des Kindes. Bisher hat man diese Methode erst in einer kleinen Gemeinde des Mittelwestens mit einer relativ engen sozioökonomischen Streubreite und geringer sozialer Schichtendifferenzierung angewendet.

So weit es sich aus den vorliegenden Daten bestimmen läßt, fordern Mittelschicht- und Eltern aus der Kernkultur meist mehr Konformität als Unterschichteltern und können dadurch Frustrationen herbeiführen und in einigen Fällen Initiative und Kreativität ersticken. Andererseits untergraben bestimmte Aspekte des Familienlebens in der Unterschicht das Selbstvertrauen und die emotionale Sicherheit des Kindes und behindern damit die intellektuelle Entwicklung. Diese Unterschiede spiegeln sich in der schlechteren emo-

tionalen Anpassung und der niedrigeren Schulleistung der Unterschichtkinder wider.
Klassenunterschiede im Verhalten werden weiterhin vertieft durch die „Alterskultur“, die aus den jeweiligen Altersgenossen besteht. Es gibt Belege dafür, daß der Prestigewert für Verhaltensmerkmale mit dem sozioökonomischen Niveau variiert (3, 80). So legen Mädchen und Jungen aus einer höheren sozioökonomischen Schicht mehr Wert auf Konformität mit den Erwachsenennormen und konventionellen Verhaltensregeln, während Kinder mit niedrigerem Status der Selbstbehauptung und Aggression größere Bedeutung beimessen. Man hat eine Klassendifferenzierung ebenfalls in der Beschaffenheit und dem Ausmaß der Freizeitbeschäftigungen von Kindern beobachtet (66).
Soziale Schichtunterschiede manifestieren sich auch in der Schule, in den Leistungen und den Aktivitäten außerhalb des Stundenplanes. Davis führte aus (21, 22), daß die öffentlichen Schulen primär der Mittelschicht angepaßt seien, da das Personal überwiegend aus der Mittelschicht stamme. Nach Davis läßt diese Situation den Lehrplan, die Art der Belohnungen und andere Aspekte, in denen die Schulen Bildungserfahrungen bieten, für Unterschichtkinder ungeeignet werden. Er vermutet, das könne ein wichtiger Grund für die häufigere schulische Fehlanpassung und die bildungsmäßige Rückständigkeit dieser Kinder sein.
Daten belegen eine positive Beziehung zwischen der Schulleistung und dem Sozialstatus (36, 37, 38, 47, 114). Doch lassen sich die Unterschiede nicht einfach mit dem intellektuellen Niveau erklären. In einer Erhebung, die 1930 an Schülern mit IQn von 110 und darüber durchgeführt wurde, verglich man Untergruppen mit höherem und niedrigerem sozioökonomischen Status miteinander (s. 114, S. 51 ff.). In der oberen Sozialgruppe schlossen 93 % die Highschool ab und 57 % besuchten das College; in der niedrigen schlossen 72 % die Highschool ab und 13 % besuchten das College. Zweifellos sind mit der raschen Ausweitung von Stipendien in den letzten Jahren diese Diskrepanzen geringer geworden. Dennoch gibt es Belege dafür, daß Klassenunterschiede in der Einstellung der Bildung gegenüber einen bedeutenden Faktor darstellen (43, 45, 47, 103). Studien an den Kindern selbst und ihren Eltern zeigen, daß Kinder mit höherem Status gelehrt werden, günstig auf die Wettkampfsituation in der Schule oder in Intelligenztests zu reagieren; daß sie stärker zu persönlicher Leistung und akademischem Fortkommen motiviert sind. Auch die Erwartungen und Einstellungen der Lehrer und Schulleiter können zur besseren schulischen Leistung der Kinder mit höherem Status beitragen (47).

Sexuelles Verhalten

Die Arbeiten von KINSEY und seinen Mitarbeitern (53, 54) über das Sexualverhalten amerikanischer Männer und Frauen (s. Kap. 14) liefern auch Daten über sozioökonomische Unterschiede. Man hatte das sozioökonomische Niveau aufgrund des Bildungs- und Berufsniveaus der Pbn und des Berufsniveaus ihrer Eltern bestimmt. Die Untersucher waren von der Beziehung zwischen männlichem Sexualverhalten und der sozialen Schicht stark beeindruckt. Männer der unteren sozialen Schicht z.B. berichteten häufiger von vorehelichen und außerehelichen sexuellen Beziehungen als die Männer der oberen Sozialschicht: doch von Masturbation wurde häufiger in den oberen Sozialschichten berichtet. Männer der Oberschicht reagieren auch erotisch auf einen weiteren Variationsbereich von Reizen als Männer der Unterschicht. Die Untersucher selbst sehen derartige sozioökonomische Unterschiede als eines der wichtigsten Ergebnisse ihrer Erhebung an. Sie schreiben:

„Die bisher vorliegenden Daten zeigen, daß sich die sexuellen Verhaltensmuster in den verschiedenen sozialen Schichten, die in derselben Stadt und manchmal in unmittelbar nebeneinanderliegenden Teilen einer einzelnen Gemeinde vorkommen, auffallend unterscheiden können. Die Daten zeigen, daß Divergenzen im Sexualverhalten derartiger sozialer Gruppen so groß sein können, wie diejenigen, die Anthropologen zwischen den sexuellen Verhaltensweisen verschiedener Rassen in entlegenen Teilen der Welt gefunden haben. Es gibt kein amerikanisches Muster für sexuelles Verhalten, doch Werte für Muster, von denen jedes auf ein bestimmtes Segment unserer Gesellschaft beschränkt ist" (53, S. 329).

Sicherlich können derartige Resultate lediglich widerspiegeln, wie sehr amerikanische Männer in verschiedenen sozioökonomischen Klassen bereit sind oder sich dagegen wehren, über bestimmte sexuelle Aktivitäten zu berichten. Doch selbst wenn dem so ist, weisen die Daten auf sozioökonomische Unterschiede in den *Einstellungen* verschiedenen Formen sexuellen Verhaltens gegenüber hin. In scharfem Gegensatz zu den Ergebnissen bei den Männern spielten bei den Frauen soziale Faktoren bei der Bestimmung sexuellen Verhaltens eine geringe Rolle. Man beobachtete eine geringe oder keine Beziehung zwischen der Art oder dem Ausmaß sexueller Aktivität der Frauen und ihrem Bildungsniveau oder dem Berufsniveau ihrer Eltern.

Emotionale Anpassung

Erhebungen mit Persönlichkeitsfragebögen und anderen Persönlichkeitstests erhärteten meist die Klassenunterschiede, die man aufgrund bekannter kultureller Unterschiede erwarten würde. Schulkinder mit niederem Sozial-

status zeigen signifikant mehr Neurotizismus, emotionale Unsicherheit und Irritierbarkeit; sie berichten über sehr viel mehr Ärger und erhalten schlechtere Werte in der Vineland Social Maturity Scale (6, 78). SIMS (99) fand bei Highschool- und Collegestudenten eine positive Korrelation zwischen seinem Index für soziale Klassenidentifikation und der sozialen Anpassung, gemessen mit dem Bell Adjustment Inventory. Im Bernreuter Persönlichkeitstest waren Männer mit hohem Sozialstatus signifikant weniger neurotisch, selbstzufriedener und dominanter als Männer mit niedrigem Sozialstatus (s. 6). Eine Untersuchung mit projektiven Verfahren an kleinen Stichproben aus Harvard-Studenten ergab charakteristische Unterschiede zwischen Persönlichkeiten der Mittel- und Oberschicht (69)[1].
GOUGH (37, 38, 39) hat eine Persönlichkeitsskala für den Sozialstatus mit denselben Verfahren konstruiert, die man auch bei der Entwicklung von Maskulinitäts-Feminitäts-Tests verwendet hat (s. Kap. 14). Aus einer Gruppe von 223 Highschoolabgängern in einer Stadt des Mittelwestens suchte man zwei Stichproben mit extremem Sozialstatus aufgrund objektiver Umweltmerkmale aus. Die Antworten dieser beiden Stichproben auf die 550 Items des MMPI wurden einer Itemanalyse unterzogen. Man fand 34 Items, die signifikante sozioökonomische Unterschiede repräsentierten (37). Eine Untersuchung dieser Items führte zu der Annahme, Studenten aus einer höheren sozioökonomischen Schicht hätten stärkere literarische und künstlerische Interessen; sie zeigten größere soziale Gelassenheit, Sicherheit und Vertrauen in sich selbst und andere; sie berichteten von weniger Befürchtungen und Ängsten; sie legten „emanzipiertere" und „freiere" Einstellungen auf moralischem, religiösem und sexuellem Gebiet an den Tag; sie neigten stärker dazu, in ihren Meinungen positiv, dogmatisch und rechthaberisch zu sein.

Die 34 differenzierenden Items faßte man in einer „Statusskala" zusammen, aus der man für eine neue Stichprobe aus 263 Studenten die Statuswerte berechnete. Diese Werte korrelierten zu 0,50 mit objektiven Statuswerten, die auf Merkmalen des familiären Hintergrundes basierten. Auch die Korrelationen der Statuswerte im Test mit etlichen anderen Variablen lagen sehr dicht bei den Korrelationen zwischen dem Familienstatus und denselben Variablen. Die Variablen, mit denen man die beiden Typen von Statuswerten korrelierte, bestanden aus den anderen Skalen des MMPI, anderen Persönlichkeits-, Intelligenz- und Leistungstests und akademischen Noten (38). Diese Korrelationen sprachen außerdem dafür, daß Studenten mit höherem

1 In bestimmten Studien an hochselegierten Stichproben, z.B. Collegestudenten oder intellektuell begabten Kindern, fand man keine signifikanten Beziehungen zwischen der Persönlichkeit und der sozioökonomischen Schicht. Wahrscheinlich liegt das am eingeschränkten Streubereich der Gruppen im Sozialstatus und anderen Merkmalen (s. 6).

Sozialstatus eine befriedigendere soziale Anpassung, weniger Unsicherheit und weniger soziale Introversion als die Studenten mit niedrigerem Sozialstatus zeigten.
Ein Vergleich der Werte für den Persönlichkeitsstatus mit denen für den objektiven Status legt interessante Möglichkeiten für die Vorhersage der sozialen Mobilität in individuellen Fällen nahe (39). Denn Diskrepanzen zwischen dem Persönlichkeits- und dem objektiven Status können bezogen werden auf die Tendenz des Individuums, in der sozialen Hierarchie aufzusteigen oder zu sinken. So wird wohl ein Individuum mit niedrigem objektivem, aber hohem Persönlichkeitsstatus eher ein College besuchen als ein Individuum mit niedrigen Statuswerten in beiden Bereichen. Läßt sich diese Hypothese verifizieren, so könnte sie zur Klärung der relativ kleinen Schichtunterschiede in Persönlichkeitstests beitragen, die man beim Vergleich selegierter Populationen, z. B. bestimmter Collegegruppen, gefunden hat.
Bemerkenswert sind auch die Ergebnisse groß angelegter Erhebungen: Das Vorkommen von Psychosen ist größer, je niedriger das sozioökonomische Niveau ist. CLARK (19) analysierte 12 168 männliche Patienten, die zum erstenmal in psychiatrische Kliniken im Gebiet von Chicago eingewiesen worden waren. Bei weißen Patienten korrelierte die alterskorrigierte Zuweisungsrate zu − 0,83 mit dem Einkommensniveau und zu − 0,75 mit dem Prestige, das der Beruf der Pbn genoß. Bei Schwarzen betrugen die entsprechenden Korrelationen − 0,53 und − 0,60. In einer späteren Studie in New Haven in Connecticut untersuchten REDLICH et al. (85) als ihre experimentelle Population alle Patienten, die am 1. 12. 1950 in psychiatrischer Behandlung waren. Die Gruppe bestand also aus Patienten in öffentlichen und privaten Kliniken und aus Personen, die in ärztlichen Praxen in Behandlung waren. Die Resultate zeigten wieder mit niedrigerem sozioökonomischen Niveau eine zunehmende Zahl psychiatrischer Störungen. Außerdem waren in den oberen Sozialschichten Neurosen sehr viel häufiger als Psychosen, während das Umgekehrte für die unteren Schichten galt. Ein Teil dieser Differenz ist zweifellos auf die Tatsache zurückzuführen, daß Personen aus der Oberschicht eher neurotische Symptome erkennen als Personen aus der Unterschicht und sich häufiger die Behandlung dieser relativ milden Störungen leisten. Doch das Faktum bleibt bestehen, daß geistige Störungen insgesamt mehr in niederen als in höheren sozioökonomischen Schichten zu finden sind.

Interessen und Einstellungen

Heute ist gesichert, daß Berufsgruppen charakteristische Unterschiede in ihren Interessen aufweisen. Das gilt nicht nur für rein berufliche Belange, sondern für fast alle Gebiete des alltäglichen Lebens. Tatsächlich bilden diese

Unterschiede die Grundlage, auf der Tests wie der Strong Vocational Interest Blank konstruiert worden sind. Ein noch bedeutsameres Ergebnis berichtet STRONG (106): Es fanden sich beträchtliche Unterschiede in den Interessensmustern zwischen verschiedenen *Berufsniveaus*. STRONG schuf einen speziellen Bewertungsschlüssel, um das Berufsniveau (O.L.) für die individuellen Interessen zu messen. Dieser Schlüssel basiert auf der Auswahl derjenigen Items, die am klarsten zwischen den Interessen ungelernter Arbeiter und denen von Geschäftsleuten und Akademikern unterscheiden. Der Wert variiert nicht nur mit der Position des individuellen Berufes in der sozioökonomischen Hierarchie, sondern innerhalb jedes Berufes ist er höher für die Personen, deren Arbeit leitenden Charakter hat.
Einige der größten und immer wiederkehrenden Klassenunterschiede hat man in *Einstellungsuntersuchungen* gefunden. Nationale Meinungsumfragen stimmen mit ausführlicheren Untersuchungen in kleineren Gebieten (50, 71) in ihren Ergebnissen überein: Eine höhere sozioökonomische Schicht ist mit konservativeren Einstellungen verbunden und eine niedrigere sozioökonomische Schicht mit radikaleren Einstellungen. Erwartungsgemäß befürworten Individuen, die bereits eine günstigere Position auf der Sozialleiter innehaben eher die Bewahrung des Status quo. Generell befassen sich auch Personen der Mittelschicht eher mit dem Vorankommen auf beruflichem und anderen Gebieten, während die unteren Schichten auf Sicherheit Wert legen (71).

CENTERS (16) hat eine der am sorgfältigsten kontrollierten Erhebungen über die Einstellungen verschiedener sozialer Klassen durchgeführt. An 1100 Per-

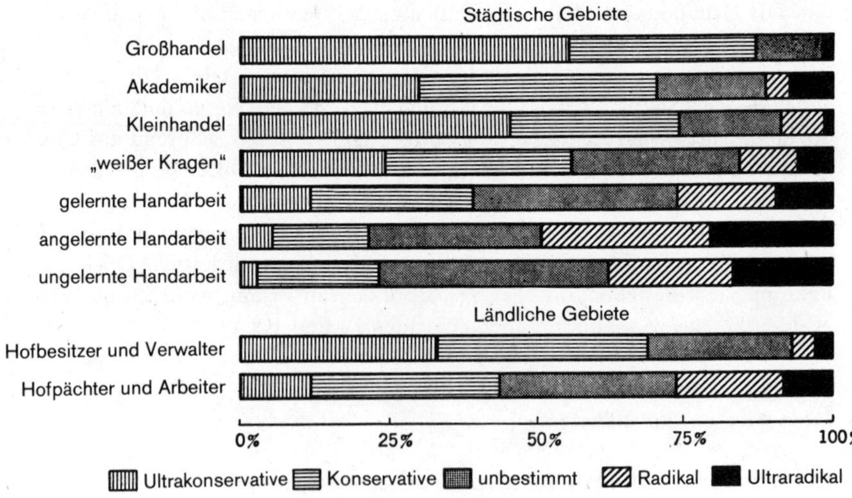

Abb. 81: Einstellungsunterschiede zwischen Berufsgruppen im Hinblick auf politisch-ökonomischen Konservativismus-Radikalismus (aus CENTER, 16, S. 58)

sonen, die als eine repräsentative Stichprobe für die erwachsene weiße männliche Bevölkerung ausgewählt worden war, erfragte man durch Interviews die Einstellungen zu den wichtigsten ökonomischen und sozialen Themen. Aufgrund ihrer Antworten auf bestimmte Fragen klassifizierte man die Individuen in fünf Kategorien für den erkennbaren Konservatismus – Radikalismus. In Abbildung 81 findet man die relative Häufigkeit für diese fünf Antwortkategorien bei Individuen aus unterschiedlichen Berufsschichten. Für städtische und ländliche Stichproben sind die Ergebnisse getrennt aufgeführt. Die Berufsunterschiede sind beträchtlich und eindeutig. Der Autor folgert, daß derartige Unterschiede wenig Zweifel daran ließen, daß die politisch-ökonomischen Orientierungen der Leute eng an ihren sozioökonomischen Status gebunden seien. Es gibt eine andere interessante Beobachtung: Innerhalb jeder Berufskategorie drückten diejenigen Personen, die sich subjektiv mit der „Arbeiterklasse" identifizierten, radikalere Einstellungen aus als diejenigen, die sich selbst als „Mittelschicht" klassifizierten. In einer späteren Studie an Highschoolstudenten fand man eine ähnliche Beziehung zwischen dem ausgedrückten Radikalismus-Konservatismus und dem Berufsniveau der Eltern (17). Die Ergebnisse in Bezug auf die Klassenidentifikation wurden ebenfalls bestätigt.

Sozioökonomischer Status und Intelligenz

Berufshierarchie

Es gibt eine beträchliche Datenmenge, die auf eine positive Beziehung zwischen dem Berufsniveau und der Intelligenztestleistung hinweisen. Analysen von Werten, die man an amerikanischen Soldaten im 1. Weltkrieg mit dem Army Alpha (31) und im 2. Weltkrieg mit dem AGCT (104) erhoben hat, liefern eine umfassende Bestätigung für diese Beziehung. In Abbildung 82 sind beispielhaft Daten über 15 häufige Berufe, die man aus verschiedenen Hierarchiestufen ausgewählt hat, wiedergegeben. In der vollständigen Analyse liegen vergleichbare Daten für 227 Berufe vor. Sie beruhen auf genügend vielen Fällen, um reliable Mittelwerte zu ergeben. Die Resultate basieren auf den AGCT-Werten einer repräsentativen Stichprobe von 81 553 weißen Einberufenen.

Wegen der selektiven Faktoren, die bei Zurückstellungen, Ablehnungen und Entlassungen wirksam sind, können solche Armeestichproben nicht als repräsentativ für die erwachsene Zivilbevölkerung gelten. Außerdem waren in der Berufserhebung keine Offiziere enthalten. Dadurch ist die Verteilung zusätzlich in den oberen Stufen eingeschränkt. Die Repräsentation von Akademikergruppen ist durch diese Faktoren besonders begrenzt. Daten über Doktoren und Ingenieure z. B. sind im Grunde in solchen Auflistungen nicht vorhanden. Abgesehen von diesen Einschränkungen folgen die Intelligenztestwerte klar der allgemeinen Berufshierarchie und laufen parallel zum sozioökonomischen Status der verschiedenen Gruppen. Obwohl die Überschneidungen groß und die Mittelwertunterschiede zwischen aneinander grenzenden Gruppen gering sind, unterscheiden sich die Testwerte der Gruppen aus verschiedenen Teilen der Berufshierarchie durch große und statistisch bedeutsame Beträge.

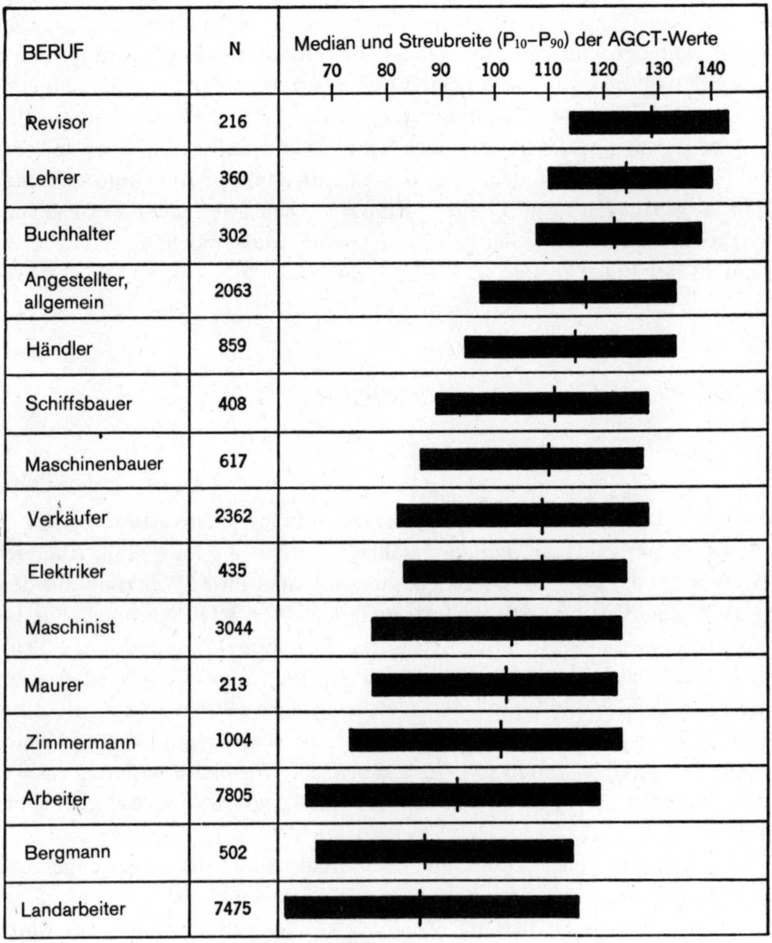

Abb. 82: AGCT-Werte in Abhängigkeit vom Zivilberuf (Daten aus STEWART, 104, S. 5–13)

Ähnliche Resultate erhielt man mit dem Wechsler Bellevue an einer Stichprobe von 1753 berufstätigen Erwachsenen, die hauptsächlich aus dem Stadtgebiet von New York stammten (96). Auch ein Wortschatztest, den man einer stratifizierten nationalen Stichprobe aus 1500 Personen im Alter von 10 Jahren und darüber vorgelegt hatte, ergab signifikante Differenzen zwischen breiten Berufsschichten (76). Unter Verwendung der Progressiven Matrizen von RAVEN beobachteten FOULDS und RAVEN (30) an den Beschäftigten einer einzelnen großen Firma in Großbritannien denselben Typ von Berufsunterschieden in den Mittelwerten. In Schweden fand man große und signifikante Differenzen in den Testwerten zwischen zwei Gruppen zum Militärdienst einberufener Personen, die höhere (N = 267) bzw. niedrigere Berufsniveaus (N = 660) repräsentierten (14).

Sozialer Status und Intelligenz von Kindern

Die enge Beziehung zwischen Intelligenztestleistung und Berufsniveau beschränkt sich nicht nur auf Erwachsene, sondern findet sich auch, wenn man Kinder nach den *Berufen der Eltern* klassifiziert. Die Beziehung läßt sich also nicht völlig durch Unterschiede in der Berufserfahrung und das Ausmaß der formalen Ausbildung erklären. Allgemeine Bedingungen müssen im Spiele sein, die nicht nur die Menschen in den unterschiedlichen Berufen, sondern auch ihre Familien kennzeichnen. In Tabelle 22 findet sich eine Berufsanalyse der Daten, die man bei der Standardisierung des Stanford-Binet gesammelt hatte (73).

In der vor kürzerer Zeit entwickelten Wechsler Intelligenzskala für Kinder (WISC) variieren die mittleren IQn von 110,9 für Kinder von Akademikern

Tabelle 22: Mittlere IQn im Stanford-Binet von 2757 Kindern, die man nach dem Beruf der Eltern klassifiziert hat (aus MCNEMAR, 73, S. 38)

Beruf des Vaters	Lebensalter des Kindes			
	2–5½	6–9	10–14	15–18
I. Akademiker	114,8	114,9	117,5	116,4
II. Fachhochschule, leitende Position	112,4	107,3	112,2	116,7
III. Büro, gelerntes Handwerk, Einzelhandel	108,8	104,9	107,4	109,6
IV. Landbesitzer	97,8	94,6	92,4	94,3
V. Angelernt, kleines Büro, kleineres Geschäft	104,3	104,6	103,4	106,7
VI. Nur kurz angelernt	97,2	100,0	100,6	96,2
VII. Gelegenheitsarbeit, Stadt und Land	93,8	96,0	97,2	97,6

oder Fachhochschulabgängern bis zu 94,6 für Kinder städtischer und ländlicher Arbeiter und Farmaufseher (92). Ähnliche Ergebnisse erhielt man in zahlreichen Untersuchungen vom Vorschul- bis zum Collegeniveau (s. 62, 77). Generell scheint die Differenz zwischen den mittleren IQn der Kinder von Akademikern und denen von Kindern ungelernter Arbeiter ungefähr 20 Punkte zu betragen.

Derartige Ergebnisse sind auch nicht auf amerikanische Stichproben beschränkt. In der schottischen Erhebung von 1947 fand man eine enge Beziehung zwischen der Berufsschicht des Vaters und dem mittleren Testwert der Kinder (90). Ähnliche Differenzen zeigten sich in einer nationalen Erhebung an französischen Schulkindern im Alter von 6 bis 12 Jahren (44, Kap. 5). In dieser Studie legte man einen Gruppentest aus Bildern über 95 000 Kindern vor, die man als repräsentativen Querschnitt der Grundschulpopulation von Frankreich ausgesucht hatte. Auch kleinere Untersuchungen in mehreren anderen Ländern haben die Beziehung zwischen dem Beruf der Eltern und der Intelligenz der Kinder bestätigt (15, 26, 27, 61, 72, 79, 81, 100).

Mehrere Untersucher haben Skalen verwendet, um *häusliche Merkmale* einzuschätzen. So lassen sich Korrelationen zwischen Intelligenztestwerten und dem sozialen Niveau berechnen. Für diesen Zweck hat man mehrere Skalen entwickelt (s. 58, 62). Eine der vollständigsten ist der Minnesota Index für den Heimstatus von LEAHY (58). Die meisten Skalen nutzen Informationen aus, die man durch Hausbesuche und Interviews mit den Eltern gewonnen hat. Einige Autoren haben den Versuch unternommen, Skalen zu schaffen, die die psychologisch bedeutsameren Aspekte der kindlichen Umwelt hervorheben, z.B. die Beziehungen zwischen Eltern und Kind und die Gelegenheit zu verschiedenen Aktivitätsformen (102, 113). Eine Schwäche der letztgenannten Skalen liegt in der relativ subjektiven Art der ursprünglichen Auswahl von Variablen und in den Schätzurteilen selbst. Dennoch eröffnen diese Skalen interessante Möglichkeiten für weitere Forschung.

Erwartungsgemäß variieren die Korrelationen zwischen den Heimschätzungen und der Intelligenz mit dem Inhalt der Skalen zur Heimbeurteilung, der Art des verwendeten Intelligenztests und den Merkmalen der getesteten Stichproben. Allgemein liegen die meisten Korrelationen von den Altersstufen 3 bis 18 Jahren bei 0,40, obwohl sie von 0,20 bis etwa 0,50 variieren (s. 62, 77). Innerhalb der genannten Altersgrenzen zeigen die Korrelationen keinen konsistenten Alterstrend. Doch unter dem Alter von 3 Jahren sinken die Korrelationen und sind im allgemeinen zwischen der Geburt und 18 Monaten Null oder leicht negativ. Man erinnere sich, daß Tests für Kleinkinder weitgehend Maße für die einfache sensomotorische Entwicklung sind. Wenn das Kind älter wird, werden die Tests in ihrem Inhalt zunehmend verbal und abstrakt. Da verschiedene Funktionen gemessen werden, gibt es also keine echte Inkonsistenz zwischen den Korrelationen, die man an Kleinkindern und de-

nen, die man an älteren Kindern erhoben hat. Insgesamt bestätigten die Studien mit Korrelationstechniken die Ergebnisse, die man aus dem Vergleich von Berufsgruppen gewonnen hat.
Noch ein anderer Ansatz bezieht sich auf die Relation zwischen Testwerten und der individuellen *Klassenzugehörigkeit*, wie sie mit Hilfe der WARNER-Techniken bestimmt wird. In einer Untersuchungsreihe legten HAVIGHURST und seine Mitarbeiter (41, 42, 49) nahezu vollständigen Stichproben 10-, 13- und 16jähriger einer Stadt im Mittelwesten Tests vor. Der 13jährigen Gruppe legte man die PMA Tests von THURSTONE vor. Die beiden anderen Altersgruppen untersuchte man mit bekannten verbalen und Handlungstests der Intelligenz und mit speziellen Tests für Lesen und räumliche und mechanische Fähigkeiten. Jeder Pb wurde einer von 5 Statusgruppen zugeordnet, sie reichten von A (Ober-) bis E (untere Unterschicht). In den Tabellen 23, 24 und 25 sind die Mittelwerte der verschiedenen Statusgruppen in jedem Test wiedergegeben. Abgesehen von der geringen Anzahl von Fällen (besonders in den oberen Stufen) zeigen nahezu alle Tests ein Ansteigen der Werte mit

Tabelle 23: Durchschnittliche Testwerte von 10jährigen aus unterschiedlichen sozialen Statusgruppen (übernommen aus HAVIGHURST u. JANKE, 42, S. 363)

Sozial-Status	N	Stanford Binet IQ	CORNELL Cox IQ	Mannzeichentest	Iowa Index für leises Lesen	Papierformbrett	PORTEUS Labyrinth	Minn. mechan. Zus.-bauen T-Wert (Jungen)	Chicago mechan. Zus.-bauen T-Wert (Mädchen)
C.	26	114	116	107	99	22,5	12,7	52,5	56,0
D.	68	110	110	102	99	21,3	12,8	49,2	49,5
E.	16	91	96	91	88	15,7	10,4	46,9	41,3

Tabelle 24: Durchschnittswerte in den PMA von THURSTONE von 13jährigen aus unterschiedlichen sozialen Statusgruppen (übernommen aus HAVIGHURST u. BREESE, 41, S. 244)

Sozial-Status	N	Numerisch (N)	Verbales Verständnis (V)	Raum (S)	Wortflüssigkeit (W)	abstraktes Denken (R)	Gedächtnis (M)
C.	21	52,7	55,6	52,5	53,4	53,8	52,5
D.	58	51,6	50,0	50,3	50,4	49,9	50,0
E.	11	36,4	39,4	43,0	40,1	43,4	44,1

dem Sozialstatus innerhalb jeder Stichprobe. Vergleicht man extreme soziale Gruppen, sind die meisten Differenzen statistisch signifikant. Die klarste Ausnahme von diesem Trend stellt die Leistung 16jähriger Jungen im Minnesota Test für mechanisches Zusammenbauen dar (Tab. 25). Die Mittelwerte in diesem Test weisen keine konsistente Beziehung zum Sozialstatus auf; den höchsten Mittelwert erreichte die niedrigste soziale Gruppe.

Tabelle 25: Durchschnittliche Testwerte von 16jährigen aus unterschiedlichen sozialen Statusgruppen (übernommen aus JANKE u. HAVIGHURST, 49, S. 503–504)

Sozial-Status	N	Stanford-Binet-IQ	WECHSLER-BELLEVUE-Handlungs-IQ	Iowa leises Lesen T-Wert	Papierform-Brett	Minn. Mechanisches Zus.-bauen T-Wert (Jungen)	Chicago Mechanisches Zus.-bauen T-Wert (Mädchen)
A & B	9	128	118	58,0	44	46,8	62,1
C.	44	112	109	51,0	40	51,6	52,0
D.	49	104	102	48,9	31	48,8	48,5
E.	13	98	103	45,6	31	53,0	45,3

Ein möglicher Grund für diese Resultate besteht darin, daß Jungen mit niedrigerem Status mehr Erfahrung im Umgang mit mechanischen Objekten hinter sich haben und somit mit den Aufgaben dieses Tests vertrauter sind. Bemerkenswert ist auch, daß die Klassenunterschiede im Stanford-Binet eher größer sind als in Leistungstests. Der Mannzeichentest ergab die kleinste Differenz. Dieses Ergebnis bestätigte eine andere ähnliche Studie (11).

In den PMA, die man den 13jährigen vorgelegt hat, wird wieder deutlich, daß Statusunterschiede mit der getesteten Funktion variieren. Rechnerisches Denken, verbales Verständnis und Wortflüssigkeit ergeben größere Mittelwertunterschiede als Raumvorstellung, abstraktes Denken und Gedächtnis. Denselben Trend zeigen die Korrelationen mit dem Index für Statusmerkmale:

Rechnerisches Denken	0,32	Wortflüssigkeit	0,30
Verbales Verständnis	0,42	Abstraktes Denken	0,23
Raumvorstellung	0,25	Gedächtnis	0,21

Die höchste Korrelation findet man beim verbalen Verständnis; rechnerisches Denken und Wortflüssigkeit ergeben etwas niedrigere Korrelationen; die Werte liegen noch tiefer für Raumvorstellung, abstraktes Denken und

Gedächtnis. Die Autoren vermuten, daß die Korrelationen mit dem Sozialstatus bei denjenigen Fähigkeiten höher sind, die eher durch eine bessere soziale Umwelt begünstigt werden. In einem späteren Abschnitt werden wir diese Frage ausführlicher untersuchen, wenn es um die Spezifität von Klassenunterschieden geht.
Einige Untersuchungen haben eine Entsprechung zwischen der sozioökonomischen Einschätzung für ein *gesamtes Gemeinwesen* und dem mittleren IQ seiner Kinder aufgezeigt. In einer Studie an über 300 Stadtteilen der Stadt New York, von denen jeder eine Bevölkerung von ungefähr 23 000 Personen hatte, fand MALLER (67) eine Korrelation von 0,50 zwischen dem ökonomischen Status des Stadtteiles (auf die Höhe der Mieten bezogen) und dem mittleren IQ der Schulkinder. E.L. THORNDIKE und WOODYARD arbeiteten sogar mit noch größeren Gebieten (109) und erhielten sehr hohe Korrelationen zwischen den mittleren Intelligenztestwerten von Schülern der 6. Klasse und verschiedenen Sozialindizes für insgesamt 30 Städte. Die Intelligenztestwerte korrelierten z.B. zu 0,78 mit dem Wert für das Pro-Kopf-Einkommen in jeder Stadt; sie korrelierten zu 0,86 mit einem zusammengesetzten Wert für die allgemeine „Güte“ des Gesellschaftslebens, der auf vielfältigen Kriterien basierte. In einer neueren nationalen Erhebung von R.L. THORNDIKE (110) korrelierten Gesellschaftsvariablen höher mit Intelligenz- als mit Leistungstests. Als einen möglichen Grund für diese Ergebnisse führte man die Tatsache an, daß die Ausbildung in Amerika relativ standardisiert sei und primär außerschulische Faktoren die Gemeinwesen voneinander unterscheiden ließen. Dadurch ist die Ausbildungshöhe nicht so sehr von Gesellschaftsvariablen abhängig wie allgemeinere Indizies, z.B. Intelligenztestwerte.
Die beobachteten Beziehungen zwischen sozioökonomischen Faktoren und der Intelligenz führen selbst zu mehreren *Interpretationen.* Man kann behaupten, die heute gefundenen intellektuellen Unterschiede zwischen sozialen Klassen resultierten aus einer allmählichen Vererbungsdifferenz, die durch Selektion stattgefunden hat. So arbeiten sich die intelligenteren Individuen allmählich in die anspruchsvolleren, doch wünschenswerteren Positionen hinauf, wobei jede Person dazu tendiert, schließlich „ihr eigenes Niveau“ zu finden. Da intellektuell überdurchschnittliche Eltern auch meist intellektuell überdurchschnittliche Kinder haben, werden die Kinder aus den oberen Sozialschichten insgesamt intelligenter sein als diejenigen aus den niedrigeren sozialen Schichten. Eine zweite Hypothese könnte die intellektuelle Entwicklung des Kindes mit dem kulturellen Niveau erklären, in dem es aufgewachsen ist. Das Kind, das im Haus eines ungelernten Arbeiters aufwächst, hat nicht dieselben Möglichkeiten zur intellektuellen Entwicklung – demnach wird es nicht dasselbe Fähigkeitsniveau erreichen – wie ein Kind der gleichen Anfangsfähigkeit, das im Heim eines Akademikers großgezogen wird. Eine dritte mögliche Hypothese ist, daß sozioökonomische und intellektuelle Va-

riablen durch einen anderen Faktor miteinander verbunden sind, z.B. durch Persönlichkeitsmerkmale, nationale Herkunft oder Familiengröße.
Wir können aus diesen Erklärungen nicht auswählen, ohne in jedem Fall die jeweiligen Umstände näher untersucht zu haben. Einige Autoren waren beeindruckt von dem Ergebnis, daß sich Klassenunterschiede in der Intelligenztestleistung schon so früh im Leben zeigen und praktisch bei 3jährigen genauso groß sind wie bei 18jährigen. Das hat man zeitweilig als einen Beleg für eine Vererbungsinterpretation von Klassenunterschieden angesehen. Denn umweltbedingte Unterschiede müßten mit dem Alter zunehmen, wenn die Umweltfaktoren längere Zeit wirksam gewesen sind. Unter bestimmten Bedingungen kann der Trend jedoch umgekehrt sein. Wenn die Umweltunterschiede in gleichem Ausmaß andauern oder mit dem Alter zunehmen, müßten erwartungsgemäß auch ihre differenzierenden Effekte auf das Verhalten zunehmen. Doch wenn in bestimmten Zeiten irgendwelche ausgleichenden Einflüsse in die Umwelt eingeführt werden, z.B. beim Schuleintritt, müßten sie der Divergenz in der Verhaltensentwicklung, die man sonst erwarten würde, entgegenwirken.
In allen Vergleichen intellektueller und sozioökonomischer Variablen dürfen wir weder die weite Streubreite individueller Unterschiede innerhalb jeder sozialen Schicht aus den Augen verlieren, noch die Überschneidungen zwischen den Schichten. Man muß auch bedenken, daß die Gesamtzahl der Personen in niederen sozialen Klassen größer ist als die in den höheren Klassen. Würden wir also mit intellektuellen und nicht mit sozialen Kategorien beginnen, könnten wir finden, daß ein größerer Prozentsatz intellektuell überdurchschnittlicher Personen aus den niederen als aus den höheren sozialen Klassen stammen. Von Highschool-Abgängern in Wisconcin z.B., die über dem Gruppenmedian der Intelligenztestwerte lagen, hatten nur 9,7 % Akademiker als Väter, während 17,4 % gelernte Arbeiter als Vätter hatten (12). Das gilt, wenn man von der Tatsache absieht, daß der Median der Percentilwerte für Pbn mit Akademikervätern bei 68,5 und der der Pbn mit Arbeitern als Väter bei 51,1 lag. Diese Ergebnisse sind keineswegs spezifisch für diese eine Studie. Ähnliche Resultate würde man in den meisten Studien erhalten, wenn die Daten in eben dieser Art ausgedrückt würden. Das bedeutet einfach, daß die niederen sozialen Klassen eine größere absolute Anzahl intellektuell überdurchschnittlicher Personen aufweisen können als die oberen Klassen, obwohl relativ zur Gesamtzahl der Personen in einer Klasse der Beitrag der höheren Klassen größer ist. Oberhalb eines bestimmten Punktes reichen die größeren Zahlen in den niederen Klassen nicht mehr aus, um den sinkenden proportionalen Anteil auszugleichen. Das gilt z.B. für die Stanford-Gifted Child Study, in der 31,4 % den Pbn Akademiker als Väter hatten und nur 11,8 % Väter aus der gelernten Arbeiterklasse (s. Kap. 13).

Intellektuelle Entwicklung isolierter Gruppen

Bestimmte Gruppen sind wegen ihrer relativen Isolation von äußeren Kontakten für die Differentielle Psychologie besonders interessant. GORDON (35) untersuchte die Schul- und Intelligenztestleistung einer Gruppe englischer Kinder von *Kanalschiffen*. Nach Schätzungen besuchten diese Kinder die Schule nur zu 5 % des regulären Schuljahres. Man unterhielt Spezialschulen für sie, die sie besuchen konnten, wenn die Boote zum Laden oder Löschen angelegt hatten. Auch ihre heimische Umwelt bot nur wenig intellektuellen Anreiz: Viele Eltern waren Analphabeten und Kontakte mit Personen außerhalb der Familie waren selten. Der mittlere IQ der gesamten Gruppe von 76 Kindern im Stanford-Binet betrug 67. Oberflächlich betrachtet spricht das bestenfalls für eine Gruppe mit Grenzfällen und einigen eindeutig minderbegabten Kindern. Eine weitere Analyse der Daten ergab jedoch, daß der IQ mit dem *Alter steil absank*: Die 4- bis 6jährigen hatten im Durchschnitt einen IQ von 90, die älteste Gruppe dagegen (12 bis 20 Jahre alt) hatten einen Durchschnittswert von nur 60. Die Korrelation zwischen IQ und Alter betrug − 0,755. Selbst wenn man Kinder aus derselben Familie miteinander verglich, erkannte man ein konsistentes Absinken des IQ von dem jüngsten bis zum ältesten Geschwister.

In einem anderen Teil derselben Erhebung untersuchte GORDON 82 in England lebende Zigeunerkinder. Der mittlere IQ im Stanford-Binet betrug 74,5, die Korrelation zwischen Alter und IQ − 0,43. Die gesamte Unterlegenheit und der Altersabbau in der Intelligenz waren also in dieser Gruppe nicht so deutlich wie in der Kanalschiffsgruppe. Diesen Ergebnissen entspricht die Tatsache, daß der Schulbesuch der Zigeunerkinder im Durchschnitt deutlich länger war als der der Kanalschiffskinder: Er betrug 34,9 % der Gesamtanzahl möglicher Schultage. Die Zigeunerfamilien führten ein Nomadenleben, die Kinder besuchten nur in den wenigen Wintermonaten die Schule, wenn sie einen festen Standplatz hatten. Obwohl ihre Lebensbedingungen rauh und primitiv waren, hatten die Zigeunerkinder mehr soziale Kontakte außerhalb ihrer unmittelbaren Familie und waren damit weniger isoliert als die Kanalschiffskinder.

Bemerkenswert ist, daß innerhalb der Zigeunergruppe der IQ signifikant positiv zu 0,368 mit dem Ausmaß des Schulbesuches für jedes Kind korreliert war.

Besonders interessant ist der Altersabbau der Kanalschiffs- und Zigeunerkinder in der Studie von GORDON, den man in Erhebungen an privilegierten Gruppen nicht gefunden hat. Eine mögliche Erklärung für einen solchen Abbau lautet: Die intellektuellen Bedürfnisse eines jüngeren Kindes können in der eingeschränkten Umwelt eines Kanalschiffes oder eines Zigeunerlagers fast so gut befriedigt werden wie in einem wohlhabenden Stadthaus. Doch wenn das Kind älter wird, werden die differenzierenden Effekte einer kargen Heimumwelt und mangelnder Beschulung immer deutlicher. Ein anderer Faktor geht zweifellos ebenfalls in die erhaltenen Resultate ein: Es besteht ein bekannter Unterschied in den Funktionen, die durch Intelligenztests in jüngeren und älteren Altersstufen gemessen werden. Die zunehmende Gewichtung verbaler und anderer abstrakter Funktionen in den höheren Altersstufen kann eine ständig größer werdende Behinderung für Kinder darstellen, deren Umwelten die Entwicklung dieser Fähigkeiten nicht fördern.

Mehrere Studien an *Bergkindern* in Amerika haben die Befunde von GORDON bestätigt. Wegen schlechter Straßen und der allgemeinen Unzugänglichkeit lebten die Bewohner dieser Bergregionen den größten Teil des Jahres in wirklicher Isolation. Die Gruppen waren ebenso gekennzeichnet durch einen niedrigen Lebensstandard und ein hohes Ausmaß an Inzucht. Praktisch alle Personen in den untersuchten Gebieten waren britischer Abstammung, ihre Familien lebten seit vielen Generationen in diesem Land. Intelligenztesterhebungen an Kindern, die in solchen isolierten Bergdörfern leben, hat man in Kentucky (5, 46) in Tennessee (18, 118, 119), Georgia (28) und den Blauen Bergen (94) durchgeführt. Die Ergebnisse sind recht konsistent. Der mittlere IQ liegt eindeutig unter dem nationalen Durchschnitt; die Unterdurchschnittlichkeit ist in verbalen Tests größer als in nichtverbalen – und Handlungstests; die Werte nehmen mit dem Alter meist ab. Es sei auch die Nachuntersuchung erwähnt, die WHEELER (119) zehn Jahre später in einer Berggemeinde in Tennessee durchgeführt hat (s. Kap. 7). Es sei daran erinnert, daß ein signifikanter Anstieg im mittleren IQ dieser Kinderpopulation parallel zum verbesserten sozioökonomischen Niveau der Gemeinde gefunden wurde.

Tabelle 26: Mittlerer IQ von Berg- und Dorfkindern in Abhängigkeit vom Alter (aus SHERMAN u. KEY, 94, S. 287)

Alter	PINTNER-CUNNINGHAM-Test		Nationaler Intelligenz-Test		GOODENOUGH-Mann-zeichen-Test		PINTNER-PATERSON-Leistungs-Tests	
	Berg	Dorf	Berg	Dorf	Berg	Dorf	Berg	Dorf
6– 8	84	94			80	93	89	
8–10	70	91		117	66	82	76	93
10–12	53	76	66	101	71	69	70	87
12–14			67	91	69	73	83	
14–16			52	87	49	70	73	

Typische Ergebnisse einer Studie, die SHERMAN und KEY (94) durchgeführt haben, sind in Tab. 26 wiedergegeben. Pbn waren 102 Bergkinder aus vier

Schluchten in den Blauen Bergen, fast 100 Meilen von Washington entfernt, und 81 Kinder aus einem kleinen Dorf am Fuß der Blauen Berge. Rassisch waren die Einwohner der 5 Gemeinden recht homogen, da sie alle von einer gemeinsamen Ahnenfamilie abstammten. Man sieht, daß Dorf- und Bergkinder in fast allen Tests im Durchschnitt unter einem IQ von 100 liegen. Die Unterdurchschnittlichkeit ist jedoch bei denjenigen Dorfkindern geringer, die bessere Schulmöglichkeiten hatten. Beide Gruppen weisen einen recht konsistenten Altersabbau auf, der bei der Dorfgruppe weniger deutlich ist. Bei den Bergkindern liegen die mittleren IQn in den verbalen Tests niedriger als in den nichtverbalen und Handlungstests.

Man muß hinzufügen, daß der Altersabbau nicht nur auf die relativ ungewöhnlichen Kindergruppen, die wir hier besprechen, begrenzt ist. Man hat ihn auch in anderen unterpriviligierten Gruppen gefunden. Dieser Abbau ist besonders deutlich, wo es an Bildungsmöglichkeiten fehlt. Gruppen, in denen man ein derartiges Absinken des IQ mit dem Alter gefunden hat, sind z.B. Kinder einer südlichen Spinnereistadt aus einer niedrigen sozioökonomischen Schicht (52); Kinder, die in einem stark delinquenten Gebiet einer großen Stadt aufgewachsen sind (60); Kinder, die einem Waisenhaus zugewiesen wurden, nachdem sie unterschiedlich lange Zeit in ihren eigenen, sehr unterdurchschnittlichen Familien gelebt hatten (101). Derartigen Altersabbau hat man auch in Untersuchungen an Landkindern festgestellt (s. nächster Abschnitt).

Stadt-, Land- und andere regionale Unterschiede

Stadt-Land-Unterschiede in Testwerten

Wiederholt hat man gezeigt, daß Landkinder als Gruppe in den gebräuchlichen Intelligenztests signifikant niedrigere Werte haben als Stadtkinder[2]. Typische Resultate finden sich in Tabelle 27. Sie basieren auf der Standardisierungsstichprobe für den Stanford-Binet (73).

Man hat für städtische und vorstädtische Gruppen getrennte Mittelwerte berechnet. Doch erwartungsgemäß unterscheiden sich diese Gruppen nicht deutlich voneinander. Vorstadtgemeinden befinden sich in überwindbarer Entfernung von großen Städten und haben Anteil an den meisten Vergünstigungen städtischer Zentren. Die Landkinder dagegen liegen im Durchschnitt im Schulalter (6 bis 18 Jahren) 10 Punkte unter den Stadtkindern und im Vorschulalter (2 1/2 bis 5 Jahre) ungefähr 5 Punkte darunter. Bemerkenswert ist

2 Eine gute Zusammenfassung früher Studien gibt SHIMBERG (95).

Tabelle 27: Mittlere Stanford-Binet-IQn von Stadt-, Vorstadt- und Landkindern (aus McNEMAR, 73, S. 37)

	Altersbereich in Jahren 2–5½		6–14		15–18	
Ort	N	$\overline{X}$	N	$\overline{X}$	N	$\overline{X}$
Stadt	354	106,3	864	105,8	204	107,9
Vorstadt	158	105,0	537	104,5	112	106,9
Land	144	100,6	422	95,4	103	95,7

auch, daß die IQn auf dem Land beim Schuleintritt leicht absinken. Bei Stadtkindern hat man eine derartige Tendenz nicht gefunden (107). In dem vor kürzerer Zeit standardisierten WISC lagen die Landkinder im Durchschnitt wieder signifikant unter den Stadtkindern, wobei der Unterschied im Verbalteil etwas größer war als im Handlungsteil (92).

In ihrer gründlichen und umfassenden Untersuchung in Iowa zeigten BALDWIN, FILLMORE und HADLEY (7), daß das Alter ein wichtiger Faktor für das Ausmaß eines Stadt-Land-Unterschiedes ist. Mit Hilfe verschiedener Intelligenztests für die verschiedenen Altersstufen verglich man die Kinder aus vier ländlichen Gemeinden mit Kindern aus der Stadt Iowa und mit den Testnormen. Die Resultate ergaben, daß bei ländlichen Kleinkindern keine erkennbare Unterdurchschnittlichkeit vorlag. In der Vorschulgruppe wurde im Alter von 5 und 6 Jahren Unterdurchschnittlichkeit deutlich – in jüngeren Jahren hatte man keine signifikanten Unterschiede gefunden. Die ländlichen Schulkinder jedoch wiesen eine eindeutige intellektuelle Retardation auf, die mit fortschreitendem Schulbesuch zunahm. Diese Defizienz war noch deutlicher in einklassigen als in Gemeinschaftsschulen.

Eine Analyse der Leistungen ländlicher Kinder in den verschiedenen Tests oder Testteilen machte ihre größere Schwäche bei verbalem Material deutlich. Was die Handlungstests anbelangt, so waren interessanterweise die Bauernkinder im „Stute- und -Fohlen-Test" besser, einem Bildergänzungstest, der eine Bauernhofszene darstellt. In allen anderen Handlungstests, die *Schnelligkeit* verlangten, sind die Landkinder unterlegen, ihre Bewegungen waren eher langsam und bedächtig. Die übliche Instruktion, rasch zu arbeiten, schien für diese Kinder keinen ausreichenden Anreiz zu bieten. Die Bewegungsgeschwindigkeit könnte jedoch erhöht werden, wenn andere Appelle hinzugefügt würden. Die Autoren vermuteten, daß „das offensichtlich fehlende Verständnis der Kinder für die Bedeutung von Eile erwartet werden muß als Konsequenz einiger Umwelteinflüsse" (7, S. 254).

Landkinder sind meist in Gruppentests noch schlechter als in Einzeltests (82). In einem Gruppentest kann die Leistung von Landkindern durch ihre

Schüchternheit Fremden gegenüber beeinträchtigt werden. Diese Schwierigkeit kann bei der Anwendung eines Einzeltests teilweise durch die Bemühungen des Untersuchers um guten Kontakt überwunden werden. Man hat auch gefunden, daß Intelligenztestwerte mit der Qualität des Bodens in Beziehung stehen: Kinder, die auf gutem Boden leben, haben durchschnittliche höhere Werte als Kinder in bergigem Gebiet mit schlechtem Boden (83). Diese Unterschiede sind zweifellos auf die Tatsache zurückzuführen, daß Gebiete mit besserem Boden wohlhabender sind und günstigere Ausbildungsmöglichkeiten bieten.

Stadt-Land-Unterschiede in den Testwerten hat man auch in zahlreichen europäischen Ländern festgestellt. KLINEBERG (55) legte eine verkürzte Form der Pintner-Paterson Leistungsskala 10- bis 12jährigen Jungen in Paris, Hamburg und Rom und ländlichen Gebieten der jeweiligen Länder vor. Er fand beträchtliche, signifikante Unterschiede in den Mittelwerten zugunsten der Stadtgruppen. Diese Unterschiede waren wesentlich größer als die zwischen den drei Nationen. Als man die gesamten Stadt- und Landstichproben miteinander verglich, erreichten oder übertrafen nur 30,12 % der Landkinder den „Stadtmedian". Untersuchungen in Schweden (13), Rumänien (84, 86) und in Ceylon (105) haben ebenfalls signifikante Stadt-Land-Unterschiede aufgezeigt.

Untersuchungen in Großbritannien zeigen meist eine geringere Stadt-Land-Differenzierung in der Intelligenztestleistung als man sie in Amerika oder anderen europäischen Ländern gefunden hat. Das gilt besonders für die abgelegeneren ländlichen Distrikte von Großbritannien, die häufig keinen Rückstand gegenüber städtischen Gebieten aufweisen (10, 108). Die erste schottische Erhebung gab ein Beispiel für ein derartiges Ergebnis. Hier hatte man den Stanford-Binet einer vollständigen Stichprobe von Kindern vorgelegt, die an einem bestimmten Tag in Schottland geboren worden waren (88). In Tabelle 28 findet man die mittleren IQn für die vier Städte, den Industriegürtel, das gesamte Landgebiet und eine Unterteilung des Landgebietes, das aus den Highlands und den Inseln besteht und die isolierteren ländlichen Distrikte repräsentiert. Es gibt nicht nur keine signifikanten Unterschiede zwi-

Tabelle 28: Mittlere IQn von Kindern in städtischen und ländlichen Gebieten Schottlands (aus RUSK, 88, S. 272)

Gebiet	Anzahl der Fälle	Mittlerer IQ	*SD*
Die 4 Städte	319	100,86	15,29
Industriegürtel	393	99,19	16,18
gesamtes Landgebiet	162	100,92	14,52
Highlands und Inseln	47	101,79	13,13

schen den mittleren IQn dieser Gruppe, sondern der höchste Mittelwert und die geringste Variabilität findet sich in den Highlands und auf den Inseln.

Die relative Leistung ländlicher und städtischer Gruppen in dieser Untersuchung wurde in einer größeren Untersuchung mit Gruppentests weitgehend bestätigt[3]. Als Teilerklärung für diese Ergebnisse beobachteten die Autoren, daß „vielleicht nirgendwo die schulischen Möglichkeiten ausgeglichener sind als in Schottland" (88, S. 273). Man muß auch bedenken, daß das Landleben in der britischen Kultur relativ wünschenswert ist und größeres Ansehen genießt als in vielen anderen Ländern.

Faktoren, die an regionalen Unterschieden Anteil haben

Die Unterscheidung zwischen städtischen und ländlichen Populationen beruht teilweise auf dem Beruf, es sind jedoch auch andere wichtige Aspekte der physischen und sozialen Umwelt beteiligt. Die meisten Unterschiede benachteiligen das Landkind im akademischen Vorankommen und in den Fähigkeiten, die durch Intelligenztests erfaßt werden. Bildungsmöglichkeiten sind gewöhnlich in ländlichen Gebieten schlechter als in städtischen. Die Länge des Schuljahres in ländlichen Gemeinden wird oft verkürzt durch unpassierbare Straßen zu bestimmten Zeiten des Jahres oder weil die Kinder zur Erntezeit als Hilfe bei den Arbeiten auf dem Hof gebraucht werden oder aus anderen Gründen örtlicher Art. In einigen Fällen dauert das Schuljahr nur 6 Monate. Auch besteht ein realer Unterschied in Art und Ausmaß des Unterrichtes, der in einklassigen und Gemeinschaftsschulen erteilt wird. Im erstgenannten Schultyp werden Schüler jeden Alters aus allen Klassen in einem einzigen Klassenraum von einem einzelnen Lehrer unterrichtet. Da muß der Fortschritt notwendig sehr langsam sein. Auch Unterschiede in der Verfügbarkeit von Büchern und anderen Lehrmitteln, sowie in der Erfahrung der Lehrer sind wichtig.
Auch das allgemeine kulturelle Milieu der verschiedenen Örtlichkeiten weist auffallende Kontraste auf. Büchereien, Museen und andere Gemeindeeinrichtungen sind in städtischen Gebieten viel leichter erreichbar und besser entwickelt als in ländlichen. Die Freizeitaktivitäten von Landkindern unterscheiden sich recht deutlich von denen der Stadtkinder. Das ergab z.B. eine ausführliche Untersuchung der Spielaktivitäten durch LEHMAN und WITTY (59). Diese Untersucher vertraten die Auffassung, daß die Unterschiede „di-

3 In der zweiten schottischen Erhebung erhielten die Kinder der 4 Städte einen signifikant höheren Mittelwert als die Kinder aus den überwiegend ländlichen Gebieten. Der Unterschied war aber zu klein, um praktisch bedeutsam zu sein (90, Kap. 8).

rekt auf Umweltanreize zurückführbar sind", und daß solche Unterschiede wiederum die Richtung der kindlichen intellektuellen Entwicklung beeinflussen können. Auch das Ausmaß und die Vielfalt sozialer Kontakte unterscheiden städtische von ländlichen Gruppen. Zwischen dem kosmopolitischen Flair einer Großstadt mit ihrer Vielfalt an Sitten, Gebräuchen und Menschen und den relativ homogenen und dürftigen Kontakten eines Dorfes oder einer weiten Landschaft existieren riesige Unterschiede in der sozialen Anregung.

Wenige Autoren haben versucht, den relativen Anteil der verschiedenen Umweltfaktoren an den regionalen Unterschieden in der Testleistung zu analysieren. Seit einiger Zeit ist es z.B. bekannt, daß Intelligenztestwerte signifikant von einem Staat zum anderen variieren. Relevante Daten stammten im 1. Weltkrieg aus den Analysen der Army Alpha Werte (1, 120) und im 2. Weltkrieg der AGCT-Werte (104). Generell waren die Mittelwerte im Süden eher niedriger als in den Staaten des Nordens, wobei die Unterschiede noch dann bestanden, wenn man Männer aus denselben Berufen miteinander verglich (104). Ähnliche Staatenunterschiede fand man in weißen und schwarzen Populationen. In einer speziellen Analyse der Werte des 1. Weltkrieges fand man eine Korrelation von 0,72 zwischen dem mittleren Alpha-Wert jedes Staates und seiner eingeschätzten Bildungseffektivität (1). Die Schätzungen leitete man aus den Angaben über den Prozentsatz täglichen Schulbesuches, dem Prozentsatz der Kinder an Highschools und der Pro-Kopf-Aufwendung für Bildung und Lehrergehälter ab.
Gründlicher analysierten DAVENPORT und REMMERS (20) die Eignungsprüfungswerte von Bewerbern für ein spezielles Ausbildungsprogramm, das die Marine im 2. Weltkrieg durchführte. Die Mittelwerte der Männer aus jedem Staat wurden mit 12 sozioökonomischen Variablen korreliert und die resultierende Korrelationsmatrix faktorenanalysiert. Die Testwerte waren in drei Faktoren signifikant geladen. Man identifizierte sie als Einkommensniveau, Verstädterung und geographische Lage (Norden gegen Süden). Von den drei Faktoren hatte jedoch das Einkommensniveau bei weitem das größte Gewicht.
In einer schwedischen Untersuchung verglich CARLSSON (13) die Testmittelwerte von 38 000 19jährigen Einberufenen aus 22 militärisch definierten Distrikten Schwedens miteinander. Es fanden sich große signifikante Unterschiede, wobei die hoch urbanisierten Distrikte die höchsten Mittelwerte hatten. Hielt man jedoch das Ausbildungs- und Berufsniveau konstant, so wurden die regionalen Unterschiede so stark reduziert, daß sie für praktische Zwecke vernachlässigt werden konnten. Die verbleibenden geringen, aber statistisch signifikanten Unterschiede führte man auf Unterschiede in der Ausbildungsgüte (die in der Analyse nicht kontrolliert werden konnte) und andere kulturelle Vorteile des Stadtlebens zurück. CARLSSON zitiert auch

eine frühere Analyse regionaler Unterschiede durch HUSÉN, in der sich die Ausbildung als der wichtigste Faktor erwies, der Beruf als der nächst wichtige und als am wenigsten wichtig das Ausmaß der Verstädterung. Es muß nicht unbedingt ein Widerspruch zwischen diesen Ergebnissen und denen von DAVENPORT und REMMERS bestehen. Denn regionale Unterschiede im Einkommensniveau können sich hauptsächlich durch ihre Effekte auf die Bildungsausgaben auf die Testleistungen auswirken.
Neuere Forschungen in ländlichen Gebieten der USA zeigen, daß die Kluft zwischen Stadt und Land in der Intelligenztestleistung rasch abnimmt[4]. Solch ein Wandel mag teils auf Bevölkerungsverschiebungen, teils auf die großen Verbesserungen in der ländlichen Umwelt basieren. Beteiligte Faktoren sind z. B. das allmähliche Verschwinden der kleinen Höfe, die Ersetzung der Landarbeiter durch Maschinen und der steile Anstieg der Ausbildungs-, der Kommunikations- und Reisemöglichkeiten, die der Landbevölkerung zur Verfügung stehen.

Selektive Umsiedlung

Als eine mögliche Erklärung für die Unterschiede zwischen der Testleistung in Stadt und Land hat man selektive Umsiedlung vermutet. Nach dieser Hypothese werden intelligentere Personen stärker von städtischen Zentren angezogen, während die Unbegabten und weniger Ehrgeizigen auf dem Lande bleiben. Die Wirkung eines solchen Selektionsprozesses über mehrere Generationen könnte allmählich zu einer unterdurchschnittlichen Landbevölkerung führen. Wahrscheinlich ist es richtig, daß in bestimmten Gebieten das Land durch die Abwanderung begabter Familien ausgezehrt worden sein kann. In anderen Situationen können jedoch gerade die Ungewandten und Unbegabten auswandern, da sie unfähig sind zu Hause zu bestehen. Die Selektionskräfte lassen sich nicht entwirren, so lange nicht die spezifische Geschichte und die Bedingungen des untersuchten Distriktes bekannt sind. Keine Generalisierung läßt sich allein auf alle Umsiedlungsbewegungen anwenden.

Der direkteste Test der Umsiedlungshypothese besteht in der Untersuchung der Umsiedler selbst. Solch eine Vorgehensweise hat KLINEBERG (56, 57) in mehreren Untersuchungen verfolgt. In einer von ihnen legte er 12jährigen Schuljungen in drei Städten des Südens einen Intelligenztest vor. Als man die Umsiedler nach der Dauer ihres Stadtaufenthaltes einteilte, stieg der Mittelwert von 38,3 für die Gruppe mit 1 Jahr bis auf 68,7 für diejenigen, die in der Stadt 7 Jahre und länger wohnten. Eine in der Stadt geborene Gruppe, die man zu Vergleichszwecken testete, hatte einen Mittelwert von 74,6.

---

4 Persönliche Mitteilung von Dr. J.E. ANDERSON im Mai 1957.

Eine andere Studie von KLINEBERG (57) beschäftigte sich mit den Abwanderern aus den ländlichen Gebieten von New Jersey in die städtischen Zentren desselben Großraumes. Man konnte die Angaben über 597 abgewanderte Kinder untersuchen, die vor ihrem Umzug in die Stadt in den Landschulen Intelligenztests bearbeitet hatten. Diese Kinder lagen im Durchschnitt leicht *unter* den nicht abgewanderten Kinder derselben Landschulen. Die Ergebnisse beider Studien sprechen dafür, daß die Abwanderungspopulation nicht eine ursprünglich überlegene Auswahl darstellte, sondern daß sie sich allmählich verbesserte, *nachdem* sie in die günstigere Stadtumwelt gezogen war.

Man muß bedenken, daß beide Studien von *Kindern* handelten, die nicht selbst die Abwanderung initiierten, sondern einfach mit ihren Familien mitgezogen sind. Etwas andere Resultate liegen aus Studien über *erwachsene Abwanderer* vor. In diesen Fällen sind die untersuchten Individuen gewöhnlich diejenigen, die den Entschluß zur Abwanderung gefaßt haben. In dieser Hinsicht sind diese Studien direkter. Gleichzeitig sind – vom Standpunkt langdauernder Effekte über mehrere Generationen hinweg – die Daten über die Kinder der Abwanderer in Wirklichkeit bedeutsamer.
Generell zeigen Studien an Erwachsenen, daß die Abwanderer vom Land zur Stadt tendenziell eine überdurchschnittliche Stichprobe aus der Landbevölkerung ausmachen (34, 48, 68, 89). In der ausführlichsten Untersuchung überprüften GIST und CLARK (34) eine Stichprobe von 2544 Highschoolstudenten aus 50 Landgemeinden in Kansas, die alle im Alter von 16 Jahren (Median) denselben Intelligenztest abgelegt hatten. Als die Gruppe im Median ein Alter von 29 Jahren erreicht hatte, erhob man die Daten über den Wohnort. Vergleiche zwischen verschiedenen abgewanderten und nicht abgewanderten Gruppen zeigten signifikante Unterschiede im anfänglichen IQ. So übertrafen die in die Stadtzentren Abgewanderten sowohl die nicht Abgewanderten als auch diejenigen, die in andere Landgebiete umgezogen waren; diejenigen, die in Großstädte gezogen waren, hatten höhere Werte als die, die in kleinere Städte gezogen waren; diejenigen, die den Staat verlassen hatten, hatten im Durchschnitt signifikant höhere Werte erreicht als diejenigen, die in Kansas geblieben waren.
Bei der Interpretation dieser Resultate muß man zwei Punkte berücksichtigen. Erstens: Da die Originalstichprobe aus Highschoolstudenten bestand, liegen keine Informationen über die unteren Schichten der Bevölkerung vor. Einige Daten legen nahe, daß Abwanderer von den Extremen der Gesamtverteilung stammen können (32, 121). Bei den recht erfolgreichen Personen kann es also sein, daß die wacheren, ehrgeizigeren und intelligenteren von den besseren Möglichkeiten der Städte angezogen werden. Aber aus den niedrigsten sozioökonomischen Schichten können gerade die hoffnungs- und hilfloseren Personen eher abwandern. Zweitens: Selektive Umsiedlung impliziert

nicht eine Vererbungsinterpretation für Unterschiede zwischen Stadt und Land. Ließe es sich eindeutig nachweisen, daß die überdurchschnittlichen Familien eher in die Städte abwandern, dann können diese Familien aufgrund der Umweltfaktoren innerhalb ihrer ursprünglichen Umgebung überdurchschnittlich sein. Ihre Nachkommen wiederum können überdurchschnittlich sein, weil sie in relativ günstigem Familienmilieu großgeworden sind.

Spezifität von sozialen Klassenunterschieden

Schon in den vorher zitierten Untersuchungen haben wir gesehen, daß das Ausmaß der Differenz zugunsten von städtischen Gruppen und oberen sozialen Klassen mit der Beschaffenheit des Tests variieren. In bestimmten Testarten können die Gruppenunterschiede verschwinden oder sich sogar in das Gegenteil umkehren. In diesem Zusammenhang kann man an die Ergebnisse von Handlungstests denken, die im Gegensatz zu denen von verbalen Intelligenztests ausfallen, die Ergebnisse von mechanischen Leistungstests und den verschiedenen Tests für Primärfähigkeiten.
Bestimmte Studien bieten ausführlichere Analysen sozioökonomischer Gruppenunterschiede in speziellen Funktionen. In einer Untersuchung verglichen Jones, Conrad und Blanchard (51) die Leistung von Landkindern in einzelnen Items des Stanford-Binet mit der Leistung der Standardisierungsstichprobe. Pbn waren 351 Kinder im Alter von 4 bis 14 Jahren, die alle in ländlichen Gebieten in Massachusetts und Vermont lebten. Im Gesamt-IQ war die ländliche Gruppe klar schlechter. Die Items mit den größten Ausfällen bei den Landkindern waren: Diejenigen, die den Gebrauch von Papier und Bleistift verlangten, z.B. beim Nachzeichnen eines Quadrates; diejenigen, die von speziellen Erfahrungen abhängen, die in der Stadtumwelt häufiger vorkommen, z.B. Umgang mit Münzen, Straßenbahnen und anderes; eindeutig verbal gewichtete Tests, z.B. Wortschatz und Definition abstrakter Ausdrücke. Zusätzliche Analysen zeigten einen anwachsenden Stadt-Land-Unterschied mit dem Alter in Tests wie: Wortschatz, unvollständige Sätze, Benennung, Wortdefinitionen. Andererseits nahmen Stadt-Land-Unterschiede mit dem Alter ab in vorwiegend non-verbalen Tests wie: Ball und Feld, Benennung der Fingeranzahl an beiden Händen, Zählen von 13 Pennies.

Interessant sind auch die Ergebnisse, die man in den 4 Pintner-Paterson-Handlungstests erhielt, die man denselben Pbn vorlegte. Im Test „Zahlen durch Symbole ersetzen“ (Papier- und Bleistifttest) waren die Landkinder sehr weit unterlegen. Etwas unter dem Durchschnitt waren sie im „Knox-Würfel“ und dem „Fünf-Figuren-Formbrett“. Im „Stute und Fohlen“ jedoch übertrafen sie die Normen, wie die Bauernkinder aus Iowa, die BALDWIN, FILLMORE und HADLEY getestet hatten.

Eine spezielle Analyse der WISC-Standardisierungsstichprobe liefert Daten über den Prozentsatz von Pbn in unterschiedlichen Gruppen, die im Verbalteil einen höheren IQ hatten und den Prozentsatz derjenigen, die im Handlungsteil einen höheren IQ hatten (91). Als man die Kinder nach den Berufen der Eltern einteilte, lag die einzige signifikante Abweichung von der Zufallsverteilung bei der Akademiker- und der Fachhochschulgruppe. Hier hatten 62 % einen höheren Verbal- als Handlungs-IQ. Bei den Stadtkindern fand sich eine leichte Tendenz in dieselbe Richtung, während Landkinder häufiger einen höheren Handlungs- als Verbal-IQ erreichten. Wenn auch statistisch signifikant, ist dieser Unterschied zwischen Stadt und Land viel kleiner als der zwischen den Berufsklassen.

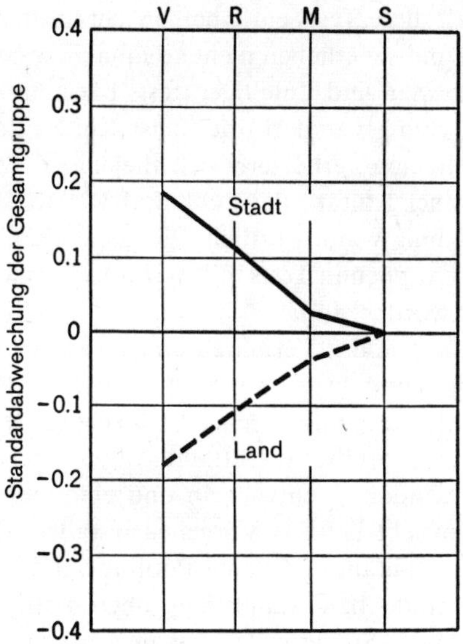

Abb. 83: Stadt-Land-Unterschiede in den verbalen (V), Lese-(R), mathematischen (M) und naturwissenschaftlichen (S) Teilen des „Army-Navy College Qualifying Test“ (aus TURNBULL, 112, S. 31)

Relevante Daten gibt auch TURNBALL (112) in einer Analyse der Werte im Army-Navy College Qualifiying Test. Dieser Test enthält 4 Teile: Verbal, Naturwissenschaft, Lesen und Mathematik. In Abbildung 83 sind die Mittelwerte zweier Stichproben mit jeweils 2000 Fällen abgetragen. Die Stichproben hatte man aufgrund der Gemeindegröße ausgesucht, um städtische, bzw. ländliche Gruppen zu repräsentieren. Die Gruppenunterschiede waren im

Verbalteil beträchtlich, etwas geringer im Leseteil und viel kleiner im mathematischen. Im naturwissenschaftlichen Teil waren beide Gruppen gleich. Man muß berücksichtigen, daß sich der naturwissenschaftliche Testteil aus Items für den „gesunden Menschenverstand" zusammensetzte. Sie erforderten eher naturwissenschaftliches Interesse und wache Beobachtung als technisches Wissen. Innerhalb jedes Testteils variierte auch die relative Schwierigkeit einzelner Items von der Stadt- zur Landstichprobe. Ein solches Ergebnis spricht für den Einfluß spezifischer Umweltbedingungen.

Intelligenztests hat man vorrangig an städtischen Populationen standardisiert. Denn diese Gruppen sind in großer Anzahl einfacher zu erreichen. Selbst in sorgfältiger entwickelten Tests, in denen man eine proportionale Repräsentation ländlicher Gruppen angestrebt hat, übertreffen die städtischen Pbn in der Standardisierungsstichprobe immer noch bei weitem die ländlichen Pbn, wie es auch in der Gesamtbevölkerung der Fall ist. Folglich haben wahrscheinlich diese Tests ein Übergewicht an Items, die die Stadtbewohner begünstigen und sie erheben nicht adäquat jene Fähigkeiten, in denen die ländlichen Pbn besser sind. Intelligenztests hat man außerdem an Kriterien wie der Schulleistung validiert, die meist Kinder der Mittelschicht begünstigen. Im allgemeinen verbessern sich diejenigen Fähigkeiten mit dem Alter, die in irgendeiner Kultur oder Subkultur wichtig sind; andere verbessern sich nicht. Das mag verantwortlich sein für den absinkenden IQ ländlicher und isolierter Gruppen in Tests, die in städtischen Subkulturen der Mittelschicht entwickelt worden sind.

Angenommen, man kehrte das Verfahren um, entwickelte einen Test in einer ländlichen Population und legte ihn städtischen und ländlichen Gruppen vor – was würden die Resultate ergeben? Einen direkten Angriff auf diese Frage findet man in einer Studie von SHIMBERG (95). Der Plan war, eine Testform für städtische Kinder zu entwickeln und eine andere für Landkinder. In jeder anderen Hinsicht lief das Vorgehen parallel. Man wählte für jede Form Items aus einem anfangs größeren Pool aus, indem man den Prozentsatz der Kinder aus Stadt- bzw. Landstichproben bestimmte, der jedes Item richtig beantwortet hatte. So entwickelte man Tests mit 25 Items, in denen aufeinanderfolgende Items jeweils einen annähernd gleichen Anstieg in der Schwierigkeit repräsentierten. Als man diese beiden Formen neuen Stichproben mit Stadt- und Landkindern vorlegte, übertraf die Stadt- die Landgruppe signifikant in der „städtischen" Testform. Doch in der „ländlichen" Testform fand man einen großen signifikanten Unterschied zugunsten der Landgruppe.

In Bezug auf soziale Klassenunterschiede findet man einen ähnlichen Ansatz in einigen Arbeiten des „Komitees für menschliche Entwicklung" an der Universität von Chicago, das von Allison DAVIS geleitet wird. Um „kulturelle Differentiale" in der Intelligenztestleistung zu untersuchen, legten die Forscher fast allen Kindern im Alter von 9, 10, 13 und 14 Jahren in einer Stadt des Mittelwestens 8 sehr gebräuchliche Gruppenintelligenztests vor (29). Mit Hilfe eines Index für Statusmerkmale wählte man zum Vergleich eine Gruppe mit hohem und eine mit niedrigem Status aus. Man fand große Unterschiede in der relativen Überlegenheit der Gruppe mit dem hohen Status – nicht nur zwischen Tests, sondern auch von einem Item zum nächsten in einem einzigen Test. So lösten z.B. 74 % der Kinder mit dem hohen Status ein Item, das auf dem Verständnis des Begriffes „Sonate" basierte, während nur 29 % der Kinder mit niedrigem Status die Lösung fanden. Doch lösten 71 % der Fälle mit hohem Status und 74 % der Fälle mit niedrigem Status ein Item, das die Klassifikation von Schneidewerkzeugen erforderte. Die meisten Items begünstigten jedoch die Gruppe mit hohem Status; Unterschiede zugunsten der Gruppe mit niedrigem Status waren selten. Als Teil desselben Forschungsprojektes führte HAGGARD (40) eine andere Studie durch. Er untersuchte den relativen Effekt von Faktoren wie Übung, Motivation, Testbedingungen und Itemform auf die Testleistung von Pbn mit niedrigem und hohem Status.

Als Resultat dieser Studien entwickelte man einen Test, der relativ frei sein soll von „sozialen Klassenfehlern". Er ist bekannt als die Davis-Eells-Spiele (23) und erfordert kein Lesen, da alle Instruktionen mündlich gegeben werden. Der Inhalt ist ausschließlich bildhaft und besteht aus Problemen, die man aus den alltäglichen Erfahrungen amerikanischer Stadtkinder ausgesucht hat. Alle Testteile werden als Spiele vorgegeben, wobei man sich bemüht, eine angenehme und entspannte Atmosphäre zu verbreiten. Lob und Ermutigung werden auch reichlich ausgesprochen, um die Motivation zu erhöhen. Einige Items stellen witzige Situationen dar, sie sollen einen weiteren Anreiz für die Interessen der Kinder bieten. Der Anteil der Geschwindigkeit ist auf ein Minimum herabgesetzt.
Neuere Studien haben am Erfolg dieser Spiele bei der Ausschaltung von sozialen Klassenunterschieden an der Testleistung Zweifel aufkommen lassen (4, 33, 87). Es liegen Daten darüber vor, daß selbst in diesem Test die Kinder mit hohem Status diejenigen mit niedrigem Status signifikant übertreffen. Daß außerdem die Kinder mit niedrigem Status in diesem Test nicht mehr leisten als in den üblichen Intelligenztests, z.B. dem Stanford-Binet und WISC. Ein grundsätzlicher Einwand gegen diesen Ansatz bei der Testkonstruktion betrifft die Validität. Wenn ein Test Kriterien vorhersagen soll, die selbst kulturell gewichtet sind, wird die Ausschaltung kultureller Unterschiede aus dem Test nur seine Validität erniedrigen (s. 2). Begünstigt z.B. eine Umwelt der Mittelschicht die Entwicklung von Verhaltensmerkmalen, die zu besserer Schulleistung führen, dann wird jeder Test, der valide die Schulleistung vorhersagt, auch notwendig das Mittelschichtkind begünstigen. So lange sich Klassenunterschiede und andere kulturelle Faktoren auf das Verhalten aus-

wirken, werden sich diese Unterschiede in der Testleistung widerspiegeln. Denn ein Test ist nicht mehr als eine Verhaltensstichprobe. Nicht Tests sind unfair zu Gruppen mit niedrigem Status, vielmehr ist die Unterschichtumwelt für eine erfolgreiche Entwicklung der „Intelligenz“, wie man sie in unserer Gesellschaft definiert, nicht förderlich.

Zusammenfassung

Untersuchungen amerikanischer Städte benutzen entweder die Methode der „Evaluated Participation“ oder den Index für Statusmerkmale. Sie haben eine Aufteilung in 6 soziale Klassen nachgewiesen, wenn auch in bestimmten Gebieten die Differenzierung zwischen den beiden obersten Klassen fehlt. Man hat die Klassenstruktur auch mit Hilfe von Clusteranalysen untersucht und mit Hilfe von Techniken, die auf der individuellen Klassenidentifikation beruhen. Psychologische Untersuchungen haben Klassenunterschiede nachgewiesen in: Erziehungspraktiken, Sexualverhalten, emotionaler Anpassung, Interessen und Einstellungen.
Noch vor der Untersuchung der Klassendifferenzierung hatte man Berufsunterschiede in der Intelligenztestleistung sowohl bei Erwachsenen, die in verschiedenen Arbeitsbereichen beschäftigt sind, als auch bei Kindern gefunden, die man nach dem Beruf der Eltern klassifiziert hatte. Man erhielt ebenfalls signifikante Korrelationen zwischen Intelligenztestwerten und Skalen zur Beurteilung der häuslichen Bedingungen oder dem Index für Statusmerkmale. Die mittleren IQn von Kindern aus verschiedenen Gemeinden sind auch mit sozioökonomischen Variablen korreliert.
Untersuchungen an isolierten Gruppen, z.B. an Kanalboot-, Zigeuner- und Bergkindern, weisen einen Altersabbau im mittleren IQ nach. Solch ein Abfall kann zum Teil aus den Veränderungen in der Art der getesteten Funktionen auf den verschiedenen Altersstufen resultieren und zum Teil aus dem wachsenden Einfluß der Umweltdeprivation.
Stadt-Land-Vergleiche in Amerika und anderswo begünstigen konsistent Pbn aus der Stadt. Auch in diesem Fall werden die Unterschiede meist mit dem Alter größer. Analysen von Testwerten aus bestimmten Staaten und anderen größeren Regionen zeigen, daß sozioökonomische Faktoren, ganz besonders die Bildungsausgaben, von vorrangiger Bedeutung sind. Was die selektive Umsiedlung betrifft, so sprechen einige Belege dafür, daß Erwachsene, die vom Land in die Stadt ziehen, meist den Personen, die nicht abwandern, intellektuell überlegen sind. Doch die Kinder aus abgewanderten Familien übertreffen nicht diejenigen, die auf dem Lande bleiben. Außerdem steigen

die Testwerte von abgewanderten Kindern mit der Dauer des Aufenthaltes in einer Stadt.
Intellektuelle Unterschiede zwischen sozialen Klassen und zwischen Regionen sind für die getesteten Funktionen spezifisch. Jede Subkultur begünstigt die Entwicklung ihrer eigenen charakteristischen Muster von Fähigkeits- und Persönlichkeitseigenschaften. Tests, die in einer Subkultur konstruiert worden sind, begünstigen also meist die Individuen, die in dieser Subkultur aufgewachsen sind. Kein Test mißt „Intelligenz" oder „Persönlichkeitsanpassung" in abstracto, sondern jeder muß anhand der Kriterien interpretiert werden, an denen er validiert worden ist.

Literaturverzeichnis

1. Alexander, H. B. A comparison of the ranks of American states in Army Alpha and in social-economic status. *Sch. and Soc.*, 1922, 16, 388–392.
2. Anastasi, Anne. Some implications of cultural factors for test construction. *Proc., 1949 Conf. Test. Probl., Educ. Test. Serv.*, 1950, 13–17.
3. Anastasi, Anne, and Miller, Shirley. Adolescent prestige factors in relation to academic and socio-economic variables. *J. soc. Psychol.*, 1949, 29, 43–50.
4. Angelino, H., and Shedd, C. L. An initial report of a validation study of the Davis-Eells Test of General Intelligence or Problem-Solving Ability. *J. Psychol.*, 1955, 40, 35–38.
5. Asher, E. J. The inadequacy of current intelligence tests for testing Kentucky mountain children. *J. genet. Psychol.*, 1935, 46, 480–486.
6. Auld, F., Jr. Influence of social class on personality test responses. *Psychol. Bull.*, 1952, 49, 318–332.
7. Baldwin, B. T., Fillmore, Eva A., and Hadley, L. *Farm children.* N.Y.: Appleton-Century-Crofts, 1930.
8. Barker, R. G., and Wright, H. F. *One boy's day.* N.Y.: Harper, 1951.
9. Barker, R. G., and Wright, H. F. *Midwest and its children: the psychological ecology of an American town.* Evanston, Ill.: Row, Peterson, 1955.
10. Bickersteth, M. E. Application of mental tests to children of various ages. *Brit. J. Psychol.*, 1917, 9, 23–73.
11. Britton, J. H. Influence of social class upon performance on the Draw-A-Man Test. *J. educ. Psychol.*, 1954, 45, 44–51.
12. Byrns, Ruth, and Henmon, V. A. C. Parental occupation and mental ability. *J. educ. Psychol.*, 1936, 27, 284–291.
13. Carlsson, G. The regional distribution of intelligence. *Stat. Rev.* (Sweden), 1954, 3, 313–323.
14. Carlsson, G. Social class, intelligence, and the verbal factor. *Acta psychol.*, 1955, 11, 269–278.
15. Cattell, R. B. Occupational norms of intelligence, and the standardization of an adult intelligence test. *Brit. J. Psychol.*, 1934–35, 25, 1–28.

16. Centers, R. *The psychology of social classes.* Princeton, N.J.: Princeton Univer. Press, 1949.
17. Centers, R. Children of the New Deal: social stratification and adolescent attitudes. *Int. J. Opin. Attitude Res.*, 1950, 4, 315–335.
18. Chapanis, A., and Williams, W. C. Results of a mental survey with the Kuhlmann-Anderson intelligence tests in Williamson County, Tennessee. *J. genet. Psychol.*, 1945, 67, 27–55.
19. Clark, R. E. Psychoses, income and occupational prestige. *Amer. J. Sociol.*, 1949, 54, 433–440.
20. Davenport, K. S., and Remmers, H. H. Factors in state characteristics related to average A-12 and V-12 test scores. *J. educ. Psychol.*, 1950, 41, 110–115.
21. Davis, A. American status systems and the socialization of the child. *Amer. sociol. Rev.*, 1941, 6, 345–354.
22. Davis, A. Socialization and adolescent personality. *43rd Yearb., Nat. Soc. Stud. Educ.*, 1944, Part I, 198–216.
23. Davis, A., and Eells, K. *Davis-Eells Games: Davis-Eells Test of General Intelligence or Problem-Solving Ability, Manual.* Yonkers-on-Hudson, N.Y.· World Book Co., 1953.
24. Davis, A., Gardner, B. B., and Gardner, Mary R. *Deep South: a social anthropological study of caste and class.* Chicago: Univer. Chicago Press, 1941.
25. Davis, A., and Havighurst, R. J. Social class and color differences in child rearing. *Amer. sociol. Rev.*, 1946, 11, 698–710.
26. Dubnoff, Belle. A comparative study of mental development in infancy. *J. genet. Psychol.*, 1938, 53, 67–73.
27. Duff, J. F., and Thomson, G. H. The social and geographical distribution of intelligence in Northumberland. *Brit. J. Psychol.*, 1923, 14, 192–198.
28. Edwards, A. S., and Jones, L. An experimental and field study of North Georgia mountaineers. *J. soc. Psychol.*, 1938, 9, 317–333.
29. Eells, K., Davis, A., Havighurst, R. J., Herrick, V. E., and Tyler, R. W. *Intelligence and cultural differences.* Chicago: Univer. Chicago Press, 1951.
30. Foulds, G. A., and Raven, J. C. Intellectual ability and occupational grade. *Occup. Psychol., Lond.*, 1948, 22, 197–203.
31. Fryer, D. Occupational intelligence standards. *Sch. and Soc.*, 1922, 16, 273–277.
32. Gee, W., and Corson, J. J. Rural depopulation in certain Tidewater and Piedmont areas of Virginia. *Univer. Virginia soc. Sci. Monogr.*, 1929, No. 3.
33. Geist, H. Evaluation of culture-free intelligence. *Calif. J. educ. Res.*, 1954, 5, 209–214.
34. Gist, N. P., and Clark, C. D. Intelligence as a selective factor in urban-rural migration. *Amer. J. Sociol.*, 1938, 44, 36–58.
35. Gordon, H. *Mental and scholastic tests among retarded children.* London: Bd. Educ., Educ. Pamphlet no. 44, 1923.
36. Gough, H. G. The relationship of socio-economic status to personality inventory and achievement test scores. *J. educ. Psychol.*, 1946, 37, 527–540.
37. Gough, H. G. A new dimension of status. I. Development of a personality scale. *Amer. sociol. Rev.*, 1948, 13, 401–409.

38. Gough, H. G. A new dimension of status. II. Relationship of the St scale to other variables. *Amer. sociol. Rev.*, 1948, 13, 534–537.
39. Gough, H. G. A new dimension of status. III. Discrepancies between the St scale and "objective status." *Amer. sociol. Rev.*, 1949, 14, 275–281.
40. Haggard, E. A. Social-status and intelligence: an experimental study of certain cultural determinants of measured intelligence. *Genet. Psychol. Monogr.*, 1954, 49, 141–186.
41. Havighurst, R. J., and Breese, F. H. Relation between ability and social status in a midwestern community: III. Primary Mental Abilities. *J. educ. Psychol.*, 1947, 38, 241–247.
42. Havighurst, R. J., and Janke, L. L. Relation between ability and social status in a midwestern community: I. ten-year-old children. *J. educ. Psychol.*, 1944, 35, 357–368.
43. Havighurst, R. J., and Taba, Hilda. *Adolescent character and personality* N.Y.: Wiley, 1949.
44. Heuyer, G., *et al.* Le niveau intellectuel des enfants d'âge scolaire. *Inst nat. d'études démographiques: Travaux et documents,* Cahier 13, 1950.
45. Himmelweit, Hilde T. Socio-economic background and personality. *Int. soc Sci. Bull.*, 1955, 7, 29–35.
46. Hirsch, N. D. M. An experimental study of the East Kentucky mountaineers. *Genet. Psychol. Monogr.*, 1928, 3, 183–244.
47. Hollingshead, A. B. *Elmtown's youth: the impact of social classes on adolescents.* N.Y.: Wiley, 1949.
48. Husén, T. (Concerning the problem of selective migration on the basis of intellectual differences.) *Studia Psychol. Paedagog., Lund,* 1948, 2, 30–63.
49. Janke, L. L., and Havighurst, R. J. Relations between ability and social status in a midwestern community: II. sixteen-year-old boys and girls. *J. educ. Psychol.*, 1945, 36, 499–509.
50. Jones, A. W. *Life, liberty, and property.* Philadelphia: Lippincott, 1941.
51. Jones, H. E., Conrad, H. S., and Blanchard, M. B. Environmental handicap in mental test performance. *Univer. Calif. Publ. Psychol.*, 1932, 5, No. 3, 63–99.
52. Jordan, A. M. Parental occupation and children's intelligence scores. *J. appl. Psychol.*, 1933, 17, 103–119.
53. Kinsey, A. C., *et al. Sexual behavior in the human male.* Philadelphia: Saunders, 1948.
54. Kinsey, A. C., *et al. Sexual behavior in the human female.* Philadelphia: Saunders, 1953.
55. Klineberg, O. A study of psychological differences between "racial" and national groups in Europe. *Arch. Psychol.*, 1931, No. 132.
56. Klineberg, O. *Negro intelligence and selective migration.* N.Y.: Columbia Univer. Press, 1935.
57. Klineberg, O. The intelligence of migrants. *Amer. sociol. Rev.*, 1938, 3, 218–224.
58. Leahy, Alice M. *The measurement of urban environment.* Minneapolis, Minn.: Univer. Minn. Press, 1936.
59. Lehman, H. C., and Witty, P. A. *The psychology of play activities.* N.Y.: Barnes, 1927.

60. Lichtenstein, M., and Brown, A. W. Intelligence and achievement of children in a delinquency area. *J. juv. Res.*, 1938, 22, 1–25.
61. Livesay, T. M. Relation of economic status to "intelligence" and to racial derivation of high school seniors in Hawaii. *Amer. J. Psychol.*, 1944, 57, 77–82.
62. Loevinger, Jane. Intelligence as related to socio-economic factors. *39th Yearb., Nat. Soc. Stud. Educ.*, 1940, Part I, 159–210.
63. Lynd, R. S., and Lynd, Helen M. *Middletown.* N.Y.: Harcourt, Brace, 1929.
64. Lynd, R. S., and Lynd, Helen M. *Middletown in transition.* N.Y.: Harcourt, Brace, 1937.
65. Maas, H. S. Some social class differences in the family systems and group relations of pre- and early adolescents. *Child Develpm.*, 1951, 22, 145–152.
66. MacDonald, Margherita, McGuire, Carson, and Havighurst, R. J. Leisure activities and the socioeconomic status of children. *Amer. J. Sociol.*, 1949, 54, 505–519.
67. Maller, J. B. Mental ability and its relation to physical health and social economic status. *Psychol. Clinic,* 1933, 22, 101–107.
68. Mauldin, W. P. Selective migration from small towns. *Amer. sociol. Rev.*, 1940, 5, 748–758.
69. McArthur, C. Personality differences between middle and upper classes. *J. abnorm. soc. Psychol.*, 1955, 50, 247–254.
70. McCarthy, Dorothea. Language development in children. In L. Carmichael (Ed.), *Manual of child psychology.* (2nd Ed.) N.Y.: Wiley, 1954, Pp. 492–630.
71. McConnell, J. W. *The evolution of social classes.* Washington, D.C.: Amer. Coun. Pub. Affairs, 1942.
72. McDonald, H. The social distribution of intelligence in the Isle of Wight. *Brit. J. Psychol.*, 1925, 16, 123–129.
73. McNemar, Q. *The revision of the Stanford-Binet Scale.* Boston. Houghton Mifflin, 1942.
74. Milner, Esther. Effects of sex role and social status on the early adolescent personality. *Genet. Psychol. Monogr.*, 1949, 40, 231–325.
75. Milner, Esther. A study of the relationships between reading readiness in grade one school children and patterns of parent-child interaction. *Child Develpm.*, 1951, 22, 95–112.
76. Miner, J. B. *Intelligence in the United States: a survey—with conclusions for manpower utilization in education and employment.* N.Y.: Springer, 1956.
77. Neff, W. S. Socio-economic status and intelligence: a critical survey. *Psychol. Bull.*, 1938, 35, 727–757.
78. Phillips, E. L. Intellectual and personality factors associated with social class attitudes among junior high school children. *J. genet. Psychol.*, 1950, 77, 61–72.
79. Pieter, J. (Intelligence quotient and environment.) *Kwart. Psychol.*, 1939, 11, 265–322.
80. Pope, B. Socio-economic contrasts in children's peer culture prestige values. *Genet. Psychol. Monogr.*, 1953, 48, 157–220.
81. Preda, G., and Mates, E. (The relation between children's intelligence and father's occupation). *Bul. Soc. Psihol. med. Sibiu,* 1939, 6, 33–39.

82. Pressey, L. W. The influence of inadequate schooling and poor environment upon results with tests of intelligence. *J. appl. Psychol.*, 1920, 4, 91–96.
83. Pressey, S. L., and Thomas, J. B. A study of country children in a good and a poor farming district by means of a group scale of intelligence. *J. appl. Psychol.*, 1919, 3, 283–286.
84. Rădulescu-Motru, C., and Nestor, I. M. (Experimental researches on the intelligence of the Rumanians.) *Acad. Română*, 1948, 50 p. (cf. *Psychol. Abstr.*, 1950, No. 160)
85. Redlich, F. C., *et al.* Social structure and psychiatric disorders. *Amer. J. Psychiat.*, 1953, 109, 729–734.
86. Rosca, A. (Intelligence in rural and urban communities). *Rev. Psihol.*, 1939, 2, 131–141.
87. Rosenblum, S., Keller, J. E., and Papania, N. Davis-Eells ("culture-fair") test performance of lower-class retarded children. *J. consult. Psychol.*, 1955, 19, 51–54.
88. Rusk, R. R. The intelligence of Scottish children. *39th Yearb., Nat. Soc. Stud. Educ.*, 1940, Part II, 269–273.
89. Sanford, G. A. Selective migration in a rural Alabama community. *Amer. sociol. Rev.*, 1940, 5, 759–766.
90. Scottish Council for Research in Education. *Social implications of the 1947 Scottish mental survey*. London: Univer. London Press, 1953.
91. Seashore, H. G. Differences between verbal and performance IQ's on the Wechsler Intelligence Scale for Children. *J. consult. Psychol.*, 1951, 15, 62–67.
92. Seashore, H., Wesman, A., and Doppelt, J. The standardization of the Wechsler Intelligence Scale for Children. *J. consult. Psychol.*, 1950, 14, 99–110.
93. Sewell, W. H., Mussen, P. H., and Harris, C. W. Relationships among child training practices. *Amer. sociol. Rev.*, 1955, 20, 137–148.
94. Sherman, M., and Key, Cora B. The intelligence of isolated mountain children. *Child Develpm.*, 1932, 3, 279–290.
95. Shimberg, Myra E. An investigation into the validity of norms with special reference to urban and rural groups. *Arch. Psychol.*, 1929, No. 104.
96. Simon, L. M., and Levitt, E. A. The relation between Wechsler-Bellevue IQ scores and occupational area. *Occupations*, 1950, 29, 23–25.
97. Sims, V. M. A technique for measuring social class identification. *Educ. psychol. Measmt.*, 1951, 11, 541–548.
98. Sims, V. M. *Sims SCI Occupational Rating Scale: Manual of directions.* Yonkers-on-Hudson, N.Y.: World Book Co., 1952.
99. Sims, V. M. Relations between the social class identification and personality adjustment of a group of high school and college students. *J. soc. Psychol.*, 1954, 40, 323–327.
100. Sirkin, M. The relation between intelligence, age, and home environment of elementary school pupils. *Sch. and Soc.*, 1929, 30, 304–308.
101. Skeels, H. M., and Fillmore, Eva A. Mental development of children from underprivileged homes. *J. genet. Psychol.*, 1937, 50, 427–439.
102. Skodak, Marie. Children in foster homes: a study of mental development. *Univer. Iowa Stud. Child Welf.*, 1939, 16, No. 1.

103. Stendler, Celia B. Social class differences in parental attitudes toward school at grade-I level. *Child Develpm.*, 1951, 22, 36–46.
104. Stewart, Naomi. A.G.C.T. scores of army personnel grouped by occupation. *Occupations*, 1947, 26, 5–41.
105. Straus, M. A. Subcultural variation in Ceylonese mental ability: a study in national character. *J. soc. Psychol.*, 1954, 39, 129–141.
106. Strong, E. K., Jr. *Vocational interests of men and women.* Stanford Univer., Calif.: Stanford Univer. Press, 1943.
107. Terman, L. M., and Merrill, Maud A. *Measuring intelligence.* N.Y.: Houghton Mifflin, 1937.
108. Thomson, G. H. The Northumberland mental tests. *Brit. J. Psychol.*, 1921, 12, 201–222.
109. Thorndike, E. L., and Woodyard, Ella. Differences within and between communities in the intelligence of children. *J. educ. Psychol.*, 1942, 33, 641–656.
110. Thorndike, R. L. Community variables as predictors of intelligence and academic achievement. *J. educ. Psychol.*, 1951, 42, 321–338.
111. Tryon, R. C. Identification of social areas by cluster analysis. *Univer. Calif. Publ. Psychol.*, 1955, 8, No. 1.
112. Turnbull, W. W. Influence of cultural background on predictive test scores. *Proc., 1949 Conf. Test. Probl., Educ. Test. Serv.*, 1950, 29–34.
113. Van Alstyne, Dorothy. The environment of three-year-old children: factors related to intelligence and vocabulary tests. *Teach. Coll. Contr. Educ.*, 1929, No. 366.
114. Warner, W. L., Havighurst, R. J., and Loeb, M. B. *Who shall be educated?* N.Y.: Harper, 1944.
115. Warner, W. L., and Lunt, P. S. *The social life of the modern community.* New Haven, Conn.: Yale Univer. Press, 1941.
116. Warner, W. L., Meeker, Marchia, and Eells, K. *Social class in America: a manual of procedure for the measurement of social status.* Chicago: Science Research Associates, 1949.
117. West, J. *Plainville, U.S.A.* N.Y.: Columbia Univer. Press, 1945.
118. Wheeler, L. R. The intelligence of East Tennessee mountain children. *J. educ. Psychol.*, 1932, 23, 351–370.
119. Wheeler, L. R. A comparative study of the intelligence of East Tennessee mountain children. *J. educ. Psychol.*, 1942, 33, 321–334.
120. Yerkes, R. M. (Ed.) Psychological examining in the United States Army. *Mem. nat. Acad. Sci.*, 1921, 15.
121. Zimmerman, C. C. The migration to towns and cities. *Amer. J. Sociol.*, 1926, 32, 450–455; 1927, 33. 105–109.

Kapitel 16
Rassenunterschiede: Methodische Probleme

Die vergleichende Bewertung menschlicher Rassen ist lange Zeit hindurch ein Thema allgemeinen Interesses und lebhafter Kontroversen gewesen. Ein interessantes Licht auf menschliches Denken wirft die Tatsache, daß fast alle Theorien über rassische Ungleichheit die Überlegenheit der Rasse behaupten, der die jeweiligen Vertreter angehören. So versuchte ARISTOTELES (s. 74, S. 318 – 320) zu zeigen, daß die intellektuelle Spitzenstellung der Griechen sich notwendig aus ihrer günstigen geographischen Plazierung ergeben müsse. Er behauptete, daß die Personen, die in den kälteren Regionen Nordeuropas wohnten, zwar in Tapferkeit und physischer Stärke hervorragend, aber intellektuell ungeeignet für einen höheren Grad politischer Organisation oder Leistung seien. Ähnlich fehle es den Asiaten an Geist, wenn sie auch intellektuell scharfsinnig und erfindungsreich seien. Die Griechen allein, die geographisch eine Mittelstellung einnähmen, seien in dem rechten Maß mit diesen Eigenschaften ausgestattet und so durch die Natur begabt, über die Erde zu herrschen. Ähnliche Behauptungen hat man aufgestellt für Gruppen wie die Araber, die Römer, Franzosen, Angelsachsen, die „weiße Rasse" im Unterschied zu denjenigen mit einer anderen Hautpigmentierung, die Nordischen, die Alpinen, die Mediterranen und verschiedene andere (s. 9).

Ganz besonders hat die Volksmeinung eine Theorie beeinflußt, die de GOBINEAU (30) etwas mehr als ein Jahrhundert zuvor aufgestellt hat. In seinem „Essay über die Ungleichheit menschlicher Rassen" versuchte de GOBINEAU den geläufigen rassischen Vorurteilen in seiner Kultur eine wissenschaftliche Grundlage zu geben. Spätere Autoren setzten diesen Prozeß mit ihren Bemühungen fort, die Überlegenheit der weißen Rasse, besonders die ihres nordischen Teils, abzusichern (s. z. B. 22). Die Rassendoktrinen, die im 2. Weltkrieg von den Nazis verbreitet wurden, stellen ein besonders abscheuliches Beispiel für die Fehlinterpretation und Pervertierung wissenschaftlicher Daten für politische Zwecke dar.

Da die Rassenbeziehungen für einige besonders gewaltsame Kapitel in der menschlichen Geschichte gesorgt haben, rufen Diskussionen über Rassenunterschiede leicht starke Emotionen wach. Unter derartigen Bedingungen erweist sich eine fehlerfreie und objektive Analyse von Fakten als schwierig. Eines der Eigentümlichkeiten von Vorurteilen ist es, die Begrenzungen vorliegender Daten zu übersehen und unerlaubte Schlußfolgerungen zu ziehen. In Anbetracht des Vorherrschens rassischer Stereotype und emotional getönter Auffassungen über Rassenunterschiede müssen Schlußfolgerungen sorgfältig eingeschätzt und bestätigende Daten überprüft werden. Deshalb ist das Wissen um methodische und interpretative Probleme auf diesem Gebiet ganz besonders wichtig.

Das Rassenkonzept

Rasse als ein biologisches Konzept bezieht sich auf Unterteilungen einer Spezies. Es entspricht Klassifikationen wie Züchtung, Stamm und Kreuzung bei Tieren. Moderne Genetiker betonen den *Prozeß* der Rassenbildung oder -ausdifferenzierung und den umgekehrten Prozeß der Rassenvermischung oder Kreuzung, die beide kontinuierlich ablaufen (s. 33, 34, 35, 36). Sie führen aus, daß die Daten gegen die Existenz eindeutig getrennter „reiner Rassen" beim Menschen sprechen – weder heute noch irgendwann in der Vergangenheit. Genetische Unterschiede zwischen menschlichen Rassen sind nicht absolut sondern relativ. *Menschliche Rassen sind Populationen, die sich in der relativen Häufigkeit bestimmter Gene voneinander unterscheiden.* Folglich wird jede rassische Gruppe Variationen in ihren ererbten physischen Merkmalen aufweisen und sie wird sich in derartigen Merkmalen mit anderen Populationen überschneiden. Nordische als Gruppe haben z. B. häufiger blaue Augen als Mediterrane. Doch haben einige Mediterrane blaue und einige Nordische braune Augen. Obwohl das Vorhandensein derartiger „Nonkonformisten" auf Abwanderung oder Rassenvermischung zurückführbar sein kann, heben Genetiker die Tatsache hervor, daß man derartige Fälle im normalen Prozeß der Rassenbildung zu erwarten hat. Ihre Existenz zeigt nur, daß die rassische Differenzierung oder das Aussortieren der Gene in verschiedene Populationen noch nicht weit genug fortgeschritten ist, um derartige Varianten auszuschalten.

Rassen bilden sich, wann immer eine bestimmte Menschengruppe relativ isoliert wird – aus geographischen oder sozialen Gründen –, so daß eine Heirat unter ihren Angehörigen häufiger ist als eine Heirat mit Außenstehenden. Große geographische Barrieren wie die Wüste Sahara oder der Himalaya haben Jahrhunderte hinweg Europäer von afrikanischen Schwarzen bzw. asiatischen Mongolen getrennt – diese Umstände haben zu einem relativ hohen Grad rassischer Differenzierung in bestimmten Regionen geführt. In Gebieten ohne derartige Barrieren herrschen mittlere Typen und graduelle Übergänge vor.

Die Anzahl von rassischen Kategorien, in die man die Menschheit einteilt, ist weitgehend eine Sache der Konvention, denn es lassen sich alle Unterschiedsabstufungen zwischen Populationen identifizieren. Die rassische Trennung zwischen weißen Europäern und schwarzen Zentralafrikanern ist beträchtlich; die zwischen Norwegern und Spaniern ist geringer; die zwischen den Bewohnern zweier französischer Dörfer ist noch geringer. Doch abgesehen von ihrer Rangordnung nach der Größe ist die Art der Trennung grundsätzlich dieselbe. Die genannten Beispiele repräsentieren unterschiedliche Stufen der Rassenbildung. Wie weit auf dieser Skala nach unten noch der Begriff „Rasse" gebraucht wird, ist eine willkürliche Entscheidung. So überrascht es nicht, wie unterschiedlich verschiedene Anthropologen die Zahl der Rassen und Unterrassen angeben. Eine bekannte Klassifikation stammt von KROEBER (63). Sie umfaßt drei Hauptrassen, nämlich Kaukasier, Mongolen und Negride, plus einer zweifelhaften Kategorie für kleinere Populationen, die sich nur schwer einordnen lassen. Alle drei Hauptrassen werden weiter unterteilt in drei bis vier Unterrassen. So teilt sich die kaukasische Rasse auf in nordische, alpine, mediterrane und Hindugruppen. Ein etwas anderes Schema, das aus 30 Rassen besteht, stammt von COON et al. (24).

Populärwissenschaftliche Diskussionen über Rassen werden noch verworrener durch den Gebrauch nationaler oder sprachlicher Kategorien in der Art, als handele es sich dabei um getrennte rassische Gruppen. Eine Nation ist eine politische Einheit, die nicht unbedingt kulturelle oder rassische Homogenität repräsentieren muß. Aus historischen und geographischen Gründen können Mitglieder derselben Nation einander in ihrer Rasse unähnlicher sein als Mitglieder verschiedener Nationen. Meist jedoch begünstigen nationale Grenzen die Rassenbildung, da Heiraten eher innerhalb als über solche Grenzen hinweg vorkommen. Doch läßt sich der Gebrauch derartiger Begriffe wie „lateinische Rasse" oder „arabische Rasse" kaum oder gar nicht rechtfertigen. Denn diese Kategorien beziehen sich auf große Sprachgruppen, denen Menschen angehören, die sich kulturell und genetisch voneinander unterscheiden.

Anthropologen und Biologen haben zur Identifikation und Definition von Rassen zahlreiche angeborene physische Merkmale als Rassenkriterien verwendet. Die häufigsten sind u.a. die Haut-, Augen- und Haarfarbe, die Haarstruktur (glatt, wellig, kraus), Länge und Gesichtsmerkmale wie Nasenbreite und Dicke der Lippen. Häufig hat man auch den Schädelindex verwendet, d.h. das Verhältnis zwischen Kopfbreite und -länge (von vorne nach hinten). Einige Populationen sind charakteristisch dolichocephal, d.h. langköpfig, andere sind brachycephal, d.h. breitköpfig. Heute ist es jedoch fraglich, inwieweit diese Unterschiede ererbten Rassenmerkmalen zugeschrieben werden können. Befunde aus mehreren Untersuchungen weisen daraufhin, daß der Schädelindex überaus stark durch kulturelle Faktoren modifiziert

werden kann, besonders durch Einwickeln und ähnliche Praktiken der Säuglingspflege (s. 11, 12, 41).
Eine wichtige Einschränkung für die meisten traditionellen Rassenkriterien stammt aus ihrer komplexen genetischen Basis. Jedes Kriterium hängt nicht nur von einem, sondern von mehreren Genen ab. Folglich ist die Art ihrer Vererbung nicht eindeutig gesichert. Außerdem kann dasselbe Merkmal bei verschiedenen Personen auf unterschiedlichen Genkombinationen beruhen. Aus diesen Gründen haben Genetiker ihr Interesse zunehmend auf Merkmale mit einfacheren und besser gesicherten Vererbungsmechanismen gerichtet, z.B. Blutgruppen, PTC-Geschmacksreaktionen und Fingerabdrücke (s. 34).

Man muß auch bedenken, daß die physischen Merkmale, die zur Rassenklassifikation dienen, voneinander unabhängig verteilt sind. Blutgruppen, Statur und Hautfarbe sind z.B. von einer Population zur nächsten nicht hoch miteinander korreliert. Die Anwendung jedes Kriteriums ergibt also jeweils eine andere Klassifikation der Menschheit als man sie mit anderen Kriterien erhalten würde. Einige Negerpopulationen sind z.B. charakteristisch sehr groß, andere sehr klein. Einige Gruppen sind dunkelhäutig und glatthaarig, andere genauso dunkelhäutig und kraushaarig.
Ob wir nun mit Einzelkriterien oder mit Kriterienkombinationen beginnen, es werden Schwierigkeiten bei der Klassifikation auftauchen. Beginnen wir jedoch mit großen geographischen Gruppen, die wegen ihrer Nähe zueinander als genetische Gemeinschaften gelten können, so können wir fortschreitend die physischen Merkmale jeder Population beschreiben. Jede Population läßt sich einheitlich beschreiben durch die *Häufigkeiten*, in denen bestimmte ererbte Merkmale vorkommen. In einigen Einzelmerkmalen kann jede Population anderen ähnlich sein. Doch die relativen Häufigkeiten und auch die Kombination von Merkmalen werden sie von anderen Gruppen unterscheiden.
So lassen sich „Rassenkriterien“ sinnvoll zur Beschreibung vorhandener *Populationen* heranziehen. Doch ihre Anwendung auf die rassische Identifikation von *Individuen* kann zu Verwirrungen und Fehlklassifikationen führen (s. 33). Die Personen, denen eine bestimmte Kombination physischer Merkmale gemeinsam ist, müssen nicht unbedingt Angehörige derselben Rasse sein. So sind Deutsche und Italiener, die typisch „alpine“ Färbung und Körperbau aufweisen, nicht Angehörige derselben Unterrasse, es sei denn, es läßt sich absichern, daß diese Individuen erst kürzlich ausgewandert sind, oder daß ihre Vorfahren ausgewandert sind und keine Ehe mit der lokalen Population eingegangen sind. Sonst würde ihre physische Ähnlichkeit lediglich für den Variationsbereich sprechen, der innerhalb des Genpools ihrer jeweiligen Population herrscht. In einem derartigen Fall können sich die Individuen aus den beiden Populationen in anderen Merkmalen stark unterscheiden; und

selbst die Merkmale, in denen sie sich einander ähneln, können auf unterschiedlichen Genkombinationen beruhen.

Viele populäre Vorstellungen über Rassen fußen auf einem Mißverständnis über die Wirkung der Vererbung. Es geht über den Rahmen dieser Diskussion hinaus, die genetischen Mechanismen zu erklären, durch die es zu einer Rassendifferenzierung in physischen Merkmalen wie der Hautfarbe oder der Blutgruppen kommt. Eine besonders klare Darstellung dieser Prozesse findet sich bei DOBZHANSKY (33). Für die vorliegenden Zwecke soll folgende Bemerkung genügen: Aus vorliegendem genetischen Wissen erscheint es als unwahrscheinlich, daß rassische Differenzierung in diesen physischen Merkmalen einhergeht mit Differenzierung in den Genen, die sich auf die intellektuelle oder Persönlichkeitsentwicklung auswirken. Theoretisch viel wahrscheinlicher ist, daß *Verhaltensunterschiede* zwischen menschlichen Populationen auf kulturellen und nicht auf rassischen Faktoren beruhen (28, 33, 35).

Selektive Faktoren

Wie bei allen Gruppenvergleichen besteht in psychologischen Studien über Rassenunterschiede ein methodisches Problem in der Wirkung selektiver Faktoren bei der Stichprobenwahl. Zahlreiche frühe Studien mit psychologischen Tests hatte man z.B. an Einwanderungsgruppen in den USA durchgeführt. Derartige Gruppen sind nicht repräsentativ für ihre heimischen Populationen. Sie stammen nicht anteilmäßig aus allen Bildungs- und Berufsschichten, sondern stellen gewöhnlich eine selegierte Gruppe dar. Außerdem können in jedem Land selektive Faktoren anders wirken. Folglich sind Einwanderer aus verschiedenen Nationen weder *echte Stichproben ihrer heimischen Populationen noch untereinander vergleichbar.*

Könnte man z.B. zeigen, daß Einwanderer aller Nationen aus unteren sozioökonomischen Schichten stammten, dann wären diese Gruppen zumindest untereinander vergleichbar. Doch aus rein historischen Gründen ist es klar, daß Einwanderer aus einigen Nationen eine relativ unterdurchschnittliche Stichprobe ihrer Population darstellen, aus anderen eine eher zufällige oder Durchschnittsstichprobe und wieder aus anderen eine relativ überdurchschnittliche Stichprobe. Außerdem kann sich die Zusammensetzung einer Stichprobe aus einer bestimmten Nation von heute auf morgen deutlich ändern.

Man hat z.B. angenommen, die überdurchschnittliche Leistung japanischer und chinesischer Kinder in Amerika in vielen Intelligenztests sei das Ergebnis selektiver Faktoren, weil immer die fortschrittlicheren Familien aus diesen Ländern auswanderten (s. z.B. 27, 84). Viele Einwanderer aus Südeuropa

dagegen stellen wahrscheinlich unterdurchschnittliche Stichproben ihrer eigenen nationalen Population dar. In einer Untersuchung (43) überprüfte man Gruppen dänischer und italienischer Mädchen in den USA und in Europa in einem nonverbalen Gruppenintelligenztest. Obwohl die dänischen Gruppen in den USA die italienischen übertrafen, fand sich kein signifikanter Unterschied zwischen den in Kopenhagen und Rom getesteten Gruppen.
Eine Art selektiver Stichprobenwahl resultiert aus unterschiedlicher sozialer Selektion. Dadurch werden bestimmte Vergleiche zwischen rassischen und nationalen Gruppen verkompliziert. Wir haben bereits in der Überweisung von Männern und Frauen zu Institutionen für Minderbegabte ein Beispiel für eine solch unterschiedliche Selektion kennengelernt (Kap. 14). Ähnliche Faktoren können im Hinblick auf verschiedene Minoritätsgruppen in einem einzelnen Land wirksam sein. Bei der Bewertung jedes Ergebnisses über bestimmte Gruppen, z.B. über Collegestudenten, über Einberufene oder institutionalisierte Populationen, muß man mit möglichen unechten Effekten rechnen, die auf derartigen Selektionsfaktoren beruhen. So wurden z.B. Vergleiche zwischen der Testleistung schwarzer und weißer Soldaten in den beiden Weltkriegen durch die Tatsache verkompliziert, daß die Normen für die selektive Dienstauswahl offensichtlich für die beiden Gruppen unterschiedlich waren (58).
Ein anderes Beispiel für differenzierende Selektionsfaktoren finden wir in den Vergleichen zwischen schwarzen und weißen *Collegestudenten.* In einer Untersuchung (39) zeigten schwarze Collegestudentinnen im Bernreuter Persönlichkeitsinventar signifikant mehr Selbstvertrauen; die übrigen Werte in diesem Test ergaben keine signifikanten Unterschiede zwischen beiden Gruppen. Beweist ein solches Ergebnis, daß Schwarze mehr Selbstvertrauen haben als Weiße? Offensichtlich nicht, da nur Collegestudentinnen getestet wurden. Spricht es dafür, daß schwarze Mädchen mit höherem intellektuellen Niveau selbstsicherer sind als weiße Mädchen? Nicht unbedingt, da schwarze Mädchen auf dem College nicht nur im Hinblick auf ihr intellektuelles Niveau, sondern auch in bezug auf etliche Persönlichkeitsmerkmale eine selegierte Stichprobe darstellen können. Ein schwarzes Mädchen wird wohl mehr Selbstvertrauen zur Fortsetzung ihrer Ausbildung aufbringen müssen als ein weißes Mädchen, da sie relativ größere ökonomische und soziale Hindernisse zu überwinden hat. So kann jeder Persönlichkeitsunterschied zwischen den beiden Gruppen lediglich diese Unterschiede in der Wirkung selektiver Faktoren widerspiegeln. Natürlich muß man auch die Möglichkeit bedenken, daß der Collegebesuch selbst ein Faktor für das anwachsende Selbstvertrauen eines schwarzen Mädchens sein kann. Die Überlegung, daß man erfolgreich Hindernisse überwunden hat, ist wahrscheinlich eine bedeutende Bedingung für die Entwicklung von Gefühlen der Selbstsicherheit.
Statistiken über Kriminalität und Wahnsinn sind besonders Selektionsfak-

toren unterworfen. Man hat oft Aussagen über die „Prädisposition" verschiedener rassischer Gruppen zum Verbrechen gemacht. Einige haben die hohe Verbrechensquote in den USA auf den Zustrom bestimmter Klassen von Einwanderern in unser Land zurückgeführt. Man hat Statistiken zitiert, um die größere Verbrechenshäufigkeit bei Schwarzen und Einwanderern aus Ost- und Südeuropa als bei der eingeborenen weißen Bevölkerung nachzuweisen.

Statistiken *können* lügen, und bei der Interpretation von Kriminalstatistiken lassen sich nur schwer die vielen unkontrollierten Faktoren auseinanderhalten, die die Ergebnisse verwirren. Ein solcher Faktor ist z.B.: Verschiedene Gruppen werden unterschiedlich verhaftet und angeklagt. Schwarze und „Ausländer" werden z.B. leichter „auf Verdacht" und aus geringeren Anlässen festgenommen als sie im allgemeinen für eingeborene Weiße gelten. Auch daß die meisten Ausländer Erwachsene sind, gäbe ihnen einen unverhältnismäßigen Anteil an der Kriminalität, wenn man sie mit den Werten für eingeborene Personen *aller* Altersstufen vergliche. Ausländer sind auch häufiger Stadtbewohner und leben unter schlechteren sozialen und ökonomischen Bedingungen als die in Amerika Geborenen – alles dies fördert die Kriminalität. Weiterhin kann ein Ausländer Traditionen und Gebräuche mitgebracht haben, die im Widerstreit stehen zu den Verhaltensnormen in unserem Land. Mexikaner in den USA z.B. werden relativ häufig für das Tragen verborgener Waffen festgenommen (95). Dabei führen sie wahrscheinlich nur ihre Gewohnheiten fort, die sie im eigenen Land vollkommen legitim angenommen haben. Abgesehen von den zahlreichen Faktoren, die die Ausländer in der Kriminalstatistik benachteiligen, haben sorgfältige Analysen von Daten über inländische und ausländische Personen *über 18 Jahren* keine höheren Quoten für Inhaftierung, Anklagen oder Verurteilungen bei den letztgenannten ergeben (95).
Die meisten Bedingungen, die die Bewertung von Kriminalstatistiken erschweren, wirken sich auch auf die Daten über Geisteskrankheiten aus. Zusätzlich muß man den Faktor der Hospitalisierung berücksichtigen. Institutionalisierte Pbn können keine repräsentative Stichprobe der wirklichen Fälle von Geistesstörungen in den verschiedenen Gruppen sein, da in den verschiedenen Landesteilen die verfügbaren Möglichkeiten für eine Klinikpflege unterschiedlich sind. Andererseits eignen sich aus ökonomischen Gründen bestimmte Gruppen besser dazu, geistig gestörte Personen zu Hause zu pflegen. Dadurch schließen sie die Notwendigkeit der Klinikunterbringung aus. Unkorrigierte Klinikstatistiken weisen zwar ungefähr zweimal so viele Fälle von Geisteskrankheiten bei Ausländern wie bei den im Lande Geborenen auf. Führt man jedoch verschiedene Korrekturen für die Stichprobenungleichheiten ein, so verschwindet der Unterschied im wesentlichen (65). Selbst wenn man nicht hospitalisierte Fälle in psychiatrischer Behandlung mitberücksich-

tigt, können noch immer selektive Faktoren als Resultat von Gruppenunterschieden in der Erkennung geistiger Krankheit und in dem Bedürfnis nach psychiatrischer Behandlung wirksam sein (81).

Gruppenunterschiede und das Individuum

Zur Erinnerung: Die zwei wichtigen Fragen, die man bei der Interpretation jedes Gruppenvergleiches berücksichtigen muß, betreffen die *Signifikanz* des Unterschiedes und das *Überschneiden* der Verteilungen. Beide wurden in Verbindung mit Geschlechtsunterschieden diskutiert (Kap. 14). Die erste Frage richtet sich im Grunde auf die Übertragbarkeit von Stichprobenresultaten auf die größere Population, aus der die Stichprobe stammt. Die zweite Frage dreht sich um den gegensätzlichen Prozeß, nämlich auf die Übertragung von Gruppenergebnissen auf Individuen. Da Gruppen sich überschneiden, können gefundene Unterschiede zwischen Gruppenmittelwerten bei Vergleichen zwischen Individuen verschwinden oder sich in das Gegenteil verkehren.

Obwohl die Überschneidung von Verteilungen schon im Kapitel über Geschlechtsunterschiede demonstriert worden ist, ist die Frage für die Bewertung von Rassenunterschieden wichtig genug, um wiederholt und näher ausgeführt zu werden. In Abbildung 84 sieht man zwei schematische Verteilungen, die das aufweisen, was man oft ungenau als „30 % Überschneidung" beschreibt.

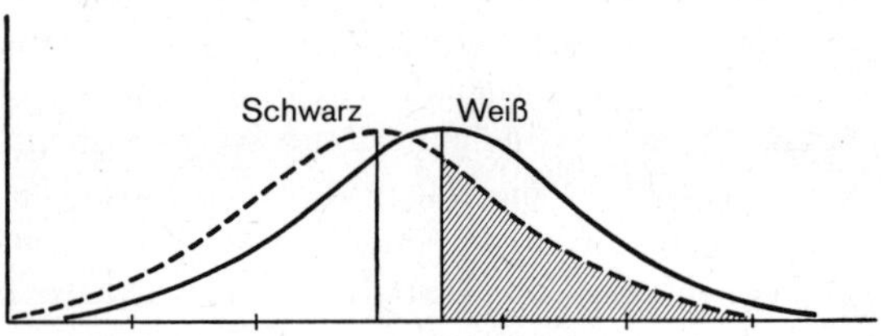

Abb. 84: Schematische Darstellung der Situation: „30 % Überschneidung"

Das bedeutet, daß 30 % einer Gruppe den Median einer anderen erreicht oder überschreitet. Das gibt das geschwärzte Gebiet wieder. Ein solcher Grad an Übereinstimmung entspricht etwa den Ergebnissen, die man gewöhnlich in psychologischen Testwerten von Schwarzen und Weißen in den USA findet.

Eine Implikation einer solchen Überschneidung ist: Wählt man einen Schwarzen zufällig aus seiner Gruppe aus, so ist die Wahrscheinlichkeit 30 von 100, daß sein Wert den Durchschnitt der Weißen erreicht oder übertrifft.

Wenn wir also behaupten, ein Schwarzer liege unter dem Median der Weißen, so hätten wir unter diesen Bedingungen von 100 Malen 30 mal Unrecht. Ein solches Irrtumsverhältnis läßt sich mit dem „1 %-Niveau der Signifikanz“ vergleichen, das gewöhnlich benötigt wird, bevor man eine Behauptung in der wissenschaftlichen Forschung als gesichert akzeptiert. In diesem Fall besteht die Wahrscheinlichkeit für den Irrtum 1 zu 100. Wegen der starken Überschneidung der Testwerte ist also klar, daß eine Kenntnis der individuellen Gruppenzugehörigkeit uns noch nicht erlaubt, die relative Testleistung eines Individuums auf einem annehmbaren Wahrscheinlichkeitsniveau vorherzusagen.

Ein anderer bemerkenswerter Punkt bezieht sich auf das Gesamtausmaß der Überschneidung zwischen Verteilungen. Erreichen oder überschreiten 30 % der Schwarzen den Median der Weißen, so werden ungefähr 99 % den niedrigsten Punkt der weißen Gruppe erreichen oder überschreiten. Deshalb werden sich unter diesen Bedingungen die Streubereiche fast vollständig überschneiden. Demnach erreichen wahrscheinlich die Besten in beiden Gruppen gleich hohe Werte und auch die Schlechtesten in beiden Gruppen ungefähr gleich schlechte Werte. Die obige Schätzung basiert auf der Annahme, daß beide Verteilungen normal und ihre SDs gleich sind. In der Praxis läßt sich natürlich das gesamte Ausmaß der Überschneidung bestimmen, indem man die erhaltenen Verteilungen der Werte überprüft. In diesem Zusammenhang sei an das Beispiel aus dem Kapitel 14 erinnert: Dort erreichten oder übertrafen 28 % der Mädchen den Median der Jungen, wobei der Streubereich der Werte in den beiden Gruppen im wesentlichen derselbe war.

Die Implikationen einer Überschneidung machen deutlich, daß die Unterschiede zwischen Gruppenmittelwerten, selbst wenn sie statistisch signifikant sind, für den Umgang mit Individuen nur von geringem praktischen Wert sein können. Mittelwertunterschiede zwischen Gruppen sind immer viel geringer als die Unterschiede zwischen Individuen innerhalb jeder Gruppe. Es gibt keinen Abkürzungsweg zum Verständnis der Menschen, keine Möglichkeit die Besonderheiten einiger breiter Gruppen kennenzulernen, in die man dann die Individuen entsprechend einordnen kann. Für die Untersuchung von Individuen ist die einzig richtige Einheit das Individuum.

Kulturelle Unterschiede

Die Interpretation von Verhaltensunterschieden zwischen rassischen Gruppen wird durch die Tatsache erschwert, daß sich derartige Gruppen auch in ihrer Kultur voneinander unterscheiden. Die geographische und soziale Isolation, die zur Rassenbildung führt, begleitet sehr wahrscheinlich auch kulturelle Ausdifferenzierung. Kulturelle Faktoren sind oft an erster Stelle für Gruppenisolation verantwortlich; jede Art der Isolation erhält und vermehrt tendenziell kulturelle Differenzierung. Der Untersucher psychischer Rassenunterschiede wird immer mit der Frage konfrontiert: In welchem Ausmaß könnten kulturelle Faktoren die erhaltenen Unterschiede hervorgerufen haben? Im vorliegenden Abschnitt wollen wir die wichtigsten Wege untersuchen, auf denen sich kulturelle Unterschiede zwischen rassischen Gruppen in psychologischen Testresultaten widerspiegeln können.

Allgemeines kulturelles Niveau

Die jeweilige Kultur, in der das Individuum aufgewachsen ist, kann auf vielen Kanälen seine Verhaltensentwicklung beeinflussen. Die Wirkung von Umweltkräften beschränkt sich nicht auf das Ausmaß und die Güte der Ausbildungsmöglichkeiten, die in der Schule, zu Hause und in der näheren Umgebung verfügbar sind. Die Frage ist nicht nur eine nach dem Ausmaß, sondern auch nach der Art. Die Erfahrungen von Personen aus unterschiedlichen Kulturen können sich derartig voneinander unterscheiden, daß sie zu grundsätzlich unterschiedlichen Wahrnehmungsreaktionen führen, ihren Handlungen eine verschiedene Bedeutung geben, die Entwicklung gänzlich unterschiedlicher Interessen stimulieren und verschiedenartige Ideale und Verhaltensnormen errichten.
Feldforscher haben über einige erstaunliche Beispiele für den Einfluß von *Traditionen und Gebräuchen* auf die Testleistung berichtet. PORTEUS (79) bereitete es bei seinen Testuntersuchungen an australischen Ureinwohnern Schwierigkeiten, seine Pbn davon zu überzeugen, daß sie die Probleme individuell und ohne Hilfe zu lösen hatten. Als Erklärung dieses Verhaltens schreibt er:

„... der Ureinwohner ist an gemeinsames Denken gewöhnt. Jedes Problem im Stammesleben wird nicht nur im Ältestenrat debattiert und geregelt, sondern es wird immer so lange diskutiert, bis eine einmütige Entscheidung erreicht ist. In vielen Testsituationen wurden die Pbn offensichtlich extrem durch die Tatsache verwirrt, daß ich ihnen keine Hilfestellung bot. Das geschah besonders, als ich einige Männer testete, die dem Namen nach meine Stammesbrüder waren. Das verursachte deutliche Verzögerungen, da die Pbn immer wieder, um Lob oder Hilfe zu erhalten, bei der Aufgabe pausierten“ (79, S. 308).

Ähnlich berichtet KLINEBERG (62), daß es bei den Dakota-Indianern als Unsitte gilt, eine Frage in Anwesenheit eines anderen zu beantworten, der die Antwort nicht kennt. Das schafft eine besonders schwierige Situation in der Schule, wo die Lehrer große Schwierigkeiten haben, die Kinder in der Klasse zum Vortragen zu bringen. In derselben Gruppe verbietet es die Sitte, daß jemand eine Frage beantwortet, ohne daß er sich der Antwort absolut sicher wäre. Leicht läßt sich die Wirkung voraussehen, die diese Sitte auf Intelligenztests hat, in denen der Pb angewiesen wird, zu „raten“, wenn er nicht sicher ist, und in denen er gedrängt wird, „sein Bestes“ in einem schwierigen Problem zu versuchen. Das Kind, das keine Antwort gibt, ohne von seiner Richtigkeit überzeugt zu sein, wird viele Punkte verlieren, die es sich aufgrund von Teilwissen und Zufallserfolgen hätte verdienen können.

Man muß auch auf die wichtige Rolle der *Geschwindigkeit* in den meisten Intelligenztests hinweisen und auf die unterschiedliche Gewichtung, die Schnelligkeit in den verschiedenen Kulturen erfährt. Eine Untersuchung von KLINEBERG (61) an indianischen, schwarzen und weißen Schuljungen illustriert die Wirkung dieses Faktors. Man legte mehrere Tests der Pintner-Paterson Performance Scale den folgenden Gruppen vor:

136 Indianern, die das Haskell-Institut in Kansas besuchten
120 Indianern in der Yakima-Reservation in Washington
107 Weißen in Washington-Land, in der Nähe der Indianer-Reservation
139 Schwarzen in einem Landbezirk in West Virginia
25 Weißen in demselben Bezirk in West Virginia
200 Schwarzen in der Stadt New York
100 Weißen in der Stadt New York

In der *Genauigkeit* der Leistung, gemessen durch die Fehlerzahl in jedem Test, übertrafen die Indianer die Weißen, die Schwarzen waren entweder den Weißen ebenbürtig oder leicht überlegen. Alle Maße für *Geschwindigkeit* jedoch begünstigten die Weißen. Ein Vergleich zwischen Gruppen *derselben Rasse, die jedoch in unterschiedlichen Umwelten lebten*, sprach dafür, daß diese Unterschiede in der Geschwindigkeit eher kulturell als biologisch bedingt sind. Denn die Schwarzen aus der Stadt New York übertrafen die Schwarzen aus West Virginia eindeutig in jedem Vergleich. Ebenso waren die Indianer aus dem Haskell-Institut konsistent schneller als diejenigen, die in der Yakima-Reservation getestet worden waren. Eine weitere Unterteilung der Haskell-Gruppe in diejenigen, die früher in einer Reservation, und in diejenigen, die unter Weißen in einer Klein- oder Großstadt gelebt hatten, wies für die Letztgenannten einen Geschwindigkeitsvorsprung nach.

Als Erklärung für diese Resultate wies KLINEBERG auf die relativ unbedeutende Rolle hin, die die Geschwindigkeit im Leben einer Reservation für Indianer oder ländliche Schwarze im Süden spielt. Zeit hat bei den täglichen Aktivitäten des Indianers nur geringe oder keine Bedeutung. Er kann keinen Grund zur Eile bei einer Aufgabe sehen, besonders wenn sie ihm liegt und ihn interessiert. Insoweit ein Untersucher also das Interesse an dem Test steigert, läßt er die Notwendigkeit zur Eile sogar noch unsinniger erscheinen. Am Haskell-Institut jedoch war die Zeit sehr viel wichtiger als in der Reservation. Die Studenten waren durchgehend mit vielfältigen Aufgaben beschäftigt und der ganze Tag war sorgfältig eingeteilt. Die weißen Lehrer förderten auch die Einstellung, daß es wünschenswert sei, Dinge möglichst schnell zu beenden. Ähnlich sind die Schwarzen aus der Stadt New York dem Tempo einer Großstadt ausgesetzt, während die Schwarzen vom Lande auf ein viel langsameres Aktivitätstempo eingestellt sind.

Wiederholt hat man die Bedeutung von *Motivation und Interessen* für die Intelligenztestleistung hervorgehoben. Heute ist offenkundig, daß viele gebräuchliche Tests in anderen Kulturen nicht dieselbe emotionale Reaktion hervorrufen können, wie sie es in der eigenen tun. So weist der übliche Intelligenztest für das weiße amerikanische Mittelschichtkind eine enge Ähnlichkeit mit seiner täglichen Schularbeit auf, die wahrscheinlich das zur Zeit ernsteste Geschäft seines Lebens ist. Es läßt sich deshalb leicht anspornen, seine höchsten Anstrengungen aufzubringen und zu versuchen, seine Kameraden zu übertreffen. Für ein amerikanisches Indianerkind dagegen kann derselbe Test nicht eine solche Bedeutsamkeit haben. Diese Art Aktivität hat keinen Raum im traditionellen Verhalten seiner Familie oder seines Stammes. Viele Untersucher haben auch beobachtet, daß bei schwarzen Kindern das Interesse an Intelligenztests nicht so ausgeprägt ist wie bei weißen Kindern und daß erstgenannte nicht so stark motiviert zu sein scheinen wie die letztgenannten. Man hat ebenso zwischen sozialen Klassen Unterschiede in der Leistungsmotivation gefunden (Kap. 15).

Derartige Motivationsunterschiede können direkt an die Zugehörigkeit zu unterpriviligierten Gruppen gebunden sein. Man hat z. B. mehrere Theorien über die Reaktion amerikanischer Schwarzer und anderer Minoritätsgruppen auf sozial bedingte Frustrationen aufgestellt. DOLLARD (37) vermutete, daß ein Schwarzer als Verteidigungsmechanismus gegen Frustration und Regression eine Haltung der Stupidität und Lethargie annehmen kann. Solch eine Haltung könnte als eine Art Revanche dienen und das Individuum befähigen, unannehmbare Verantwortlichkeiten zu vermeiden. Ähnlich hat BROWN (16) ausgeführt, die Sprachentwicklung der Schwarzen sei durch soziale Zwänge gestört, die die Verbalisierung behinderten. Sprechunfähigkeit vermindere die Möglichkeit, die Feindschaft der herrschenden sozialen Gruppe auf sich zu ziehen und könne somit als ein Maß für Klugheit „kultiviert" werden.

Ein verdeckter, aber mächtiger Einfluß in der individuellen psychischen Umwelt ist die *soziale Erwartung*. Dieser Faktor wurde schon im Zusammenhang mit Physis und Verhalten (Kap. 5), Familienähnlichkeiten (Kap. 9) und Geschlechtsrollen (Kap. 14) erwähnt. Vielleicht finden sich ihre durchdringendsten Effekte jedoch im Fall rassischer Minderheiten. Sehr ausführlich hat man die Beschaffenheit rassischer und nationaler Stereotype untersucht (s. 1, 19, 50, 54). Von früh an wird sich ein Angehöriger einer Minorität der charakteristischen Verhaltensmerkmale bewußt, die man mit seinem rassischen oder nationalen Stereotyp verbindet. In seinem täglichen Umgang mit der Familie, Spielkameraden, Lehrern und anderen Erwachsenen wird er ständig daran erinnert, was man von ihm erwartet. Allmählich werden diese Erwartungen Teil seines eigenen Selbstbildes, das sich wiederum auf seine Motivation und Leistung auswirkt. Auf diesen Wegen bestimmt tendenziell das, was von einem Individuum erwartet wird, das, was es auch wird – diese Tendenz ist bekannt geworden als die „sich selbst erfüllende Vorhersage" (s. 1, 54, 72).

Kulturkonflikte

Personen, die den inkonsistenten und oft unvereinbaren Sitten, Zielen und sozialen Zwängen aus verschiedenen Kulturen ausgesetzt sind, entwickeln leicht Persönlichkeitsstörungen unterschiedlicher Schweregrade. Emotionale Fehlanpassungen unter diesen Bedingungen dürfen deshalb nicht als Beleg für schlechteren rassischen Hintergrund, zerstörerische Effekte einer Rassenmischung oder andere ungünstige Vererbungsfaktoren interpretiert werden. Außerdem hat man jetzt erkannt, daß emotionale Störungen mit intellektueller Entwicklung interferieren und das erfolgreiche Funktionieren des Individuums in vielen Bereichen stören können.
Studien an Einwanderungsgruppen müssen diese Probleme im Zusammenhang mit der Anpassung an eine neue Kultur berücksichtigen. Die Verwirrung der Normen und die sich wandelnden Bezugspunkte während solcher Anpassung können nicht wirkungslos auf die Verhaltensentwicklung der Pbn bleiben. Häufig hat man festgestellt, daß die Fehlanpassung weder bei der Einwanderungsgeneration am größten ist, die ihre Sitten weitgehend beibehält, noch bei der dritten und darauffolgenden Generation, wo die Adaptation und Assimilation nahezu vollständig ist, sondern bei den Nachkommen der Einwanderer – der zweiten Generation –, die im Strudel zweier unterschiedlicher Bezugssysteme gefangen ist.
In Persönlichkeitsfragebögen z.B. geben Kinder von eingewanderten Eltern im Durchschnitt mehr neurotische Symptome an als die Kinder eingeborener Eltern (68). Auch Kriminalitäts- und Delinquenzrate sind bei in Amerika geborenen Kindern ausländischer Eltern meist höher. Das gilt besonders für stärker urbanisierte und industrialisierte Gemeinden, in denen die Konflikte mit den Werten der alten Welt akuter sind (17, 47, 48, 94). Klinische und soziologische Untersuchungen haben ebenfalls zahlreiche Gebiete des emotionalen Konfliktes mit daraus resultierenden Persönlichkeitsfehlentwicklungen bei den Amerikanern der zweiten Generation aufgedeckt (17, 85, 94).

Die Probleme sind bei Einwanderern aus Südeuropa und dem Orient besonders schwer, da ihre Kultur sich in wichtigen Aspekten von der Amerikas unterscheidet. Zerstörerische Effekte von Kulturkonflikten hat man auch bei mehreren amerikanischen Indianergruppen beobachtet, wenn die Stammessitten mit den Bedürfnissen und Forderungen der umgebenden amerikanischen Kultur zusammenstoßen (85, Kap. 10; 93).

Sozioökonomisches Niveau

In der heutigen amerikanischen Kultur ist die Zugehörigkeit zu Minoritäten meist mit niedrigem sozioökonomischen Status verbunden. Die Häuser, in denen die Kinder von Einwanderern, Schwarzen oder amerikanischen Indianern aufwachsen, sind in vielen Aspekten insgesamt weit unter dem Standard der eingeborenen Weißen. Ob wir nun das Berufs- oder Bildungsniveau der Eltern betrachten, das Einkommen, den Grad an Überfüllung in den Wohnungen, die hygienischen Verhältnisse, die ärztliche Versorgung, die intellektuellen Anreize, Freizeitmöglichkeiten oder die Beziehungen zwischen Eltern und Kind, wir finden klare Belege für einen unterpriviligierten Status.

Im Lichte der Relation zwischen sozioökonomischer Schicht und der Intelligenz bzw. Persönlichkeitsentwicklung, die im vorigen Kapitel besprochen wurde, muß bei Minoritäten die gehäufte Zugehörigkeit zur Unterschicht bei der Interpretation von Testresultaten berücksichtigt werden. In mehreren alten Studien an zahlreichen verschiedenen amerikanischen Indianergruppen fand GARTH (45) z.B. eine enge Entsprechung zwischen dem mittleren Intelligenzwert von Kindern und der sozioökonomischen Schicht der Gruppe. In gewissem Ausmaß repräsentieren diese Unterschiede im sozioökonomischen Niveau den Grad der Assimilation an die weiße Kultur. Eine derartige Assimilation bringt natürlich einen Leistungsvorteil in Tests, die in dieser Kultur entwickelt worden sind (53).

Mehrere Untersuchungen über die Beziehungen zwischen sozioökonomischen Faktoren und dem IQ schwarzer Amerikaner haben wesentliche Ergebnisse gebracht. Erstens sei erwähnt, daß bei Schwarzen die Unterschiede in den Intelligenztestwerten verschiedener Berufsschichten meist kleiner sind als bei weißen Kindern. So fanden ROBINSON und MEENES (82) in einer Erhebung an schwarzen Schulkindern der dritten Klassen in Washington einen Unterschied von 13 bis 14 Punkten im mittleren IQ zwischen den Kindern von Arbeitern und denen von Akademikern. Bei weißen Kindern beläuft sich diese Differenz im allgemeinen auf ungefähr 20 Punkte (s. Kapitel 15). Außerdem folgten die mittleren IQn bei schwarzen Kindern nicht so eng der Berufshierarchie wie bei weißen Kindern, sondern entsprachen mehr einer Zwei-

teilung: In der oberen Kategorie lagen Büro-, Geschäfts- und Akademikerberufe und in der unteren gelernte und angelernte Arbeit (21, 77, 82).
Wahrscheinlich ist die sozioökonomische Schicht schwarzer Familien weniger eng an die Berufsklasse gebunden als die weißer Familien. Die Streubreite oder Heterogenität weißer Familien ist zweifellos viel größer als die schwarzer Familien. Der Unterschied zwischen der Vergütung eines Schwarzen für Geschäfts- oder Akademikertätigkeit und der im gelernten Handel ist wahrscheinlich viel geringer als der für Weiße in entsprechenden Berufen. Eingeschränkte Berufsmöglichkeit bedeutet auch, daß zumindest einige Schwarze mit ausreichender Fähigkeit und Ausbildung zu höher gestellten Berufen in niedriger gestellten Tätigkeiten angestellt sein können. Alle diese Bedingungen reduzieren die Unterschiede in den IQn zwischen schwarzen Kindern aus verschiedenen Berufsschichten.
Bestätigende Belege für diese Interpretationen stammen aus einer vorher erwähnten Studie von ROBINSON und MEENES (82). Man verglich die Kuhlmann-Anderson IQn von 444 schwarzen Drittklässlern aus öffentlichen Schulen Washingtons in den Jahren 1938/39 mit denen von 491 schwarzen Drittklässlern derselben Schulen in den Jahren 1945/46. Im letzten Zeitraum, als die Berufsmöglichkeiten für Schwarze besser waren, fand man eine stärkere Entsprechung zwischen dem väterlichen Beruf und dem IQ der Kinder. Außerdem war der mittlere IQ der Gesamtgruppe 1945/46 höher als 1938/39. Dieser Befund kann ebenfalls mit dem verbesserten sozioökonomischen Status der zweiten Gruppe zu tun haben. Hohe Korrelationen fand man auch zwischen dem mittleren IQ der Kinder in den einzelnen Schulen und Faktoren wie der Durchschnittsmiete oder der Häufigkeit von Radios in der Gemeinde.
Nicht nur die Intelligenz, sondern auch die emotionale Anpassung und andere Persönlichkeitsmerkmale können mit sozioökonomischen Faktoren in Beziehung stehen. Erhebungen über kindliche Spielaktivitäten haben z.B. ergeben, daß sich schwarze Kinder relativ häufiger mit Gruppenspielen beschäftigen als weiße Kinder (66). Bevor man einen derartigen Befund einer größeren „Soziabilität" der Schwarzen zuschreibt, sollte man daran denken, daß überfüllte Wohnungen und ungeeignete Spielmöglichkeiten teilweise oder vollständig für eine solche Differenz verantwortlich sein können.
In einer Erhebung an 1647 Kindern im Alter von 9 bis 15 Jahren mit Hilfe eines Persönlichkeitsinventars verglich BROWN (14) die Werte verschiedener Untergruppen miteinander. Sie stammten aus: Land und Stadt, niedrigen, mittleren und hohen sozioökonomischen Schichten; Juden-Slowaken- und eingeborenen amerikanischen Nicht-Juden-Gruppen. Die Anpassungswerte erwiesen sich als sehr viel enger an die sozioökonomische Schicht gebunden als an die rassische Gruppe oder das Wohnen in Stadt und Land. Man fand zwischen den verschiedenen sozioökonomischen Gruppen statistisch signifi-

kante Unterschiede. Die Unterschiede zwischen den anderen untersuchten Gruppentypen waren dagegen durchgehend gering und nicht signifikant.

Bildung

Heute hat man allgemein erkannt, daß sich Unterschiede in dem Ausmaß und der Art der Schulbildung in der Intelligenztestleistung widerspiegeln (s. Kap. 7). Doch auch in diesem Aspekt bestehen deutliche Unterschiede zwischen den verschiedenen rassischen Gruppen, die man in ihren Testwerten verglichen hat. Die Qualität des Unterrichts in Schulen für Schwarze und Indianer ist gewöhnlich weit schlechter als die in weißen Schulen. Auch die Regelmäßigkeit des Schulbesuches, die Länge des Schuljahres und die Gesamtzahl an Schuljahren unterscheiden sich hier. Nicht nur die Bildungsmöglichkeiten sind für einige dieser Gruppen ungleich, sondern auch die Motivation zu guter Leistung in der Schule oder zur Fortsetzung der Ausbildung ist bei Personen sehr viel schwächer, die wenig Wahrscheinlichkeit dafür sehen, daß sie eine solche Ausbildung für das berufliche Fortkommen oder die Lebensanpassung ausnutzen können. In dieser Hinsicht ähnelt die Situation der, die wir für die niederen Sozialschichten beschrieben haben – außer daß sie wegen der größeren Hindernisse für eine Aufwärtsbewegung für Minoritätsgruppen noch extremer ist.
Bei Erwachsenen sind die Intelligenztestwerte hoch mit dem Gesamtausmaß an Schulbildung korreliert, das gilt für Schwarze wie für Weiße. Diese Beziehung wurde in Analysen von Intelligenztestwerten von amerikanischen Soldaten in beiden Weltkriegen (44, 96) nachgewiesen. Als man Vergleiche zwischen mittleren Testwerten von Schwarzen und Weißen aus derselben Bildungsschicht anstellte, lagen die Mittelwerte der Weißen immer noch signifikant über denen der Schwarzen. Ein solches Ergebnis muß man erwarten, wenn man an die unterschiedlich gute Ausbildung und an andere unkontrollierte Faktoren wie das sozioökonomische Niveau denkt.

Studien an „parallelisierten Gruppen"

Offensichtlich schließt das Konstanthalten der Schuljahre beim Vergleich zwischen schwarzen und weißen Erwachsenen in unserer Kultur nicht Umweltunterschiede zwischen den Gruppen aus. Einige Untersucher haben sich darum bemüht, andere Variablen zu kontrollieren, um einander parallele Stichproben der beiden Rassen zu erhalten. Ihre Resultate zeigen übereinstimmend, daß unter diesen Bedingungen signifikante Unterschiede in der Testleistung zwischen Schwarz und Weiß bestehen bleiben. Eine Überprüfung dieser Studien zeigt auch, daß sich die Gruppen, obwohl oberflächlich parallelisiert, in mehreren wichtigen Aspekten unterscheiden.

TANSER (92) verglich in einer Untersuchung in Kanada schwarze und weiße Kinder miteinander, die dieselbe Schule besuchten. Die Bildungseinrichtungen waren also unter Kontrolle. Dennoch fand man signifikante Unterschiede im sozioökonomischen Niveau der beiden Gruppen. Außerdem wurde berichtet, daß die weißen Kinder die Schule regelmäßiger besuchten als die schwarzen. Ein solcher Unterschied geht oft mit sozialen Klassenunterschieden einher. So betrug innerhalb der gesamten Stichprobe getesteter weißer Kinder der Schulbesuch im Durchschnitt 93,38 %; in der schwarzen Stichprobe betrug er im Durchschnitt 84,77 %. BRUCE (18) testete schwarze und weiße Kinder in einem armen Landdistrikt in Virginia und versuchte dabei, sowohl Bildungs- als auch sozioökonomische Variablen zu kontrollieren. Hinsichtlich der Bildung wurde jedoch nur parallelisiert, indem man schwarze und weiße Schulen mit demselben Lehrer-Schüler-Verhältnis aussuchte. Andere Unterschiede zwischen den Schulen blieben unkontrolliert. In derselben Studie stellte man mit Hilfe von SIMS' sozioökonomischen Schätzurteilen parallele Untergruppen mit 49 schwarzen und 49 weißen Kindern zusammen. Doch der Autor gab zu, daß sich diese Skala für die untersuchten Gruppen nicht eignete, da sie in den unteren sozioökonomischen Schichten, in die die meisten Pbn fielen, nicht genügend differenzierte.

Eine neuere Untersuchung von McGURK (70, 71) sollte wieder Bildungs- und sozioökonomische Faktoren kontrollieren. Pbn waren schwarze und weiße Highschool-Abgänger in Pennsylvania und New Jersey. Die für diese Studie ausgesuchten 213 schwarzen und 213 weißen Pbn besuchten dieselben Schulen und waren für dieselben Kurse eingeschrieben. Zusätzlich hatte man Schwarze und Weiße mit Hilfe von 11 Items auf der Sims Score Card für den sozioökonomischen Status parallelisiert. Wieder scheint es unwahrscheinlich, daß die Items in dieser Skala für Schwarze und Weiße dieselbe Bedeutung haben. In den Items wird z. B. das Berufsniveau des Vaters in zwei Kategorien geteilt: Akademiker, Geschäft und Büro versus gelernte und ungelernte Arbeit. Sehr wahrscheinlich liegen relativ mehr Schwarze am unteren Ende der beiden sehr breiten Kategorien als Weiße. Selbst wenn man nach spezifischen Berufen parallelisiert hätte: Es ist bekannt, daß sich das Haus eines durchschnittlichen schwarzen Arztes und das eines durchschnittlichen weißen Arztes wohl sehr stark im Einkommensniveau und vielen anderen Merkmalen voneinander unterscheiden. Ein anderer wichtiger unkontrollierter Faktor betrifft in dieser und in den anderen genannten Studien die soziale Erwartung und daran gebundene Motivationsunterschiede.

Noch ein anderes methodisches Problem muß bei der Bewertung derartiger

Studien an parallelisierten Gruppen bedacht werden: die Regression[1] (s. Kap. 7). Da sich die gesamten schwarzen und weißen Populationen, aus denen die Stichproben stammen, im sozioökonomischen Niveau unterscheiden, wirkt die Regression. Zieht man also 11 Indizes für die sozioökonomische Schicht heran, um danach parallele schwarze und weiße Stichproben auszusuchen, muß man erwarten, daß diese Stichproben in anderen kulturellen Merkmalen (deren Korrelationen mit den gegebenen Indizes sicherlich unter 1,0 liegen) auf ihre jeweiligen Populationsmittelwerte regredieren. Als Folge werden die Unterschiede zwischen den parallelisierten Stichproben in allen unkontrollierten Hintergrundvariablen zunehmen. Dies ist nur ein anderes Beispiel für die Unanwendbarkeit von experimentellen Parallelgruppenplänen auf unähnliche Populationen.

Zweisprachigkeit

Offensichtlich sind für einen Vergleich von Gruppen mit verschiedenen Sprachen verbale Tests ungeeignet. Man hat zu diesem Zweck nichtsprachliche und Handlungstests geschaffen. Dennoch läßt sich daraus nicht folgern, daß durch alle diese Tests dieselben Merkmale gemessen werden. Wie wir in Kapitel 11 gezeigt haben, gehen in die Tests, die unter der Überschrift „Intelligenz" zusammengefaßt werden, sehr unterschiedliche Fähigkeiten ein. Wenn also eine fremde Sprache die Anwendung verbaler Tests bei einer bestimmten Gruppe unmöglich macht, ist dadurch der Bereich für die in dieser Gruppe meßbaren Prozesse eingeengt. Es gibt keinen Ersatz für verbale Tests. Es ist psychologisch unmöglich, den verbalen Inhalt eines Tests auszuschalten, ohne die dabei beteiligten Prozesse zu ändern.

Der reale Effekt sprachlicher Behinderung auf die Testleistung ist wahrscheinlich am ernsthaftesten, wenn eine solche Behinderung in einem *geringen Grad* vorliegt. Versteht ein Individuum mäßig Englisch, hält man es gewöhnlich nicht für nötig, ihm einen nonverbalen Test vorzulegen. Doch einem solchen Individuum kann es an der Sprachgewandheit oder am Vokabelschatz mangeln, der für eine angemessene Leistung in einem verbalen Test nötig ist. Man hat z.B. nachgewiesen, daß die Reaktionszeiten bei Zweisprachigen schneller sind, wenn man die Instruktionen in der Sprache erteilt, die sie besser können (64). Ähnliche Unterschiede fand man in der Geschwindigkeit, mit der in den zwei Sprachen frei assoziiert wird (60, 64).

Auf Zweisprachigkeit trifft man oft bei Einwanderern, die viele Jahre in Amerika gelebt haben, oder bei ihren Kindern, die eine ausländische Sprache

1 Auf diesen Punkt ist die Autorin von Dr. John W. French vom Educational Testing Service hingewiesen worden.

zu Hause und Englisch in der Schule sprechen. Amerikanische Indianerkinder weisen oft dasselbe Problem auf. Man hat Untersuchungen an zweisprachigen Kindern auch in anderen Ländern durchgeführt, in Wales, Irland, Südafrika und Hawai. Die recht ausgedehnte Literatur zu diesem Problem haben ARSENIAN (6) und DARCY (26) zusammengestellt. Einige typische Studien sollen betrachtet werden, um die wichtigsten Ergebnisse zu illustrieren.

Untersucht man Kinder in amerikanischen Schulen mit den üblichen verbalen Intelligenztests, geben diejenigen aus fremdsprachigen Familien im allgemeinen als Gruppe ein schlechteres Bild ab. In einer Analyse von Daten, die verschiedene Forscher unabhängig erhoben haben, fand GOODENOUGH (49) eine hohe Korrelation zwischen dem mittleren IQ der Kinder in verschiedenen Einwanderergruppen und dem Anteil der Eltern in jeder Gruppe, die Englisch als die zu Hause gesprochene Sprache angenommen hatten. Es gibt natürlich für solch ein Ergebnis zwei mögliche Erklärungen. Einerseits können sich die niedrigeren Intelligenztestwerte einiger Gruppen direkt aus ihrer größeren Sprachschwierigkeit ergeben. Andererseits können diejenigen nationalen Gruppen, die nicht allgemein Englisch angenommen haben, von Anfang an weniger intelligent und weniger progressiv sein. Das Versäumnis, Englisch zu lernen, wäre somit das Resultat niedrigerer Intelligenz und schlechterer Anpassungsfähigkeit.

Keine Interpretation läßt sich allein aufgrund der Korrelation zwischen den zwei Faktoren auswählen. Andere Daten sprechen jedoch dafür, daß die erstgenannte mehr Wahrscheinlichkeit besitzt.

Wegen der *größeren Ähnlichkeit einiger Sprachen mit Englisch* z.B. ist es für Individuen aus bestimmten Ländern leichter, Englisch zu lernen, ganz unabhängig von ihrem intellektuellen Niveau. Ein weiterer Faktor möglicher Relevanz läßt sich in den Gründen finden, aus denen Einwanderer aus den verschiedenen Ländern nach Amerika kommen. Einige kommen weitgehend mit der Absicht, sich ständig niederzulassen; andere mögen traditionell die vage Hoffnung behalten, in ihr Heimatland zurückzukehren, „wenn sie ihr Glück gemacht haben". Solch eine *Unbeständigkeit* spiegelt sich wohl in ihren halbherzigen Versuchen wider, die englische Sprache zu beherrschen oder darauf zu achten, daß ihre Kinder sie beherrschen. Eine weitere Frage ist, ob die Einwanderer in eine *Gemeinschaft mit eigenen Landsleuten* kommen, z.B. in die ausländischen Viertel einiger unserer großen Städte, oder ob sie über vorwiegend amerikanische Gemeinden verstreut sind. In bestimmten nationalen Gruppen, z.B. bei relativ geringen Zahlen von Einwanderern, die sich nicht auf ein Gebiet konzentrieren, bleibt dem Individuum nichts anderes übrig als Englisch zu lernen.

Die entscheidendste Aussage über die Bedeutung der Sprachschwierigkeit stammt jedoch aus dem Befund, daß die Unterlegenheit zweisprachiger

Gruppen weitgehend herabsinkt und vollständig verschwinden kann, wenn nichtsprachliche Tests herangezogen werden. Das hat man wiederholt an vielen Gruppen nachgewiesen. In einer sorgfältig kontrollierten Studie legte ARSENIAN (5) den sprachfreien Test von Pintner 1152 in Amerika geborenen Kindern italienischer Eltern und 1196 in Amerika geborenen Kindern jüdischer Eltern, im Alter von 9 bis 14 Jahren, vor. Mit Hilfe eines geschriebenen Fragebogens bestimmte man den Grad der Zweisprachigkeit. Die Resultate weisen keine signifikante Korrelation zwischen dem Ausmaß der Zweisprachigkeit und Intelligenztestwerten in beiden Gruppen auf. Die Korrelationen betrugen − 0,079 und − 0,193 für die italienischen bzw. jüdischen Gruppen.

Ähnliche Resultate erzielte DARCY (25) im Vorschulalter. Man parallelisierte zwei Gruppen einer Vorschule, eine zwei- die andere einsprachig, hinsichtlich Alter, Geschlecht und Beruf der Eltern. In allen Fällen war Italienisch die zweite Sprache. Den zwei Gruppen aus jeweils 106 Kindern legte man den Stanford-Binet und einen Handlungstest, den Atkins Object Fitting Test vor. Die Zweisprachigen waren im Stanford-Binet signifikant schlechter als die Einsprachigen, aber signifikant besser als die Einsprachigen im Handlungstest. Studien an amerikanischen Indianerkindern (46, 53, 59) und an in Amerika geborenen japanischen Kindern (27) haben ebenfalls nur geringe oder keine Unterlegenheit in Handlungs- und nichtsprachlichen Tests gezeigt, im Gegensatz zu den signifikant schlechteren Leistungen in verbalen Tests. Verschiedene Analysen der Daten belegen stark die Bedeutung des sprachlichen Rückstandes für die beobachteten Leistungsdefizite.

Zweisprachigkeit führt oft zu einer Störung in beiden Sprachen. Spricht ein Kind zu Hause die eine und in der Schule eine andere Sprache, kann als Folge die *Beherrschung* beider Sprachen zurückbleiben. Das hat man festgestellt in Studien an chinesischen Vorschulkindern in Honululu (86, 87), an puertoricanischen Schulkindern in der Stadt New York (4) und an Walisisch- und Englisch sprechenden Kindern in Wales (7). Solch ein Ergebnis ist auch nicht überraschend. Betrachtet man z.B. den Wortschatzerwerb, so wird ein Kind offensichtlich, wenn es verschiedene Sprachen zu Hause und in der Schule spricht, in beiden Situationen eine etwas unterschiedliche Wortauswahl lernen und dadurch wird sein Sprachschatz in beiden Sprachen beeinträchtigt werden.

Weiter muß man jedoch bedenken, daß Zweisprachigkeit als solche nicht unbedingt Sprachschwäche zur Folge haben muß. Unter bestimmten Bedingungen führt Zweisprachigkeit zu keiner Beeinträchtigung in einer oder beiden Sprachen. In solchen Fällen würden wir auch nicht erwarten, daß sie die Intelligenztestleistung senkt. PINTNER und ARSENIAN (78) fanden z.B. bei einer Gruppe von 469 eingeborenen jüdischen Schulkindern aus der Stadt New York keine Beziehung zwischen dem Grad an Zweisprachigkeit und den

Werten in einem verbalen Intelligenztest. Tatsächlich ist ein genereller Befund, daß jüdische Schulkinder und Collegestudenten besonders gut in verbalen Tests sind. Die Zweisprachigkeit eines jüdischen Kindes interferiert also nicht mit seiner Beherrschung der englischen Sprache. Ein Grund kann in der Einstellung der jüdischen Gruppen beiden Sprachen gegenüber liegen. Sie steht im Gegensatz zu der Einstellung anderer fremdsprechender Gruppen. Das jüdische Kind soll schließlich in einer Englisch sprechenden Gesellschaft seinen Weg machen: Deshalb ist Englisch von primärer Bedeutung. Andererseits können diejenigen nationalen Gruppen, die weitgehend auf eine mögliche Rückkehr in ihr Heimatland ausgerichtet sind, Englisch nur als vorläufigen Ausweg betrachten. Ein anderer wichtiger Faktor ist zweifellos die strenge Bildungstradition in der jüdischen Kultur und das Beharren der Eltern darauf, daß ein Kind in der Schule, besonders in den relativ abstrakten akademischen Fächern, Gutes leistet (s. 62).
Ob sich Zweisprachigkeit in der Kindheit als ein Hindernis erweist oder nicht, hängt offensichtlich von mehreren Faktoren ab. Einige Autoren haben behauptet, es sei nicht ratsam, in Vorschuljahren eine zweite Sprache einzuführen, außer es handle sich um sprachlich überdurchschnittliche Kinder (86). Wie die beiden Sprachen gelehrt und aufeinander bezogen werden, ist zweifellos ein wichtiger Aspekt dieser Situation. Die Einführung einer zweiten Sprache als Schulfach scheint unter bestimmten Umständen zu günstigen Resultaten zu führen (69, 89). Es gibt auch Belege, die für die Bedeutung emotionaler Faktoren sprechen. In einer Untersuchung an zwei- und einsprachigen Collegestudenten fand SPOERL (88) mehr Fehlanpassungen bei den Zweisprachigen. Das zeigte sich in Interviews, akademischen Noten und Werten in Persönlichkeitstests. Generell scheint eine derartige Fehlanpassung hauptsächlich aus dem kulturellen Konflikt zu resultieren, den Angehörige der „zweiten Generation" erleben. Ihre Zweisprachigkeit scheint jedoch ihre Fehlanpassung zu verschärfen, da sie als Symbol für den Konflikt dient.

Zusammenfassend kann man sagen: Zweisprachigkeit per se muß ein Kind nicht behindern. So wie sie bei einem großen Teil der Einwanderungspopulation auftritt, vermindert Zweisprachigkeit jedoch die kindliche Beherrschung *beider* Sprachen, da eine Sprache weitgehend auf bestimmte Situationen im kindlichen Leben beschränkt ist und die andere Sprache auf andere. Ein Kind muß lernen sich zumindest in einer Sprache in allen Situationen auszudrükken. Es ist nicht so sehr die Interferenz zwischen den zwei Sprachen als vielmehr die Einschränkung des Lernens der einen oder beider Sprachen auf begrenzte Gebiete, die eine Behinderung hervorruft.

Kulturelles Querschnittstesten

„Kulturfreie Tests"

Der Gebrauch von psychologischen Tests in vergleichenden Studien an Personen aus unterschiedlichen Kulturen oder Subkulturen stellt nicht nur sprachliche Probleme. Selbst nichtsprachliche und Handlungstests verlangen gewöhnlich Informationen, die in bestimmten Kulturen unerreichbar sind. Um diesen Schwierigkeiten zu begegnen, hat man mehrere Versuche unternommen, sogenannte kulturfreie Tests zu konstruieren. Bekannte Beispiele dafür sind: Leiter International Performance Scale, Catell Culture-Free Test of Intelligence, Raven Progressive Matrices[2]. Doch kein Test kann wirklich kulturfrei sein. Tests lassen sich nicht in einem kulturellen Vakuum schaffen. Dennoch läßt sich theoretisch ein Test konstruieren, der nur Erfahrungen voraussetzt, die verschiedenen Kulturen gemeinsam sind. Ein solcher Test würde, obwohl er nicht *frei* von kulturellen Einflüssen ist, nur Elemente verwenden, die allen Kulturen *gemeinsam* sind. Das ist es, was sich die verfügbaren „kulturfreien Tests" zu leisten vorgenommen haben.
In der Praxis jedoch bleiben solche Tests in vielen Aspekten hinter ihren Zielen zurück. Kein existierender Test ist vollständig frei von dem ihm eigenen kulturellen Bezugssystem. Allein der Gebrauch von Papier und Bleistift oder die Vorgabe von abstrakten Aufgaben, die keine unmittelbare praktische Bedeutsamkeit haben, begünstigt einige kulturelle Gruppen und benachteiligt andere. Auch Bilder sind für Kulturen ungeeignet, die an darstellende Zeichnungen nicht gewöhnt sind. Eine zweidimensionale Wiedergabe eines Objektes ist keine perfekte Wiederholung des Originals; sie bietet lediglich bestimmte Zeichen, die aufgrund früherer Erfahrung zur Wahrnehmung des Objektes führen. Sind die Zeichen stark reduziert, z.B. in vereinfachten oder schematischen Zeichnungen, und fehlt die notwendige frühere Erfahrung, kann die korrekte Auffassung nicht erfolgen. Andere relevante Faktoren, die von einer Kultur zur nächsten variieren, sind z.B. intrinsisches Interesse am Testinhalt, Kontakt mit dem Untersucher, Trieb in einem Test Gutes zu leisten, Wunsch andere zu übertreffen und vergangene Gewohnheiten, Probleme individuell oder gemeinschaftlich zu lösen.
Es gibt auch Belege dafür, daß die Anwesenheit eines Prüfers einer anderen rassischen oder kulturellen Gruppe mit der Kommunikation während der Testvorgabe interferieren und somit die Testleistung eines Pb herabsetzen kann. In einer Studie von CANADY (20) gaben schwarze und weiße Prüfer

2 Relevante Literaturhinweise und eine ausführliche Diskussion der Probleme und Verfahren kulturellen Querschnittstestens findet man bei ANASTASI, 3, S. 255 – 268.

schwarzen und weißen Schulkindern den Stanford-Binet. Einige Pbn jeder Gruppe wurden vom weißen Prüfer zuerst, einige vom schwarzen Prüfer zuerst getestet. In beiden Gruppen war der mittlere IQ ungefähr 6 Punkte höher, wenn die Pbn vom Prüfer ihrer eigenen Rasse getestet wurden. Ein ähnlicher Effekt zeigte sich auf anderem Wege in einer Längsschnittstudie von PASAMANICK und KNOBLOCH (75) an schwarzen Vorschulkindern. Während der ersten zwei Jahre wiesen die schwarzen Kinder in aufeinanderfolgenden Retests mit der Yale Developmental Examination ein signifikantes Absinken ihres Entwicklungsquotienten im sprachlichen Bereich auf. Demgegenüber stand eine kontinuierliche Akzeleration auf motorischem Gebiet. Weitere Analysen zeigten jedoch, daß sich der Rückstand auf Items beschränkte, in denen während der Prüfung verbale Antworten gefordert waren. Das Sprachverständnis dagegen und die berichtete Sprachentwicklung wiesen kein derartiges Absinken auf. Als Erklärung dieser Ergebnisse nehmen die Autoren an, die Anwesenheit eines weißen Vl könne dazu geführt haben, die verbale Reaktionsbereitschaft der Kinder in der Testsituation zu hemmen.

Die Art von Fehlinterpretationen, die auftauchen können, wenn der Testinhalt als „kulturfrei“ oder „nicht kulturell“ beschrieben wird, illustriert die vorher zitierte Studie von McGURK (70, 71). Den schwarzen und weißen Highschool-Abgängern, die man in dieser Untersuchung überprüfte, legte man zwei Serien von Testfragen vor, die in der Schwierigkeit gleich, aber unterschiedlich in ihrem kulturellen Inhalt waren – wie man durch Einschätzungen von Beurteilern hatte bestimmen lassen. Jedem Beurteiler blieb es überlassen, „kulturell“ nach eigenem Gusto zu definieren. Ein Vergleich der Fragen in den „kulturellen“ und „nichtkulturellen“ Serien wies darauf hin, daß „kulturell“ in engen Zusammenhang mit verbalem Inhalt und Abhängigkeit von Schulbildung gebracht worden war. Doch diese sind nicht die wichtigsten Aspekte, in denen sich die kulturellen Bezüge von schwarzen und weißen Pbn unterscheiden. Da alle Highschool-Abgänger in denselben Klassen waren, war voraussichtlich die Schulbildung einheitlicher als der heimische Hintergrund. Außerdem sind schwarze Amerikaner nicht zweisprachig und ihr sprachlicher Rückstand dürfte nicht größer sein als der in anderen intellektuellen Funktionen, besonders wenn keine mündlichen Antworten verlangt werden. Die sogenannten nichtkulturellen Fragen dagegen legten relativ starkes Gewicht auf Wahrnehmungs- und räumliche Fähigkeiten, in denen Schwarze nach anderen Untersuchungen relativ defizient sind. Angesichts dieser Itemmerkmale ist es nicht verwunderlich, daß die schwarzen Studenten signifikant schlechtere Werte in den „nichtkulturellen“ als in den „kulturellen“ Items in dieser Studie erhielten.

Spezifität von Gruppenunterschieden

Wie bei sozialen Klassen- und Stadt-Land-Unterschieden erwiesen sich auch rassische und nationale Unterschiede in psychischen Merkmalen als spezifisch und nicht generell. Gruppen unterscheiden sich in ihren relativen Positionen in verschiedenen Funktionen. Jede Kultur oder Subkultur begünstigt die Entwicklung unterschiedlicher *Fähigkeitskombinationen*. Daten über sehr unterschiedliche Kulturen unterstützen eine solche Aussage. Bei den Gruppen, die PORTEUS (80) in Hawai untersuchte, übertrafen die Japaner die Chinesen im Porteus Labyrinthtest und in allen Handlungs- und mechanischen Fähigkeitstests; doch die Chinesen übertrafen die Japaner in Tests nach Art des Binet und in der auditiven Gedächtnisspanne. Auch japanische Kinder, die man in Amerika testete, hatten signifikant über den weißen amerikanischen Normen liegende Werte in Tests, die Daueraufmerksamkeit, visuelle Wahrnehmung oder räumliche Orientierung verlangten. Sie lagen jedoch zurück in verbalen und arithmetischen Tests (27).
In einer Studie an ceylonesischen Universitätsstudenten von STRAUS (90, 91) übertraf die ceylonesische Gruppe weit die amerikanischen Normen im sprachlichen Teil des California Test of Mental Maturity, während sie im nichtsprachlichen Teil weit unter den Normen blieben. Diese Differenz ist die Umkehrung dessen, was man im Falle einer zweisprachigen Population wie der ceylonesischen erwartet hätte. STRAUS schreibt die Ergebnisse den Wertesystemen der Oberschicht der ceylonesischen Kultur zu, die Handarbeiten ablehnt und der verbalen Gewandtheit ein hohes Prestige beimißt. Auch die Beschaffenheit des ceylonesischen Bildungssystems mit seiner besonderen Betonung der Gedächtniskünste und dem Lernen durch Regeln und Routine, wird als möglicher Einfluß genannt.
Amerikanische Indianerkinder dagegen liegen gewöhnlich im Durchschnitt in Handlungstests ungefähr so hoch wie amerikanische Weiße. Sie liegen in sprachlichen Tests jedoch darunter. Im Mannzeichentest von GOODENOUGH übertreffen mehrere amerikanische Indianergruppen signifikant die weißen Normen (31, 52, 83). In einer Studie an Schulkindern der Hopi erhielt DENNIS (31) einen interessanten Geschlechtsunterschied in diesem Test, der anscheinend mit kulturellen Faktoren in Beziehung steht. Die Mädchen erreichten im Mittel einen IQ von 99,5, die Jungen von 116,6. DENNIS schrieb diesen Geschlechtsunterschied der Tatsache zu, daß in der Hopikultur graphische Kunst traditionell eine männliche Beschäftigung ist und folglich Jungen mehr Interesse an Malerei entwickeln und mehr Übung darin haben als Mädchen. Man hat einen ähnlichen Geschlechtsunterschied im Mannzeichentest bei anderen indianischen Stämmen beobachtet, die eine derartige traditionelle Geschlechtsunterscheidung bei künstlerischen Arbeiten fordern (52).

Unterschiede in speziellen Merkmalen hat man auch bei Vergleichen zwischen europäischen Einwanderungsgruppen in Amerika gefunden. Jüdische Kinder z.B. sind gewöhnlich in verbalen Tests überragend und fallen zurück bei Problemen, die sich um konkrete Objekte und räumliche Beziehungen drehen. In einer Studie an Kindergartenkindern in öffentlichen Schulen von Minneanapolis legte man Gruppen jüdischer und skandinavischer Kinder, die sich im Alter, dem Geschlechtsverhältnis und dem sozioökonomischen Status glichen, den Stanford-Binet vor (15). Die jüdischen Kinder zeigten sich überlegen in Tests, die auf allgemeinem Wissen und verbalem Verständnis beruhten. Die skandinavischen Kinder dagegen waren in Tests besser, die räumliche Orientierung und sensomotorische Koordination erforderten. Ähnliches fand man in Analysen der Werte von jüdischen und nichtjüdischen Collegeanfängern in der American Council on Education Psychological Examination: Die jüdischen Studenten waren in den sprachlichen Teilen des Tests relativ besser als in den quantitativen, während das Umgekehrte für die nichtjüdischen Studenten zutraf (56). Im Gegensatz zu derartigen Ergebnissen haben Erhebungen an in Amerika geborenen italienischen Kindern generell ergeben, daß diese Kinder relativ gut in Handlungstests waren und relativ schlecht, wenn man sie mit abstraktem oder sprachlichem Material prüfte (10).

Derartige Unterschiede in der Intelligenztestleistung zwischen verschiedenen Einwanderergruppen können natürlich zum Teil mit den verschiedenen Sprachbarrieren erklärt werden, die wir vorher besprochen haben. Kulturelle Sitten spielen jedoch zweifellos eine größere Rolle bei der Entstehung dieser Gruppenunterschiede in der intellektuellen Entwicklung. In jüdischen Familien wird meist besonderes Gewicht auf die formalen Aspekte der Bildung und auf abstrakte Intelligenz gelegt, während mechanische Intelligenz und Handgeschicklichkeit fast vollständig vernachlässigt werden. Italiener dagegen bewundern traditionell manipulative Kunst und Handwerk, während der abstrakteren Begabung relativ wenig Bedeutung beigemessen wird.

Untersuchungen an amerikanischen Schwarzen haben eine relativ große Unterlegenheit in Wahrnehmungs- und Raumfunktionen im Vergleich mit den meisten verbalen Aufgabenarten aufgezeigt. Schwarze Kinder sind besonders schlecht in Tests wie der Chicago Non-Verbal Examination (73) und dem Minnesota Paper Form Board (8). Im California Test of Mental Maturity erreichen Schwarze im sprachlichen Teil höhere Werte als im nichtsprachlichen (51). Als man schwarze und weiße Jungen nach dem Binet-IQ parallelisierte und dann ihre Leistungen in einzelnen Items miteinander verglich, waren die Schwarzen in „ungeordneten Sätzen", „Gedächtnis für Sätze" und „Wortschatz" besser, schlechter aber im „rechnerischen Denken", im „Wiederholen von Ziffern rückwärts" und beim „Aufdecken von Absurditäten in Bildern" (23). In mehreren Studien an speziellen Gruppen mit dem Wechsler-Test erwiesen sich die Schwarzen im Mosaiktest, Zahlensymboltest und beim rechnerischen Denken als signifikant schlechter als in den meisten verbalen Tests (29, 32, 42). Interessanterweise fand man einen Unterschied in derselben Richtung zwischen Schwarzen aus dem Norden und denen aus dem Süden. Als man Schwarze aus dem Süden und dem Norden nach zwei verbalen Tests aus dem Wechsler parallelisierte, waren die Schwarzen aus dem Süden denen aus dem Norden am stärksten im Zahlensymboltest, dem Mosaiktest und beim Bilderordnen unterlegen (67).

Einige Faktoren im kulturellen Hintergrund amerikanischer Schwarzer können zur Erklärung dieser Ergebnisse beitragen. Handlungstests belohnen gewöhnlich stärker als verbale Tests Geschwindigkeit. Und die typische Umwelt amerikanischer Schwarzer – besonders im Süden – bietet wenig Anreiz zur Entwicklung rascher Arbeitsgewohnheiten. Ein zweiter beteiligter Faktor kann eine Einstellung passiver Nachgiebigkeit im Gegensatz zu aktiver Erforschung bei den Schwarzen sein. Eine solche Einstellung begünstigt stärker mechanisches verbales Lernen als die Manipulation von Reizen in der Wahrnehmung und das Problemlösen. Noch eine andere mögliche Erklärung stammt aus der Hypothese von HEBB, nach der frühes perceptuelles Lernen die spätere intellektuelle Entwicklung beeinflußt (55). Diese Hypothese wurde zusammen mit bestätigenden Daten aus der Tierforschung im 4. Kapitel genannt. Wahrscheinlich kann eine Verarmung der frühen perceptuellen Erfahrung bei schwarzen Kindern die Entwicklung bestimmter intellektueller Funktionen zurückgehalten haben.

Einige unterstützende Daten liegen aus vergleichenden Studien über die Effekte von perceptuellem Training auf die Leistung von Schwarzen und Weißen vor. EAGLESON (40) unterwarf 50 weiße und 50 schwarze Highschoolstudenten einem speziellen Training in visueller Längendiskrimination. Obwohl die Weißen zu Beginn besser waren, profitierten die Schwarzen mehr von dem Training und die Unterschiede zwischen den Gruppen verminderten sich. Noch relevanter ist ein Experiment von BOGER (13) an weißen und schwarzen Grundschulkindern. Im Januar und im Mai wurden Gruppenintelligenztests durchgeführt. In der Zwischenzeit erhielt eine Hälfte der schwarzen und eine Hälfte der weißen Kinder Übung in Problemen, die visuelle Wahrnehmung, Diskrimination und räumliche Beziehungen beinhalteten. Die Intelligenztestwerte im Anschluß an dieses Training wiesen signifikante Zunahmen auf, wobei die schwarzen Kinder größere Gewinne machten als die weißen. Die Verbesserung hielt sich noch in einem späteren Retest im Oktober. Außerdem waren die Gewinne der Schwarzen in den nichtsprachlichen Tests größer als in den sprachlichen.

Man könnte behaupten, daß sich rassische Gruppen – abgesehen von ihren multidimensionalen Unterschieden – immer noch in eine Fähigkeitsrangreihe bringen ließen, wenn man nur diejenigen Funktionen betrachtete, die im Konzept der „Intelligenz“ die größte Bedeutung haben. Doch wie im Kapitel 11 aufgezeigt wurde, kann das Konzept der Intelligenz selbst kulturell bedingt sein. Intelligenztests können sehr unterschiedlich ausfallen, wenn sie bei amerikanischen Indianern oder australischen Ureinwohnern und nicht in amerikanischen Städten konstruiert worden sind. Das verwendete Validitätskriterium für Intelligenztests war immer Erfolg in unserem Sozialsystem. Testwerte wurden mit der Schulleistung oder vielleicht mit einem etwas allgemeineren Maß für Erfolg in unserer Gesellschaft korreliert. Fallen solche Korrelationen hoch aus, schließt man daraus, daß der Test ein gutes Maß für die „Intelligenz“ ist. Das Alterskriterium basiert auf demselben Prinzip. Weisen die Werte in einem bestimmten Test einen fortschreitenden Zuwachs mit dem Alter auf, so kann das lediglich bedeuten, daß der Test diejenigen Merkmale mißt, die unsere Kultur dem Individuum übermittelt. Je älter der Pb ist, desto mehr Gelegenheit wird er im allgemeinen gehabt haben, solche Fähigkeiten anzunehmen.

So scheinen also unsere Intelligenztests lediglich die Fähigkeit zu messen, in unserer Kultur voranzukommen. Jede Kultur *wählt* teils durch die physischen Gegebenheiten ihrer Umwelt, teils durch soziale Tradition bestimmte Aktivitäten als die wichtigsten aus. Diese ermutigt sie und regt sie an; andere vernachlässigt sie oder unterdrückt sie aktiv. Die relative Position verschiedener kultureller Gruppen in der „Intelligenz“ ist eine Funktion der Merkmale, die im Konzept der Intelligenz enthalten sind; oder anders gesagt, sie ist eine Funktion der jeweiligen Kultur, in der der Test konstruiert wurde.

Da heutige Intelligenztests eine typisch amerikanische Entwicklung sind und da weitgehend amerikanische Psychologen rassische Gruppen getestet haben, hat man im allgemeinen Gruppenvergleiche mit Tests durchgeführt, die in unserer Kultur standardisiert worden sind. Es ist nicht verwunderlich, daß Vergleiche in derartigen Tests meist amerikanische Pbn begünstigen. Was geschähe, wenn ein Test in einer anderen Kultur durch ein Verfahren konstruiert würde, das dem von uns verwendeten entspräche? Die Fälle, in denen man das versucht hat, sind selten, aber die Ergebnisse informativ. DuBois (38) standardisierte einen „Zeichne ein Pferd-Test“ an indianischen Kindern, wobei er weitgehend das Verfahren des Mannzeichentests von Goodenough heranzog. Nach der Altersklassenplazierung und anderen Kriterien der „Intelligenz“ erwies sich der Pferd-Test bei diesen Kindern als valider als der Manntest. Als man dann beide Tests weißen und indianischen Kindern vorlegte, waren die weißen beim Mannzeichnen und die indianischen Kinder beim Pferdzeichnen besser. Aufgrund des letztgenannten Tests hatten die 11-jährigen weißen Jungen in dieser Studie einen durchschnittlichen IQ von 74 erhalten.

PORTEUS (79) versuchte ein ähnliches Experiment, als er mit australischen Ureinwohnern arbeitete. Beeindruckt von dem bemerkenswerten Spurenlesen dieser Menschen konstruierte er einen Test mit Fotografien von Fußabdrücken. Die Aufgabe bestand darin, die beiden Abdrücke zu finden, die von demselben Fuß stammten. In diesem Test waren die Australier praktisch genausogut wie eine Gruppe von 120 weißen Highschoolstudenten in Hawai, die man zum Vergleich getestet hatte. Bei der Diskussion dieser Resultate merkt PORTEUS an:

„Berücksichtigt man ihre fehlende Vertrautheit mit Fotografien, so kann man sagen, daß – mit Testmaterial, mit dem sie vertraut sind –, die Fähigkeit der Ureinwohner, Formen und räumliche Beziehungen zu unterscheiden, zumindest so gut ist wie die von Weißen mit Highschoolbildung und besser als die des Durchschnittsweißen" (79, S. 401).

Was über die Spezifität von Gruppenunterschieden gesagt worden ist, gilt ebenso für Persönlichkeitsmerkmale wie für Fähigkeiten. Der Versuch „Anpassung" in abstracto zu messen, ist ebenso nutzlos wie der Versuch „Intelligenz" in abstracto zu erfassen. Eine Reaktion, die in einer Kultur für Neurotizismus spricht, kann in einer anderen erfolgreiche Anpassung repräsentieren. Gibt ein weißer Mann der oberen Mittelschicht in einem Persönlichkeitsinventar an, er werde gewöhnlich in sozialen Kontakten diskriminiert, so kann das als paranoide Tendenz diagnostiziert werden. Doch dieselbe Antwort von einem Schwarzen aus der Unterschicht des Südens kann eine realistische Einschätzung der bestehenden Bedingungen anzeigen. Ein Testinstrument, das für eine Kultur geschaffen wurde, läßt sich nicht zum Vergleich der „Persönlichkeitsanpassung" verschiedener Kulturen verwenden – genausowenig wie es zum Vergleich ihrer „Intelligenz" herangezogen werden kann.

Eine überzeugende Demonstration dieser Tatsache stammt von HSÜ (57), der chinesischen Studenten in China und in Amerika einen Neurosefragebogen vorlegte. Die Gruppe in China erhielt einen viel höheren „Neurosewert" als die chinesische Gruppe in Amerika. Außerdem sank in der letztgenannten Gruppe der Neurosewert mit zunehmender Dauer des Aufenthaltes in Amerika. Der Autor trieb jedoch die Analyse noch weiter, indem er die Antworten in jedem Item verglich und dabei sein Wissen über die chinesische Kultur heranzog, um die beobachteten Unterschiede mit Hilfe von Hintergrundfaktoren zu interpretieren. Die Items wurden eingeordnet unter Überschriften wie: sexuelles Tabu und Moral, Selbstherabsetzung und Bescheidenheit, Familienkonflikt und Tradition, Ärger und Mut, Gesundheitsfürsorge und kindliche

Pflicht. In bezug auf die letztgenannte Kategorie führte er aus, daß entsprechend der chinesischen Kultur die Körperpflege als kindliche Pflicht angesehen wird, da der Körper von den Eltern stammt. In Verbindung mit den Antworten, die für übermäßige Bescheidenheit und Rücksicht sprechen, wurden chinesische Sprichwörter erwähnt, z.B. „Große Weisheit erscheint wie Dummheit" und „Der größere Baum wird in Stürmen zuerst fallen". Andere Zitate aus chinesischen Klassikern und volkstümlichen Sprichwörtern wurden benutzt, um die kulturelle Basis für viele anscheinend neurotische Antworten aufzuzeigen.

Stufen kultureller Differenzierung

Kulturelle Differenzierungen können auf vielfältigen Wegen wirksam sein, um Gruppenunterschiede im Verhalten hervorzubringen. Die Stufe, auf der sich derartige kulturelle Einflüsse manifestieren, variiert auf einem Kontinuum, das sich von oberflächlichen und vorübergehenden bis zu grundlegenden, dauernden und weitreichenden Effekten erstreckt. Sowohl aus praktischer als auch aus theoretischer Sicht ist es wichtig, die Stufe auf diesem Kontinuum zu suchen, auf der die beobachteten Verhaltensunterschiede liegen. An einem Extrem findet man kulturelle Unterschiede, die sich nur auf die Reaktionen in einem bestimmten Test auswirken und damit dessen Validität für bestimmte Gruppen vermindert. Es gibt zweifellos Testitems, die keinen diagnostischen Wert haben, wenn man sie bei Personen aus bestimmten Kulturen anwendet, weil ihnen die spezifischen Objekte nicht geläufig sind oder andere relativ triviale Erfahrungsunterschiede vorliegen.
Andererseits beeinflussen auch die meisten kulturellen Faktoren, die sich auf die Testantworten auswirken, den breiteren Verhaltensbereich, den der Test erfassen soll (s. 2). Nicht ausreichende Beherrschung der englischen Sprache z.B. kann ein Kind nicht nur in einem Intelligenztest behindern, sondern auch seine Schularbeit und seinen Kontakt mit Kameraden in Spielaktivitäten und in anderen Situationen des täglichen Lebens. Solch eine Bedingung interferiert also mit der folgenden intellektuellen und emotionalen Entwicklung des Kindes und hat praktische Folgen, die weit über die unmittelbare Testleistung hinausgehen. Gleichzeitig lassen sich derartige Behinderungen ohne zu große Schwierigkeiten beheben. Angemessenes Sprachtraining *kann* solche Individuen in relativ kurzer Zeit auf ein erfolgreiches Funktionsniveau bringen. Die erfolgreich durchgeführten intensiven Ausbildungsprogramme an Analphabeten in der Wehrmacht der USA im 2. Weltkrieg stellen ein weiteres Beispiel für die Auflösbarkeit recht schwerer kultureller Rückständigkeit dar. Ähnlich lassen sich viele Bedingungen, die aus schlechteren Umwelten her-

rühren, durch Maßnahmen verbessern wie Nachhilfeunterricht im Lesen, Bildungs- und Berufsberatung und Psychotherapie.
Je länger die schädlichen Faktoren oder Entbehrungen im Leben eines Individuums wirksam gewesen sind, desto weniger wahrscheinlich wird es werden, daß ihre Effekte überwunden werden können. Und es sollte klar geworden sein, daß umweltbedingte Behinderungen nicht zwangsläufig aufhebbar sind. Widrige Ernährungsfaktoren, die über mehrere Jahre wirksam gewesen sind, können sehr wohl einen intellektuellen oder emotionalen Schaden hervorrufen, der dann nicht mehr eliminiert werden kann, wenn Unterstützungsmaßnahmen eingeführt werden.
Dennoch muß man bedenken, daß die Fortdauer oder die Unaufhebbarkeit einer psychischen Bedingung kein Beweis für ihren Vererbungsursprung ist.

Ein lebendiges Beispiel für die Tatsache, daß kulturelle Differenzierungen andauernde Effekte auf das individuelle Verhalten verursachen können, stammt aus der neueren Forschung von PASAMANICK und Mitarbeitern (76). Sie untersuchten Komplikationen bei Schwangerschaft und Geburt. In mehreren Studien an großen Stichproben von Schwarzen und Weißen in Baltimore, zeigten diese Untersucher, daß prä- und perinatale Störungen signifikant mit Minderbegabung und Verhaltensstörungen der Nachkommen korrelierten. Eine wichtige Quelle für solche Störungen in der Schwangerschaft und bei der Geburt liegt in Nahrungsdefiziten der Mutter und anderen Bedingungen, die mit dem niedrigen sozioökonomischen Status zu tun haben. Eine Datenanalyse wies eine viel größere Häufigkeit solcher medizinischer Komplikationen in den niedrigen als in den höheren sozioökonomischen Schichten und eine größere Häufigkeit bei Schwarzen als bei Weißen nach. Das ist ein Beispiel für kulturelle Differenzierungen, die strukturelle Defizienzen hervorrufen, die wiederum zu Verhaltensausfällen oder Störungen führen. Die Effekte derartiger kultureller Differenzierungen können nicht zu Lebzeiten des Individuums aufgehoben werden, sondern erfordern mehr als eine Generation zu ihrer Elimination. Wieder muß jedoch betont werden, daß eine derartige Situation nicht unbedingt einen Vererbungsdefekt impliziert, noch als Rechtfertigung dazu dienen kann, die Umweltbedingungen unterpriviligierter Gruppen nicht zu verbessern.

Zusammenfassung

Biologisch sind menschliche Rassen Populationen, die sich in der relativen Häufigkeit bestimmter Gene unterscheiden. Sie bilden sich als Resultat unterschiedlich starker geographischer oder kultureller Isolation von anderen

Gruppen. Rassenklassifikationen dürfen nicht mit nationalen oder sprachlichen Kategorien vermischt werden. Existierende Populationen können entsprechend der Verteilung bestimmter physischer Merkmale wie Hautfarbe oder Blutgruppen unterschieden werden. Doch angewandt auf Individuen können solche rassischen Kriterien zu Fehlklassifikationen führen.

Stichproben verschiedener Rassen oder Nationalitäten, die für Studien zur Verfügung stehen, können wegen der verschiedenen Wirkung selektiver Faktoren unvergleichbar sein. Auf diese Schwierigkeit trifft man bei Untersuchungen an Gruppen wie Einwanderern, Collegestudenten und Einberufenen oder bei Statistiken über Kriminalität und Wahnsinn. Wie bei allen Gruppenvergleichen müssen die Daten über Rassenunterschiede zusammen mit der *statistischen Signifikanz der Unterschiede* und *dem Überschneiden der Verteilungen* interpretiert werden. Das letztgenannte ist besonders wichtig als Schutz gegen die unerlaubte Übertragung von Gruppentrends auf die Bewertung von Individuen.

Die Tatsache, daß sich rassische Gruppen auch in ihrer Kultur unterscheiden, erschwert die Interpretation beobachteter Rassenunterschiede in intellektuellen oder Persönlichkeitsmerkmalen. Die kulturellen Faktoren, die sich auf die Leistung in psychologischen Tests auswirken können, beinhalten allgemeine Traditionen und Sitten, das relative Gewicht, das man in den verschiedenen Kulturen der Geschwindigkeit beimißt, Motivation, in Aufgaben zu überragen, die in Intelligenztests eingehen und soziale Erwartung. Emotionale Fehlanpassungen – die wiederum mit erfolgreichem intellektuellen Funktionieren interferieren können – sind häufig Resultat eines kulturellen Konfliktes, wie man bei den Kindern von Einwanderern gesehen hat. Zugehörigkeit zu Minoritätsgruppen ist meist mit niedrigem sozioökonomischem Status und schlechterer Ausbildung verbunden. Vergleiche zwischen „parallelisierten Gruppen" aus verschiedenen Rassen werden hauptsächlich erschwert dadurch, daß nicht alle wichtigen kulturellen Unterschiede ausgeschieden sind und durch den Regressionseffekt, der bei parallelisierten Stichproben unterschiedlicher Populationen wirksam ist.

Zweisprachigkeit bei Kindern von Einwanderungsgruppen vermindert häufig die Leistung der Kinder in beiden Sprachen und interferiert ernsthaft mit der Testleistung. Unter bestimmten Bedingungen jedoch können Kinder eine zweite Sprache ohne Behinderung lernen. In sogenannten kulturfreien Tests macht man den Versuch, Inhalte zu benutzen, die allen Kulturen gemeinsam sind. Dennoch begünstigen auch solche Tests noch bestimmte Kulturen auf unterschiedliche Weise.

Gruppen unterscheiden sich auf spezifische Weise. Sie lassen sich nicht insgesamt nach ihrer allgemeinen Intelligenz und der Persönlichkeitsanpassung in eine Hierarchie einordnen. Jede Kultur wählt und begünstigt meist bestimmte Fähigkeiten und bestimmte Verhaltensformen. Jeder Test, der in einer bestimmten Kultur entwickelt worden ist, spiegelt eine solche Selektion wider und begünstigt meist die Individuen, die in der Kultur aufgewachsen sind.

Kulturelle Differenzierungen können auf vielen Stufen wirksam sein. An einem Extrem können sie einzelne Testitems für bestimmte Gruppen „unfair" werden lassen. An dem anderen können sie weitreichende organische Schäden bedingen, die zu geistiger Minderbegabung oder Verhaltensstörungen führen. Einige Effekte kultureller Unterschiede lassen sich zu Lebzeiten des Individuums beheben; andere erfordern langdauernde Programme, die sich über mehr als eine Generation erstrecken.

Literaturverzeichnis

1. Allport, G. W. *The nature of prejudice*. Cambridge, Mass.: Addison-Wesley, 1954.
2. Anastasi, Anne. The concept of validity in the interpretation of test scores. *Educ. psychol. Measmt.*, 1950, 10, 67–78.
3. Anastasi, Anne. *Psychological testing*. N.Y.: Macmillan, 1954.
4. Anastasi, Anne, and Cordova, F. A. Some effects of bilingualism upon the intelligence test performance of Puerto Rican children in New York City. *J. educ. Psychol.*, 1953, 44, 1–19.
5. Arsenian, S. Bilingualism and mental development. *Teach. Coll. Contr. Educ.*, 1937, No. 712.
6. Arsenian, S. Bilingualism in the post-war world. *Psychol. Bull.*, 1945, 42, 65–86.
7. Barke, Ethel M., and Williams, D. E. P. A further study of the comparative intelligence in certain bilingual and monoglot schools in South Wales. *Brit. J. educ. Psychol.*, 1938, 8, 63–77.
8. Bean, K. L. Negro responses to verbal and non-verbal test material. *J. Psychol.*, 1942, 13, 343–353.
9. Benedict, Ruth. *Race: science and politics*. N.Y.: Modern Age, 1940.
10. Bere, M. A. Comparative study of mental capacity of children of foreign parentage. *Teach. Coll. Contr. Educ.*, 1924, No. 154.
11. Boas, F. *Abstract of the report on changes in bodily form of descendants of immigrants*. Washington, D.C.: Govt. Printing Office, 1911.
12. Boas, F. *Race, language, and culture*. N.Y.: Macmillan, 1940.
13. Boger, J. H. An experimental study of the effects of perceptual training on group IQ test scores. *J. educ. Res.*, 1952, 46, 43–52.
14. Brown, F. A comparative study of the influence of race and locale upon emotional stability of children. *J. genet. Psychol.*, 1936, 49, 325–342.
15. Brown, F. A comparative study of the intelligence of Jewish and Scandinavian kindergarten children. *J. genet. Psychol.*, 1944, 64, 67–92.
16. Brown, F. An experimental and critical study of the intelligence of Negro and white kindergarten children. *J. genet. Psychol.*, 1944, 65, 161–175.
17. Brown, F. J., and Roucek, J. S. (Eds.) *One America: the historical contribu-*

tions and present problems of our racial and national minorities. N.Y.: Prentice-Hall, 1952.
18. Bruce, Myrtle. Factors affecting intelligence test performance of whites and Negroes. *Arch. Psychol.*, 1940, No. 252.
19. Buchanan, W., and Cantril, H. *How nations see each other; a study in public opinion.* Urbana, Ill.: Univer. Illinois Press, 1953.
20. Canady, H. G. The effect of "rapport" on the IQ: a new approach to the problem of racial psychology. *J. Negro Educ.*, 1936, 5, 209–219.
21. Canady, H. G. The intelligence of Negro college students and parental occupation. *Amer. J. Sociol.*, 1936, 42, 388–389.
22. Chamberlain, H. S. *Die Grundlagen des neunzehnten Jahrhunderts.* München: Bruckman, 1901.
23. Clarke, D. P. Stanford-Binet Scale L response patterns in matched racial groups. *J. Negro Educ.*, 1941, 10, 230–238.
24. Coon, C. S., Garn, S. M., and Birdsell, J. B. *Races; a study of race formation in man.* Springfield, Ill.: Thomas, 1950.
25. Darcy, Natalie T. The effect of bilingualism upon the measurement of the intelligence of children of preschool age. *J. educ. Psychol.*, 1946, 37, 21–44.
26. Darcy, Natalie T. A review of the literature on the effects of bilingualism upon the measurement of intelligence. *J. genet. Psychol.*, 1953, 82, 21–57.
27. Darsie, M. L. Mental capacity of American-born Japanese children. *Comp. Psychol. Monogr.*, 1926, 15, No. 3.
28. David, P. R., and Snyder, L. H. Genetic variability and human behavior. In J. H. Rohrer and M. Sherif (Eds.), *Social psychology at the crossroads.* N.Y.: Harper, 1951, Pp. 53–82.
29. Davidson, K. S., *et al.* A preliminary study of Negro and white differences on Form I of the Wechsler-Bellevue Scale. *J. consult. Psychol.*, 1950, 14, 489–492.
30. De Gobineau, A. J. *Essai sur l'inégalité des races humaines.* Paris: Firmin-Didot, 1853.
31. Dennis, W. The performance of Hopi children on the Goodenough Draw-a-Man Test. *J. comp. Psychol.*, 1942, 34, 341–348.
32. DeStephens, W. P. Are criminals morons? *J. soc. Psychol.*, 1953, 38, 187–199.
33. Dobzhansky, T. The genetic nature of differences among men. In S. Persons (Ed.), *Evolutionary thought in America.* New Haven, Conn.: Yale Univer. Press, 1950, Pp. 86–155.
34. Dobzhansky, T. Human diversity and adaptation. *Cold Spring Harbor Symposia on Quantitative Biology,* 1951, 15, 385–400.
35. Dobzhansky, T. Human races in the light of genetics. *Int. soc. Sci. Bull. (UNESCO)*, 1951, 3, 660–663.
36. Dobzhansky, T. Mendelian populations and their evolution. In L. C. Dunn (Ed.), *Genetics in the twentieth century.* N.Y.: Macmillan, 1951. Pp. 573-589.
37. Dollard, J. *Caste and class in a southern town.* (2nd Ed.) N.Y.: Harper, 1949.
38. DuBois, P. H. A test standardized on Pueblo Indian children. *Psychol. Bull.*, 1939, 36, 523.

39. Eagleson, O. W. A racial comparison of personality traits. *J. appl. Psychol.*, 1938, 22, 271–274.
40. Eagleson, O. W. Comparative studies of white and Negro subjects in learning to discriminate visual magnitude. *J. Psychol.*, 1937, 4, 167–197.
41. Ewing, J. F. Hyperbrachycephaly as influenced by cultural conditioning. *Pap. Peabody Mus.*, 1950, 23 (2).
42. Franklin, J. C. Discriminative value and patterns of the Wechsler-Bellevue Scales in the examination of delinquent Negro boys. *Educ. psychol. Measmt.*, 1945, 5, 71–85.
43. Franzblau, Rose N. Race differences in mental and physical traits studied in different environments. *Arch. Psychol.*, 1935, No. 177.
44. Fulk, B. E., and Harrell, T. W. Negro-white Army test scores and last school grade. *J. appl. Psychol.*, 1952, 36, 34–35.
45. Garth, T. R. A comparison of the intelligence of Mexican and mixed and full blood Indian children. *Psychol. Rev.*, 1923, 30, 388–401.
46. Garth, T. R., and Smith, O. D. The performance of full-blood Indians on language and non-language intelligence tests. *J. abnorm. soc. Psychol.*, 1937, 32, 376–381.
47. Glueck, Eleanor T. Culture conflict and delinquency. *Ment. Hyg.*, 1937, 21, 46–66.
48. Glueck, S., and Glueck, Eleanor T. *One thousand juvenile delinquents.* Cambridge, Mass.: Harvard Univer. Press, 1934.
49. Goodenough, Florence L. Racial differences in intelligence of school children. *J. exp. Psychol.*, 1926, 9, 388–397.
50. Goodman, Mary E. *Race awareness in young children.* Cambridge, Mass: Addison-Wesley, 1952.
51. Hammer, E. F. Comparison of the performances of Negro children and adolescents on two tests of intelligence, one an emergency scale. *J. genet. Psychol.*, 1954, 84, 85–93.
52. Havighurst, R. J., Gunther, Minna K., and Pratt, Inez E. Environment and the Draw-a-Man Test: the performance of Indian children. *J. abnorm. soc. Psychol.*, 1946, 41, 50–63.
53. Havighurst, R. J., and Hilkevitch, Rhea R. The intelligence of Indian children as measured by a performance scale. *J. abnorm. soc. Psychol.*, 1944, 39, 419–433.
54. Hayakawa, S. I. The semantics of being Negro. *Etc. Rev. gen. Semant.*, 1953, 10, 163–175.
55. Hebb, D. O. *The organization of behavior.* N.Y.: Wiley, 1949.
56. Held, O. C. A comparative study of the performance of Jewish and gentile college students on the American Council Psychological Examination. *J. soc. Psychol.*, 1941, 13, 407–411.
57. Hsü, E. H. The neurotic score as a function of culture. *J. soc. Psychol.*, 1951, 34, 3–30.
58. Hunt, W. A. Negro-white differences in intelligence in World War II—a note of caution. *J. abnorm. soc. Psychol.*, 1947, 42, 254–255.
59. Jamieson, E., and Sandiford, P. The mental capacity of Southern Ontario Indians. *J. educ. Psychol.*, 1928, 19, 536–551.
60. Johnson, G. B., Jr. Bilingualism as measured by a reaction-time technique

and the relationship between a language and a non-language intelligence quotient. *J. genet. Psychol.*, 1953, 82, 3–9.
61. Klineberg, O. An experimental study of speed and other factors in "racial" differences. *Arch. Psychol.*, 1928, No. 93.
62. Klineberg, O. *Race differences.* N.Y.: Harper, 1935.
63. Kroeber, A. L. *Anthropology.* (2nd Ed.) N.Y.: Harcourt, Brace, 1948.
64. Lambert, W. E. Measurement of the linguistic dominance of bilinguals. *J. abnorm. soc. Psychol.*, 1955, 50, 197–200.
65. Landis, C., and Bolles, M. Marjorie. *Textbook of abnormal psychology.* (2nd Ed.) N.Y.: Macmillan, 1950.
66. Lehman, H. C., and Witty, P. A. The Negro child's index of more social participation. *J. appl. Psychol.*, 1926, 10, 462–469.
67. Machover, S. Cultural and racial variations in patterns of intellect. *Teach. Coll. Contr. Educ.*, 1943, No. 875.
68. Mathews, Ellen. A study of emotional instability in children. *J. Delinqu.*, 1923, 8, 1–40.
69. McConkey, W. G. An experiment in bilingual education. *J. soc. Res., Pretoria*, 1951, 2, 29–42.
70. McGurk, F. C. J. *Comparison of the performance of Negro and white high school seniors on cultural and non-cultural psychological test questions.* Washington, D.C.: Catholic Univer. Press, 1951. (microcard)
71. McGurk, F. C. J. On white and Negro test performance and socioeconomic factors. *J. abnorm. soc. Psychol.*, 1953, 48, 448–450.
72. Merton, R. K. The self-fulfilling prophecy. *Antioch Rev.*, 1948, 8, 193–210.
73. Newland, T. E., and Lawrence, W. C. Chicago Non-Verbal Examination results on an East Tennessee Negro population. *J. clin. Psychol.*, 1953, 9, 44–46.
74. Newman, W. L. (Ed.) *The politics of Aristotle.* Oxford: Clarendon Press, 1887, Vol. I.
75. Pasamanick, B., and Knobloch, Hilda. Early language behavior in Negro children and the testing of intelligence. *J. abnorm. soc. Psychol.*, 1955, 50, 401–402.
76. Pasamanick, B., Knobloch, Hilda, and Lilienfeld, A. M. Socioeconomic status and some precursors of neuropsychiatric disorder. *Amer. J. Orthopsychiat.*, 1956, 26, 594–601.
77. Peterson, J., and Lanier, L. H. Studies in the comparative abilities of whites and Negroes. *Ment. Measmt. Monogr.*, 1929, No. 5.
78. Pintner, R., and Arsenian, S. The relation of bilingualism to verbal intelligence and to school adjustment. *J. educ. Res.*, 1937, 31, 255–263.
79. Porteus, S. D. *The psychology of a primitive people.* N.Y.: Longmans, Green, 1931.
80. Porteus, S. D. Racial group differences in mentality. *Tabul. biol., Haag*, 1939, 18, 66–75.
81. Roberts, B. H., and Myers, J. K. Religion, national origin, immigration, and mental illness. *Amer. J. Psychiat.*, 1954, 110, 759–764.
82. Robinson, Mary L., and Meenes, M. The relationship between test intelligence of third grade Negro children and the occupations of their parents. *J. Negro Educ.*, 1947, 16, 136–141.

83. Russell, R. W. The spontaneous and instructed drawings of Zuñi children. *J. comp. Psychol.*, 1943, 35, 11–15.

84. Sandiford, P., and Kerr, Ruby. Intelligence of Chinese and Japanese children. *J. educ. Psychol.*, 1926, 17, 361–367.

85. Seward, Georgene. *Psychotherapy and culture conflict.* N.Y.: Ronald, 1956.

86. Smith, Madorah E. Measurement of vocabularies of young bilingual children in both of the languages used. *J. genet. Psychol.*, 1949, 74, 305–310.

87. Smith, Madorah E. Word variety as a measure of bilingualism in preschool children. *J. genet. Psychol.*, 1957, 90, 143–150.

88. Spoerl, Dorothy T. Bilinguality and emotional adjustment. *J. abnorm. soc. Psychol.*, 1943, 38, 37–57.

89. Stark, W. A. The effect of bilingualism on general intelligence: an investigation carried out in certain Dublin primary schools. *Brit. J. educ. Psychol.*, 1940, 10, 78–79.

90. Straus, M. A. Mental ability and cultural needs: a psychocultural interpretation of the intelligence test performance of Ceylon University entrants. *Amer. sociol. Rev.*, 1951, 16, 371–375.

91. Straus, M. A. Subcultural variation in Ceylonese mental ability: a study in national character. *J. soc. Psychol.*, 1954, 39, 129–141.

92. Tanser, H. A. *The settlement of Negroes in Kent County, Ontario.* Chatham, Ontario: H. A. Tanser, 1939.

93. Thompson, Laura. *Culture in crisis: a study of the Hopi Indians.* N.Y.: Harper, 1950.

94. Warner, W. L., and Srole, L. *The social systems of American ethnic groups.* New Haven, Conn.: Yale Univer. Press, 1945.

95. Wickersham, G. W., *et al. Report on crime and the foreign born.* (U.S. Nat. Comm. on Law Observ. and Enforc., Rep. No. 10.) Washington, D.C.: Govt. Printing Office, 1933.

96. Yerkes, R. M. (Ed.) Psychological examining in the United States Army. *Mem. nat. Acad. Sci.*, 1921, 15.

Kapitel 17
Rassenunterschiede: Hauptergebnisse

Der Begriff „Rassenunterschiede" ist mehrdeutig. Das hat zu zunehmender Verwirrung und zahlreichen Kontroversen in Diskussionen über Rassen geführt. Daß sich rassische Gruppen im Verhalten unterscheiden, kann als Demonstration bestehender „Rassenunterschiede" angesehen werden, aber nicht unbedingt als Hinweis auf Unterschiede, die durch die Rasse *bedingt* sind. Das letztgenannte impliziert eine Vererbungsethologie, die sich auf Gene zurückführen läßt, die in einer Rasse häufiger sind als in einer anderen. Die weitaus meisten Untersuchungen über Rassendifferenzen liefern nur deskriptive Daten, die nichts über die Ursachen der beobachteten Differenzen aussagen. Ob wir nun die Leistungen verschiedener Rassen, wie sie sich in historischen und anthropologischen Berichten finden, untersuchen oder wir psychologische Testresultate betrachten, man kann nicht den Einfluß der vielen Umweltunterschiede (s. Kap. 16) ignorieren. Nur wenn spezielle experimentelle Designs verfolgt worden sind, erreichte man bei der Aufdeckung kausaler Faktoren einigen Fortschritt. Solche Designs werden im vorliegenden Kapitel an Untersuchungen von Bastardgruppen, Kleinkindern und Vorschulkindern, von regionalen Unterschieden und Abwanderung, an Querschnittsvergleichen kultureller und biologischer Gruppen und Analysen von Kultur und Persönlichkeit illustriert werden.

Deskriptive Erhebungen über Rassenunterschiede

Manchmal hat man die sehr unterschiedlichen Beiträge verschiedener Rassen zur Wissenschaft, Literatur, Malerei und anderen kulturellen Entwicklungen als Belege für ererbte psychische Unterschiede zwischen Rassen angeführt (s. z.B. 30). Man hat also gefolgert, die Unterschiede im kulturellen Niveau der Rassen könnten eher das Resultat als die Ursache von Verhaltensunterschieden sein. Danach können Individuen einer bestimmten Rasse durch schlechte Möglichkeiten in der intellektuellen Entwicklung behindert sein, nur weil es ihren Vorfahren an der Fähigkeit oder Energie gemangelt hat, eine „günstigere" Umwelt zu schaffen.

Es gibt jedoch einige Belege, die eher gegen eine solche Interpretation sprechen. Erstens, fand man häufig, daß Leistungs- und kulturelles Niveau nicht mit der Rasse, sondern mit Umweltfaktoren variieren. So kann eine Gruppe, die durch ein bestimmtes Leistungsniveau gekennzeichnet ist, rassisch sehr heterogen sein und lediglich eine Einheit im Hinblick auf einen gemeinsamen Erfahrungshintergrund darstellen. Zweitens, sind die relativen Leistungen einer gegebenen Gruppe durch mehrere Faktoren beeinflußt, die nicht selbst der rassischen Fähigkeit zugeschrieben werden können, ohne daß man diesen Punkt ungebührlich überstrapazieren würde. Die Charakteristika der physischen Umwelt, das Ausmaß des Kontaktes mit anderen Gruppen, die Entwicklung neuer Verkehrs- und Kommunikationswege und historische Ereignisse bei *anderen* Gruppen – also nicht von der betrachteten Gruppe abhängig – haben eine bedeutende Rolle bei der kulturellen Entwicklung vieler Gesellschaften gespielt. Drittens, ändert sich mit der Zeit der relative kulturelle Status einer Rasse. Zivilisationen entstehen und versinken oft, ohne daß es irgendeinen bekannten Wandel in der rassischen Zusammensetzung gibt.

In Verbindung mit den verschiedenen Rassen sei auch die Theorie erwähnt, „der Primitive" überrage in seinen sensorischen Fähigkeiten, während der „Zivilisierte" eine überragende intellektuelle Ausstattung aufweise. Diese Theorie hat man besonders aufgestellt als Erklärung für die bemerkenswerten Künste primitiver Personen in Aufgaben wie dem Erkennen von Vögeln oder Tieren, die im Laubwerk versteckt sind, der Deutung von Fußspuren, der Ausnutzung von Geruchshinweisen bei dem Aufspüren oder Identifizieren von Tieren u.ä. Dennoch hat man zahlreiche Belege zusammengetragen, die zeigen, daß derartige Leistungen nicht einer besseren sensorischen Ausstattung zuzuschreiben sind. Sie beruhen eher darauf, daß das Individuum *gelernt* hat, auf winzige Hinweise zu reagieren und minimale Differenzen zu unterscheiden. Dieses Phänomen findet ungefähr seine Entsprechung in der Fähigkeit blinder Personen auf Hör- und Tastreize zu reagieren. Die Lebensnotwendigkeiten in einer primitiven Umwelt fördern das Erlernen adäquater Reaktionen auf winzige sensorische Reize, die Gefahr, Nahrung oder andere lebensnotwendige Dinge bedeuten können. Daß solche Leistungen auf Lernen und nicht auf Rassenunterschieden in der Sinnesschärfe basieren, legt die Tatsache nahe, daß sich Personen aus „zivilisierten" Ländern als fähig erwiesen haben, ähnliche Reaktionen zu lernen, wenn sie in entsprechende Situationen gerieten, die das erforderten.
Auch objektive Tests der Sinnesschärfe haben nicht die Ansicht gestützt, die Leistungen Primitiver resultierten aus sensorischer Überlegenheit. WOODWORTH (97) und BRUNER (13) haben schon 1904 auf der Weltausstellung in St. Louis die wenigen damals verfügbaren Tests bei folgenden Gruppen angewendet: amerikanischen Indianern, Negritos von den Philippinen, malai-

ischen Filipinos, Ainus aus Japan, Afrikanern, Eskimos, Patagoniern u.a. Auch weiße Besucher der Ausstellung wurden getestet. In diesen kontrollierten Tests der Sinnesschärfe lagen die primitiven Gruppen nicht über den weißen Normen. Spätere Untersuchungen an vielen verschiedenen Gruppen haben diese Ergebnisse bestätigt.

Eine ähnliche Erklärung, nämlich Lernen und nicht sensorische Unterschiede, scheint für angebliche Rassenunterschiede in musikalischen Leistungen zu gelten. Die ästhetischen Kunststücke bestimmter amerikanischer Indianertänze haben viele Beobachter dazu verleitet, dieser Rasse eine überdurchschnittliche musikalische Sensitivität zuzuschreiben. Noch bekannter ist das traditionelle musikalische Talent schwarzer Amerikaner, deren Leistungen in dieser Hinsicht zu einem bedeutenden Element der amerikanischen Musik geworden sind. Daß kulturelle und nicht rassische Faktoren für diese Fähigkeiten verantwortlich sind, lassen ausgedehnte Erhebungen mit den Seashore Maßen für musikalische Begabungen vermuten. In der Diskrimination von Tonhöhen, Lautstärken, Zeit und Rhythmus sowie in den anderen einfachen Tests aus diesen bekannten Serien hat man keine signifikante Überlegenheit zugunsten von Indianern oder Schwarzen gefunden (7, 31).

Man hat zahlreiche Erhebungen an unterschiedlichen Rassengruppen mit Tests der „allgemeinen Intelligenz", für spezielle Fähigkeiten und Persönlichkeitsmerkmale durchgeführt. Die meisten zeigen nicht mehr als die relative Leistung verschiedener Gruppen in speziellen Tests, die für eine bestimmte Kultur konstruiert worden sind. Angesichts der zahlreichen Probleme kultureller Querschnittsvergleiche und der Vielzahl von Stufen, auf denen sich kulturelle Differenzierungen auf Testwerte auswirken können (s. Kap. 16), läßt sich wenig Gewinn aus einer reinen Zusammenfassung der Ergebnisse solcher Untersuchungen ziehen. Außerdem ist die Literatur zu diesem Thema zu umfangreich, um innerhalb dieses Buches abgehandelt werden zu können. Über die wichtigsten Teile dieser Literatur haben GARTH (31), KLINEBERG (51, 53, 54) und MANN (65) berichtet. Es liegen auch spezielle Zusammenstellungen von psychologischen Studien an schwarzen Amerikanern vor (14, 55). Das vorliegende Kapitel wird sich nur mit wenigen verschiedenen Studien befassen. Sie wurden ausgewählt, da sie vielversprechende experimentelle Vorgehensweisen illustrieren oder weil sie heutige Forschungstrends repräsentieren.

Psychologische Studien an Rassenmischungen

Untersuchungen über die psychologischen Effekte einer Rassenvermischung werden durch die Tatsache erschwert, daß derartige Vermischungen oft selektiver Natur sind. So können Bastarde vorwiegend aus bestimmten sozioökonomischen oder Bildungsstufen einer oder beider Rassengruppen stammen. Solche Selektionsfaktoren werden besonders deutlich in Kulturen, in denen der Rassenmischung Gesetze, Sitten oder soziale Einstellungen entgegenstehen. Eine andere Schwierigkeit bei der Interpretation stammt aus der möglichen Korrelation zwischen Rassenmischung und kultureller Assimilation. Der Bastard hat wahrscheinlich mehr Kontakte mit der dominanten Kultur gehabt und wird in dieser Kultur meist leichter aufgenommen. Doch bei bestimmten Gruppen, z.B. schwarzen Amerikanern, wird jedes Individuum, das nur irgendeinen erkennbaren Hinweis auf schwarze Vorfahren aufweist, als ein Schwarzer klassifiziert, selbst wenn es biologisch der weißen Rasse sehr viel näher ist als der schwarzen.

Manchmal hat man in bezug auf Rassenmischung behauptet, Bastarde seien meist beiden Elternstämmen unterlegen und die Rassenmischung als solche sei verderblich. Solch eine Behauptung widerspricht sowohl Ergebnissen der Biologie als auch der Psychologie (10, 23, 84, 86). Kreuzungsexperimente an Tieren z.B. haben im allgemeinen Belege dafür geliefert, was Biologen die Bastardstärke oder „Heterosis" nennen. Weit davon entfernt, unterlegen zu sein, manifestieren Bastarde oft größere biologische Stärke. Auch historische und anthropologische Studien an menschlichen Populationen unterstützen nicht den Glauben, daß Rassenmischung zu Zerstörung führe. Im Gegenteil gibt es Belege, daß der Geburt großer Zivilisationen oft eine Vermengung aus zwei oder mehreren Rassen vorangegangen ist. Ein solches Ergebnis kann jedoch eher die Ausweitung kultureller Kontakte und nicht die Wirkung biologischer Faktoren widerspiegeln.

Nach einer anderen, relativ häufigen Auffassung über Rassenmischung liegen Bastardgruppen im geistigen Niveau zwischen den elterlichen Stämmen. Man behauptet, der vermischte Nachwuchs aus zwei Rassen liege intelligenzmäßig in der Mitte, wenn eine Rasse genetisch der anderen überlegen sei. Außerdem sei die Intelligenz der Individuen umso höher, je größer der Anteil der überlegenen Rasse in ihren Ahnenreihen sei. Diese Hypothese impliziert also eine vollständige Verkettung – ohne Überkreuzung – zwischen denjenigen Genen, die Hautfarbe oder andere Rassenkriterien bestimmen und zwischen denjenigen, die „Intelligenz" bestimmen. Mit unvollständiger Verkettung würde jede Korrelation zwischen Rassenmerkmalen und Intelligenz innerhalb weniger Kreuzungsgenerationen verschwinden.

Man hat die meisten Studien über die Beziehung zwischen Rassenmischung und Intelligenztestleistung an amerikanischen Indianern oder amerikani-

schen Schwarzen durchgeführt. Die früheren Studien an amerikanischen Indianern scheinen die obige Hypothese zu bestätigen. Denn man fand Korrelationen von 0,40 zwischen dem Ausmaß weißer Beimischung – bestimmt durch Ahnenangaben – und Werten in verbalen Gruppenintelligenztests (32, 42). Doch die Pbn dieser Studien stammten aus vielen unterschiedlichen Indianerstämmen, die sich im Ausmaß der weißen Beimischung und, davon begleitet, in ihrer Vertrautheit mit der Englischen Sprache und ihrer allgemeinen Assimilation an die weiße Kultur unterschieden. Daß die Stammesunterschiede in der kulturellen Assimilation und nicht in der Rassenmischung für die Korrelation verantwortlich waren, zeigten später zwei Arten von Ergebnissen. Erstens, ist die Korrelation in verbalen und Wissenstest am höchsten und verschwindet, wenn nichtverbale und Handlungstests verwendet werden (89). Zweitens sinkt die Korrelation in verbalen wie nichtverbalen Tests auf Null, wenn man Vergleiche in einem einzigen Stamm anstellt, der in seinem Assimilationsgrad an die weiße Kultur relativ homogen ist (48, 80).
Man fand auch bei amerikanischen Schwarzen keine Beziehung zwischen dem Ausmaß weißer Vorfahren und der Intelligenztestleistung, wenn genaue Maße und reliable Indikatoren für die Rassenmischung verwendet wurden. Solche Resultate hat man bei Schulkindern und Collegestudenten gefunden (41, 48, 76). Weitere Bestätigung erbrachte eine Erhebung an begabten schwarzen Kindern, deren Binet-IQn von 185 bis 200 reichten (96). Die Kinder wurden aufgrund genealogischer Daten über die Eltern in vier Kategorien der Rassenmischung eingeteilt. In Tabelle 29 finden sich die Prozentzahlen der Kinder aus der gesamten Gruppe von 63 Fällen, die auf jede Kategorie entfielen, außerdem die Werte für eine Untergruppe von 28 Fällen mit IQn von 140 und darüber. Für Vergleichszwecke sind auch die entsprechenden Prozentwerte für die allgemeine schwarze Population angegeben. Man sieht, daß es keine konsistente Tendenz dafür gibt, daß der Anteil weißer Vorfahren in der Be-

Tabelle 29: Anteil weißer Vorfahren von schwarzen Kindern mit IQn von 125 oder höher (übernommen aus Witty u. Jenkins, 96, S. 189–190)

Anteil der weißen Mischung	Prozentanteil an der gesamten schwarzen Population	Prozentanteil unter den begabten schwarzen Kindern: IQ 125 oder höher (N = 63)	IQ 140 oder höher (N = 28)
keine weißen Vorfahren*	28,3	22,2	21,4
mehr schwarz als weiß	31,7	46,1	42,8
ungefähr gleich	25,2	15,9	21,4
mehr weiß als schwarz	14,8	15,9	14,3

* weniger als 1/16 der Vorfahren von Vätern und Müttern sollen weiß gewesen sein.

gabtengruppe größer ist als in der allgemeinen Schwarzenpopulation. Interessanterweise erhielt den höchsten IQ der Gruppe, nämlich 200, ein schwarzes Mädchen, deren Vorfahren keine Hinweise auf weiße Beimischung aufwiesen (90, 96).

Gruppenvergleiche im Kleinkind- und Vorschulalter

Im Kapitel 15 wurde gesagt, daß in relativ isolierten und kulturell eingeschränkten Gruppen, z.B. Kanalboot-, Zigeuner- und Bergkindern, die Intelligenztestwerte relativ zu den Testnormen mit dem Alter abnehmen. Einen ähnlichen, doch weniger deutlichen Abbau fand man in den meisten ländlichen Gemeinden. Man wird sich erinnern, daß eine Hypothese für einen solchen Altersabbau auf der sich mit dem Alter wandelnden Art der Intelligenztests basierte. Der Stanford-Binet z.B. wird in den oberen Altersstufen zunehmend verbal. Man hat jedoch auch dann Altersabbau beobachtet, wenn ausschließlich auf den verschiedenen Altersstufen nonverbale Tests verwendet wurden oder, wenn man über einen weiten Altersbereich hinweg einen einzelnen sehr homogenen Test wie den Mannzeichentest von GOODENOUGH vorgelegt hatte. In solchen Fällen ist der Altersabbau wahrscheinlich den kumulativen Effekten einer schlechten Umwelt zuzuschreiben.
Obwohl man derartige Altersdifferenzierungen bei Rassen nicht so gründlich untersucht hat wie in ländlichen und kulturell isolierten Gemeinden, sprechen einige Daten dafür, daß Rassenunterschiede im Kleinkind- oder Vorschulalter stark vermindert sein oder vollständig verschwinden können. In einer Studie an 53 schwarzen Kleinkindern in New Haven fanden PASAMANICK und KNOBLOCH (58, 74) keine signifikante Abweichung von den weißen Normen in der Yale Developmental Examination. Die erste Untersuchung führte man in einem Alter von durchschnittlich 26 Wochen durch. Eine Nachuntersuchung an 40 Fällen im Durchschnittsalter von fast 2 Jahren zeigte keine Retardation. Die mittleren Quotienten reichten in diesem Alter in den verschiedenen Teilen der Prüfung von 101 für die Sprachentwicklung bis zu 124 in der Entwicklung der Grobmotorik.
In Kapitel 16 wurde bereits eine detailliertere Analyse der Sprachleistung zitiert. Hier zeigte es sich, daß die Kinder signifikant besser in Items waren, die Sprachverständnis verlangten als in denen, in der mündlich geantwortet werden mußte (58, 75). Als Faktoren zur Erklärung dieses Ergebnisses müssen in Betracht gezogen werden: der Einfluß des weißen Untersuchers; die sozialen Kräfte, die meist die Verbalisation bei schwarzen Kindern beschränkten und möglicherweise ein aufdämmerndes Bewußtsein rassischer Stereotypien. In der Entwicklung der Grobmotorik waren die schwarzen Kinder in bezug auf

die weißen Normen akzeleriert, und ihre Leistung war signifikant besser als im sprachlichen Bereich. Die Autoren vermuteten, daß solche Akzeleration auf dem größeren „Gewährenlassen“ der Unterschichthäuser basiert, in denen der Großteil der schwarzen Kinder aufwuchs. Unterstützende Daten für diese Erklärung stammen aus einer Studie von WILLIAMS und SCOTT (95) an schwarzen Kindern in Washington. Hier hatten Unterschichtkinder im motorischen Bereich signifikant höhere Werte als Mittelschichtkinder. Auch Interviews mit den Eltern belegten ein stärkeres Gewährenlassen in den Erziehungspraktiken der schwarzen Unterschichthäuser. Als man die Häuser in bezug auf die letztgenannte Variable klassifizierte, hatten die Kinder in den großzügigeren Häusern signifikant höhere Werte als diejenigen in den strengeren Häusern.
Vergleiche zwischen schwarzen und weißen Kleinkindern im Gebiet von Chicago durch GILLILAND (34) stützen generell die Ergebnisse von PASAMANICK und KNOBLOCH. In dieser Studie verglich man 113 schwarze mit 533 weißen Kleinkindern in den Northwestern Infant Intelligence Tests und der Infant Intelligence Scale von CATTELL. Alle Pbn waren jünger als 26 Wochen. In keinem Vergleich fand sich eine signifikante Differenz zwischen schwarzen und weißen Mittelwerten. Die CATTELL-Skala war als eine Ausweitung des Stanford-Binet nach unten entwickelt worden. Die Northwestern Tests sind besonders für die Altersbreite von 4 bis 36 Wochen geschaffen. Sie gewichten stärker die Adaptation an die Umwelt als physisches Wachstum und sensomotorische Entwicklung. Obwohl sie keine signifikanten Unterschiede zwischen schwarzen und weißen Kleinkindern aufwiesen, unterschieden die Northwestern Tests erfolgreich in den jungen Altersstufen. Das zeigte sich in großen individuellen Unterschieden und einer signifikanten Unterlegenheit in der Leistung von Waisenhauskindern im Vergleich mit Kindern, die in ihren eigenen Heimen aufgewachsen sind. Die Ergebnisse von GILLILAND und die von PASAMANICK und KNOBLOCH stehen im scharfen Gegensatz zu denen einer früheren Studie von McGRAW (67), die 1931 erschien. McGRAW hatte schwarze und weiße Kleinkinder in Florida untersucht und gefunden, daß die weißen in den Kleinkindertests von BÜHLER signifikant besser waren. Diese Tests decken einen vielfältigen Funktionsbereich ab, gewichten aber etwas stärker als die meisten anderen Kleinkinderskalen das Sozialverhalten und Problemlösen. Als Erklärung der diskrepanten Ergebnisse von McGRAW führen PASAMANICK und KNOBLOCH (58, 74) aus, daß die von McGRAW getesteten weißen Kinder auch größer und schwerer als die schwarzen Kinder gewesen seien. Ein solcher Unterschied in der physischen Entwicklung kann das Ergebnis von Ungleichheiten in der prä- und postnatalen Fürsorge und Ernährung gewesen sein. Unterschiede in der mütterlichen Ernährung sind hier besonders bedeutsam, wie eine Untersuchung von HARRELL et al. aufgezeigt hat (s. Kap. 5). In der von PASAMANICK und KNOBLOCH untersuchten

Gruppe in New Haven hatten die schwarzen Kinder eine größere Länge und höheres Gewicht als die von McGRAW untersuchten und sie erreichten die weißen Normen. Aus ökonomischen und sozialen Gründen war die Ernährung der Schwarzen in Florida Ende der 20er Jahre zweifellos schlechter als die der Schwarzen in New Haven Anfang der 40er Jahre. Ein derartiger Ernährungsunterschied kann für die physische und Verhaltensrückständigkeit der erstgenannten Gruppe verantwortlich sein. Ein anderer möglicher beteiligter Faktor in der Studie von McGRAW kann in der relativ hohen Anzahl von Items begründet sein, die eine soziale Interaktion mit einem weißen Untersucher beinhalteten.

Auch Tests an schwarzen Vorschulkindern haben keinen signifikanten Rückstand hinter die weißen Normen gezeigt. BROWN (12) fand bei einer Gruppe von 91 schwarzen Kindergartenkindern in Minneanapolis einen mittleren IQ im Stanford-Binet von 100,78. Derselbe Autor gibt jedoch an, auf der 6. und 7. Klasse fielen die schwarzen Kinder in den öffentlichen Schulen von Minneanapolis gewöhnlich auf das IQ-Niveau zurück, das auch andere Untersucher gefunden haben. Es sei hinzugefügt, daß die von BROWN getesteten 341 weißen Kindergartenkinder in derselben Studie einen mittleren IQ im Stanford-Binet von 107,06 erhielten. Dieser Wert lag signifikant über dem der schwarzen Kinder. Doch die beiden Gruppen unterschieden sich stark im Berufsniveau der Väter: die Weißen stellten in dieser Hinsicht eine Zufallsstichprobe aus der Gesamtbevölkerung dar, während die Schwarzen weitgehend aus gelernten und ungelernten Arbeiterklassen kamen. Als man die schwarzen mit weißen Kindern der entsprechenden Berufsschichten verglich, fand sich kein signifikanter Unterschied im mittleren IQ mehr.

In einer Studie in der Stadt New York von ANASTASI und D'ANGELO (3) erhob man Maße für die sprachliche Entwicklung und den IQ im Mannzeichentest an 100 5jährigen schwarzen und weißen Kindern, die die Department of Welfare Day Care Centers besuchten. Pbn waren 25 Schwarze und 25 Weiße, die in getrennten Stadtteilen lebten und 25 Schwarze und 25 Weiße, die in rassisch gemischten Stadtteilen wohnten. Das Geschlechtsverhältnis war in jeder Untergruppe ungefähr dasselbe. In allen Gruppen waren sozioökonomische und andere Hintergrundfaktoren relativ einheitlich. Im Mannzeichen-IQ fand man keinen signifikanten Rassenunterschied. Analysen spontaner Sprechstichproben nach der Satzlänge und Reife der Satzstruktur zeigten mehrere signifikante Unterschiede zugunsten der Weißen in getrennten Bezirken, doch nur einen signifikanten Unterschied in derselben Richtung in den rassisch gemischten Bezirken. Bei der Interpretation der relativen Ergebnisse mit dem Mannzeichentest und den spontanen Sprachstichproben muß man wieder im Auge behalten, daß alle Maße von einem weißen Untersucher erhoben wurden.

Erwähnt sei auch eine Studie an puertoricanischen Kindern in der Stadt New

York, von denen viele schwarz-weiße Mischungen unterschiedlicher Grade darstellten (4). Pbn waren 25 Mädchen und 25 Jungen aus Puerto Rico, die Kindertagesstätten besuchten. Wieder erhob man bei jedem Kind den Mannzeichen-IQ und Maße für die Sprachentwicklung. Alle Tests legte ein spanisch sprechender Puertorikaner vor, obwohl die Sprache der Pbn in Spanisch oder Englisch, wie es das Kind sprach, aufgezeichnet wurde. Fast 93 % aller aufgezeichneten Sätze der Gruppe waren ausschließlich in Spanisch gesprochen, 6 % bestanden aus einer Mischung aus Spanisch und Englisch und 1 % war ausschließlich Englisch. Im Test von GOODENOUGH betrug der mittlere IQ der Gruppe 95,70 – dieser Wert unterschied sich weder signifikant von den schwarzen noch von den weißen Mittelwerten, die ANASTASI und D'ANGELO fanden. Man traf bei mehreren Kindern aus Puerto Rico auf emotionalen Widerstand gegen die Zeichenaufgabe – diese Tatsache kann für ihre etwas schlechtere Leistung verantwortlich sein. In vielen Sprachmaßen jedoch übertraf die Gruppe aus Puerto Rico signifikant die weißen Altersnormen. Als möglicher Erklärungsfaktor wird das größere Ausmaß der Kontakte mit Erwachsenen in der familiären Umwelt dieser Kinder angeführt. Es sei hinzugefügt, daß die Testleistung älterer Schulkinder aus Puerto Rico – wie bei anderen unterpriviligierten Minoritätsgruppen –, die in demselben Stadtgebiet von New York getestet wurden, aus dem auch die Vorschulstichprobe stammt, deutlich unterhalb der Testnormen lag (2).

Regionale Unterschiede und Abwanderung

Daß Testleistungen zwischen Staaten oder anderen großen Regionen variieren, wurde schon im Kapitel 15 besprochen. Solche Unterschiede hat man auch zwischen Schwarzen und Weißen gefunden. Auch eine Studie von KLINEBERG (48; s. Kap. 16) sei erwähnt, in der die Handlungstestwerte schwarzer Jungen aus der Stadt New York über denen von schwarzen Jungen aus ländlichen Gebieten in West Virginia lagen; indianische Jungen, die bei einer staatlichen Schule lebten, übertrafen eine Gruppe, die in einer indianischen Reservation lebten. Solche intrarassischen Unterschiede zwischen Gruppen, die unter verschiedenen kulturellen Bedingungen aufgewachsen sind, sind oft größer als die interrassischen Unterschiede innerhalb desselben Gebietes.

Ein Ergebnis der Armeeuntersuchungen im 1. Weltkrieg war, daß die Medianwerte im Alphatest von Schwarzen aus Illinois, New York, Ohio und Pennsylvania höher waren als diejenigen von Weißen aus Arkansas, Georgia, Kentucky und Mississippi. Die relativen Positionen dieser Gruppen ergeben sich daraus, daß es beträchtliche regionale Unterschiede zwischen Schwarzen und Weißen gibt. Die Daten bieten eine lebendige Illustration des Ausmaßes, in dem sich weiße und schwarze Verteilungen überschneiden. Es ließen sich nicht nur viele Individuen in der niedrigeren (schwarzen) Verteilung finden, die besser waren als Individuen in der höheren (weißen) Verteilung, sondern es ließen sich auch lokale Gruppen in der Population mit niedrigeren Werten finden, die besser waren als lokale Gruppen in der Population mit höheren Werten.

In Studien an schwarzen Amerikanern sind besonders Vergleiche zwischen Schwarzen aus dem Süden und dem Norden interessant. Zweifellos resultieren Unterschiede zwischen solchen Gruppen teilweise aus denselben sozioökonomischen Bildungsunterschieden, die für Unterschiede zwischen Weißen aus den Nord- und den Südstaaten verantwortlich sind. In gewissem Umfang reflektieren sie wahrscheinlich auch Unterschiede in der relativen sozialen Position des Schwarzen im Norden und im Süden. Die überlegene Testleistung von Schwarzen aus dem Norden ist wiederholt an verschiedenen Stichproben demonstriert worden: an Einberufenen aus beiden Weltkriegen (18, 98), Collegestudenten (78) und Schulkindern (76). Solche regionalen Unterschiede bleiben auch bestehen, wenn man einander im Berufsniveau parallele Gruppen vergleicht.

Als Erklärung für regionale Unterschiede in der Intelligenztestleistung hat man zwei gegensätzliche Hypothesen aufgestellt: eine bezieht sich auf die *Umweltbeeinträchtigung*, die andere auf *selektive Abwanderung*. Die erstgenannte führt regionale Unterschiede auf Ungleichheiten in den häuslichen Bedingungen, den Bildungschancen und anderen Ungleichheiten zum Fortkommen zurück. Die letztgenannte nimmt an, die intelligenteren und progressiveren Individuen, die mehr Initiative besitzen und sich einer neuen Umgebung besser anpassen können, wanderten eher in die wünschenswerteren Gebiete ab. Die eine Hypothese behauptet, höhere Fähigkeit sei das *Ergebnis* einer Abwanderung in ein günstigeres Gebiet; die andere, die abwandernden Individuen seien schon zu Beginn besser befähigt. Obwohl die Hypothese von selektiver Abwanderung gewöhnlich gekoppelt ist an eine Vererbungsinterpretation der regionalen Fähigkeitsunterschiede, so folgt die eine doch nicht notwendig aus der anderen. So bemerken wahrscheinlich Personen einer höheren sozioökonomischen und Bildungsschicht eher die Chancen, die eine Abwanderung in einen besseren Bereich bietet. Das gilt unabhängig davon, ob ursprünglich Erb- oder Umweltfaktoren für den höheren Bildungs- und sozioökonomischen Status solcher Personen verantwortlich waren. Diese Personen können wiederum intelligentere Nachkommen haben, nicht unbedingt wegen eines besseren „genetischen Kapitals", sondern weil sie ihren Kindern eine anregendere heimische Umwelt bieten. Logisch ist deshalb die selektive Abwanderungshypothese in gleichem Maße konsistent mit einer vorrangigen Erb- oder vorrangigen Umweltbedingtheit individueller Unterschiede. Wenn sich jedoch zeigen läßt, daß sich regionale Unterschiede *nach* der Abwanderung entwickelt haben, dann lassen sie sich nur mit der Umwelt erklären.

Mehrere Untersuchungen hat man speziell durchgeführt, um in bezug auf Schwarze aus dem Süden und dem Norden die selektive Abwanderungshypothese zu prüfen. In einer Erhebung an etlichen Tausend schwarzer Schulkinder in Washington fand LONG (63) signifikante Unterschiede im mittleren IQ zugunsten der in Washington geborenen Kinder. Anders ausgedrückt: Kinder, die nach Washington umgezogen sind – meist aus ungünstigeren südlichen Gemeinden – waren nicht so intelligent wie diejenigen, die in Washington geboren und aufgewachsen sind. In einer gründlicheren Studie an einer Zufallsstichprobe zugezogener Kinder fand man eine signifikante positive Korrelation zwischen der Länge des Aufenthaltes in Washington und dem IQ.

Eine Untersuchungsserie unter der Leitung von KLINEBERG (50) ging das Problem der selektiven Abwanderung auf zwei Wegen an. Erstens überprüfte man die Schulzeugnisse von 562 schwarzen Kindern, die von Schulen des Südens in Schulen des Nordens übergewechselt hatten. Die Zensuren dieser Kinder in den Schulen des Südens vor dem Umzug zeigten, daß die Gruppe einen typischen Querschnitt ihrer Schulpopulation darstellte. Die mittleren Zensuren unterschieden nicht signifikant zwischen Abwanderern und Nichtabwanderern. Die Abwanderungsgruppe war also zu Beginn nicht besser als die, die in den Schulen des Südens blieb.

Der zweite Ansatz in diesen Untersuchungsserien bestand aus dem Vergleich der Intelligenztestwerte von Gruppen schwarzer Schulkinder, die unterschiedlich lange Zeit in der Stadt New York gelebt hatten. Man untersuchte über 3000 10- bis 12jährige schwarze Kinder aus Harlem mit einer Vielzahl von Individual- und Gruppentests. Die Pbn in den verschiedenen Wohngruppen wurden nach Alter und Geschlecht parallelisiert; sie besuchten dieselben Schulen und glichen sich ungefähr in ihrem sozioökonomischen Hintergrund. Der einzig bedeutsame Unterschied zwischen ihnen war die Anzahl der in New York verbrachten Jahre. Zum Vergleich hatte man auch eine Gruppe von schwarzen Schulkindern, die in New York geboren worden waren, hinzugenommen. Man benutzte verschiedene Prüfungen, um nachzuweisen, daß die Unterschiede zwischen den verschiedenen Aufenthaltsgruppen weder den unterschiedlichen Anteilen der weißen Beimischung, noch einem zunehmendem Abstieg in der Qualität der Zuwanderer, die in aufeinanderfolgenden Jahren nach New York kamen, zugeschrieben werden konnte.

In Tabelle 30 finden sich die Mittelwerte jeder Aufenthaltsgruppe im National Intelligence Test, dem Stanford-Binet, dem Minnesota Paper Form Board und einer verkürzten Fassung der Pintner Paterson Handlungsskala. In den drei „Intelligenztests“ nehmen die Mittelwerte tendenziell mit zunehmender

Aufenthaltsdauer in New York zu. Die Gewinne sind im National Intelligence Test beträchtlich, einem überwiegend verbalen Gruppentest, der wohl am ehesten Unterschiede in der Beschulung widerspiegelt. Der Pintner Paterson weist große Differenzen auf, wenn man extreme Aufenthaltsgruppen miteinander vergleicht. Wahrscheinlich ist das durch seine Abhängigkeit von der Handlungsgeschwindigkeit bedingt. Im Stanford-Binet sind die Unterschiede gering und im Minnesota Paper Form Board inkonsistent und zu vernachlässigen. Die einzelnen Untergruppen, zwischen denen man Vergleiche angestellt hat, sind jedoch oft klein und deshalb müssen die Ergebnisse als vorläufig angesehen werden.

Tabelle 30: Beziehung zwischen der Aufenthaltsdauer in der Stadt New York und Intelligenztestwerten schwarzer Schulkinder (übernommen aus Klineberg, 50)

Nationaler Intelligenz-Test			Stanford-Binet		
Jahre der Aufenthaltsdauer	Anzahl der Fälle	Mittelwert	Jahre der Aufenthaltsdauer	Anzahl der Fälle	Mittlerer IQ
1–2	150	72	< 1	42	81,4
3–4	125	76	1–2	40	84,2
5–6	136	84	2–3	40	84,5
7–8	112	90	3–4	46	85,5*
> 8	157	94	> 4	47	87,4
im Norden geb.	1017	92	in New York geb.	99	87,3

Minnesota Papier-Form-Brett			Pintner-Paterson		
Jahre der Aufenthaltsdauer	Anzahl der Fälle	Median Wert	Jahre der Aufenthaltsdauer	Anzahl der Fälle	Mittlerer Punktwert
1–2	27	39,00	< 2	20	142,5
3–4	25	26,67	2–5	20	139,8
5–6	30	31,88	> 5	20	152,1
7–8	23	37,50	im Norden geb.	50	164,5
9–10	25	37,50			
> 10	41	37,50			
in New York geb.	223	41,61			

* Dieser Wert war als 88,5 in der Monografie von Klineberg falsch gedruckt (50, S. 46)

Eindeutigere Belege für die Beziehung zwischen Intelligenztestwerten und der Zeitdauer, die in Schulen des Nordens verbracht worden ist, stammen aus einer späteren Studie von Lee (61). Er arbeitete mit schwarzen Kindern in Philadelphia und verwandte größere Stichproben als sie in den verschiedenen Studien von Klineberg benutzt worden sind. Lee analysierte Retestwerte *derselben* Kinder nach unterschiedlich langer Aufenthaltsdauer im Norden. Aus einer Gruppe in Philadelphia geborener schwarzer Kinder verglich man diejenigen, die einen Kindergarten besucht mit solchen, die es nicht getan hatten. Das hauptsächlich verwendete Instrument waren die Philadelphia Tests of Mental and Verbal Ability, eine Serie von Gruppenintelligenztests, die an Schulkindern in Philadelphia standardisiert worden ist.

In Tabelle 31 sind die mittleren IQn jeder Gruppe von schwarzen Kindern in den ersten Tests und folgenden Retests wiedergegeben. Man erkennt zunächst, daß die Kindergartengruppe konsistent höhere Durchschnittswerte hatte als die Gruppe, die in die erste Klasse ohne Vorschulerfahrung gekommen war. Diese Unterschiede – signifikant auf dem 1 %-Niveau – erschienen in der ersten Klasse und blieben in allen Retests erhalten. Der Vorteil der Kindergartengruppe kann auf selektiven Faktoren bei der Kindergartenanmeldung basieren, auf dem Effekt früher Wahrnehmungs- und anderer relevanter Übungen im Kindergarten oder auf einer Kombination beider Ursachen. Innerhalb aller in Philadelphia geborenen Gruppen gibt es keine konsistente Tendenz zum Anstieg der Werte in den Retests, da die aufeinanderfolgenden Mittelwerte nur Zufallsfluktuationen aufweisen.

Dieses Ergebnis widerspricht völlig den Ergebnissen, die man an schwarzen Kindern erhielt, die im Süden geboren und nach Philadelphia abgewandert sind. In allen diesen Gruppen gibt es eine signifikante Tendenz der Mittelwerte, mit der Aufenthaltsdauer im Norden anzusteigen. So stiegen die Werte der Gruppe, die in Philadelphia die Schule in 1A begannen, von 86,5 beim Schuleintritt auf 92,8 in der Klasse 9A; die Werte der Gruppe, die in 1B-2B

Tabelle 31: Mittlere IQn schwarzer Kinder in den Philadelphia Tests of Mental and Verbal Ability (aus Lee, 61, S. 231)

		Mittelwert für die angegebene Klasse				
Gruppe	N	1 A	2 B	4 B	6 B	9 A
In Philadelphia geboren, mit Kindergarten	212	96,7	95,9	97,2	97,5	96,6
In Philadelphia geboren, ohne Kindergarten	424	92,1	93,4	94,7	94,0	93,7
Im Süden geboren, Beginn des Schulbesuches in der Klasse:						
1 A	182	86,5	89,3	91,8	93,3	92,8
1 B–2 B	109		86,7	88,6	90,9	90,5
3 A–4 B	199			86,3	87,2	89,4
5 A–6 B	221				88,2	90,2
7 A–9 A	219					87,4

in die Schulen nach Philadelphia umwechselten, stiegen von 86,7 bis 90,5 usw.

Man erkennt auch, daß der IQ in jeder Klasse umso höher ist, je früher die Kinder mit dem Schulbesuch im Norden begonnen haben. Das ergibt sich, indem man jede Klassenspalte in Tabelle 31 von oben nach unten liest. Bestätigende Daten für die obigen Ergebnisse erhielt man auch mit den Tests für die Primary Mental Abilities (PMA) und dem Minnesota Paper Form Board, das man einigen Pbn in dieser Studie vorlegte. Mit Ausnahme des Gedächtnistests der PMA, in dem man keine signifikanten Gruppenunterschiede fand, weisen alle Tests mit zunehmender Aufenthaltsdauer im Norden steigende Mittelwerte auf, sowie eine signifikante Überlegenheit der Gruppe, die einen Kindergarten besucht hatte.

Querschnittsvergleiche kultureller und biologischer Gruppen

Ein vielversprechender Ansatz zur Analyse von Gruppenunterschieden im Verhalten besteht aus Querschnittvergleichen kultureller und biologischer Gruppen. Der zugrundeliegende Versuchsplan erfordert die Neuklassifikation derselben Individuen in bezug auf mehr als ein Kriterium, z.B. Nationalität, physischer Typ, Schulbildung oder Geschlecht. Eines der frühesten systematischen Anwendungen dieses Forschungsdesigns findet sich in einer Studie von KLINEBERG (49). Man legte 700 10- bis 12jährigen Schuljungen aus ländlichen Gebieten in Frankreich, Deutschland und Italien die Pintner Paterson Handlungsskala vor. Man holte die Stichproben aus Gebieten, in denen in der Überzahl reine Nordische, Alpine bzw. Mediterrane wohnten. Zusätzlich wurden nur jene als Pbn ausgewählt, die den Merkmalen ihres jeweiligen rassischen Typs in bezug auf Augen- und Haarfarbe und Schädelindex entsprachen.

In Tabelle 32 ist eine Liste der jeweiligen untersuchten Gruppen, ihr Wohnort und ihre Testleistung aufgeführt. Klassifiziert man alle Pbn in bezug auf ihre Nationalität, so sind zwei der drei Mittelwertunterschiede in den Testwerten auf dem 1 %-Niveau signifikant. Teilt man sie in Nordische, Alpine und Mediterrane ein, ohne die Nationalität zu berücksichtigen, ist kein Mittelwertunterschied signifikant. Alle gefundenen Unterschiede sind also mit der vorherrschenden kulturellen Kategorie und Nationalität assoziiert und nicht mit dem physischen Typ. Auch eine Überprüfung der speziellen Untergruppenleistung stützt nicht das volkstümliche Stereotyp von einer nordisch- alpin-mediterranen Hierarchie. Obwohl eine nordische Gruppe den höchsten Mittelwert erhielt, findet sich der höchste Median in einer mediterranen Gruppe. Entsprechend ist auch die Rangordnung der rassischen Gruppe *innerhalb* einer Nation inkonsistent. So ist in Frankreich die mediterrane Gruppe die beste, die alpine ist in der Mitte und die nordische am schlechtesten. Dagegen übertrifft in Deutschland die nordische die alpine Stichprobe und in Italien die alpine die mediterrane Gruppe. Auch die deutlichen Überschneidungen zwischen den Gruppen, die sich in der Streubreite zeigen, sollte erwähnt werden. Relevant für eine kulturelle Interpretation von Gruppenunterschieden ist auch die Tatsache, daß die größten in dieser Studie gefundenen Mittelwertunterschiede zwischen ländlichen Gruppen und städtischen Stichproben auftraten, die man in Paris, Hamburg und Rom getestet hat. Diese Unterschiede übertrafen bei weitem die oben genannten nationalen Unterschiede.

Tabelle 32: Handlungstestwerte europäischer Jungen, die man nach Nationalität und physischem Typus klassifiziert hat (aus KLINEBERG, 49, S. 27, 30, 31)

Gruppe (N = 100 in jeder)	Provinz	Anzahl beteiligter Orte	Handlungstestwert Mittelwert	Median	Streubreite
Deutsch Nordisch	Hannover	17	198,2	197,6	69–289
Französisch Mediterran	Ostpyrenäen	12	197,4	204,4	71–271
Deutsch-Alpine	Baden	10	193,6	199,0	80–211
Italienisch-Alpine	Piedmont	10	188,8	186,3	69–306
Französisch-Alpine	Auvergne und Velay	19	180,2	185,3	72–296
Französisch Nordisch	Flandern	13	178,8	183,3	63–314
Italienisch Mediterran	Sizilien	9	173,0	172,7	69–308

Zusammengefaßte Gruppenmittelwerte

Deutsch	195,9	Nordisch	188,5
Französisch	185,7	Alpine	187,5
Italienisch	180,9	Mediterran	185,2

Bestimmte Begrenzungen dieser Studie müssen berücksichtigt werden. Erstens sind die verwandten Tests in den Funktionen, die sie erfassen, eingeschränkt. Außerdem hängen die Werte weitgehend von Schnelligkeit ab, da die Tests für die Pbn in ihrem Altersbereich relativ leicht sind. Schließlich sollte man erkennen, daß der Untersucher in Wirklichkeit die volkstümliche Rassenauffassung testete, wonach ein Individuum aufgrund seiner physischen Merkmale klassifiziert wird, ohne daß seine Vorfahren oder die genetische Population, zu der es gehört, betrachtet werden. Die Untersuchung befaßte sich also mit der Relation zwischen physischem Typus und Intelligenztestleistung und nicht mit Rassenunterschieden direkt. Aus der Diskussion über Rassen im Kapitel 16 sei daran erinnert, daß z.B. französische und deutsche Nordische nicht eine einzige rassische Gruppe im genetischen Sinne darstellen.

Hier soll auch eine Untersuchung von KLINEBERG, FJELD und FOLEY (56) über Persönlichkeitsmerkmale angeführt werden. Sie stellt einen anderen Test für die volkstümlichen Stereotypien dar, die Nordischen, Alpinen und Mediterranen anhaften. Man legte über 400 männlichen und weiblichen Studenten, die 8 Colleges im größeren Umkreis von New York besuchten, eine Reihe von Persönlichkeitstests vor, das Bernreuter Persönlichkeitsinventar, die Allport-Vernon Study of Values, einen Ehrlichkeitstest (Maller Test of Sports and Hobbies) und zwei speziell konstruierte Tests, die Suggestibilität bzw. Ausdauer messen sollten. Die Pbn waren aufgrund ihres Schädelindexes, der Augen- und Haarfarbe als Nordische, Alpine und Mediterrane klassifiziert worden. Obwohl die meisten Werte statistisch signifikante Unterschiede zwischen den Colleges ergaben, erwies sich kein Unterschied zwischen nordischen, alpinen und mediterranen Typen als signifikant[1]. Der physische Typ erwies sich wieder als unabhängig von psychischen Merkmalen.

In der Volksmeinung hat man Gruppenunterschiede in Gesten, Haltungen, Geschwindigkeit und Tempo der Körperbewegung eng mit angeblichen Rassenunterschieden in der Persönlichkeit in Verbindung gebracht. Doch vorliegende Belege können eine rassische Interpretation der Gestik nicht unterstützen (25, 59). EFRON und FOLEY haben eine Erkundungsstudie über die Bedeutung kultureller versus biologischer Faktoren für die Gestik durchgeführt. Pbn waren: 1. „traditionelle" Italiener, die in einem Italienerviertel der Stadt New York lebten; 2. „traditionelle" Juden, die in New Yorks East Side wohnten; und 3. „assimilierte" Italiener und Juden, die in amerikanisierten Umgebungen lebten. Die Gestik wurde untersucht durch direkte Beobachtung und verbale Beschreibung, Vorführungen eines Künstlers und Filmbilder. Alle drei Beobachtungstechniken wurden an Gebärden durchgeführt, die in gewöhnlichen Situationen auftraten, wobei sich die Pbn der Beobachtung nicht bewußt waren. Der Film wurde weiter analysiert, indem man Bild für Bild auf ein Koordinatenblatt projizierte und die aufeinanderfolgenden Positionen der bewegten Teile aufzeichnete, wie in Abbildung 85 dargestellt ist. Die Zahlen in dieser Abbildung geben die Richtung der Bewegung der rechten und linken Handgelenke, bzw. der rechten und linken Ellenbogen an.

---

1 Es gab zwei Ausnahmen: die religiösen und ästhetischen Werte in der Study of Values ergaben signifikante Unterschiede zwischen physischen Typen. Diese Unterschiede scheinen jedoch durch ein deutliches Überwiegen eines einzelnen physischen Typs in einem bestimmten College bedingt zu sein. Die Daten in bezug auf diese speziellen Vergleiche sind deshalb wegen des Vorhandenseins konfundierender Faktoren nicht eindeutig.

Die qualitativen und quantitativen Daten, die man in dieser Studie gesammelt hat, führten zu zwei Hauptaussagen. Erstens ließ sich die Gestik traditioneller Italiener klar aufgrund von Merkmalen differenzieren wie: verwendeter Körperteil, Form der Bewegung, Lateralität und Symmetrie, Radius, Richtung, Rhythmus und Tempo. Die jüdischen Gesten waren auch eher symbolisch, während die italienischen Gesten charakteristisch bildhaft und pantomimisch waren. Das zweite Hauptergebnis war jedoch, daß die traditionelle Gestik in den assimilierten Gruppen fehlte. Insgesamt war die Gestikulation in den assimilierten Gruppen viel seltener und die verwendeten Gesten ähnelten in ihrer Beschaffenheit stark denen, die für amerikanische Gruppen typisch sind.

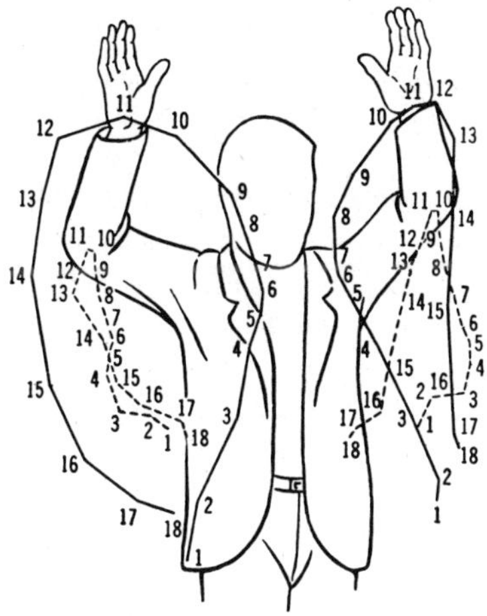

Abb. 85: Grafische Technik, die zur Analyse von Gesten verwendet wurde (aus Efron u. Foley, 26, S. 154)

Ein anderes Beispiel für die Art des betrachteten Versuchsplanes stellt Manns Reanalyse der Labyrinthtestwerte dar, die Porteus an mehreren Gruppen südafrikanischer und australischer Ureinwohner erhoben hatte (65). Mann bemerkte, daß einige Stämme Zutritt zu Missions- oder Regierungsschulen gehabt hatten, während andere keine Schulmöglichkeiten hatten. Als man die Stämme zunächst in bezug auf ihre Rasse (afrikanisch oder australisch) und dann in bezug auf ihre Schulbildung (Vorhandensein oder Fehlen von Schulen) einteilte, waren die Rassenunterschiede in den Mittelwerten gering und nicht signifikant. Dagegen war der Unterschied im Zusammenhang mit den Schulen auf dem 1 %-Niveau signifikant. Die Leistung in diesem relativ „kulturfreien Test“ stand also in engerer Beziehung zur Verfügbarkeit von Bildungsmöglichkeiten als zum rassischen Ursprung.

Aus methodischer Sicht sei erwähnt, daß sich die Varianzanalyse besonders für Versuchspläne eignet, in denen dieselben Pbn nach verschiedenen Kriterien mehrmals klassifiziert werden. Mit diesem statistischen Verfahren lassen sich sowohl signifikante Effekte jedes einzelnen Faktors als auch die Interaktion zwischen ihnen identifizieren. Die Bedeutung der Interaktion läßt sich in diesem Zusammenhang illustrieren, indem man die vorher zitierte Studie von ANASTASI und D'ANGELO (3) an schwarzen und weißen Vorschulkindern betrachtet. Die Daten über die Sprachentwicklung wiesen eine signifikante Interaktion zwischen Geschlecht und Rasse auf. Das ist auf die Tatsache zurückzuführen, daß bei den Weißen die Mädchen die Jungen übertrafen, während bei den Schwarzen die Jungen besser waren. Diese Ergebnisse stimmen mit den Resultaten getrennter Studien an Weißen (s. 66) und Schwarzen (4, 12) überein. Interessanterweise hat man einen ähnlichen Geschlechtsunterschied zugunsten der Jungen in Untersuchungen über die frühe Sprachentwicklung bei chinesischen Kindern in Hawai gefunden (85). Es gibt keine eindeutige Erklärung für eine solche Umkehrung von Geschlechtsunterschieden. Sie mag das Resultat sozialer Zwänge sein, die Jungen in bestimmten Kulturen mehr Gelegenheit oder Anreize zur Sprachentwicklung bieten, während die Mädchen sich dieses Vorteils in anderen Kulturen erfreuen. Was immer auch die Gründe sein mögen, die Tatsache einer signifikanten Interaktion zwischen Geschlecht und Rasse bei der Sprachentwicklung spricht für einen fruchtbaren Startpunkt für weitere kulturelle Querschnittsforschung. Sie macht deutlich, daß eine Verwendung der Varianzanalyse in solchen kulturellen Querschnittsuntersuchungen häufiger als bisher wünschenswert wäre.

Forschung über Kultur und Persönlichkeit

Die letzten beiden Jahrzehnte waren Zeugen einer raschen Zunahme von Studien über die Beziehung zwischen Kultur und Persönlichkeitsentwicklung. Statt existierende Populationen in bezug auf Normen für die Intelligenz und Persönlichkeitsanpassung, die in einer einzigen Kultur aufgestellt worden sind, in eine Rangreihe zu bringen, konzentrieren sich diese Studien auf eine Beschreibung der multidimensionalen Unterschiede zwischen Gruppen. Dieser Ansatz beinhaltet auch eine Suche nach kulturellen Faktoren, die für die beobachteten Gruppenunterschiede im Verhalten verantwortlich sein können. Das stärkste Gewicht wird auf die emotionale und motivationale Entwicklung gelegt, wenn auch die indirekten Effekte dieser Merkmale auf intellektuelle Funktionen und Leistungen Aufmerksamkeit auf sich zogen. Aus methodischer Sicht ist diese Forschung durch die Verwendung sehr vielfältiger Verfahren der Datensammlung gekennzeichnet, durch die Kooperation von Spezialisten aus vielen Gebieten in gemeinsamen Projekten und durch zunehmende Versuche, die Dienste gelernten Personals in den untersuchten Kulturen in Anspruch zu nehmen.

Verfahren zur Untersuchung des Nationalcharakters

Autoren über Kultur und Persönlichkeit haben oft den Begriff „Nationalcharakter“ verwendet. Man muß sich gewahr sein, daß dieser Begriff in kulturellem und nicht in biologischem Sinne gebraucht wird. Außerdem folgt daraus nicht, daß jedes Individuum in einer Nation mit der angegebenen Beschreibung des Nationalcharakters übereinstimmt. Vielmehr repräsentiert der Nationalcharakter das modale, d.h. häufigste Persönlichkeitsmuster in einer Kultur. Von diesem Modalwert können Individuen oder Untergruppen unterschiedlich stark abweichen. Regionale Unterschiede können innerhalb bestimmter Kulturen beträchtlich sein (s. z.B. 29). Tatsächlich kann das Ausmaß an Heterogenität in den Persönlichkeitsmustern einer Kultur selbst als ein wichtiger Aspekt des Nationalcharakters angesehen werden. Man sollte auch berücksichtigen, daß der Nationalcharakter Wandlungen unterworfen ist, wenn sich die kulturellen Bedingungen wandeln.

Die vielen Methoden zur Untersuchung des Nationalcharakters lassen sich unter 7 Überschriften zusammenfassen[2]. Einen Ansatz illustrieren die unzähligen *beschreibenden Berichte* einzelner Kulturen durch Anthropologen, Psychiater, Psychoanalytiker, Journalisten und andere Autoren. Diese Berichte unterscheiden sich stark hinsichtlich ihrer Objektivität, Vollständigkeit und Informationsquellen. Bekannte Beispiele sind die Beschreibungen der amerikanischen Kultur durch GORER (36) und MEAD (68) und der Bericht BENEDICTS (8) über die traditionelle japanische Kultur. Beschreibt ein ausländischer Beobachter eine Kultur, so kann möglicherweise eine Analyse seiner Beschreibung einige Hinweise auf seine eigene Kultur aufdecken, da sie sich in seinen Wahrnehmungen widerspiegelt. Gemeinsame Merkmale dagegen, die in den Beschreibungen von Beobachtern aus verschiedenen Ländern immer wiederkehren, beziehen sich wahrscheinlich eher auf unterschiedliche Merkmale in der beobachteten Kultur. Eine solche Zusammenstellung der Reaktionen verschiedener Beobachter findet sich in dem Buch von COMMAGER (17) über die amerikanischen Menschen, das Beiträge von 35 Autoren aus 13 Nationen enthält.

Beschreibende Angaben über den Nationalcharakter sind vielen Beschränkungen ausgesetzt. Sie bieten leicht eine zu stark vereinfachte Sicht über eine

2 Für ausführlichere Diskussionen und kritische Bewertungen derartiger Methoden s. 27; 43; 52, Kap. 2; 54, Kap. 14; 70.

nationale Kultur, wobei regionalen und anderen Untergruppenunterschieden nur ungenügend Beachtung geschenkt wird. Die Daten können irrepräsentativ sein, sowohl was die Personen als auch was die zur Beschreibung ausgewählten Verhaltensaspekte anbelangt. Außerdem können sich Interpretationen individueller Motivation mit Hilfe von traditionellen Verhaltensmustern als irreführend erweisen. DENNIS (20) fand z.B., daß Hopikinder in Testsituationen genauso häufig oder häufiger als weiße amerikanische Kinder Wettkampfhaltungen zeigten, obwohl in der Hopikultur traditionsgemäß das offene Zeigen von Rivalität und Wettbewerb selten ist.

Eine zweite Methode besteht in der vergleichenden Analyse der *Lebens-* und *Sozialstatistiken*, z.B. für das Vorkommen von Kriminalität, Psychosen oder psychosomatischen Störungen. Eine spezielle Anwendung dieses Verfahrens stellt CATTELLs Faktorenanalyse von 80 demographischen, ökonomischen und geographischen Variablen für 69 Länder dar (15). *Kontentanalysen* kultureller Produkte repräsentieren eine dritte Art des Vorgehens. Man untersucht Material wie Filme, Spiele, Bücher und Zeitschriften auf wiederkehrende und charakteristische Themen. Einige Untersucher haben sogar das Vorkommen von Ausdrücken in einer Sprache, die nicht in einer anderen zu finden sind, als Basis für Spekulationen über den Nationalcharakter herangezogen.

Eine vierte Quelle von Daten über den Nationalcharakter stellen *Untersuchungen an Gemeinden* dar, z.B. diejenigen über „Middletown" oder „Yankee City" (s. Kap. 15). Studien dieser Art hat man auch in chinesischen, japanischen und mexikanischen Dörfern durchgeführt (s. 52, S. 61). Natürlich muß man unbedingt prüfen, wie repräsentativ die jeweilige Gemeinde für die gesamte untersuchte Kultur sein kann. Auch *öffentliche Meinungs- und Einstellungsumfragen* hat man in Untersuchungen über den Nationalcharakter herangezogen. Beispiele sind RODNICKs Forschung an Norwegern (79), MURPHYs Erhebung von Einstellungen und Konflikten in Indien (72) und die vergleichende Studie von GILLESPIE und ALLPORT über die Einstellungen von Collegestudenten in 10 Ländern (33). In allen Verallgemeinerungen über den Nationalcharakter aufgrund derartiger Daten muß die Vergleichbarkeit der Stichproben besonders geprüft werden. Collegestudenten in Amerika und Ägypten z.B. stellen keine vergleichbaren Stichproben für die Jugend der jeweiligen Nationen dar, da in Amerika ein größerer Anteil junger Leute das College besucht als in Ägypten.

Ein 6. Ansatz besteht aus der Beobachtung der *Kindererziehungspraktiken* in verschiedenen Kulturen und dem Versuch, Merkmale der Erwachsenenpersönlichkeit in Beziehung zu setzen zu bestimmten Merkmalen dieser Praktiken. So hat man behauptet, das Verhalten Erwachsener spiegelt das Ausmaß wider, in dem die Kindheitserfahrungen gekennzeichnet waren durch Strenge, Rigidität, Vermeidung, Ungezwungenheit, emotionale Wärme und ähnliches.

Häufig werden psychoanalytische Theorien zur Formulierung dieser Hypothesen herangezogen. Dieser Ansatz wurde in Kapitel 4 erwähnt, wo die Forschung von WHITING und CHILD (94) an den verfügbaren Daten aus 75 primitiven Gesellschaften erwähnt wurde. Dieser Analyse folgten Feldbeobachtungen der Erziehungspraktiken in Indien, Mexiko, Okinawa, den Philippinen und dem neuenglischen Teil der USA (93). Obwohl hier eine Quelle für Hypothesen zu weiterer Forschung zu finden ist, müssen Interpretationen des Nationalcharakters aufgrund von Erziehungspraktiken als höchst vorläufig angesehen werden (s. 43, 52, 73).

Die letzte Art zu besprechender Methoden ist für Psychologen besonders interessant, denn sie verwendet *gründliche Studien an Individuen* mit Hilfe von Interviews und psychologischen Tests. In diesem Zusammenhang hat man besonders projektive Verfahren benutzt, z.B. den Rorschach, den TAT, die Picture-Frustration-Study (PFS) von ROSENZWEIG, Satzergänzen, Zeichnen und verschiedene Spieltests (s. 1, 37). In solchen Studien hat man auch die Reaktionen der Pbn in standardisierten experimentellen Situationen analysiert. Beispiele für dieses Verfahren werden in den folgenden Abschnitten genannt werden.

Kulturelle Querschnittsuntersuchungen

Zwei Beispiele sollen zur Illustration heutiger kultureller Querschnittsuntersuchungen genügen. Eines der ausführlichsten Forschungsprogramme über den Nationalcharakter wurde im 2. Weltkrieg unter der Schirmherrschaft des United States Office of Naval Research und anderer beteiligter Organisationen initiiert. Ursprünglich sollte diese Forschung Wissen über Sitten, Einstellungen und andere psychische Merkmale sowohl von befreundeten als auch von feindlichen Nationen zusammentragen. Ihr folgten in der Nachkriegszeit ähnliche Studien in mehreren europäischen und asiatischen Kulturen. Eine Phase dieses Programmes, das Columbia University Research in Contemporary Cultures (9, 60, 69), beinhaltet Projekte über vorsowjetische, russische, heutige sowjetische, tschechische, polnische, osteuropäisch jüdische, französische, syrische und chinesische Kulturen. Eine andere, die Coordinated Investigation of Micronesian Anthropology (35, 45, 71) befaßte sich mit gründlichen Studien der Eingeborenenkulturen auf mehreren südpazifischen Archipelen.

Jedes Projekt verwandte mehrere Techniken der Datenerhebung, z.B. Interview und autobiographische Berichte, Intelligenz-, Fähigkeits- und Persönlichkeitstests, projektive Verfahren, Analysen kultureller Produkte und Untersuchungen der Erziehungspraktiken. Beobachtungen in fremden Ländern wurden oft vervollständigt durch Studien an Einwanderungsgruppen in

Amerika. Die meisten Projekte wurden gemeinsam von Anthropologen und Psychologen durchgeführt, wenn auch das Schwergewicht auf dem anthropologischen Sektor lag.
Ein anderes wichtiges Beispiel für kulturelle Querschnittsforschung ist die Arbeit der Organization for Comparative Social Research (24). Diese Organisation setzte sich zusammen aus kooperierenden Teams von Sozialwissenschaftlern in 7 europäischen Nationen, d.h. Belgien, England, Frankreich, Holland, Norwegen, Schweden und Wetdeutschland. Das Forschungsprogramm bestand aus mehreren koordinierten Projekten, die gleichzeitig in den 7 Ländern durchgeführt wurden. Die untersuchten Hypothesen betrafen hauptsächlich das Verhalten von Gruppenmitgliedern unter bedrohlichen Bedingungen. Man verwandte sowohl experimentelle als auch Befragungsverfahren.
Die experimentelle Situation (81, 82) wurde in Form eines ersten Treffens eines Jungen-Fliegerclubs vorgegeben. In jeder Gruppe führten die Pbn 20 Minuten lang eine Diskussion, die von 2 Untersuchern beobachtet wurde. Ein Wettbewerb wurde ausgesetzt, in dem die Gruppe, die das beste Modellflugzeug baute, eine Belohnung erhalten sollte. Jede Gruppe konnte unter 5 Modellen wählen, 4 ansehnlichen motorgetriebenen Flugzeugen und einem 5. uninteressanten Gleitmodell. Ein Mitglied jeder Gruppe war ein „Strohmann", der das Gleitflugzeug wählte, während die anderen Mitglieder fast immer eines der anderen Modelle wählten. Die Reaktionen der Gruppenmitglieder auf den Abweichler, der die Erreichung des erstrebten Gruppenziels bedrohte, wurden mit Hilfe von zwei soziometrischen Maßen untersucht.

Befragungstechniken (6) wurden in einem anderen Teil des Projektes verwendet, das sich mit den Einstellungen von Lehrern in den genannten 7 Nationen befaßte. Man befragte in jedem Land Stichproben von 300 Grundschul- und Hauptschullehrern. Die Interviewer sollten besonders bei den Pbn die Wahrnehmung von Bedrohung in der heutigen internationalen Situation erfragen.

Intensive Studien an einzelnen Kulturen

Die heutige Forschung über Gruppenunterschiede beinhaltet auch gründliche Untersuchungen der Persönlichkeitsentwicklung innerhalb einer einzelnen Kultur. Aus praktischer Sicht leisten solche Studien einen Beitrag zur Verbesserung der Beziehungen zwischen den Gruppen und bringen ungünstige Umweltbedingungen an das Licht, die verbesserungsbedürftig sind. Gleichzeitig bringt diese Art der Forschung das psychologische Wissen voran, indem sie eine Gelegenheit bietet, Ursache-Wirkungs-Beziehungen in der

Verhaltensentwicklung innerhalb einer einzelnen Kultur zu untersuchen. Verallgemeinerungen über menschliches Verhalten, die man aus einer einzelnen Kultur ableitete, müssen womöglich modifiziert oder sogar zurückgewiesen werden, wenn sie in einer anderen Kultur überprüft werden. Das wird im folgenden Kapitel deutlich werden. Eine Studie der Verhaltensentwicklung in einer Kultur, die unserer eigenen unähnlich ist, bringt neues Wissen über psychologische Prinzipien, besonders dann, wenn die Verhaltensdaten auf begleitende kulturelle Faktoren bezogen werden können.

Ein hervorragendes Beispiel für die betrachtete Untersuchungsart stellt die Indian Personality and Administration Research dar (38, 39, 40, 46, 57, 62, 64, 91). Es handelte sich dabei um ein umfangreiches interdisziplinäres Projekt, das gemeinsam von dem United States Office of Indian Affairs und dem University of Chicago Committee on Human Development unterstützt wurde. Ziel war die Untersuchung amerikanischer Indianer in bezug auf ihre individuelle Persönlichkeitsentwicklung und Stammesstruktur, um Wege zur Verbesserung des Indian Service zu empfehlen und eine verantwortungsvolle lokale Autonomie zu entwickeln. Das Projekt erstreckte sich über 11 Gemeinschaften in 5 Indianerstämmen, den Hopi, Navaho, Papago, Sioux und Zuni. Unter Mitarbeit von Fachleuten der Anthropologie, Psychologie, Psychiatrie, Pädagogik, öffentlichen Verwaltung, Linguistik und Ökologie erstellte das Forschungsprojekt ein vollständiges Bild von dem Leben in jeder Gemeinschaft. Die Feldforschung befaßte sich weitgehend mit einer Untersuchung der Persönlichkeiten einer repräsentativen Stichprobe von Kindern im Alter von 6 bis 18 Jahren im sozialen Kontext jeder Gemeinschaft. Man erhob die Daten durch Interviews, teilnehmende Beobachtung, medizinische Untersuchungen und eine Batterie von 8 psychologischen Tests. Diese Batterie bestand aus der Arthur Performance Scale, dem Mannzeichentest von GOODENOUGH, dem Rorschach und anderen Persönlichkeitstests projektiver oder kontrollierter Befragungsart.

Auch die Forschung an amerikanischen Schwarzen mit Hilfe vielfältiger Techniken hat zum besseren Verständnis der Bedeutung kultureller Faktoren für die Persönlichkeitsbildung beigetragen. In den 40er Jahren wurde eine Buchserie mit den Ergebnissen ausführlicher Untersuchungen der schwarzen Jugend veröffentlicht, die unter der Schirmherrschaft der American Youth Commission of the American Council on Education durchgeführt worden sind (5, 19, 28, 44, 77, 88, 92). Obwohl im Ansatz primär soziologisch, enthielten diese Studien wertvolles psychologisches Material. Man hatte Daten an einigen tausend schwarzen Jugendlichen in vielen Teilen der USA erhoben. Studien an Gemeinschaften, ausführliche Interviews, Fallstudien und psychologische Tests waren die Methoden, die man in den verschiedenen Teilen des Projektes verwendet hatte.

Einige neuere Untersuchungen haben mit projektiven Verfahren gearbeitet, mit dem Rorschach, dem TAT, dem PFS von ROSENZWEIG und Zeichentests. Die Ergebnisse dieser Studien haben einiges Licht auf die charakteristischen Ängste, emotionalen Konflikte, Frustrationen, Aggressionen und die Apathie geworfen, die durch die kulturellen Bedingungen entstehen, unter denen schwarze Amerikaner im allgemeinen leben (s. 83, S. 133 – 137). Weitere Daten über die emotionalen Probleme schwarzer Amerikaner in verschiedenen sozioökonomischen Schichten stammen von KARDINER und OVESEY (47). Ein Hauptteil der letztgenannten Studie besteht aus detaillierten Fallberichten über 25 schwarze Männer und Frauen, die als Repräsentanten unterer, mittlerer und oberer Schichten ausgesucht worden waren. Jeder Fall wurde mit Hilfe von psychoanalytischen Interviews untersucht, die in ihrer Anzahl von 10 bis 100 variierten. Die Pbn wurden durchschnittlich über einen Zeitraum von 4 bis 6 Monaten untersucht. Über die Hälfte der Pbn wurde im Verlauf einer Psychotherapie befragt, die restlichen nahmen an der Studie als Freiwillige oder für Geld teil.

Erwähnt seien auch neuere Untersuchungen an Japanern, die Stichproben umfassen, die in Japan und in Amerika leben. Die Einstellungen der japanischen Nachkriegsjugend in verschiedenen Teilen von Japan untersuchte STOETZEL (87) mit Hilfe eines Fragebogens, eines projektiven Bildertests und von Autobiographien. In einer späteren Studie, die unter Mitarbeit von japanischen Kollegen durchgeführt wurde, analysierte De VOS (22) die Antworten in drei projektiven Verfahren von fast 1000 Pbn aus zwei Städten und drei Dörfern in Zentraljapan. Einige Untersuchungen in Amerika haben sich speziell mit den Problemen und Folgen der Akkulturation japanischer Amerikaner befaßt (11, 16, 21).

Zusammenfassung

Die weitaus meisten Studien über Rassenunterschiede bieten nur deskriptive Daten ohne Information über die Ursachen der beobachteten Verhaltensunterschiede. Die historischen Beiträge unterschiedlicher Rassen zur Wissenschaft, Literatur, Malerei und anderen kulturellen Entwicklungen lassen sich leichter mit Umweltbedingungen als mit biologischen Unterschieden zwischen den Populationen erklären. Die Fähigkeit Primitiver, auf minimale sensorische Reize zu reagieren, ist Lernvorgängen und nicht sensorischer Überlegenheit zuzuschreiben. Die meisten Untersuchungsergebnisse über Rassenunterschiede in Intelligenz-, speziellen Fähigkeits- oder Persönlichkeitstests lassen sich wegen der komplexen Wirkung kultureller Differenzierungen nur schwer interpretieren. Das vorliegende Kapitel erstreckte sich nur über bestimmte Arten von Studien über Rassenunterschiede. Sie wurden ausgewählt,

um entweder vielversprechende Versuchspläne zu illustrieren oder um heutige Forschungstrends zu beleuchten.
Erhebungen an *Bastardpopulationen* unterstützen nicht die Behauptung, Rassenvermischung sei biologisch schädlich. Außerdem zeigen Forschungen an amerikanischen Indianern und Schwarzen, daß Intelligenztestleistung in Beziehung steht mit dem Ausmaß der kulturellen Assimilation und nicht mit dem Anteil weißer Vorfahren. Psychologische Tests, die man im *Kleinkind- oder Vorschulalter* angewandt hat, zeigten im allgemeinen keinen signifikanten Unterschied zwischen Schwarzen und Weißen in ihrer allgemeinen Verhaltensentwicklung. Bestimmte spezielle Unterschiede, z.B. in der mündlichen Reaktionsbereitschaft und der motorischen Entwicklung, lassen sich mit bekannten kulturellen Faktoren in Beziehung setzen. Auch pränatale Ernährungsmängel, die die physische Entwicklung verlangsamen, können bei bestimmten unterpriviligierten Gruppen die Verhaltensretardation bedingen.

Man hat große *regionale Unterschiede* in der Testleistung von Schwarzen und Weißen in Amerika gefunden. Vorliegende Belege zeigen, daß – zumindest bei schwarzen Amerikanern im Norden und Süden – diese Unterschiede auf Bildungs- und anderen Umweltungleichheiten basieren und nicht auf selektiver Abwanderung. *Querschnittvergleiche* an denselben Individuen, die in bezug auf kulturelle und biologische Kriterien klassifiziert worden sind, haben bislang eine kulturelle Interpretation von Gruppenunterschieden bei intellektuellen und Persönlichkeitsfaktoren begünstigt.
Forschung über *Kultur und Persönlichkeit* ist eine charakteristische Entwicklung der beiden letzten Jahrzehnte. Mit dem Schwergewicht auf existierenden Unterschiede zwischen Populationen versucht diese Forschung die speziellen Bedingungen in jeder Kultur zu identifizieren, die zu der Entwicklung typischer Persönlichkeitsmuster führen. Derartige Studien des „Nationalcharakters" haben vielfältige Vorgehensweisen verfolgt, z.B. beschreibende Berichte von Anthropologen, Psychologen und anderen Beobachtern; Analysen von Lebens- und Sozialstatistiken; Kontentanalysen; Studien an Gemeinschaften; Meinungs- und Einstellungsbefragungen; Beobachtungen der Erziehungspraktiken und ausführliche Untersuchungen von Individuen mit Hilfe von Interviews oder psychologischen Tests. Seit dem Ende des 2. Weltkrieges hat man eine Reihe umfangreicher Forschungsprogramme über den Nationalcharakter durchgeführt. Auch intensive interdisziplinäre Studien an bestimmten Populationen, z.B. an amerikanischen Indianern, haben unser Wissen über die Bedeutung der Kultur für die Verhaltensentwicklung bereichert.

Literaturverzeichnis

1. Abel, Theodora M. The Rorschach test in the study of culture. *Rorschach Res. Exch.*, 1948, 12, 79–93.
2. Anastasi, Anne, and Cordova, F. A. Some effects of bilingualism upon the intelligence test performance of Puerto Rican children in New York City. *J. educ. Psychol.*, 1953, 44, 1–19.
3. Anastasi, Anne, and D'Angelo, Rita Y. A comparison of Negro and white preschool children in language development and Goodenough Draw-a-Man IQ. *J. genet. Psychol.*, 1952, 81, 147–165.
4. Anastasi, Anne, and deJesús, C. Language development and Goodenough Draw-a-Man IQ of Puerto Rican preschool children in New York City. *J. abnorm. soc. Psychol.*, 1953, 48, 357–366.
5. Atwood, J. H., *et al. Thus be their destiny; the personality development of Negro youth in three communities.* Washington, D.C.: Amer. Coun. Educ., 1941.
6. Aubert, V., Fisher, B. R., and Rokkan, S. A comparative study of teachers' attitudes to international problems and policies: preliminary review of relationships in interview data from seven western European countries. *Proc., Int. Congr. Psychol., Montreal,* June 1954, 210–211.
7. Beach, K. L. The musical talent of southern Negroes as measured with the Seashore tests. *J. genet. Psychol.*, 1936, 49, 244–249.
8. Benedict, Ruth. *The chrysanthemum and the sword; patterns of Japanese culture.* Boston: Houghton Mifflin, 1946.
9. Benedict, Ruth. Child rearing in certain European countries. *Amer. J. Orthopsychiat.*, 1949, 19, 342–350.
10. Böök, J. A. Race mixture. *Acta genet. Stat. med.*, 1954, 5, 3–12.
11. Briggs, D. L. Social adaptation among Japanese-American youth: a comparative study. *Sociol. soc. Res.*, 1954, 38, 283–300.
12. Brown, F. An experimental and critical study of the intelligence of Negro and white kindergarten children. *J. genet. Psychol.*, 1944, 65, 161–175.
13. Bruner, F. G. The hearing of primitive peoples. *Arch. Psychol.*, 1908, No. 11.
14. Canady, H. G. The psychology of the Negro. In P. L. Harriman (Ed.), *Encyclopedia of psychology.* N.Y.: Philos. Lib., 1946. Pp. 407–416.
15. Cattell, R. B. The principal culture patterns discoverable in the syntal dimensions of existing nations. *J. soc. Psychol.*, 1950, 32, 215–253.
16. Caudill, W. Japanese-American personality and acculturation. *Genet. Psychol. Monogr.*, 1952, 45, 3–102.
17. Commager, H. S. *America in perspective: the United States through foreign eyes.* N.Y.: Random House, 1947.
18. Davenport, R. K. Implications of military selection and classification in relation to universal military training. *J. Negro Educ.*, 1946, 15, 585–594.
19. Davis, A., and Dollard, J. *Children of bondage: the personality development of Negro youth in the urban South.* Washington, D.C.: Amer. Coun. Educ., 1940.
20. Dennis, W. Are Hopi children noncompetitive? *J. abnorm. soc. Psychol.*, 1955, 50, 99–100.

21. De Vos, G. A. A comparison of the personality differences in two generations of Japanese Americans by means of the Rorschach test. *Nagoya J. med. Sci.*, 1954, 17, 153–265.
22. De Vos, G. A. Japanese value-attitudes assessed by application of Sargent's Insight Test method. *Amer. Psychologist,* 1956, 11, 410.
23. Dickinson, A. Race mixture: a social or a biological problem? *Eugen. Rev.*, 1949, 41, 81–85.
24. Duyker, H. C. J. Cross-national research: theoretical and practical considerations. *Proc., Int. Congr. Psychol., Montreal,* June 1954, 206–207.
25. Efron, D. *Gesture and environment.* N.Y.: Kings Crown Press, 1941.
26. Efron, D., and Foley, J. P., Jr. A comparative investigation of gestural behavior patterns in Italian and Jewish groups living under different as well as similar environmental conditions. *Z. Sozialforsch.*, 1937, 6, 151–159. Reprinted in T. M. Newcomb and E. L. Hartley (Eds.), *Readings in social psychology.* N.Y.: Holt. 1947. Pp. 33–40.
27. Farber, M. L. The problem of national character: a methodological analysis. *J. Psychol.*, 1950, 30, 307–316.
28. Frazier, E. F. *Negro youth at the crossways.* Washington, D.C.: Amer. Coun. Educ., 1940.
29. Fried, M. H. Chinese society: class as subculture. *Trans. N.Y. Acad. Sci.*, 1952, 14, 331–336.
30. Galton, F. *Hereditary genius: an inquiry into its laws and consequences.* London: Macmillan, 1914. (1st Ed. 1869)
31. Garth, T. R. *Race psychology: a study of racial mental differences.* N.Y.: McGraw-Hill, 1931.
32. Garth, T. R., Schuelke, N., and Abell, W. The intelligence of mixed-blood Indians. *J. appl. Psychol.*, 1927, 11, 268–275.
33. Gillespie, J. M., and Allport, G. W. *Youth's outlook on the future.* Garden City, N.Y.: Doubleday, 1955.
34. Gilliland, A. R. Socioeconomic status and race as factors in infant intelligence test scores. *Child Develpm.*, 1951, 22, 271–273.
35. Gladwin, T., and Sarason, S. B. *Truk: man in paradise.* N.Y.: Wenner-Gren Foundation, 1953.
36. Gorer, G. *The American people; a study in national character.* N.Y.: Norton, 1948.
37. Hallowell, A. I. The use of projective techniques in the study of the socio-psychological aspects of acculturation. *J. proj. Tech.*, 1951, 15, 27–44.
38. Havighurst, R. J., Gunther, Minna K., and Pratt, Inez E. Environment and the Draw-a-Man test: the performance of Indian children. *J. abnorm. soc. Psychol.*, 1946, 41, 50–63.
39. Havighurst, R. J., and Hilkevitch, Rhea R. The intelligence of Indian children as measured by a performance scale. *J. abnorm. soc. Psychol.*, 1944, 39, 419–433.
40. Havighurst, R. J., and Neugarten, B. L. *American Indian and white children; a sociopsychological investigation.* Chicago: Univer. Chicago Press, 1955.
41. Herskovits, M. J. On the relation between Negro-white mixture and standing in intelligence tests. *J. genet. Psychol.*, 1926, 33, 30–42.
42. Hunter, W. S., and Sommermier, E. The relation of degree of Indian blood to score on the Otis intelligence test. *J. comp. Psychol.*, 1922, 2, 257–277.

43. Inkeles, A., and Levinson, D. J. National character: the study of modal personality and sociocultural systems. In G. Lindzey (Ed.), *Handbook of social psychology*. Cambridge, Mass.: Addison-Wesley, 1954, vol. II. Pp. 977–1020.
44. Johnson, C. S. *Growing up in the black belt*. Washington, D.C.: Amer. Coun. Educ., 1941.
45. Joseph, Alice, and Murray, Veronica F. *Chamorros and Carolinians of Saipan*. Cambridge, Mass.: Harvard Univer. Press, 1951.
46. Joseph, Alice, Spicer, Rosamund B., and Chesky, Jane. *The desert people; a study of the Papago Indians*. Chicago: Univer. Chicago Press, 1949.
47. Kardiner, A., and Ovesey, L. *The mark of oppression; a psychological study of the American Negro*. N.Y.: Norton, 1951.
48. Klineberg, O. An experimental study of speed and other factors in "racial" differences. *Arch. Psychol.*, 1928, No. 93.
49. Klineberg, O. A study of psychological differences between "racial" and national groups in Europe. *Arch. Psychol.*, 1931, No. 132.
50. Klineberg, O. *Negro intelligence and selective migration*. N.Y.: Columbia Univer. Press, 1935.
51. Klineberg, O. *Race differences*. N.Y.: Harper, 1935.
52. Klineberg, O. *Tensions affecting international understanding; a survey of research*. N.Y.: Soc. Sci. Res. Coun., 1950. (SSRC Bull., 62)
53. Klineberg, O. *Race and psychology*. Paris: UNESCO, 1951.
54. Klineberg, O. *Social psychology*. (2nd Ed.) N.Y.: Holt, 1954.
55. Klineberg, O. (Ed.) *Characteristics of the American Negro*. N.Y.: Harper, 1944.
56. Klineberg, O., Fjeld, Harriet A., and Foley, J. P., Jr. An experimental study of personality differences among constitutional, "racial," and cultural groups. (Unpubl. Project Report, 1936)
57. Kluckhohn, C., and Leighton, Dorothea G. *The Navaho*. Cambridge, Mass.: Harvard Univer. Press, 1946.
58. Knobloch, Hilda, and Pasamanick, B. Further observations on the behavioral development of Negro children. *J. genet. Psychol.*, 1953, 83, 137–157.
59. La Barre, W. The cultural basis of emotions and gestures. *J. Pers.*, 1947, 16, 49–68.
60. La Barre, W. Columbia University research in contemporary culture. *Sci. Mon.*, 1948, 67, 239–240.
61. Lee, E. S. Negro intelligence and selective migration: a Philadelphia test of the Klineberg hypothesis. *Amer. sociol. Rev.*, 1951, 16, 227–233.
62. Leighton, Dorothea C., and Kluckhohn, C. *Children of the people: the Navaho individual and his development*. Cambridge, Mass.: Harvard Univer. Press, 1947.
63. Long, H. H. The intelligence of colored elementary pupils in Washington, D.C. *J. Negro Educ.*, 1934, 3, 205–222.
64. MacGregor, G. *Warriors without weapons: a study of the society and personality development of the Pine Ridge Sioux*. Chicago: Univer. Chicago Press, 1946.
65. Mann, C. W. Mental measurements in primitive communities. *Psychol. Bull.*, 1940, 37, 366–395.

66. McCarthy, Dorothea. Language development in children. In L. Carmichael (Ed.), *Manual of child psychology.* (Rev. Ed.) N.Y.: Wiley, 1954. Pp. 492–630.
67. McGraw, Myrtle B. A comparative study of a group of southern white and Negro infants. *Genet. Psychol. Monogr.*, 1931, 10, 1–105.
68. Mead, Margaret. *And keep your powder dry.* N.Y.: Morrow, 1942.
69. Mead, Margaret. Research in contemporary cultures. In H. Guetzkow (Ed.), *Groups, leadership and men; research in human relations.* Pittsburgh, Pa.: Carnegie Press, 1951. Pp. 106–118.
70. Mead, Margaret. Research on primitive children. In L. Carmichael (Ed.), *Manual of child psychology.* (Rev. Ed.) N.Y.: Wiley, 1954. Pp. 735–780.
71. Murdock, G. P. New light on the peoples of Micronesia. *Science,* 1948, 108, 423–425.
72. Murphy, G. *In the minds of men.* N.Y.: Basic Books, 1953.
73. Orlansky, H. Infant care and personality. *Psychol. Bull.*, 1949, 46, 1–48.
74. Pasamanick, B. A comparative study of the behavioral development of Negro infants. *J. genet. Psychol.*, 1946, 69, 3–44.
75. Pasamanick, B., and Knobloch, Hilda. Early language behavior in Negro children and the testing of intelligence. *J. abnorm. soc. Psychol.*, 1955, 50, 401–402.
76. Peterson, J., and Lanier, L. H. Studies in the comparative abilities of whites and Negroes. *Ment. Measmt. Monogr.*, 1929, No. 5.
77. Reid, I. DeA. *In a minor key.* Washington, D.C.: Amer. Coun. Educ., 1940.
78. Roberts, S. O. Socioeconomic status and performance on the ACE of Negro freshman college veterans and non-veterans, from the North and South. *Amer. Psychologist,* 1948, 3, 266.
79. Rodnick, D. *The Norwegians; a study in national culture.* Washington, D.C.: Public Affairs Press, 1955.
80. Rohrer, J. H. The test intelligence of Osage Indians. *J. soc. Psychol.*, 1942, 16, 99–105
81. Schacter, S. Methodological problems and factual findings in an international study in group behavior. *Proc., Int. Congr. Psychol., Montreal,* June 1954, 208–210.
82. Schacter, S., *et al.* Cross-cultural experiments on threat and rejection. *Hum. Relat.*, 1954, 7, 403–440.
83. Seward, Georgene. *Psychotherapy and culture conflict.* N.Y.: Ronald, 1956.
84. Shapiro, H. L. *Race mixture.* Paris: UNESCO, 1953.
85. Smith, Madorah E. Measurement of vocabularies of young bilingual children in both of the languages used. *J. genet. Psychol.*, 1949, 74, 305–310.
86. Snell, G. D. Hybrids and history. The role of race and ethnic crossing in individual and national achievement. *Quart. Rev. Biol.*, 1951, 26, 331–347.
87. Stoetzel, Jean. *Without the chrysanthemum and the sword; a study of the attitudes of youth in post-war Japan.* N.Y.: Columbia Univer. Press, 1955.
88. Sutherland, R. L. *Color, class, and personality.* Washington, D.C.: Amer. Coun. Educ., 1942.
89. Telford, C. W. Comparative studies of full and mixed blood North Dakota Indians. *Psychol. Monogr.*, 1938, 50, No. 5, 116–129.
90. Theman, V., and Witty, P. A. Case studies and genetic records of two gifted Negroes. *J. Psychol.*, 1943, 15, 165–181.

91. Thompson, Laura. *Culture in crisis: a study of the Hopi Indians.* N.Y.: Harper, 1950.
92. Warner, W. L., Junker, B. H., and Adams, W. A. *Color and human nature: Negro personality development in a northern city.* Washington, D.C.: Amer. Coun. Educ., 1941.
93. Whiting, J. W. M., *et al. Field guide for a study of socialization in five societies.* Cambridge, Mass., 1954. (mimeographed)
94. Whiting, J. W. M., and Child, I. L. *Child training and personality: a cross-cultural study.* New Haven, Conn.: Yale Univer. Press, 1953.
95. Williams, Judith R., and Scott, R. B. Growth and development of Negro infants: IV. Motor development and its relationship to child rearing practices in two groups of Negro infants. *Child Develpm.*, 1953, 24 (2), 103–121.
96. Witty, P. A., and Jenkins, M. D. Intra-race testing and Negro intelligence. *J. Psychol.*, 1936, 1, 179–192.
97. Woodworth, R. S. Race differences in mental traits. *Science*, 1910, 31, 171–186.
98. Yerkes, R. M. (Ed.) Psychological examining in the United States Army. *Mem. nat. Acad. Sci.*, 1921, 15.

Kapitel 18
Kultur und Individuum

Im weitesten Sinne befaßt sich die Differentielle Psychologie mit allen Variationen zwischen Individuen und zwischen Gruppen in Verhaltensphänomenen. Die Beobachtung und Messung solcher Unterschiede hat zu der Anhäufung einer großen Masse deskriptiven Materials geführt, das sich als wissenschaftlich interessant und praktisch nützlich erwiesen hat. Beispiele für dieses Material sind überall in diesem Buch zu finden. Das fundamentale Anliegen der Differentiellen Psychologie ist jedoch nicht die Sammlung deskriptiven Materials. Ihr Anliegen gleicht dem der gesamten Psychologie, nämlich: *Verstehen des Verhaltens*. Die Differentielle Psychologie geht dieses Problem durch vergleichende Analysen von Verhalten unter variierenden Umwelt- und biologischen Bedingungen an. Indem die beobachteten Unterschiede im Verhalten auf andere bekannte Begleitphänomene bezogen werden, sollte es möglich sein, den relativen Beitrag verschiedener Faktoren zur Verhaltensentwicklung herauszufiltern. Wenn wir angeben können, warum eine Person anders als eine andere reagiert, werden wir wissen, was Personen veranlaßt, so zu reagieren wie sie es tun.

Die Einheit der Differentiellen Psychologie ist das Individuum, das als reagierender Organismus verstanden wird; unser Interesse an Gruppen ist nur sekundär. Außerdem haben sich viele traditionelle Gruppierungen als willkürlich und schlecht definiert erwiesen. Aus der Sicht der Verhaltensentwicklung bestehen die wirksamen Gruppierungen in Reizen und nicht in biologischen Gegebenheiten. Nicht die Rasse, das Geschlecht oder der physische „Typ", zu dem das Individuum aufgrund seiner Vererbung gehört, bestimmt seine psychische Ausgestaltung, sondern die kulturelle Gruppe, in der es aufgewachsen ist – ihre Traditionen, Einstellungen und Sichtweisen prägen sie und die Arten von Fähigkeiten, die begünstigt und gefördert werden. Selbst wenn Verhaltensunterschiede an physisch definierte Gruppen gebunden sind, beeinflussen gewöhnlich die indirekten sozialen Effekte solcher Gruppierungen und nicht ihre biologischen Merkmale die Verhaltensentwicklung.

Da alle Verhaltensarten durch den Reizhintergrund der Person beeinflußt werden, können folglich psychologische Daten, die an einer kulturellen Gruppe erhoben worden sind, nicht auf allgemeines menschliches Verhalten generalisiert werden. Viele Aussagen unter der Überschrift „Allgemeine Psycho-

logie“ sind überhaupt nicht allgemein, sondern basieren auf menschlichem Verhalten, wie es sich in einer einzigen Kultur entwickelt (s. 22, 42, 69). Diese Begrenzung hat man manchmal als „Gemeinschafts-Zentriertheit“ bezeichnet. Sie durchzieht einen Großteil unseres psychologischen Wissens. Man hat vermutet, viele Lehrbücher der „Allgemeinen Psychologie“ ließen sich exakter bezeichnen als Bücher, die von der „Psychologie der Amerikaner und Westeuropäer des späten 19. und frühen 20. Jahrhunderts“ handeln.
In ähnlichem Stil betont DOLLARD (20, S. 17), wie wichtig es sei, die kulturellen Bedingungen zu beachten, unter denen Verhaltensbeobachtungen vorgenommen werden. Er wagt die Behauptung, daß „für den Sozialpsychologen die unerläßlichsten Buchstaben im Alphabet i. u. K. (in unserer Kultur) sind“, und führt aus, diese mäßigenden Buchstaben sollten unbeschränkt für alle Beschreibungen von Verhalten in unserer Kultur gelten. Derartige kulturelle Restriktionen betreffen zweifellos sehr viel von dem *deskriptiven* und *Tatsacheninhalt* der Psychologie. Das schließt jedoch nicht die Möglichkeit aus, daß dieselben *Prinzipien* des Verhaltens wirksam sind, wenn das spezielle Verhalten gegen den individuellen Reizhintergrund geprüft wird (s. 24, 26). Solch eine Studie über individuelle und Gruppenunterschiede im Verhalten sollte in der Tat die gemeinsamen zugrundeliegenden Prinzipien der Verhaltensentwicklung aufzuklären helfen.

Kulturelle Bezugssysteme

Beobachtungen von Psychologen und Anthropologen in verschiedenen Kulturen bieten unzählige Beispiele für den Einfluß kultureller „Bezugssysteme“ auf das Verhalten (s. 42, 43, 44, 69, 70). Was oft für eine „natürliche“ Reaktion auf einen bestimmten Reiz gehalten wird, kann „natürlich“ nur aufgrund der sozialen Normen und Standards sein, die wir in unserer eigenen kulturellen Umgebung angenommen haben. Schon unsere Auffassung von der Welt um uns wird durch unsere spezifische Reaktionsgeschichte beeinflußt. Ein völlig „unparteiischer“ oder „objektiver“ Beobachter ist eine psychologische Unmöglichkeit. Jede Beobachtung und Beschreibung einer Tatsache durch ein Individuum wird bestimmt durch seine speziellen vergangenen Erfahrungen und die allgemeinen Traditionen und Sitten, die ihm durch seine Gruppe aufgeprägt sind. In diesem Zusammenhang lassen sich die wissenschaftlichen Instrumente und Techniken als Mittel betrachten, um die Wirkung von Beobachtereigentümlichkeiten zu reduzieren oder zu minimalisieren.
Selbst die einfachsten *Wahrnehmungsreaktionen* können durch kulturelle Bezugssysteme beeinflußt werden. Ob wir ein Objekt als leicht oder schwer,

lang oder kurz, heiß oder kalt, erfreulich oder unerfreulich wahrnehmen, kann zum Teil von unseren frühen sozialbedingten Erfahrungen abhängen. Ein interessantes Beispiel stellt die Wahrnehmung von Familienähnlichkeiten und -unterschieden in bestimmten primitiven Kulturen dar. Bei den Trobriandern z.B. hält man Ähnlichkeit mit dem Vater für natürlich, während man niemals von einem Kind sagt, es ähnele der Mutter oder anderen Verwandten mütterlicherseits (52). Das Vorhandensein des letztgenannten Typs von Ähnlichkeit wird heftig geleugnet. Ähnlichkeiten zwischen Brüdern werden ebenfalls abgestritten, obwohl die Ähnlichkeit jedes Bruders mit dem Vater angenommen wird! Natürlich läßt sich schwer bestimmen, inwieweit diese Reaktionen eine Weigerung widerspiegeln, die geächtete Ähnlichkeit zuzugeben und inwieweit sie einen Ausfall bei der Wahrnehmung von Ähnlichkeiten im Aussehen bedeuten. Die Ergebnisse zahlreicher Experimente über die Wirkungen von Erwartung und „set" auf die Wahrnehmung lassen es jedoch als recht plausibel erscheinen, daß die Trobriander nur die Familienähnlichkeiten wahrnehmen, die durch ihre Kultur institutionalisiert worden sind.

Es ist bekannt, daß Geschmacks- und Geruchsvorlieben genauso wie Wohlgefallen oder Abscheu vor Speisen von einer Kultur zur anderen stark variieren. Bei bestimmten afrikanischen Stämmen erregten Kölnisch Wasser und parfümierte Seife Ablehnung und Ekel (s. 43, S. 214). Andererseits sind Duftstoffe, die wir sehr unangenehm finden, zu anderen Zeiten und an anderen Orten als Parfumes verwendet worden.

Auch volkstümliche Auffassungen über Zeit und Raum werden kulturell beeinflußt, obwohl sie gewöhnlich für gesichert gehalten werden (33, 43, 69, 76). Das Interesse an präziser Schätzung der Auftretenszeit und Dauer von Ereignissen, die für unsere Kultur charakteristisch ist, fehlt in anderen völlig. Die Indifferenz der Zeit gegenüber zeigt sich bei vielen primitiven Gruppen durch das häufige Unwissen um das eigene Alter und durch die Unfähigkeit anzugeben, wie lang zuvor ein Ereignis eingetreten ist, wenn inzwischen mehrere Jahre vergangen sind. Andere Unterschiede lassen sich in der Art finden, wie Zeit gemessen wird. Die Verwendung astronomischer Ereignisse als Bezugssystem für die Zeitmessung ist keineswegs universell. Viele andere gewohnte und wiederkehrende Ereignisse dienen bei verschiedenen Personen diesem Zweck. So beziehen sich in Madagaskar die Eingeborenen auf „ein Reiskochen", wenn sie ein Intervall von ungefähr einer Stunde bezeichnen wollen und auf „das Braten einer Heuschrecke", um eine viel kürzere Zeitspanne auszudrücken. Auf den Andaman-Inseln läßt sich eine Aufeinanderfolge charakteristischer Gerüche während des Jahres identifizieren, wenn die verschiedenen Pflanzen blühen. Gerüche spielen auch in dem Wunderglauben der Andamanesen eine bedeutende Rolle. So ist es nicht verwunderlich, daß die Menschen „eine originelle Methode angenommen haben, die verschiedenen Jahreszeiten durch die duftenden Blumen zu bezeichnen, die zu verschiedenen Zeiten blühen. Ihr Kalender ist ein Kalender der Gerüche“ (66, S. 311).

Raumkonzepte sind genauso von kulturell bedingten Bezugssystemen abhängig. Daß die Auffassungen von Individuen über Entfernung und Geographie weitgehend durch ihre eigenen Erfahrungen gefärbt sind, zeigt sich schon in den spaßhaften „Landkarten“ der USA, die man geschaffen hat, um z.B. die Vorstellung eines Bostoners oder New Yorkers über sein Land darzustellen. Wie die meisten Karikaturen spiegeln diese „Landkarten“ zweifellos einige Wahrnehmungsunterschiede wider, die auf unterschiedlichen Interessen, Sitten und dem Wissen der Personen basieren, die in verschiedenen Landesteilen aufgewachsen sind. Andere Beispiele ließen sich leicht aus der alltäglichen Beobachtung aufführen. Derjenige, der regelmäßig fliegt, hat eine andere Entfernungsauffassung als sie ein Bauer hat, der niemals weiter als bis zum Dorfgeschäft gereist ist.
In einem von SHERIF und SHERIF (70, S. 693 – 696) beschriebenen relativ isolierten türkischen Dorf bezeichnete man Entfernungen bis zu 3 oder 4 Kilometern als „in Kugelreichweite“ oder „so weit, wie meine Stimme reicht“. Entferntere Punkte beschrieb man durch die erforderliche Zeit, um sie zu Fuß zu erreichen. Verwirrung und Mißverständnisse pflegten bei den seltenen Gelegenheiten zu entstehen, wenn diese Personen mit dem Zug oder Bus fuhren, da sie keine Grundlage zur Übersetzung der auf der Fahrt verbrachten Zeit in ihr vertrautes Bezugssystem hatten. Einen ähnlichen Gebrauch solch „psychologischer Einheiten“ zur Bezeichnung von Entfernung hat man bei den Saulteaux-Indianern beobachtet, die Distanzen an der Zahl des „Schlafes“, d.h. der auf der Straße verbrachten Nächte, abschätzen (34).
Selbst die vertraute Bezeichnung der Richtung mit Nord, Süd, Ost und West ist kein universelles System, auch wenn es in einem großen Teil der Welt vorherrscht. So fassen die Eingeborenen von Dobu Raum als eine große Gartenrodung auf, wie sie jedem Individuum im täglichen Leben dieser Gemeinschaft begegnet.
„Genauso wie der Garten seine Inlandgrenze *kaikai* hat, seine Grenze zur Seeseite hin *kunnkumwana*, und seine Seitengrenzen *nana* so hat sie auch Raum in seiner breitesten Ausdehnung“ (29, S. 131).
Auch das *Gedächtnis* eines Individuums für Ereignisse, die es beobachtet oder für Fakten, die man ihm erzählt hat, wird durch seinen kulturellen Hintergrund gefärbt. Das illustrieren besonders gut die Beobachtungen und Tests von BARTLETT (4, 5) und NADEL (59, 60). Beide Autoren haben in ihrer Arbeit an südafrikanischen Stämmen gezeigt, welche wichtige Rolle kulturelle Muster bei der „Restrukturalisierung“ und bei Erinnerungsverdrehungen spielen. Individuen in diesen Gruppen tendierten z.B. beim Wiederholen einer europäischen Geschichte dazu, sie mit Charakteren auszuschmücken, die

für ihre Stammesbräuche typisch waren. Sie bauten auch Sätze um und führten Windungen in die Handlung ein, die für ihre eigenen Geschichten charakteristisch sind.

Eine besonders klare Illustration der Wirkung des kulturellen Milieus auf das Verhalten stellen die *ästhetischen Vorlieben* und der künstlerische Geschmack dar. Die Entfaltung von Stilen in der Kunst, in der Malerei, Bildhauerei, Architektur und anderen Künsten bezeugen die sich wandelnden Forderungen des „Geschmacks". Stile, die von einer Generation als herb, barbarisch und unkünstlerisch verspottet worden sind, wurden oft von der nächsten als Meisterwerke aufgefaßt. Jede künstlerische Neuerung, die zu stark mit den üblichen und traditionellen Formen des künstlerischen Ausdrucks bricht, braucht eine Periode allmählicher Gewöhnung. Es ist eine traurige, doch psychologisch verständliche Tatsache, daß große Künstler, die später als Initiatoren neuer Bewegungen begrüßt werden, zu Lebzeiten der Verspottung und der Lächerlichkeit preisgegeben sein können. Das folgt aus der Tatsache, daß sie oft zu einer Zeit leben, in der der Erfahrungshintergrund fehlt, um sich an ihren Produkten erfreuen zu können. Die Frage, ob es sich um einen aufgeklärten oder einen naiven Beobachter handelt, ist für diesen Punkt auch relevant. Der geübte Kritiker oder aufgeklärte Beobachter hat spezielle Erfahrungen hinter sich, die ihn befähigen, sich an künstlerischen Produkten zu erfreuen, die anderen als sinnlos, indifferent oder sogar unerfreulich erscheinen können. Psychologisch gibt es keinen „naiven Beobachter", ein solches Individuum ist nur aus der Sicht einer speziellen Klasse von Erfahrungen naiv. Seine Urteile werden jedoch direkt von anderen Erfahrungen, die es hatte, beeinflußt. Seine künstlerischen Reaktionen werden weitgehend geleitet durch die gemeinsamen Alltagsbeobachtungen und populären Moderichtungen. So kann ein Betrachter mehr Vergnügen an realistischer Kunst haben, da ihn photographische Reproduktionen von Objekten vertrauter sind; oder er kann eine traditionelle Kunstauffassung vertreten, die sich ihm von früher Kindheit an eingeprägt hat. Doch in keinem Fall wird er sein Urteil unabhängig von seiner Erfahrung fällen. Der grundlegende Unterschied zwischen dem geübten und dem naiven Betrachter besteht in der *Art* der vergangenen Erfahrung, die sie gehabt haben.

Es ist eine übliche Beobachtung, daß Menschen aus dem Westen chinesische Musik, wenn sie sie zum ersten Mal hören, nicht nur diskordant und grob, sondern auch unangenehm laut finden. Gleichzeitig hat man berichtet, daß Chinesen amerikanischen Jazz und Wagnersche Musik bei ihrer ersten Begegnung mit dieser Musik als beunruhigend laut empfinden (s. 43, S. 213). Auch die Geschichte der Western Music weist deutliche Veränderungen in den musikalischen Vorlieben auf. Musik, die eine Generation vergnügt hat, kann für eine andere langweilig und uninteressant klingen. Was zu einer Zeit als dissonant und häßlich verworfen wird, kann später als ästhetisch befriedigend bezeichnet werden. In einem klassischen Experiment fand MOORE (57), daß wiederholte Vorgabe dissonanter Intervalle in Musikstücken die ästhetische Vorliebe für diese Intervalle anwachsen ließ. MOORE erklärte diese Ergebnisse mit einem fortschreitenden Wandel in der Wahrnehmung von Konsonanz. Ein späteres Experiment wies jedoch nach, daß zunehmende Würdigung dissonanter Musik nicht mit einer proportionalen Transformation von Dissonanzen in Konsonanzen korreliert ist (13). Mit der Wiederholung können die Pbn einfach lernen, Dissonanzen zu schätzen, während sie sie als solche noch immer wahrnehmen.

Ein anderes hier relevantes Experiment hat FOLEY (25, 27) über Berufsunterschiede im bevorzugten Hörtempo durchgeführt. Pbn waren junge Frauen in folgenden Berufsschulkursen: Maschinennähen, Handnähen, Kosmetik Schreibmaschine schreiben und Haushaltsarbeiten (Kellnerin, Kinderpflege, Kindererziehung usw.). Die 5 Gruppen waren einander annähernd vergleichbar hinsichtlich Alter, intellektuellem Niveau, Bildung, sozioökonomischer Schicht, rassischem und nationalem Hintergrund. Befragt nach ihren Vorlieben im Hörtempo, das von 56 bis 200 Metronomschlägen in der Minute reichte, wählten die Pbn aus den Schreibmaschinen- und Maschinennähkursen signifikant schnellere Tempi als die aus den anderen 3 Kursen. Diese Gruppenunterschiede waren in den fortgeschrittenen Klassen noch deutlicher als in den Anfangsklassen. Auch weitere Analysen zeigten, daß die Gruppenunterschiede mit der Art der Berufsschulerfahrung und nicht mit Selektionsfaktoren zu Beginn assoziiert waren. So wiesen die Pbn, die sich an die raschen, sich wiederholenden Geräusche der Schreibmaschinen und Nähmaschinen gewöhnt hatten, einen Wandel in ihrem Bezugsrahmen auf, innerhalb dessen sie ihre Vorzugsurteile abgaben.

Wir brauchen nicht über unsere Alltagsbeobachtungen in unserer eigenen Kultur hinauszugehen, um weitere Belege für sich wandelnde Bezugssysteme in Wahlreaktionen zu finden. Eine lebendige Illustration findet man in der Reaktion auf die sich wandelnden Moden in der Frauenkleidung. Ein Stil, der auf dem Höhepunkt der Mode den meisten Betrachtern als schön erscheint, wird wahrscheinlich nach einer Saison langweilig und unattraktiv aussehen und sicherlich drollig, wenn man ihn 10 Jahre später sieht. Diese raschen Wechsel im Geschmack überraschen die Modeschöpfer nicht, denn die Modeindustrie sorgt absichtlich für die Anregung, die zum Wandel in der Reaktion führt. Mit der Einführung eines neuen Stils wird das zahlende Publikum einer sorgfältig geplanten und koordinierten Kampagne ausgesetzt, die es für die Annahme dieses Stils vorbereiten soll. Die neue Mode wird in Zeitschriften und Zeitungen abgebildet; attraktive Mannequins tragen sie auf der Straße, im Theater, Restaurants und auf anderen öffentlichen Plätzen; Schaufenster zeigen sie an auffallender Stelle. Durch diese und ähnliche Techniken wird das Publikum rasch für den neuen Stil genau in derselben Art „sensibilisiert“, wie sich auch die Pbn von MOORE an die ungewohnten diskordanten Tonkombinationen gewöhnten. Ist die Mode zu „diskordant" und bricht zu heftig mit vorangegangenen Erfahrungen des Publikums, kann der Sensibilisierungsprozeß fehlschlagen und die Mode wird abgelehnt. Entsprechend hält sich der erfolgreiche Modeschöpfer über die gegenwärtigen Entwicklungen auf anderen Gebieten – sozialen, ökonomischen, politischen, künstlerischen – auf dem Laufenden, um seine Neuerungen mit dem allgemeineren Bezugssystem seines Käuferpublikums in Einklang zu bringen.

Entwicklungsstufen und kultureller Rahmen

Theorien über Entwicklungsstufen bieten zahlreiche Beispiele für die Tendenz, aus Beobachtungen in einer einzelnen Kultur zu stark zu verallgemeinern. Die Entwicklungspsychologie ist voll von solchen Theorien. Man hat z.B. viel interessantes Material über *Konzeptbildung* gesammelt. Die Ideen des Kindes über die physikalische Welt, das Bewußtsein seiner selbst, seine Interpretation von Träumen und ähnliche Auffassungen hat man in eindeutige Entwicklungssequenzen aufgeteilt. Am bekanntesten auf diesem Gebiet sind die Theorien des Schweizer Psychologen PIAGET (63, 64, 65).

In einer ausführlichen Untersuchungsserie gelangte PIAGET zu dem Schluß, das Denken des Kindes sei animistisch und der Übergang von diesem anfänglichen Animismus bis zur erwachsenen Auffassung von der Welt verlaufe über 4 Hauptstufen. Für Kinder im Alter von 4 bis 6 Jahren ist alles, was aktiv ist, lebendig. Da Kinder dieses Alters auch anthropozentrisch sind, wird „Aktivität" als synonym mit Nützlichkeit für den Menschen angesehen. So ist die Sonne aktiv, da sie Wärme spendet; Steine sind aktiv, weil man sie werfen kann. Deshalb werden auf dieser ersten Stufe alle Objekte, die heil und in gutem Zustand sind, als lebendig und „bewußt" erlebt. Auf der nächsten Stufe (6 – 7 Jahre) werden nur bewegliche Objekte als lebendig erlebt. Auf der dritten Stufe (8 – 10 Jahre) wird Leben nur den Dingen zugeschrieben, die sich von selbst bewegen können. So sind die Sonne und ein Fluß lebendig, ein Auto aber nicht. Auf der letzten Stufe (11 Jahre und darüber), wird Leben auf Tiere und Pflanzen beschränkt oder manchmal nur auf Tiere.

Solche Stufen hat man gemeinhin als eine unvermeidbare oder natürliche Entwicklung aufgefaßt, die das Kind durchlaufen muß. Doch gibt es zahlreiche Faktoren innerhalb der Erfahrungswelt eines Kindes in unserer Gesellschaft, die für solche animistischen Tendenzen verantwortlich sein können. Die Sprache, die man das Kind lehrt, ermutigt es, sich eine animistische Auffassung von der Welt zu bilden. So hört es, daß man von der Sonne als „sie" und von dem Mond als „er" spricht. Bildliche Ausdrücke, wie das „Aufstehen" und „Untergehen" von Himmelskörpern, der „laufende" Bach und der „heulende" Wind sind einer unpersönlichen Auffassung von Naturphänomenen nicht gerade förderlich. Wenn hierzu die Geister aus Gedichten, Feenmärchen und anderer phantasievoller Literatur hinzukommen, hat die Erfahrungswelt des Kindes offensichtlich einen stark animistischen Inhalt. Erst wenn es die Gelegenheit gehabt hat, ein bestimmtes Ausmaß an Information aufgrund direkter Beobachtungen von Ursache und Wirkung in alltäglichen Situationen anzusammeln, kann solch ein Kind zu einer realistischen Wahrnehmung der Welt gelangen.

Daten zur Stützung einer solchen Erfahrungsinterpretation für die Entwicklung kindlicher Konzepte lassen sich in Studien an Kindern aus unterschiedlichen Kulturen finden. Beobachtungen auf der Insel der Manus in Neu Guinea führten MEAD zu der Schlußfolgerung, Animismus sei im Denken von Manu-Kindern nicht vorhanden (56). In den spontanen Bemerkungen dieser Kinder und ihren Antworten auf Fragen fand sie Belege für eine sehr realistische Auffassung der natürlichen Objekte und Ereignisse. MEAD schrieb diese realistische Haltung der Art des Trainings zu, das diese Kinder erhalten. Von früher Kindheit an werden sie gezwungen, sich richtig an die physischen Erfordernisse der Umwelt anzupassen. Die Verantwortung für eine Panne wird niemals auf ein unbelebtes Objekt geschoben, in dem man z.B. einen Holzklotz ausschimpft, wenn das Kind darüber gestolpert ist. Wenn das Kind sich selbst verletzt, sagt man ihm, das sei das Resultat seiner eigenen Tapsigkeit. Interessanterweise sind in gewisser Hinsicht in dieser Kultur die Erwachsenen animistischer als die Kinder, da sie Krankheit, Tod und andere Unglücksfälle mit der Aktivität von „Geistern" erklären.

In einer späteren Studie von DENNIS (16), die direkter PIAGETs Theorien überprüfen sollte, wurden Hopi-Kinder mit Hilfe von standardisierten Einzelinterviews und einem Gruppenfragebogen untersucht. Die Befragung drehte sich um 1. Animismus im engeren Sinne, d.h. Lebendigsein; 2. das Anheften von Bewußtsein an Dinge und 3. „moralischen Realismus", wie er sich in einer Erklärung zeigt, „daß die Brücke zusammenbrach, weil die Jungen, die darüber gingen, Äpfel gestohlen haben". In allen drei Aspekten erwiesen sich die Hopi-Kinder als animistischer und weniger realistisch in ihren Antworten als weiße Kinder desselben Alters, die man in anderen Untersuchungen getestet hatte. DENNIS schrieb diese Unterschiede den zahlreichen Ungleichheiten in den sozialen Umwelten von Hopi- und weißen amerikanischen Kindern zu.

In einer weiteren Diskussion über PIAGETs Werk führt DENNIS aus, PIAGETs Beobachtungen zeigten in Wirklichkeit, daß von frühem Alter an die kindliche Wahrnehmung der Welt von kulturell auferlegten Werten und Kategorien durchsetzt sei. Außerdem legt PIAGET keine Vergleichsdaten von Erwachsenen vor. In seiner eigenen Forschung hat DENNIS (18) Belege für deutliches animistisches Denken bei Erwachsenen in unserer Kultur gefunden.

Auch die *emotionale Entwicklung* hat man im Hinblick auf „Stufen" analysiert. Die am ausführlichsten diskutierte Stufe ist wahrscheinlich die Periode vom „Sturm und Drang", die für Jugendliche charakteristisch ist. Viele Autoren der Entwicklungspsychologie schreiben diesem Alter emotionale Umwälzungen, Persönlichkeitsveränderungen, Konflikte und Fehlanpassungen zu. Dennoch gibt es Belege dafür, daß es sich hier nicht um ein universelles Phänomen handelt. In bestimmten Gesellschaften (s. z.B. 54, 55) übernimmt der Jugendliche seinen physisch und sozial veränderten Status ohne emotionale Störung. Seine Aufgaben bestimmt die Tradition; keine folgenschweren Wahlen und Entscheidungen müssen getroffen werden; kein Geheimnis ist mit seiner Position verknüpft; er trifft auf keine Spur von Verwirrung.

In unserer Gesellschaft dagegen gibt es viele Dinge, die jugendliche Fehlanpassungen begünstigen. So befindet sich das Individuum in einer zweifelhaften, schlecht definierten Position, es wird nicht mehr als Kind, noch nicht als Erwachsener behandelt. Häufig nehmen die Einschränkungen für seine Handlungsfreiheit zu, während man gleichzeitig von ihm erwartet, daß es selbständiger als vorher ist. Oft verursachen Erwachsene durch ihre Einstellungen, Bemerkungen und Handlungen direkt Verwirrung und eine allgemeine Atmosphäre von Geheimnis. In Anbetracht der vielen Erfahrungsfaktoren, die in unserer Gesellschaft zur jugendlichen Fehlanpassung führen können, scheint man nicht unbedingt eine angeborene oder physiologische Basis für den Sturm und Drang in dieser Zeit annehmen, noch emotionale Umwälzungen als eine notwendige Entwicklungsstufe ansehen zu müssen.

Zeichnen ist ein anderer Aspekt des kindlichen Verhaltens, auf den man das Konzept von Entwicklungsstufen angewendet hat. Man hat Kinderzeichnungen in großer Zahl gesammelt und sie detaillierten Analysen unterzogen, da man hoffte, sie könnten Hinweise auf die geistige Verfassung des Kindes geben. Das bekannteste Beispiel für eine solche Verwendung von Kinderzeichnungen ist der Mannzeichentest von GOODENOUGH. Er besitzt ein sorgfältig standardisiertes Bewertungssystem und ausführliche Altersnormen. Die umfangreiche Literatur über Kinderzeichnungen weist eine traditionelle Betonung der Reifungsinterpretation für Altersveränderungen auf (s. 2, 31).

Vergleichsstudien von Kinderzeichnungen aus verschiedenen Kulturen sprechen jedoch dafür, daß sowohl Thema, wie Zeichentechnik zumindest ebenso wie Altersunterschiede auch kulturelle Faktoren widerspiegeln (2, 3, 15, 68). Ob ein Kind nun breite Landschaftsansichten oder Szenen auf engem Raum zeichnet, isolierte Objekte oder organisierte Bilder, Phantasiethemen oder realistische Abbildungen, scheint in starkem Maße von seinem speziellen Umweltmilieu abzuhängen. In bestimmten Gruppen sind die Zeichnungen handlungsgeladen, in anderen herrschen starre Objekte und Figuren vor. Auch die Organisation des Bildes unterscheidet sich von einer Gruppe zur anderen. In einigen Gruppen wird am häufigsten eine einzige einheitliche Szene dargestellt, in anderen eine Ereignisfolge und wieder in anderen isolierte Objekte. Wie sehr Farbe verwandt wird und welche Farbtöne gewählt werden, spiegelt gewöhnlich den Einfluß der physischen Umwelt und sozialer Traditionen wider. Auch Ausmaß und Art abgebildeter Details ist von einer Kultur zur nächsten anders.

Auch stilisierte Darstellungen und spezielle kulturelle Attribute lassen sich in den Kinderzeichnungen aus bestimmten Kulturen erkennen, sie werden mit dem Alter immer deutlicher (s. 2, 3, 15). In einer Studie an Hopi-Kindern mit dem Mannzeichentest zeichneten die jüngeren Kinder meist verallgemeinerte menschliche Figuren, während fast 1/3 der 10jährigen Figuren zeichneten,

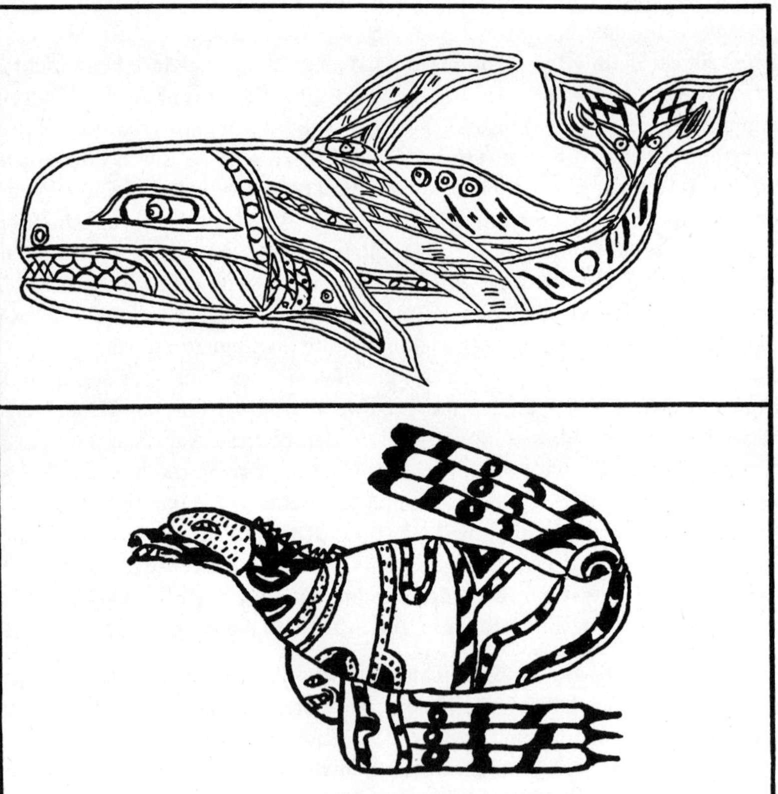

Abb. 86: Zeichnungen indianischer Kinder von der nord-westlichen Pazifikküste auf die Anweisung hin ein Tier zu zeichnen (aus Anastasi u. Foley, 3, S. 369)

an denen sich spezielle Merkmale der indianischen Kultur erkennen ließen (15). Eine ähnliche Tendenz hat man bei indianischen Kindern an der Nordwest-Küste Kanadas festgestellt. Auf die Aufforderung hin, ein Tier zu zeichnen, stellen eine Reihe von diesen Kindern stilisierte Darstellungen eines Mörderwals, eines Seelöwens, eines Vogels und einer mythischen doppelköpfigen Schlange her. Die stark übereinstimmende Technik kann man in Abbildung 86 sehen, die einen Mörderwal und einen Seelöwen zeigt.
Derartig stilisierte Zeichnungen stammen häufiger von älteren als von jüngeren Kindern und häufiger von Jungen als von Mädchen (17 % gegenüber 7 %). Der Geschlechtsunterschied steht wahrscheinlich in Beziehung zu der Tatsache, daß Malen und Modellieren in diesen Stämmen ausschließlich männliche Aktivitäten sind. Angesichts der Ergebnisse aus den verschiedenen Kulturen scheint es gefährlich zu sein, die Detailfülle, die allgemeine Technik oder jedes andere Merkmal in Kinderzeichnungen als ein Maß für das Entwicklungsniveau anzusehen, außer man betrachtet diese Merkmale in bezug auf den kulturellen Hintergrund des Kindes.

Abnormität und Kultur

Der Begriff „anomal", der wörtlich „weg von der Norm" bedeutet, ist oft für mindestens 3 getrennte Konzepte verwendet worden (s. 23, 38, 58). Als erstes können wir die *anti-normative* Auffassung betrachten, die als anomal jede Abweichung vom Ideal oder perfekten Zustand bezeichnet. Die Norm[1] in einem solchen Fall ist ein Ziel oder Desiderat, dem sich bestehende Bedingungen annähern sollen. „Normal" zu sein wäre aus dieser Sicht die Ausnahme und nicht die Regel. Solch ein Gebrauch der Begriffe „normal" und „anomal" drückt sich in zahlreichen gebräuchlichen Aussagen aus. Die Aussage z.B., eine Person gehöre zu den wenigen Glücklichen, die eine normale Haut oder normale Zähne haben, impliziert die Gleichsetzung von Normalität mit Fehlen von Defekten oder anderen Unvollkommenheiten. Auch die Behauptung, nur wenige könnten unter dem Stress und der Anspannung des modernen Lebens normal bleiben, legt nahe, Normalität sei ein Idealzustand vollkommener Gelassenheit und Stabilität.
Eine zweite Auffassung setzt Abnormalität mit *pathologischen* oder gefährlichen Bedingungen gleich. Diese Verwendung ist besonders in der Medizin

1 Diese Verwendung des Begriffes „Norm" darf nicht mit dem Konzept der empirischen Norm, wie sie für psychologische Tests gilt, verwechselt werden. In ihrer vorliegenden Bedeutung bezieht sich „Norm" auf einen Wertestandard. In dieser Bedeutung verwenden Logiker den Begriff „Norm", wenn sie von der Ethik und Ästhetik als von den normativen Disziplinen sprechen (s. z.B. 11).

gebräuchlich. Die Klassifikation als anomal hat in dieser Bedeutung eindeutig einen unangenehmen Beigeschmack. Diese Auffassung läßt sich als Abwandlung des antinormativen Konzeptes auffassen, das praktischen und sozialen Erfordernissen genügen soll. Der Anomale stellt noch immer eine Abweichung von einer perfekten Bedingung dar, doch ist die Abweichung jetzt so groß, daß sie zu praktischen Schwierigkeiten führt. Die Bedingung erfordert Handeln irgendeiner Art, um entweder das Individuum oder die Gesellschaft zu schützen. So kann eine Person, die relativ wenige schwache neurotische Symptome aufweist, z.B. den Zwang, das Betreten von Strichen auf dem Bürgersteigpflaster zu vermeiden oder ein leichtes Zucken der Stirn, die Bemerkung provozieren: „Er ist ein bißchen komisch, ja – aber nicht ernsthaft – er ist nicht *wirklich* anomal". Doch angenommen, ein solches Individuum wird über einen eingebildeten oder übertriebenen Ärger so deprimiert, daß es seine Arbeit aufgeben muß, oder es bedroht einen vermutlichen Feind mit physischer Gewalt, dann wird es sofort das Etikett „anomal" erhalten. Nach dieser Auffassung sind nur sehr wenige Individuen anomal, die große Mehrheit wird unterschiedslos als normal klassifiziert.

Beide genannten Auffassungen erfordern eine willkürliche Norm oder einen Standard. Im ersten Fall ist die Norm ein theoretisches Ideal, im zweiten ein praktisches Kriterium für das individuelle und soziale Überleben. Einen objektiveren und empirischen Zugang zu dem Problem bietet das rein *statistische* Konzept der Normalität. Die Norm ist in diesem Fall der Durchschnitt. Sie ist die übliche und häufigste Bedingung. Der Anomale ist unüblich und relativ selten. Je seltener außerdem eine Bedingung ist, als desto anomaler wird sie eingeschätzt. Viele Bedingungen, die in der pathologischen Bedeutung als anomal gelten, werden auch statistisch wegen ihrer relativen Seltenheit als anomal angesehen. Die Mehrheit der Individuen jedoch, die entsprechend der antinormativen Auffassung als anomal klassifiziert werden, würde man als normal ansehen, da sie das große, dazwischenliegende und am stärksten repräsentative Segment der Verteilung ausmachen. Entsprechend würden auch jene, die dem Ideal oder perfekten Zustand zu nahe kämen, nun als anomal gelten, da sie signifikant von den gewöhnlichen, durchschnittlichen Individuen abweichen.

Offensichtlich läßt sich nun in dieser Bedeutung Anomalität objektiv bestimmen und messen. Solch ein statistisches Konzept der Abnormalität muß nicht unbedingt Übereinstimmung und Zustimmung mit bestehenden Übeln implizieren, wie gelegentlich behauptet worden ist. Für ein 4jähriges Kind ist es „normal" Analphabet zu sein, dennoch lehren wir Kinder lesen und schreiben. Für amerikanische Erwachsene ist es „normal", mehrere Löcher in den Zähnen zu haben; dennoch gehen wir zum Zahnarzt, um unsere Lücken füllen zu lassen und wir versuchen, ihre Entwicklung zu verhindern. Wenn die große Mehrheit von Personen Verhalten zeigt, das wir für nicht wünschens-

wert halten, führt die Bezeichnung „anomal“ zu keiner Verbesserung. Das statistische Konzept von Abnormalität stellt nicht mehr als eine realistische und objektive Faktenerkennung dar.
Aus der statistischen Auffassung folgt, daß der Abnormale entweder über oder unter der Norm liegen kann. Abnormalität entspricht einfach den beiden Enden einer kontinuierlichen Verteilungskurve. Da die Verteilung ungefähr symmetrisch ist, ist der nach oben Abweichende genauso anomal wie der nach unten Abweichende, d.h. er ist gleich weit von der Norm entfernt. Im vorliegenden Abschnitt werden wir die Wege betrachten, auf denen die Kultur sowohl die Unterscheidung zwischen Normalität und Abnormalität und die Bewertung von Über- und Unterdurchschnittlichkeit beeinflussen kann.

Spielformen der Normalität

Psychologisch folgt alles Verhalten normal aus seinen vorhergehenden Bedingungen – es gibt keine grundsätzliche Unterscheidung zwischen den Mechanismen oder psychologischen Prinzipien für normales und abnormales Verhalten. Abnormalität ist die normale Folge aus bestimmten Reizbedingungen und strukturellen Merkmalen. Verhalten ist nur in dem Sinne anomal, daß es von einer Norm abweicht. Diese Norm wird durch die spezifischen Lebensbedingungen in einer Gruppe festgesetzt. Daraus folgt, daß anomales Verhalten in einer Kultur in einer anderen als normal angesehen werden kann.
Kulturelle Standards gehen in die Definition der Normalität auf mindestens zwei Wegen ein (23). Erstens kann die *Position der Norm* und die Grenzlinie zwischen Normalität und Abnormalität von einer Gruppe zu der nächsten anders sein. Folglich kann eine bestimmte Verhaltensmanifestation in verschiedenen Verteilungen für Verhalten sehr unterschiedliche Orte einnehmen. Ein Beispiel aus physischen Merkmalen: Wenn wir fragen, ob ein Mann groß oder klein ist, können wir sehr unterschiedliche Antworten erhalten, wenn verschiedene Gruppen als Standards herangezogen werden. Dasselbe Individuum kann anomal groß sein in bezug auf die Größenverteilung von Japanern und sehr klein, wenn man es auf die skandinavische Verteilung bezieht. Entsprechend sind in bestimmten Gruppen heftige Gefühlsausbrüche die Regel und Schwerfälligkeit wäre anomal. In anderen gilt das Umgekehrte. Auch der Variationsbereich, innerhalb dessen normales Verhalten auftreten kann, kann verschieden sein. So können sich 2 Kulturen mit derselben Norm in dem Ausmaß der Abweichung von der Norm unterscheiden, der ohne Fehlanpassung möglich ist. In einer kann das starre Festhalten an einer eng definierten Verhaltensnorm erforderlich sein – entweder aus Tradition oder den Erfor-

dernissen der äußeren Umwelt. In einer anderen können ein weiterer Spielraum und größere individuelle Unterschiede als „normal“ annehmbar sein.

Als zweites können kulturell etablierte Standards festsetzen, *welches Ende der Verteilung über- und welches unterdurchschnittlich ist.* Die vergleichende Anthropologie bietet zahlreiche Beispiele für Verhaltensabweichungen, die in einer Kultur als unangemessen, pathologisch, wahnsinnig oder minderbegabt gelten und in einer anderen bewundert oder verehrt werden. Ein solches Verhalten kann in statistischem Sinne in beiden Fällen anomal sein, doch seine soziale Bewertung und sein praktischer Wert in den verschiedenen Kulturen plazieren es an entgegengesetzte Enden der Skala. Diesen Punkt führt BENEDICT (8) klar aus, indem er schreibt:

„... wahrscheinlich findet sich in jeder Gruppe ungefähr dieselbe Spannbreite individueller Temperamente, doch die Gruppe hat schon ihre kulturelle Auswahl derjenigen menschlichen Begabungen und Eigentümlichkeiten getroffen, die sie nutzen will... der Außenseiter ist die Person, deren Ausstattung von der Kultur nicht für wichtig gehalten wird... Natürlich ist es nicht möglich, irgendeine generalisierte Beschreibung „des“ Abweichlers zu geben – er repräsentiert den Teil menschlicher Fähigkeiten, der in seiner Kultur nicht groß geschrieben wird“ (S. 24).

Denselben Gedanken arbeitete BENEDICT (9) in einem späteren Artikel noch weiter wie folgt aus:

„Eines dieser Probleme bezieht sich auf die gebräuchlichen normal-anomal-Kategorien und unsere Folgerungen über sie. Inwieweit sind solche Kategorien kulturell determiniert und inwieweit können sie mit Sicherheit als absolut angesehen werden? Inwieweit können wir Unfähigkeit, sozial zu handeln als Zeichen für Abnormalität ansehen oder inwieweit muß dies als eine Funktion der Kultur angesehen werden?“

Tatsächlich ist eine der erstaunlichsten Tatsachen, die sich aus der Untersuchung sehr unterschiedlicher Kulturen ergibt, die Zwanglosigkeit, mit der unsere Abnormalen in anderen Kulturen funktionieren. Es ist gleichgültig, welche Art der „Abnormalität“ wir zur Illustration auswählen: diejenigen, die für extreme Instabilität sprechen oder jene, die mehr in der Art von Charaktermerkmalen sind wie Sadismus, Größen- oder Verfolgungswahn. Es gibt gut beschriebene Kulturen, in denen diese Anomalen zwanglos und geachtet funktionieren und offensichtlich für die Gesellschaft keine Gefahr oder Schwierigkeit darstellen“ (S. 60).

Bei den Eingeborenen von Dobu, einer Insel in Melanesien, kennzeichnen Furcht, Argwohn und gegenseitiges Mißtrauen die Einstellungen der gesamten Gruppe (29). Sie trifft ständig Vorkehrungen dagegen, vergiftet oder durch Zauber oder Tricks ihres Eigentums beraubt zu werden. In unserer Kultur würde man solches Verhalten als paranoid bezeichnen, doch stellt es eine normale Anpassung an die Kultur auf Dobu dar. Die Beispiele lassen sich leicht vervielfachen (10, 42, 43 46). Andere Beispiele sind die kataleptischen Anfälle, die einen wichtigen Teil des Verhaltens sibirischer Zauberer ausmachen oder die homosexuellen Praktiken, die in vielen amerikanischen Indianer- und sibirischen Gruppen üblich sind. Trancezustände sind ein normaler Bestandteil des Verhaltensrepertoirs bestimmter amerikanischer Indianergruppen; der Außenseiter ist das Individuum, das nicht in Trance verfallen kann. Epileptische Anfälle, übermäßiges Tagträumen und Zurückgezogenheit charakterisieren den überdurchschnittlichen Außenseiter in bestimmten Kulturen und ist damit nicht eine Ursache für Fehlanpassungen.

Sicherlich sind der spezifische ethologische Mechanismus und die Bedeutsamkeit derartigen Verhaltens für das Individuum anders in unserer Kultur. Doch genau das meinen wir, wenn wir sagen, etwas sei normal in der einen und anomal in der anderen Kultur. In einem Fall verhält sich das Individuum so, wie es in seiner Kultur sanktioniert und ausdrücklich gefordert wird; das Verhalten stimmt mit den akzeptierten und institutionalisierten Mustern überein. In dem anderen Fall ist es das nicht. WEGROCKI (75) hat sich gegen das kulturelle und statistische Konzept der Abnormalität mit dem Argument gewandt, dasselbe Verhalten könne in der einen Kultur ein Zeichen schwerer Fehlanpassung und in einer anderen guter Anpassung sein. Doch das ist keineswegs eine Kritik an dem kulturellen Konzept der Abnormalität, sondern folgt direkt aus ihm.

Spielarten der Abnormalität

Alle Kulturen haben ihre Abweichungen und ihre Fehlanpassungen. Doch die Form, die diese Fehlanpassungen annehmen, kann mit der kulturellen Ausgestaltung stark variieren (7, 10, 21, 32, 42, 43, 48, 50, 78). In der *Windigo-Psychose* der Ojibwa-Indianer glaubt das Individuum, es sei in einen Windigo verwandelt worden, einen mythischen kannibalischen Riesen, der aus Eis gemacht ist (49). Diese Krankheit beginnt gewöhnlich mit einem Zustand der Depression und entwickelt sich oft zu Gewaltsamkeit und zwanghaftem Kannibalismus, wobei das Individuum die Mitglieder seiner eigenen Familie töten und verspeisen kann. Andere vertraute Beispiele: Die *arktische Hysterie* (1), die man in Nordsibirien gefunden hat. Dabei weist das Individuum einen hohen Grad von Suggestibilität auf und ahmt zwanghaft die Worte und Handlungen anderer Personen aus seiner Umgebung nach. Eine ähnliche Krankheit hat man bei Malaien gefunden, sie wird *Latah* genannt (1). Kennzeichnend für die malaische Kultur ist auch *Amok*. Die Person, die „Amok läuft", greift in blinder Wut jeden an, den sie trifft und verletzt oder tötet oft viele Personen, ehe sie gestoppt werden kann.

Den Einfluß kultureller Faktoren auf die spezielle Beschaffenheit der Abweichung oder des fehlangepaßten Verhaltens illustriert auch eine Erhebung über die Neurosen, die man bei eingeborenen afrikanischen Truppen im 2.

Weltkrieg beobachtet hat (61). Die relative Häufigkeit bestimmter Symptomarten, z.B. von Phobien und hysterischen Symptomen motorischer und sensorischer Natur, und das fast völlige Fehlen anderer Krankheiten, z.B. von Angstzuständen, läßt sich am besten aufgrund der jeweiligen Stammesreligionen und Traditionen verstehen. In einigen Kulturen kann das Vorkommen bestimmter Formen psychiatrischer Störungen vermindert sein, weil es Möglichkeiten gibt, bestimmte Verhaltenstendenzen normal auszudrücken. In einer Erhebung in Bombay z.B. war Schizophrenie vergleichsweise selten und manisch-depressive Psychosen kamen häufiger vor (19). Das Umgekehrte gilt für Amerika. KLINEBERG (43, S. 398) vermutet, daß das Individuum, das dazu neigt, „vor der Realität zu fliehen", in der indischen Kultur normale Kanäle für derartig extrem introvertiertes Verhalten in mystisch religiösen Erfahrungen findet. Diese Möglichkeit ist in der westlichen Kultur nicht so leicht verfügbar. KLINEBERG führt formlose Beobachtungen in einer psychiatrischen Klinik in Peking an, die seine Hypothese zu stützen scheinen.

Auch Beispiele für „Moden in der Abnormität" lassen sich in unserer eigenen kulturellen Geschichte finden (s. 43). Die Tanzrasereien, die im Mittelalter über ganze Dörfer dahinfegten, stellen eine Form neurotischen Verhaltens dar, für die es heute keine Entsprechung gibt. Zahlreiche Manifestationen der Hexerei stellen zusätzliche Beispiele für kulturell bedingte Symptome dar. Trancezustände und hysterische Anästhesien, wie z.B. die „Teufelsklaue" (ein unempfindlicher Punkt auf der Haut, der oft als Beweis in Hexenprozessen verwendet wurde) waren alle Teil eines klinischen Bildes, das in die damalige Kultur paßte. Als weiteres Beispiel sei der schwächliche, dahinsiechende Krankheitstyp unbekannten Ursprungs erwähnt, der so häufig bei viktorianischen Damen war.

Relevant ist auch eine Untersuchung an zwei Gruppen von Schizophrenen in einem Veteranenhospital im New Yorker Gebiet (72). Beide Gruppen entsprachen sich weitgehend im Alter, der Ausbildung, dem sozioökonomischen Status, der Religion und der Anzahl von amerikanischen Generationen. Eine Gruppe war irischer und die andere italienischer Abstammung. Sowohl die Ergebnisse in einem Persönlichkeitstest als auch die Einschätzungen des Verhaltens ergaben signifikante Unterschiede in der Natur der schizophrenen Symptome. Die Irisch-Amerikaner neigten stärker zu Vorstellungs- und Phantasieverhalten und zu stärkerer Hemmung des motorischen Ausdrucks, während die Italo-Amerikaner häufiger offen aggressiv und impulsiv waren. Die Autoren setzen diese Ergebnisse in Beziehung zu subkulturellen Unterschieden in den Erziehungspraktiken und der Familienkonstellation, so wie zu anderen kulturellen Faktoren.

Natürlich impliziert die Absicherung kultureller und subkultureller Variationen in der Art psychiatrischer Symptome nicht das Fehlen von biologischen

Faktoren bei ihrer Ätiologie. Neurologische und biochemische Ergebnisse (Kap. 5) sowie Daten über die mögliche Bedeutung von Vererbungsfaktoren (Kap. 9) müssen bei jeder Analyse der Entwicklung spezieller psychiatrischer Störungen zusammen mit den kulturellen Bedingungen betrachtet werden.

Sprache als ein kultureller Faktor im Verhalten

Daten aus der vergleichenden Linguistik und Anthropologie – neuerlich aus den Schriften der Semantiker – haben aufgezeigt, welche wichtige Rolle die Art der Sprache von Menschen für ihre Auffassung von der Welt um sie herum spielen kann, für ihre Einstellungen und andere Verhaltensmerkmale (s. 14, 35, 36, 37, 43, 45, 62, 67, 77). In einem fundamentalen Sinn liefert Sprache die Werkzeuge für große Bereiche unseres Denkens. Die Beziehung zwischen Sprache und Denken hat WHORF (77, S. 212) lebendig ausgedrückt, indem er sagt, daß jede bestimmte Sprache „nicht einfach ein Reproduktionssystem für tönende Gedanken ist, sondern selbst Ideen formt, die geistige Aktivität des Individuums für seine Analyse von Eindrücken, und für die Synthese seines geistigen Grundkapitals programmiert und leitet". Wie er weiter ausführt, „zergliedern wir die Natur in einer Richtung, die durch unsere Muttersprache angelegt ist". In ähnlicher Manier schrieb MAUTHNER (53, S. 4): „Hätte Aristoteles chinesisch oder indisch gesprochen, hätte er eine völlig andere Logik geschaffen oder jedenfalls eine völlig andere Theorie der Kategorien".

Sprache beeinflußt die Art der Trennungen und Unterscheidungen, die wir bei der Beobachtung unserer Umwelt treffen. Selbstverständlich kommen Objekte und Ereignisse in der Natur nicht in den getrennten Kategorien vor, an die wir uns gewöhnt haben. Solche Kategorien sind im allgemeinen entwickelt worden, um speziellen Zwecken zu entsprechen und unseren Umgang mit Objekten zu erleichtern. Sind Objekte jedoch erst einmal einer spezifischen Kategorie zugeordnet oder „benannt" worden, wird damit unsere Aufmerksamkeit auf ihre Ähnlichkeiten und gemeinsamen Merkmalen gelenkt und wir übersehen meist die Unterschiede zwischen Angehörigen der Klasse. So hängt also das, was wir in unserer Umwelt bemerken und was wir übersehen, von unserem Sprachsystem ab. Wenn für die existierenden Bedingungen in einer bestimmten Kultur gewisse Unterscheidungen wichtig sind, finden wir wohl auch getrennte Wörter dafür, die solchen Unterscheidungen entsprechen.

Das wird beispielhaft in Abbildung 87 belegt. Hier werden bestimmte Wörter in den Sprachen der Eskimos und Hopi mit ihren englischen Äquivalenten verglichen. So entsprechen unserem einen Wort für Schnee mehrere Wörter

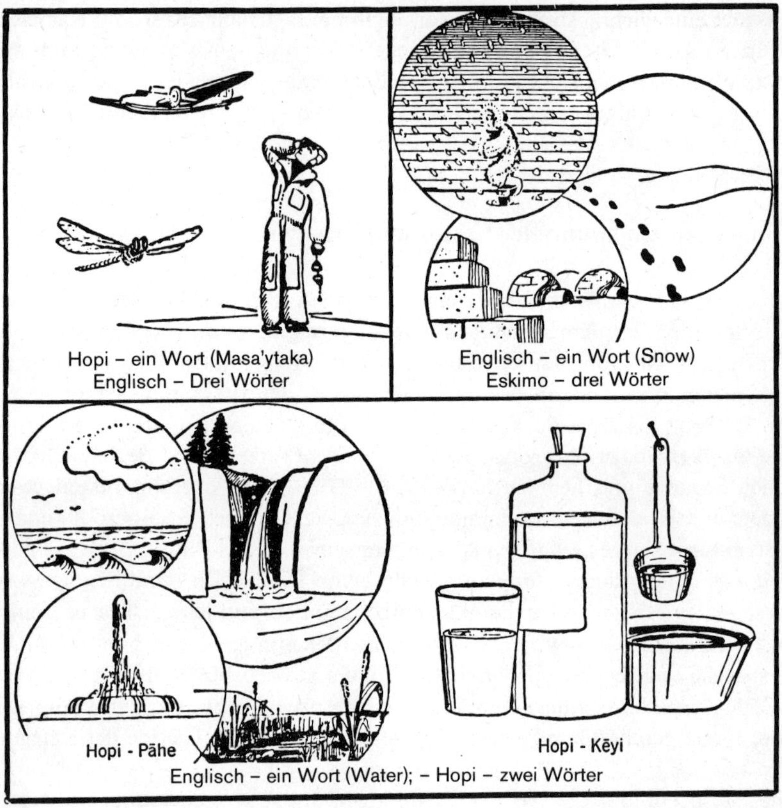

Abb. 87: Die Klassifikation von Objekten in verschiedenen Sprachen (aus WHORFF, 77, S. 210)

bei den Eskimos, die „fallenden Schnee", „matschigen Schnee", „harten Schnee" usw. bezeichnen. Dagegen verwenden die Hopi nur ein einziges Wort, um „alles, was außer Vögeln fliegt" zu beschreiben. Man würde ein Insekt, ein Flugzeug und selbst einen Piloten mit diesem einzigen Namen belegen, wobei der Kontext bestimmt, was gemeint ist. Für unser eines Wort für Wasser haben jedoch die Hopi zwei: Ein Wort bezieht sich auf „fließendes Wasser" und das andere auf „Wasser an einem Ort, in einem Behälter". Die Beispiele ließen sich leicht vervielfachen. In Arabien soll die Anzahl verschiedener Wörter, die sich auf „Kamel" beziehen, über 6000 betragen (73). Es gibt Begriffe für Reitkamele, Milchkamele und Schlachtkamele; andere Begriffe weisen auf die Vorfahren und den geographischen Ursprung des Kamels hin; und noch andere unterscheiden zwischen Kamelen in den verschiedenen Schwangerschaftsstadien und bezeichnen die unzähligen anderen Merkmale,

die für Leute wichtig sind, die so stark in ihrem täglichen Leben von Kamelen abhängig sind.
Ein besonderes Beispiel für die Bedeutung der Sprache bei der Klassifikation beobachteter Phänomene ist die Farbterminologie. Die Art, wie Farbtöne gruppiert werden, variiert in den verschiedenen Sprachen und wird sich wahrscheinlich wiederum auf die Art der Farbunterscheidungen auswirken, die gewöhnlich in jeder einzelnen Kultur getroffen werden. In bestimmten modernen europäischen Sprachen gibt es verschiedene Wörter für „hell"-„dunkelblau", genau wie man im Englischen die Begriffe „rot" und „pink" hat. Die Ashantis an der afrikanischen Elfenbeinküste haben Farbnamen für schwarz, rot und weiß. Der Begriff „schwarz" wird für jede dunkle Farbe verwendet, z.B. blau, purpur oder braun. „Rot" dagegen steht für pink, orange und gelb (74). In derselben Gruppe wird grau durch das Wort für „Holzasche" und grün durch den Begriff „Baum" oder „Laub" ausgedrückt (74). Die Begriffe für „blau" und „grün" sind in primitiven Sprachen oft zusammengefaßt. Natürlich kann man aus diesen sprachlichen Klassifikationen nicht folgern, daß die Farberkennung dieser Menschen schlechter und anders sei als unsere. Objektive Tests für Farbblindheit haben eine normale Fähigkeit zur Farbunterscheidung nachgewiesen, trotz der fehlenden sprachlichen Unterscheidung (s. z.B. 71). Offensichtlich bestimmen die spezifischen Gegebenheiten der jeweiligen Kultur die Art der Klassifikation, die in jedem Fall entwickelt wird.
Nicht nur der Wortschatz, sondern auch die formalen Aspekte der Sprache weisen von einer Kultur zu einer anderen charakteristische Unterschiede auf. So gibt es in der Sprache der Hopis keine Zeitangaben in den Verben, doch werden spezielle Formen verwendet, um die Art einer Aussage anzuzeigen, z.B. unmittelbare Beobachtung, Gedächtnis oder Verallgemeinerung (s. 77, S. 217). Auch die Hupa-Indianer in Kalifornien verwenden eine Vorsilbe, um die Informationsquelle anzugeben, z.B. Hören, Sehen oder Vermutung aufgrund von Begleitumständen (30). Unsere Unterscheidung zwischen Substantiven und Verben ist nicht so fundamental oder universell wie man annehmen könnte. Ein anderes Beispiel aus der Hopisprache: Begriffe wie „Blitz", „Welle", „Meteor", „Rauchwolke" und „Schlag" sind Verben, wie alle Ereignisse von notwendig kurzer Dauer (s. 77, S. 216). In einigen Sprachen gibt es keine Unterscheidung zwischen Verben und Substantiven, alle Begriffe entsprechen am ehesten unseren Verben. So würde: „es brennt" für eine Flamme stehen und „ein Haus kommt vor" oder „es häusert" würde unserem Substantiv „Haus" entsprechen (s. 77, S. 216 – 217).
In einer Analyse der ausführlichen Daten, die MALINOWSKI über die Trobriander zusammengetragen hat, stellte LEE (51) eine provokative Theorie über die Sprache dieser Menschen und deren Bedeutung für ihr weiteres Verhalten auf. Die Sprache der Trobriander weist nach LEE eine besondere Betonung

getrennter Elemente und getrennter Handlungen auf, die als unabhängig betrachtet werden. Die Beziehungen zwischen Ereignissen werden vernachlässigt. Die Sätze setzen sich aus im wesentlichen beziehungslosen Wörtern zusammen. Komparativ und Superlativ fehlen, wie auch die rein adjektivischen Konzepte. Adjektive in dieser Sprache beziehen sich auf spezifische Klassen von Objekten und können nicht von ihnen abstrahiert werden. Ursache-Wirkungsbeziehungen werden nicht auf die herkömmliche Art ausgedrückt. Nach solchen Kausalbeziehungen befragt, hat der einzelne Trobriander keine vorgefertigten Antworten, die ihm seine Kultur gibt. Jedes Individuum muß sich seine eigene Antwort ausdenken, die Antworten weisen Verwirrung und Widersprüche auf. Auch chronologische Abfolgen sind für sie unwichtig. „Die Vergangenheit besteht nicht aus einer geordneten Folge, sondern ist eher ein chaotisches Sammelbecken für beziehungslose Ereignisse, die bestenfalls als Anekdoten erinnert werden" (51, S. 360).

Eine häufig berichtete Beobachtung ist der relative Mangel von abstrakten Ausdrücken in primitiven Sprachen. Solch ein Mangel erschwert natürlich abstraktes Denken sehr viel stärker. Es muß jedoch nicht eine Unfähigkeit zum abstrakten Denken implizieren, genausowenig wie Farbenblindheit durch fehlende Farbbegriffe impliziert wird (s.o.). Das Vorhandensein oder Fehlen abstrakter Begriffe in einer Sprache kann lediglich Lebensbedingungen in einer Kultur widerspiegeln. Belege sprechen dafür, daß diese Personen oft Begriffe eines höheren Abstraktionsniveau bilden können, wenn eine vorliegende Situation derartige Ausdrücke erforderlich macht (s. 43, S. 51).

Schließlich muß man bedenken, daß Sprache im Grunde *Verhalten* (s. 40) ist. Sie ist keine unabhängige Entität, wie Philologen manchmal geneigt sind zu glauben. Gleichzeitig dient Sprache als mächtiger kultureller Einfluß. Das jeweilige System von sprachlichen Begriffen und Formen, das von einer gegebenen Kultur ausgebildet worden ist, stellt einen wichtigen Teil des Gesamtvolumens an Reizen dar, dem jedes Individuum ausgesetzt ist. Unabhängig davon, wie sich solch sprachliches Verhalten ursprünglich in der Gruppe entwickelt, es übernimmt eine Hauptrolle bei der Formung der psychischen Entwicklung des Individuums.

Die „menschliche Natur" in verschiedenen Kulturen

Bestimmte Arten sich zu verhalten galten lange Zeit in der Volksmeinung als „natürlich". Diese Bezeichnung impliziert gewöhnlich, daß das fragliche Verhalten „normal", angeboren und biologisch determiniert sei. Eng verwandt mit diesem Konzept sind Begriffe wie: „Perversion" und „Reversion". Perversion bezieht sich auf Verhalten, das als „unnatürlich" angesehen wird. Reversion impliziert eine Wiederbelebung oder ein Wiederauftauchen einer „primitiveren" und weniger „künstlichen" Verhaltensform. Wenn also eine Verhaltensform als *natürlich* gilt, dann muß man jede umweltbedingte Variation dieses Verhaltens als *Perversion* ansehen. Entsprechend gilt: Wenn eine „zivilisierte" Person in eine „primitive" Umwelt gerät, wird der möglicherweise eintretende Wandel als *Reversion* zu einem natürlichen Zustand angesehen. Vom letzteren wird implizit angenommen, er habe immer existiert, sei nur durch Bedingungen in einer zivilisierten Gemeinschaft sozusagen im Wartestand gehalten worden. Offensichtlich sind die Konzepte von Perversion und Reversion nur so lange sinnvoll, wie irgendeine spezielle Verhaltensform als die „natürliche" Form angesehen wird.

Wiederholt hat man nachgewiesen, daß keine Verhaltensform irgendwie natürlicher in dem Sinne sei, daß sie durch die angeborene Konstitution vorbestimmt wäre. Die Daten zu dieser Frage stammen hauptsächlich aus zwei Quellen. Die erste besteht in dem *experimentellen Hervorrufen* von Verhaltensvariationen. Einige solcher Experimente an infrahumanen Organismen sind im 4. Kapitel besprochen worden. Wichtig war, daß ihre Ergebnisse zeigten, daß unterschiedliche Verhaltensformen als natürliches Resultat variierender Umweltbedingungen entstehen. Vieles von dem sogenannten instinktiven Verhalten erwies sich als natürlich nur unter den bestehenden Umweltbedingungen.

Denselben Punkt hat man durch *interkulturelle Vergleiche* nachgewiesen. Viele *Verhaltensformen*, die man als „Instinkte" und „fundamentale Triebe" bezeichnet hat, wiesen signifikante Unterschiede von einer kulturellen Gruppe zu einer anderen auf (s. 43, Kap. 5 – 6; 69, Kap. 8). So wird die Bedeutung kultureller Faktoren für die Ausdrucksform des *Muttertriebes* illustriert durch die weitverbreitete Sitte der Kinderadoption, die von einigen Gruppen in Melanesien, Südafrika und Amerika praktiziert wird. In bestimmten Stämmen werden die Kinder so selten von ihren eigenen Eltern groß gezogen, daß es sehr schwer ist, Familiengeschichten zusammenzustellen. Auch im alten China unterschied sich das soziale Konzept von Mütterlichkeit von der biologischen Mutterschaft. So galten alle Nachkommen der „zweiten Frauen" in einer Familieneinheit als die Kinder der „ersten Frau". Letztere war die einzige Person für die Rolle der Mutter, die anderen Frauen wurden von ihren eigenen wie von den anderen Kindern in der Familie unterschiedslos als „Tanten" angesehen (s. 43).

Aggressivität und Kampfeslust, die allgemein als die natürlichen Impulse primitiver Menschen gelten, sind bei mehreren Gruppen unbekannt. In einigen Stämmen z.B. lassen sich keine Waffen oder Zubehör zum Kampf finden. Daß Männer sich gegenseitig angreifen, scheint für die Individuen, die in diesen kulturellen Gruppen aufgewachsen sind, unvorstellbar zu sein. Ebenso sind *Habgier* und der Wunsch nach persönlichem Eigentum keine universellen Phänomene (6). Ein schlagendes Beispiel für diese Tatsache findet sich in der sozialen Institution der *Potlatch*, wie man sie bei den Indianern der kanadischen Nordwest-Küste gefunden hat. In dieser Kultur erreicht man soziales Ansehen durch Verteilung oder das Abgeben von persönlichem Eigentum und nicht durch dessen Erwerb.

Auch die Manifestationen des *Sexualtriebes* mit seinen ihn begleitenden Gefühlen wie Liebe und Eifersucht weisen große interkulturelle Variationen auf. Die verschiedenen Sitten und Konventionen, die mit dem Paarungsverhalten in den verschiedenen Gruppen einhergehen, sind ausführlich von Anthropologen beschrieben worden. Einige werden dem Leser zweifellos bekannt sein (s. 28). Es sei daran erinnert, daß KINSEY et al. (41) in ihren Vergleichen der verschiedenen sozioökonomischen Klassen in unserer Kultur ähnliche Unterschiede in den typischen Manifestationen des Sexualverhaltens gefunden haben.

Kulturelle Einflüsse sind auch in den *motorischen Angewohnheiten* verschiedener Menschen erkennbar. Schritt und Geschwindigkeit beim Gehen sowie die charakteristischen Stand-, Sitz und Schlafhaltungen variieren stark von einer Kultur zu einer anderen. Die geschnitzten Elfenbein- und Holzkopfkissen aus Afrika, die in unseren Kunstmuseen aufbewahrt werden, kommen dem amerikanischen Betrachter als höchst unbequeme Schlafstütze vor. Die meisten Primitiven sitzen in einer hockenden Haltung; Eskimo- und amerikanische Indianergruppen sitzen gewöhnlich auf ihren Fersen (s. 12).

Schon im vorangegangenen Kapitel ist die Bedeutung kultureller Faktoren für die Entwicklung der Gestik besprochen worden. Ein typisches Beispiel für das kulturelle Konditionieren einer Reaktion, die oft für *natürlich* und universell gehalten wurde, findet sich in den Gesten für Ablehnung und Zustimmung. Nicken als Zeichen der Zustimmung gilt keineswegs für alle Menschen. Die Semang, ein Pygmäenstamm aus dem Inland von Malaya, sagen „Ja", indem sie den Kopf scharf nach vorn stoßen, und „Nein", indem sie ihre Augen niederschlagen (47). Die Dyaks auf Borneo heben ihre Augenbrauen für „Ja" und ziehen sie leicht bei „Nein" zusammen. Bei den Maori bedeutet das Heben von Kopf und Kinn „Ja"; bei den Sizilianern bedeutet dieselbe Geste „Nein" (42, S. 282). Auch der Gebrauch von Fingern zum Deuten auf etwas ist auf bestimmte Kulturen beschränkt. Bei einigen amerikanischen Indianergruppen z.B. wird das Hindeuten mit den Lippen ausgeführt (47).

Eng verwandt mit diesen Beobachtungen der Gestik ist die vergleichende Untersuchung des *emotionalen Ausdrucks* in verschiedenen Kulturen. Auf diesem Gebiet liegen umfangreiche Daten vor, die Unterschiede im Ausmaß des Gefühlsausdruckes in den Situationen aufzeigen, in denen sich emotionales Verhalten manifestiert, im speziellen Aufbau der emotionalen Reaktionen und dem Grad der Kontrolle, den das Individuum über dieses Verhalten aus-

üben kann (s. 43, Kap. 7; 47). Das Verhalten beim Begrüßen in den verschiedenen Kulturen wäre allein schon ein fruchtbares Feld für derartige interkulturelle Vergleiche. Das Küssen als freundliche Begrüßung oder als sexuelle Reaktion variiert sehr stark in den verschiedenen Kulturen und fehlt in einigen primitiven Gesellschaften vollständig. Interessant, daß auch KINSEY und seine Mitarbeiter (41) ähnliche Unterschiede zwischen den sozialen Klassen in unserer eigenen Kultur gefunden haben. Bei Personen aus einer niedrigen sozioökonomischen Schicht ist Küssen als eine sexuelle Reaktion relativ selten und gilt sogar bei vielen als unhygienisch. Diese letztgenannte Einstellung ist besonders interessant in Anbetracht der Tatsache, daß sie oft von Personen geäußert wird, die gewohnheitsmäßig gemeinsame Trinktassen verwenden und andere Praktiken verfolgen, die in den höheren sozioökonomischen Schichten als unsauber gelten.
Man hat über viele Beispiele für die zeremonielle Kontrolle über bestimmte emotionelle Reaktionen berichtet, z.B. kann sie beim Weinen ein derartiges Ausmaß annehmen, das für Personen in unserer Kultur überraschend ist. Man hat rituelles Tränenvergießen zu vielfältigen vorgeschriebenen Gelegenheiten in Ländern wie China, Montenegro, bei mehreren amerikanischen Indianerstämmen, bei den Maori, den Bewohnern von Andaman und anderen primitiven Kulturen beobachtet (43, Kap. 7).

Das Individuum als Mitglied vielfacher Gruppen

Psychologisch gehört das Individuum zu jeder Gruppe, mit der es Verhalten gemeinsam hat[2]. Aus dieser Sicht muß Gruppenzugehörigkeit mit Verhaltens- und nicht mit biologischen Kategorien beschrieben werden. Die erfolgreiche Gruppenbildung basiert nicht auf Rasse, Geschlecht oder Körperbau der Individuen, sondern auf ihrem Erfahrungshintergrund. Wenn also ein Individuum als Angehöriger einer bestimmten nationalen Gruppe mit ihren eigenen Traditionen, ihrem kulturellen Hintergrund und ihrem eigenen besonderen Komplex von anregenden Bedingungen aufgewachsen ist, dann wird es die Verhaltensmerkmale dieser Gruppe an den Tag legen, unabhängig von seinem rassischen Ursprung. Es ist natürlich klar, daß die rein physische Anwesenheit noch nicht eine Gruppenzugehörigkeit im psychischen Sinne ausmacht. Wächst ein schwarzes Kind in einer Gemeinschaft auf, die sich aus-

---

2 Das Kriterium für eine psychologische Gruppe ist im wesentlichen das, das KANTOR (39) formuliert hat. Er scheint als erster soziales Verhalten als gemeinsame Reaktionen auf Objekte, die übereinstimmende Reizfunktionen haben, angesprochen zu haben.

schließlich aus Weißen zusammensetzt, hat es nicht unbedingt dieselbe soziale Stimulation wie ein weißes Kind erfahren. Auch ein Junge, der ausschließlich von weiblichen Verwandten aufgezogen wurde, wird nicht die Persönlichkeitsmerkmale eines Mädchens entwickeln. Eine psychologische Gruppe basiert allein auf gemeinsamem Verhalten und nicht auf geographischer Nähe oder biologischer Ähnlichkeit.

Aus einem solchen Gruppenkonzept folgt, daß jedes Individuum tatsächlich sehr vielen und verschiedenen Gruppenzusammenschlüssen angehört. Im Hintergrund eines Individuums kreuzen sich eine *Vielzahl von Verhaltensgruppen*, große und kleine. Einige der wichtigsten Gruppen sind in früheren Kapiteln schon angesprochen worden. Das Individuum wird in einen breiten kulturellen Bezirk hineingeboren, z. B. in die „westliche Zivilisation", mit all ihren charakteristischen Stimulantien. Als Resultat seiner Zugehörigkeit zu dieser Gruppe wird es bestimmte Fähigkeiten, emotionale Eigenschaften, Einstellungen und Glaubenssätze entwickeln. Es ist ebenso ein Angehöriger einer gegebenen nationalen Gruppe mit ihren spezifischeren traditionellen Handlungsweisen.

Weist das Individuum bestimmte physische Merkmale auf, z. B. Hautfarbe, Gesichtsform und Körperbau, so läßt es sich als ein Mitglied einer bestimmten „rassischen Gruppe" klassifizieren, die eine eigene Position innerhalb des breiteren nationalen Bereiches einnimmt. So weit seine rassische Herkunft zu bestimmten sozialen Unterscheidungen und kulturell bedingten Differenzierungen des Verhaltens führt, wird sie als die effektive Gruppierung wirken. Dasselbe läßt sich für das Geschlecht sagen. Wenn in einer bestimmten Gesellschaft traditionelle Meinungen über Geschlechtsunterschiede bestehen, so daß die Geschlechter unterschiedlichen psychischen Reizen ausgesetzt sind, dann wird das Geschlecht eines Individuums zum Teil seine Verhaltensmerkmale bestimmen.

Es gibt zahlreiche andere Verhaltensgruppierungen, die in gleicher Weise auf die individuelle Entwicklung Einfluß nehmen können, auch wenn sie weniger häufig bemerkt und unklarer definiert sind. So sei daran erinnert, daß man bedeutsame psychische Unterschiede zwischen Kindern, die in der Stadt, und jenen, die auf dem Lande aufgewachsen sind, oder auch zwischen verschiedenen sozialen Klassen (s. Kap. 15) gefunden hat. Ähnlich wird auch der jeweilige Staat, die Provinz oder andere große Bereiche einer Nation, in denen das Individuum aufwächst, und selbst die spezielle Stadt und der Bezirk, in der es lebt, signifikante Einflüsse auf seine intellektuelle und emotionale Entwicklung ausüben.

Andere Gruppen, mit denen sich ein Individuum im Verhalten identifiziert, sind: seine Berufsklasse, seine Religion, seine politische Partei, sein Club und seine Ausbildungsinstitution. Daß solche Gruppierungen eindeutige kulturelle Unterscheidungen repräsentieren, läßt sich leicht durch die Stereotypen belegen, die vielen Gruppen angeheftet worden sind. Für Menschen in unserer Gesellschaft tauchen unterschiedliche Bilder auf, wenn Bezeichnungen genannt werden wie Landarzt, Geschäftsmann, römischer Katholik, orthodoxer Jude, Republikaner, Rotarier und Havard-Mann. Diese Gruppen beeinflussen das Verhalten des Individuums auf zwei Wegen. Erstens, stimulieren und fördern sie direkt bestimmte Verhaltensweisen. Zweitens, werden die Reaktionen anderer Menschen dem Individuum gegenüber durch ihr Wissen über seine Gruppenzugehörigkeit beeinflußt. Die sozialen Einstellungen und „soziale Erwartung", auf die das Individuum trifft, werden sich wiederum auf sein Verhalten auswirken.

Familiengruppierungen konstituieren mit ihren charakteristischen Aktivitäten und Traditionen einen anderen wichtigen Teil der individuellen psychischen Umwelt. Die degenerierten „Jukes" und „Kallikaks", berühmte Familien wie die Huxleys und die Darwins und viele andere auffallende Beispiele sind Zeugen für den kulturellen Einfluß der Familienzugehörigkeit. Einschnitte in diesen Familiengruppierungen stellen die Altersunterscheidungen dar. Den kontinuierlichen Lebensaktivitäten des Individuums werden „Stufen" sozialbedingt auferlegt, und es wird in jeder Periode mehr oder weniger unterschiedlich behandelt. Auch das Individuum kann sich als zu einer bestimmten Generation zugehörig betrachten – es kann der „älteren Generation" angehören, den „Jungverheirateten", den „Teenagern" usw. Selbst offensichtlich winzige Faktoren wie Hobbies und Freizeitbeschäftigungen wirken sich auf das spätere Verhalten des Individuums aus. Psychische Zugehörigkeit zu vielen kleinen Gruppen kann aus neu entwickelten Interessen für Bowling, Briefmarkensammeln oder für altes amerikanisches Pressglas entstehen. Die Anzahl von Verhaltensgruppierungen ließe sich leicht vervielfachen. Diese Beispiele werden jedoch genügen, um die Art solcher Gruppierungen und ihren Effekt auf die Verhaltensentwicklung zu illustrieren.

Das Individuum läßt sich zum Teil als eine Resultante aus seinen zahlreichen Gruppenzugehörigkeiten ansehen. Sicherlich macht auch jedes Individuum Erfahrungen, die absolut einzigartig sind. Solche Erfahrungen sind jedoch wahrscheinlich weniger bedeutsam für die Bildung der grundlegenderen Aspekte seiner Persönlichkeit als es das gemeinsame Verhalten ist. Die Erfahrungen, die einer Gruppe von Individuen gemeinsam sind, haben einen bestimmten Grad an Fortdauer in dem Sinne, daß sie wohl häufiger wiederholt, bestätigt oder wieder verstärkt werden durch andere ähnliche Erfahrungen. Im allgemeinen gilt: Je höher organisiert eine Gruppe ist, desto konsistenter und systematischer werden die Erfahrungen ihrer Mitglieder sein. Das wird die gemeinsamen Erfahrungen insgesamt wirksamer werden lassen als die rein individuellen. Außerdem werden selbst die idiosynkratischen Erfahrungen des Individuums im allgemeinen bestimmte kulturelle Merkmale aufweisen, die sie von den idiosynkratischen Erfahrungen der Personen in anderen Kulturen unterscheiden. So kann ein Individuum ein Gedicht schreiben, das in seiner Gesamtheit einzigartig ist und darin jedem Gedicht unähnlich ist, das jemals von irgendeiner anderen Person geschrieben worden ist; doch die Tatsache, daß das Gedicht eine politische Satire ist, daß es in englischer Sprache und in jambischen Versmaßen verfaßt worden ist und daß es mit einem Kugelschreiber geschrieben wurde, sind die vielen eindeutig kulturellen Merkmale einer solchen Aktivität.

Angesichts der großen Wirkung solch geteilten und gemeinsamen Verhaltens auf die individuelle Entwicklung scheint es erstaunlich, daß sich die Individuen nicht stärker in ihrem Verhaltensrepertoire ähneln, als sie es nach unserem Befund tun. Das Ausmaß individueller Unterschiede in jeder Gruppe ist extrem groß. Tatsächlich zeigten sich die Variationen zwischen Individuen immer deutlicher als die Unterschiede zwischen Gruppen. Wie läßt sich die „Individualität" jeder Person mit seinem gemeinsamen Erfahrungshintergrund erklären?

Der Schlüssel zu diesem Problem scheint in der *Vielfalt* sich überlappender Gruppen zu liegen, mit denen ein Individuum in seinem Verhalten identifiziert werden kann. Die Zahl dieser Gruppen ist so groß, daß die *spezifische Kombination* für jedes Individuum einzigartig ist. Das bietet nicht nur eine Reizgrundlage für die Existenz großer individueller Unterschiede, sondern spricht auch für einen Mechanismus, durch den ein Individuum über seine Gruppe „hinausragen" kann. Es gibt zahlreiche Beispiele für Individuen, die sich von den Sitten und traditionellen Handlungsformen ihrer Gruppe gelöst haben. Durch solche Situationen können auch Modifikationen der Gruppe selbst entstehen.

In diesen Fällen reagiert das Individuum nicht im Gegensatz zu seiner vergangenen Erfahrung, wie es vielleicht zunächst scheinen mag. Das wäre psychologisch *unmöglich.* Sein Verhalten ist das Resultat der psychischen Zugehörigkeit zu verschiedenen im *Widerstreit* stehenden Gruppen. Es können viele Gruppenzugehörigkeiten nebeneinander in einer zusammengesetzten Verhaltensanpassung bestehen. Doch in bestimmten Fällen können zwei oder mehr Gruppen verschiedene Reaktionsweisen auf dieselbe Situation begünstigen. Das befähigt das Individuum, sich der Willkürlichkeit der Restriktionen und Traditionen jeder Gruppe bewußt zu werden, sie kritisch zu bewerten und sie *objektiver* zu betrachten. Mitgliedschaft in vielen verschiedenen Gruppen befreit das Individuum von intellektuellen und anderen Begrenzungen jeder Gruppe und ermöglicht die vollständigste Entwicklung von „Individualität".

Zusammenfassung

Das fundamentale Ziel Differentieller Psychologie ist das Verständnis des Verhaltens. Ihre letzte Einheit ist das Individuum. Indem die Fakten individueller Unterschiede auf begleitende Umstände bezogen werden, können wir unser Wissen über die Beschaffenheit menschlichen Verhaltens vorantreiben. Viele psychologische Verallgemeinerungen basieren auf Daten, die aus einer einzigen Kultur stammen. Solche Kulturabhängigkeit läßt sich durch das Überprüfen von Hypothesen in verschiedenen Kulturen korrigieren.

Beobachtungen von Psychologen und Anthropologen liefern Beispiele für die Wirkung kultureller Bezugssysteme bei den vielen Verhaltensarten, einschließlich der Wahrnehmung, dem Gedächtnis und dem ästhetischen Urteil. Unsere Konzepte von Zeit und Raum, unsere Speisevorlieben und unsere Einschätzungen von Musik und Malerei zeigen den Einfluß des Erfahrungshintergrundes. Die Entwicklungsstufen, die ein Individuum passiert, bis es seine Reife erreicht, variieren von einer Kultur zu einer anderen. Solche Variationen lassen sich in bezug auf Konzeptbildung, emotionale Entwicklung und Kinderzeichnungen nachweisen.

Kulturelle Faktoren spiegeln sich auch in der Unterscheidung von normalem und anomalen Verhalten wider. Den Begriff „abnormal" hat man in einem antinormativen, einem pathologischen und einem statistischen Sinne gebraucht. Das statistische Konzept der Abnormalität anerkennt kontinuierliche Verteilung von Verhaltensunterschieden, in der Individuen in beiden Richtungen von der empirischen Norm oder dem modalen Verhalten abweichen können. Daraus folgt, daß ein psychisch abnormales oder abweichendes Individuum nicht ohne Bezug auf eine bestimmte kulturelle Norm richtig identifiziert werden kann. Verhalten, das in einer Kultur abnormal ist, kann in einer anderen normal sein. Der nach unten Abweichende in der einen Kultur, kann der nach oben Abweichende in einer anderen sein. Kultur kann die Position der Norm, die soziale Bewertung einer bestimmten Verhaltensform, das Vorherrschen psychiatrischer Störungen und die spezifischen Wege, auf denen sich Fehlanpassungen ausdrücken, bestimmen.

Eine wichtige Quelle kultureller Unterschiede läßt sich in den Merkmalen der Sprache finden, die verschiedene Menschen sprechen. Sprache bietet die Werkzeuge für einen Großteil unseres Denkens. Sie gibt uns die Kategorien, nach denen wir Objekte wahrnehmen, Ähnlichkeiten und Unterschiede beobachten und Konzepte bilden.

Viele Verhaltensweisen, die man gewöhnlich der „menschlichen Natur" zuschreibt, erweisen sich als weder universell noch als natürlich, wenn man sie in verschiedenen Kulturen überprüft. Man hat deutliche kulturelle Unterschiede gefunden in einer Reihe sogenannter grundlegender Triebe, z.B. in den mütterlichen Reaktionen auf die Kinder, in der Aggressivität und im

Kampfverhalten, im Erwerbsstreben, dem Wunsch nach persönlichem Besitz und sexuellem Verhalten. Der Einfluß der Kultur ist auch in zugrundeliegenden motorischen Gewohnheiten erkennbar, z. B. im Schritt und Tempo beim Gehen; in den charakteristischen Steh-, Sitz- und Schlafhaltungen und den Gesten, die gebraucht werden, um Verschiedenes anzudeuten.
Auch vergleichende Studien des Gefühlsausdrucks in verschiedenen Kulturen haben Unterschiede im Ausmaß emotionaler Zurschaustellung aufgezeigt, ebenso in den Gelegenheiten, zu denen Emotionen manifestiert werden, in der Art des Gefühlsausdruckes und dem Grad der Kontrolle, die über emotionale Reaktionen ausgeübt werden kann.
Psychologisch gehört jedes Individuum einer Gruppe an, mit der es Verhalten teilt. In diesem Sinne ist jede Person ein Mitglied unzähliger, sich überschneidender Gruppen, die sich identifizieren lassen mit Hilfe von nationalen, rassischen, Geschlechts-, Alters-, geographischen, Bildungs-, Berufs-, religiösen, Familien- und vielen anderen Kategorien. Die Vielfalt solcher Gruppen, die Einzigartigkeit ihrer spezifischen Kombination und das widerstreitende Verhalten, das von verschiedenen Gruppen manchmal begünstigt wird, all das trägt zu der einzigartigen „Individualität" jedes Menschen in der Verhaltensentwicklung bei.

Literaturverzeichnis

1. Aberle, D. F. "Arctic hysteria" and latah in Mongolia. *Trans. N. Y. Acad. Sci.*, 1952, 14, 291–297.
2. Anastasi, Anne, and Foley, J. P., Jr. An analysis of spontaneous drawings by children in different cultures. *J. appl. Psychol.*, 1936, 20, 689–726.
3. Anastasi, Anne, and Foley, J. P., Jr. A study of animal drawings by Indian children of the North Pacific Coast. *J. soc. Psychol.*, 1938, 9, 363–374.
4. Bartlett, F. C. *Remembering: a study in experimental and social psychology.* London: Cambridge Univer. Press, 1932.
5. Bartlett, F. C. Psychological methods and anthropological problems. *Africa*, 1937, 10, 400–420.
6. Beaglehole, E. *Property: a study in social psychology.* N.Y.: Macmillan, 1932.
7. Benedict, P. K., and Jacks, I. Mental illness in primitive societies. *Psychiatry*, 1954, 17, 377–389.
8. Benedict, Ruth, Configurations of culture in North America. *Amer. Anthr.*, 1932, N. S. 34, 1–27.
9. Benedict, Ruth. Anthropology and the abnormal. *J. gen. Psychol.*, 1934, 10, 59–82.
10. Benedict, Ruth. *Patterns of culture.* Boston: Houghton Mifflin, 1934.
11. Benjamin, A. C. *An introduction to the philosophy of science.* N.Y.: Macmillan, 1937.
12. Boas, F. *The mind of primitive man.* (Rev. Ed.) N.Y.: Macmillan, 1938.

13. Bugg, E. G., and Thompson, A. S. An experimental test of the genetic theory of consonance. *J. gen. Psychol.*, 1952, 47, 71-90.
14. Chase, S. *The tyranny of words.* N.Y.: Harcourt, Brace, 1938.
15. Dennis, W. The performance of Hopi Indian children on the Goodenough Draw-a-Man test. *J. comp. Psychol.*, 1942, 34, 341–348.
16. Dennis, W. Animism and related tendencies in Hopi children. *J. abnorm. soc. Psychol.*, 1943, 38, 21–36.
17. Dennis, W. Cultural and developmental factors in perception. In R. R. Blake and G. V. Ramsey (Eds.), *Perception; an approach to personality.* N.Y.: Ronald, 1951. Pp. 148–169.
18. Dennis, W. Animistic thinking among college and university students. *Sci. Mon.*, 1953, 76, 247–249.
19. Dhunjibhoy, J. E. A brief résumé of the types of insanity commonly met with in India. *J. ment. Sci.*, 1930, 76, 254–264.
20. Dollard, J. *Criteria for the life history–with analysis of six notable documents.* New Haven: Yale Univer. Press, 1935.
21. Eaton, J. W., and Weil, R. J. *Culture and mental disorders.* Glencoe, Ill.: Free Press, 1955.
22. Foley, J. P., Jr. The comparative approach to psychological phenomena. *Psychol. Rev.*, 1935, 42, 480–490.
23. Foley, J. P., Jr. The criterion of abnormality. *J. abnorm. soc. Psychol.*, 1935, 30, 279–291.
24. Foley, J. P., Jr. Psychological "ultimates": a note on psychological "fact" versus psychological "law." *J. gen. Psychol.*, 1936, 15, 455–458.
25. Foley, J. P., Jr. An experimental study of the effect of occupational experience upon motor speed and preferential tempo. *Arch. Psychol.*, 1937, No. 219.
26. Foley, J. P., Jr. The scientific psychology of individual and group differences. *J. soc. Psychol.*, 1938, 9, 375–377.
27. Foley, J. P., Jr. The occupational conditioning of preferential auditory tempo: a contribution toward an empirical theory of aesthetics. *J. soc. Psychol.*, 1940, 12, 121–129.
28. Ford, C. S., and Beach, F. A. *Patterns of sexual behavior.* N.Y.: Harper, 1951.
29. Fortune, R. F. *Sorcerers of Dobu.* London: Routledge, 1932.
30. Goddard, P. E. Life and culture of the Hupa. *Univer. Calif. Publ. Amer. Archeol. Ethnol.*, 1903, 1, 1–88.
31. Goodenough, Florence L., and Harris, D. B. Studies in the psychology of children's drawings: II. 1928–1949. *Psychol. Bull.*, 1950, 47, 369–433.
32. Grygier, T. Psychiatric observations in the Arctic. *Brit. J. Psychol.*, 1948, 39, 84–96.
33. Hallowell, A. I. Temporal orientation in western civilization and in a preliterate society. *Amer. Anthr.*, 1937, 39, 647–670.
34. Hallowell, A. I. Some psychological aspects of measurements among the Saulteaux. *Amer. Anthr.*, 1942, 44, 62–67.
35. Hayakawa, S. I. *Language in thought and action.* N.Y.: Harcourt, Brace, 1949.
36. Hayakawa, S. I. (Ed.) *Language, meaning, and maturity.* N.Y.: Harper, 1954.

37. Hoijer, H. (Ed.) *Language in culture; conference on the interrelations of language and other aspects of culture*. Chicago: Univer. Chicago Press, 1954.
38. Hollingworth, H. L. *Abnormal psychology: its concepts and theories*. N.Y.: Ronald, 1930.
39. Kantor, J. R. *An outline of social psychology*. Chicago: Follett, 1929.
40. Kantor, J. R. *An objective psychology of grammar*. Bloomington, Ind.: Indiana Univer. Publ. (Science Series, No. 1), 1936.
41. Kinsey, A. C., Pomeroy, W. B., and Martin, C. E. *Sexual behavior in the human male*. Philadelphia: Saunders, 1948.
42. Klineberg, O. *Race differences*. N.Y.: Harper, 1935.
43. Klineberg, O. *Social psychology*. (2nd Ed.) N.Y.: Holt, 1954.
44. Kluckhohn, C. Culture and behavior. In G. Lindzey (Ed.), *Handbook of social psychology*. Cambridge, Mass.: Addison-Wesley, 1954. Pp. 921–976.
45. Korzybski, A. *Science and sanity*. (2nd Ed.) Lancaster, Pa.: Science Press, 1941.
46. Kroeber, A. L. Psychosis or social sanction. *Char. and Pers.*, 1940, 8, 204–215.
47. La Barre, W. The cultural basis of emotions and gestures. *J. Pers.*, 1947, 16, 49–68.
48. Lambe, T. A. The role of cultural factors in paranoid psychosis among the Yoruba tribe. *J. ment. Sci.*, 1955, 101, 239–266.
49. Landes, R. The abnormal among the Ojibwa Indians. *J. abnorm. soc. Psychol.*, 1938, 33, 14–33.
50. Landis, C., and Bolles, M. Marjorie. *Textbook of abnormal psychology*. (Rev. Ed.) N.Y.: Macmillan, 1950.
51. Lee, D. D. A primitive system of values. *Philos. Sci.*, 1940, 7, 355–378.
52. Malinowski, B. *The father in primitive society*. N.Y.: Norton, 1927.
53. Mauthner, F. *Beiträge zu einer Kritik der Sprache*. (2nd Ed.) Stuttgart: Cotta, 1913. Vol. III.
54. Mead, Margaret. *Coming of age in Samoa*. N.Y.: Morrow, 1928.
55. Mead, Margaret. *Growing up in New Guinea*. N.Y.: Morrow, 1930.
56. Mead, Margaret. An investigation of the thought of primitive children with special reference to animism. *J. roy. anthr. Inst.*, 1932, 62, 173–190.
57. Moore, H. T. The genetic aspect of consonance and dissonance. *Psychol. Monogr.*, 1914, 17, No. 73.
58. Mowrer, O. H. What is normal behavior? In L. A. Pennington and I. A. Berg (Eds.), *An introduction to clinical psychology*. (2nd Ed.) N.Y.: Ronald, 1954. Pp. 58–88.
59. Nadel, S. F. Experiments on culture psychology. *Africa*, 1937, 10, 421–435.
60. Nadel, S. F. A field experiment in racial psychology. *Brit. J. Psychol.*, 1937–38, 28, 195–211.
61. Nichols, L. A. Neuroses in native African troops. *J. ment. Sci.*, 1944, 90, 862–868.
62. Ogden, C. K., and Richards, I. A. *The meaning of meaning*. (6th Ed.) N.Y.: Harcourt, Brace, 1944.
63. Piaget, J. *The child's conception of the world*. N.Y.: Harcourt, Brace, 1929.
64. Piaget, J. *The child's conception of physical causality*. N.Y.: Harcourt, Brace, 1930.
65. Piaget, J. *The moral judgment of the child*. N.Y.: Harcourt, Brace, 1932.

66. Radcliffe-Brown, A. *The Andaman Islanders: a study in social anthropology.* London: Cambridge Univer. Press, 1922.
67. Sapir, E. Language. *Encycl. soc. Sci.,* 1933, 9, 155–169.
68. Schubert, A. Drawings of Orotchen children and young people. *J. genet. Psychol.,* 1930, 37, 232–244.
69. Sherif, M. *The psychology of social norms.* N.Y.: Harper, 1936.
70. Sherif, M., and Sherif, Carolyn W. *An outline of social psychology.* (Rev. Ed.) N.Y.: Harper, 1956.
71. Simon, K. Color vision of Buganda Africans. *E. Afr. med. J.,* 1951, 28 (2), 75–79.
72. Singer, J. L., and Opler, M. K. Contrasting patterns of fantasy and motility in Irish and Italian schizophrenics. *J. abnorm. soc. Psychol.,* 1956, 53, 42–47.
73. Thomas, W. I. *Primitive behavior, an introduction to the social sciences.* N.Y.: McGraw-Hill, 1937.
74. Wallis, W. D. *An introduction to anthropology.* N.Y.: Harper, 1926.
75. Wegrocki, H. J. A critique of cultural and statistical concepts of abnormality. *J. abnorm. soc. Psychol.,* 1939, 34, 166–178.
76. Werner, H. *Comparative psychology of mental development.* (Rev. Ed.) N.Y.: Follett, 1948.
77. Whorf, B. L. *Language, thought, and reality: selected writings of . . . .* (Ed. by J. B. Carroll.) Cambridge, Mass.: Technology Press, M.I.T.; N.Y.: Wiley, 1956.
78. Yap, P. M. Mental diseases peculiar to certain cultures: a survey of comparative psychiatry. *J. ment. Sci.,* 1951, 97, 313–327.

Autorenregister

Relativ wenig Autorennamen erscheinen direkt im Text des Buches. Um die Darstellung nicht durch zu viele Namen zu verwirren, sind die Autoren meist nur durch Zahlen gekennzeichnet worden. Alle diese Zahlen fanden in diesem Register Berücksichtigung. Um die Arbeit eines hier aufgeführten Autors im Text zitiert zu finden, sollte man zunächst die Literaturverzeichnisse am Ende der Kapitel studieren. Die halbfett gesetzten Seitenzahlen in diesem Register bezeichnen diese Stellen in den Literaturverzeichnissen. Hier suche man die Zahl auf, die dem Autor und seiner Arbeit jeweils zugeordnet worden ist. Die *nicht* halbfett gesetzten Zahlen in diesem Register geben die Seiten des Buches an, auf denen im fortlaufenden Text auf die Arbeit Bezug genommen wird.

Sachwortregister